제2판

MARKETING

마케팅

김재일 김규배 김동태
김문섭 김용철 한웅희

박영사

2판 머리말

　　마케팅은 경영학의 여러 분야 중 일반인에게 가장 널리 알려지고 많이 활용되는 분야라 할 수 있다. 마케팅은 시대의 흐름에 따라 역동적으로 변화하는 도전적인 분야이며 기본적인 마케팅 원리를 바탕으로 그때그때의 상황에 맞추어 창의적으로 접근하여 문제를 해결하여야 한다. 마케팅이론은 글로벌 시장에 공통적으로 적용되기도 하고 로컬 시장에서 지역적 특성에 맞게 변형되어 적용되기도 한다. 또한 마케팅은 소비자와 고객을 비롯한 인간을 연구하기 위하여 인문학과 사회과학을 사용하는 동시에, 계량적 모형을 구축하고 검증하기 위하여 자연과학적 방법론을 사용하기도 한다.

　　마케팅을 공부하는 이들에게 소비자와 고객이란 누구이고 마케팅이란 무엇이며 성공적인 마케팅을 위하여 어떤 활동들이 이루어져야 하는지 명쾌하게 설명하기는 쉽지 않다. 저자들은 평소에 마케팅이라는 학문을 좋아하여 마케팅을 연구하고 강의하고 토론하면서, 마케팅에 대한 이런 질문들에 답하는 데 도움을 주는 교재의 필요성을 인식하게 되어 본서의 집필에 착수하였다. 이러한 목적을 달성하기 위하여 본서는 다음과 같은 특징을 갖게 되었다.

　　첫째, 대학에서 처음으로 마케팅을 접하는 학생들이 생활 속 마케팅을 쉽게 이해하고 마케팅에 대한 자신만의 큰 그림을 그릴 수 있게 도움을 주고자 하였다. 이를 위하여 다양한 마케팅 사례를 제시하여 독자 스스로 주위에서 일어나는 마케팅 현상을 이해할 수 있게 하였다. 특히 핵심 내용에 대한 실무적 이해를 높이기 위하여 최신 사례를 중심으로 각 장마다 도입사례를 제시하였으며, 장별 내용에 적합한 다양한 중간사례를 포함시켰고, 해당 장의 학습내용을 종합적으로 정리하고 현장 활용 능력을 높일 수 있는 토론사례를 배치하였다.

　　둘째, 마케팅전략, 소비자행동, STP, 마케팅믹스와 같은 전통적 영역뿐 아니라 최근 중요한 이슈로 등장한 모바일 환경, 기업의 사회적 책임, B2B마케팅 등에 대해서도 핵심 내용을 빠짐없이 깊이 있게 다루고자 하였다. 더불어 본서 집필의 중요한 이유였던 시장의 변화, 소비자와 기업 활동의 변화를 충분히 반영하기 위하여 각 분야별 전문가들의 조언을 바탕으로 보완 작업을 진행하였다. 이를 통해 마케팅을 오래 공부하고 현장에서 오랜 기간 마케터로 활동한 사람들조차 답하기 쉽지 않은 '마케팅이란 무엇인가'에 대한 답을 전문가들의 깊은 통찰을 통해 찾아내고 이를 마케팅 초심자도 쉽게 이해할 수 있도록 풀어내고자 하였다.

본서의 완성도를 높이기 위하여 여러모로 고민하고 애를 썼으나 당초 의도한 대로 독자들이 멋진 마케팅 그림을 그릴 수 있게 도움을 주기에는 여전히 부족한 점이 있을 것이다. 본서 어딘가에 숨어 있을 오류와 미비점 역시 저자들의 짧은 식견과 불찰로 인한 것임을 미리 밝히고 양해를 구한다. 독자제현의 날카로운 지적을 기다리며, 부족한 부분은 개정판에서 보완할 것을 약속한다.

끝으로, 집필과정에서 자료 정리를 위하여 애써준 안성숙 교수와 조교들, 본서의 출판을 적극적으로 후원하고 지지해 준 손준호 과장님, 지연된 작업과 늦은 탈고에도 불구하고 아름다운 책으로 만들어 준 전채린 차장님에게 감사의 인사를 드린다. 본서를 통하여 좀 더 많은 사람들이 마케팅에 관심을 갖고 마케팅을 적용하고 보다 발전시키는 계기가 되기를 바라며, 이제 두려움과 기대 속에 이 책을 세상에 내놓는다. 부디 신선한 마케팅 그림이 독자들 머릿속에 그려지길 소원해 본다.

2023년 2월
저자 일동

차 례

03   마케팅 상황 분석

04 마케팅 조사

05 소비자행동

08 　브랜드 관리

09 가격관리

10 유통관리

11 촉진관리 1

01

마케팅개념의
이해

01

마케팅개념의
이해

▌끝 없는 맥주 전쟁

국내에서 가장 드라마 같았던 마케팅 경쟁을 뽑자면 역전에 역전이 거듭 되었던 하이트맥주와 OB맥주 사이의 경쟁을 빼놓을 수 없을 것이다. 현재 진행형인 이 경쟁은 하이트진로가 '이름 빼고 다 바꿨다'라는 슬로건 아래 '뉴하이트'를 출시하며 점유율 1위의 '카스'맥주(OB맥주의 대표 브랜드)를 공략하고자 하는 가운데, 시장에 신규 진입한 롯데주류의 '클라우드' 맥주와 최근 점유율을 급격히 높여 가고 있는 수입 맥주의 가세로 말미암아 맥주 전쟁의 승자를 예측하기는 더욱 어려워지고 있다.

먼저 이 두 회사의 치열했던 과거 경쟁을 살펴보기 위해 하이트맥주가 처음 출시되었던 1993년 직전으로 돌아가 보자. 당시 국내 맥주 시장은 동양맥주(현 OB맥주)와 조선맥주(현 하이트맥주)의 두 회사가 과점을 이루고 있었는데, 모든 면에서 동양맥주가 압도적인 우위를 지속하고 있었다. 사실 이런 동양맥주의 우위는 마케팅의 영향이 컸다.

일찌감치 마케팅의 중요성에 눈을 떴던 동양맥주는 컬러 TV가 처음 보급되자 획기적인 광고 콘셉트를 이용하여 OB맥주를 맥주의 대표 브랜드로 포지셔닝했고, 술집에서 맥주를 주문할 때, '오비 주세요'를 외치도록 프로모션했다. 반면 조선맥주는 오로지 품질로 승부를 보겠다는 생각을 갖고 있었는데, 조선맥주의 대표 브랜드인 크라운맥주가 OB맥주와의 블라인드 테스트에서 5 : 5의 선호도를 보였음에도 불구하고, 강하고 쓴 맥주라는 소비자의 인식에서 벗어날 수 없었다. 결국 조선맥주는 중요한 것은 물리적인 맛과 품질뿐 아니라 소비자의 주관적인 인식, 즉 마케팅을 통한 소비자의 지각이라는 것을 깨닫고 만년 2위의 설움에서 벗어나기 위해 과감하게 마케팅에 투자하였으며 그 성과는 탁월했다.

조선맥주는 소비자와 시장에 대한 철저한 조사를 통해 정확한 브랜드 콘셉트와 포지션을 확보하였다. 무엇보다도 소비자의 인식을 좌지우지하는 브랜드 이미지에 집중 하였는데, 이를 위해 선택했던 이미지는 '깨끗한 물'이었다. 그리하여 '지하 150m 천연암반수로 만든 맥주'라는 차별화된 이미지가 탄생하였고, 이런 깨끗한 이미지를 소비자에게 효과적으로 전달하기 위해 자연의 순수함을 강조한 '그린 이미지 광고'를 더하였다. 이런 전략은 동양맥주와 같은 계열사인 두산전자의 낙동강 페놀 무단 유출 사건으로 말미암은 OB의 '물'에 대한 취약점을 절묘하게 파고든 것으로서 경쟁사인 조선맥주의 깨끗한 이미지를 더욱 부각시켜주었다. 또한 예전의 이미지를 완전히 씻어내기 위해 조선맥주의 대표 브랜드였던 크라운맥주를 과감히 포기하였고, 깨끗하며 물 이미지와 잘 어울리는 '하이트'라는 새로운 이름으로 전략적인 홍보를 시작하였다. 차별화된 제품 콘셉트로 니치 시장을 제대로 파악하였던 것이다.

이렇게 조선맥주가 하이트를 출시한지 3년 만에 동양맥주는 1위 자리를 내주어야 했고, 하이트로 승승장구하던 조선맥주는 급기야 1998년 회사명을 아예 하이트맥주로 바꾸며 한때 맥주 시장의 70% 점유율을 기록하는 절대 강자의 위치에 오른다. 한편, 동양맥주는 1995년에 회사명을 OB맥주로 바꾸었고, 1999년도 말 진로의 카스맥주 부문을 인수하며 '젊음'과 '톡 쏘는'이라는 콘셉트로 젊은 층 공략에 나섰다.

2005년에는 맥주시장 1위 기업 하이트가 소주 시장 1위 기업인 진로와 합병하면서 하이트진로그룹이 탄생하였다. 정부의 규제로 2011년 9월이 되어서야 영업망이 완전히 통합되었지만, 당시 이 두 기업의 합병은 맥주와 소주 시장의 절대 강자들의 합병으로 주목을 모았다. 하지만 두 회사의 합병이 시너지를 창출해 주류업계 전반을 아우르는 거대 기업이 될 것이라는 예상과는 달리, 오히려 2005년 합병 이후 하이트맥주의 점유율은 꾸준히 하락하였다. 급기야는 영업망이 통합된 직후인 2011년 10월, OB맥주에게 다시 점유율 1위 자리를 내주게 된다. OB맥주의 시장 점유율이 50.22%로 하이트진로의 49.7%를 소폭 앞서며 거의 16년 만의 역전이 이루어진 것이다.

전문가들은 하이트진로의 실패한 통합의 원인으로서 다양한 요인을 제시하였다. 그 중 하이트맥주의 이미지와 브랜드 확장이 대표적인 원인으로 꼽혔다. 잦은 이미지 변화와 새로운 브랜드 출시로 하이트맥주의 이미지가 애매모호해졌다는 것이다. 처음 깨끗함을 강조하여 1위를 차지한 이후, '신선도', '오픈업', '180도 기분전환 하이트', '쿨해서 좋다', '맥주의 힘' 등 브랜드 이미지를 일관성 없이 자주 변경하여 뚜렷한 이미지가 사라졌으며, 동시에 낡고 진부한 이미지를 새로 얻게 되었다. 또한 다양한 브랜드 출시로 마케팅 노력이 분산되었다. 대표적인 브랜드 확장 실패가 바로 '하이트 프라임맥주'다. 100% 순수 보리 맥주 콘셉트로 야심 차게 출시된 하이트 프라임맥주는 기존의 하이트맥주 고객을 빼앗는 동시에 하이트맥주를 저급 맥

주 이미지로 떨어뜨리는 결과를 불러왔다. 하이트맥주는 결국 하이트 프라임맥주를 출시한지 4년 만에 시장에서 철수시켰고, 하이트라는 브랜드를 철저히 숨기고 100% 보리맥주 '맥스'라는 새 브랜드를 출시하게 된다. 하지만 맥스가 시장에 안착하기도 전인 2010년 하이트진로는 또 다른 브랜드인 '드라이피니시 d'를 출시하면서 이 두 브랜드가 서로 자기잠식을 하는 역효과를 불러왔다. 이 또한 다음해 점유율 1위를 힘없이 OB맥주에게 내주게 되는 한 가지 원인이 된 것으로 보인다.

하이트진로는 '다변화' 마케팅 전략을 취한 반면, OB맥주는 카스에 대한 '집중화' 전략을 취해오며 일관된 이미지로 젊은 층을 공략해왔다. 이 집중화 마케팅 전략이 시장에서 통하였고, 2012년부터 지금까지 OB맥주가 하이트맥주와의 시장점유율 격차를 점점 벌리며 꾸준히 1위 자리를 차지하고 있다. 유로모니터에 따르면 2021년 기준 오비맥주가 42.8%, 하이트진로가 30.6%의 점유율을 차지했다.

이 와중에 수입 맥주의 점유율이 급등하고 있다. 한 대형 마트의 조사에 따르면 2009년 12.1%에 불과하였던 수입 맥주의 비중이 2014년 32.8%, 2016년 상반기 40%대, 2022년 7월 편의점 기준으로는 40% 중반에서 50%대까지 치솟았다. 고령화 사회의 도래로 맥주 시장 성장세 둔화가 예상되는 상황에서 시장을 둘러싼 맥주전쟁은 더 치열해질 것으로 예상된다.

자료원: 머니투데이 2016. 1. 22; 브릿지경제 2016. 1. 1; 비즈니스포스트 2016. 7. 1; 서울파이낸스 2015. 10. 6; 세계조선 2014. 12. 3; 스포츠서울 2014. 12. 19; 아시아경제 2016. 1. 2; 아주경제 2015. 6. 1; 이데일리 2016. 1. 22; 한국경제 2014. 9. 30; 2015. 1. 16; 2015. 5. 5; 데일리안 2022. 7. 28, 이투데이 2022. 7. 28 수정 인용

위 사례에서 보는 바와 같이 1993년 하이트 출시의 성공으로 맥주시장 1위의 자리를 차지했던 하이트진로는 2011년 이후 맥주시장에서 오비맥주에게 시장 1위의 자리를 내어준 후 반격을 시도하고 있으나, 수입 맥주의 빠른 시장 잠식으로 인해 앞날의 향방을 예측하기 더욱 어렵다. 이 상황에서 오비맥주는 시장을 어떻게 수성할 수 있을 것인가? 하이트맥주는 어떻게 시장을 탈환할 수 있을 것인가? 수입 맥주에 대한 국내 브랜드의 대응 전략은? 이 질문에 대한 답은 어느 기업이 얼마나 효과적인 마케팅활동을 전개할 수 있을 것인가에 달려있다고 해도 과언이 아니다. 정교한 소비자분석을 통한 소비자 니즈의 파악과 이에 근거한 신제품개발, 적절한 브랜드 콘셉트의 설정, 이를 뒷받침하는 차별화된 촉진 활동 등 마케팅 활동의 성공은 신제품의 성공, 더 나아가서 기업의 성패에 직결된다고 할 수 있다.

1

마케팅의 의의

글로벌 시장에서 생존하고 성장하기 위해서 기업들은 R&D를 통한 기술 개발과 신제품 개발 등 혁신에 많은 투자를 하고 있다. 물론 혁신은 기업이 지속적으로 추구해야 할 과제이지만 이와 동시에 마케팅도 기업 경영에 있어서 중요한 과제이다. 경영의 여러 가지 직능들 중에서 마케팅은 단순히 기업의 조직표상에 나타난 한 직능 이상의 의미를 갖는다. 경영학의 대가로 칭송 받는 Peter Drucker도 "경영의 목적은 고객을 창조하는 것이며, 기업은 두 가지 — 오직 두 가지 — 기본 기능이 있는데, 이것은 마케팅과 혁신이다. 마케팅과 혁신이 결과를 창출하며, 나머지는 모두 비용에 불과하다. 마케팅이야말로 경영의 차별적, 고유한 기능이다"라고 하였다.

한 걸음 더 나아가서 McKenna는 '마케팅이 전부(Marketing is everything)'이며 마케팅이 그 역할을 제대로 하지 않고서는 기업의 생존과 성장이 불가능할 것이라고 주장하였다. 그럼, 마케팅은 왜 중요한가?

첫째, 마케팅활동이 좋은 성과를 내기 위해서는 마케팅 부서만이 잘 해서 될 일은 아니며 모든 부서의 협업이 필요하다. 예를 들어, 광고를 통하여 소비자에게 좋은 기업 이미지를 갖게 하는 데에 성공했다고 하더라도, 이 기업의 로고가 선명한 배송

차량이 검은 매연을 내뿜으면서 도로를 질주하는 것을 목격하거나, 옥시의 가습기 살균제처럼 불미스러운 사건들이 일어나게 되면 이제까지의 노력은 한순간에 물거품이 되어 버릴 것이다.

둘째, 마케팅의 목적은 단순히 제품을 판매하는 데에 그치지 않고 시장을 장악하는 데에 있어야 하며, 시장의 선두 기업이 되면 시장점유율 등 결과는 자연히 따른다. 예를 들어, 고가 휴대폰 시장에서 애플은 단순히 좋은 제품을 제공할 뿐만 아니라, 고객이 다른 제품으로 전환하기 위해서 넘어야 할 심리적, 실제적 벽의 형성을 통하여 시장을 장악하고 있는 기업이라고 할 수 있다.

셋째, 기술의 진화와 더불어 마케팅 역시 고객이 원하는 것은 무엇이나, 어떤 방식으로든, 어떤 경우에나(anything, anyway, anytime) 제공할 수 있어야 한다. 예를 들어, 많은 사람들이 상품 정보를 검색하고 구매를 할 때에 휴대폰이나 태블릿 PC 등 다양한 수단을 활용하며, 기업은 이런 트렌드에 맞추어서 고객이 원하는 다양한 방법으로 구매를 할 수 있게 해야 한다.

넷째, 마케팅은 기업으로부터 고객으로 흘러가는 일방적 흐름이 아니고 고객으로부터 기업으로의 피드백을 중시하는 쌍방향적 흐름에 초점을 맞추어야 한다. 이제 고객도 SNS를 활용하여 기업 못지 않게 영향력을 발휘할 수 있는 세상이 되었으며, 기업도 고객의 다양한 목소리에 귀를 기울이고 적절히 대응할 뿐만 아니라 SNS를 긍정적으로 활용할 수 있는 방안을 지속적으로 모색하여야 한다. 예를 들어, 국내외 영화사들은 개봉 전 영화에 대한 트위터, 유튜브, 페이스북, 인스타그램 등의 내용을 분석하여 영화에 대한 관심도를 파악하고 광고예산을 책정한다.

다섯째, 제품과 서비스는 불가분의 관계가 되었으며, 좋은 제품에 좋은 서비스가, 좋은 서비스에 좋은 제품이 뒷받침이 되어야 한다. 수입 자동차 회사들과의 경쟁에서 현대자동차의 서비스 네트워크는 제품력에 못지 않게 또는 그 이상으로 중요한 경쟁력의 원천이라고 할 수 있다.

여섯째, 기술이 기술을 마케팅한다는 말에서 볼 수 있듯이 마케팅과 기술의 결합이 필요하다. 정보통신 기술, IOT, AI 등의 발달과 함께 빅데이터 등 기술에 기반한 마케팅은 신제품개발, 고객 맞춤형 제품이나 서비스의 개발 및 판촉 등에 많이 활용되고 있다.

마케팅이란 무엇인가?

영어 단어의 마케팅은 마켓(market)에 현재 진행을 나타내는 '-ing'가 결합된 형태이며 이러한 형태는 여러 의미를 내포한다.

첫째, 명사적 의미로서 마켓, 즉 시장은 전통적 의미의 재래시장으로부터, 카탈로그 판매, TV 홈쇼핑 채널, 인터넷 경매 사이트 등 전자상거래시장에 이르기까지 다양한 형태를 취하고 있다. 또한 시장의 구성원은 구매자와 판매자 이외에도 거래를 용이하게 이루어질 수 있도록 돕는 기관들이 존재한다. 이들 기관에는 도소매상 등 유통기관, 가격비교사이트 등 정보중간상(informediaries), 신용카드 회사, 광고대행사, 물류 회사 등이 있으며 마케팅 활동이 원활하게 이루어지기 위해서는 이들 기관의 도움이 필요하다.

둘째, 동사적 의미로서 마켓은 '물건을 사고 판다'는 의미인데, 여기서 대상이 되는 물건은 단순히 농산품과 공산품과 같은 유형적인 물건뿐만 아니라 무형적인 금융, 통신, 레저, 스포츠 등 서비스 상품과 정치적, 사회적 이념도 대상이 될 수 있으며 심지어는 정치인, 연예인, 김연아와 손흥민 같은 스포츠 스타도 대상이 될 수 있다.

셋째, '-ing'는 마케팅이 변화하는 시장에 대응해야 한다는 의미이다. 먼저, 소비자 욕구는 계속 변화한다. 소비자 개인도 변화하고 소비 트렌드도 변화하기 때문에, 변화하는 욕구에 부응하기 위해서 마케팅도 계속적으로 변화해야 한다.

마지막으로 마케팅활동은 진공 상태에서 이루어지는 것이 아니라 경제적, 기술적, 사회적, 문화적, 법적 환경의 테두리 안에서 이루어지기 때문에 이들 환경의 변화를 면밀히 관찰하고 대응해야 한다. 예를 들어, 출산율의 저하, 가정의 자녀 수와 가족 규모의 감소와 같은 인구통계적 변화는 향후 유통업이 대형 할인점 중심에서 편의점과 같은 소규모 점포 중심으로 변화할 수 있다.

학문적으로 한국마케팅학회에서는 마케팅을 "조직이나 개인이 자신의 목적을 달성시키는 교환을 창출하고 유지할 수 있도록 시장을 정의하고 관리하는 과정"이라고 정의한다. 미국마케팅학회에서는 1985년에 "개인과 조직의 목적을 만족시키는 교환을 창출하기 위해 아이디어, 제품과 서비스의 창안, 가격설정, 촉진 및 유통을 기획하고 집행하는 과정"이라는 비슷한 정의를 내린 적이 있다. 두 정의는 교환에 초점을 맞추고 있으며 마케팅을 과정으로 보고 있다는 점에서는 동일하나, 미국마케팅학회에서는 시장을 정의하고 관리하는 과정을 보다 구체화하여 '아이디어, 제품, 서비스'를 대상으로 한다는 점을 명백히 하고 있으며, 마케팅활동을 '창안, 가격설정, 촉진 및 유통'이라는 4가지 활동으로 명백히 규정하고 있다.

이런 마케팅의 정의가 나타나게 된 역사적 과정을 살펴보면 1960년 말에서 1970년도에 걸쳐 진행되었던 학자들 간의 마케팅 개념 및 범위의 확장 논쟁을 들 수 있다. 논쟁의 결과 Kotler와 Levy 교수의 주장에 따라 마케팅 개념을 기업 경영에만 국한시킬 것이 아니고 비영리기업 및 사회마케팅 영역에까지 확장하는 것으로 하였다. 또한, Baggozzi 교수가 제시한 것처럼 마케팅의 핵심은 교환('the crux of marketing is exchange')으로서, 교환이 일어나는 곳에 마케팅 현상이 항상 존재한다는 데에 합의를 이루었다. 그리고, Hunt 교수는 그때까지 실용적 기법으로서 간주되었던 마케팅이 학문으로서 정착할 수 있도록 마케팅이 과학으로서의 특성을 갖는다는 것을 이론적으로 정립함으로써 마케팅의 성격을 둘러싼 다양한 논의에 종지부를 찍었다.

오늘날은 마케팅 현상이 기업과 고객 간의 거래 관계(B2C 또는 B2B)뿐만 아니라 고객과 고객(C2C), 금융기관과 고객(금융 마케팅), 정치인과 유권자(정치 마케팅) 간의 관계에서 더 나아가, 의료기관과 환자(의료기관 마케팅), 학교와 학생(교육기관 마케팅), 종교집단과 신자(종교기관 마케팅) 등 비영리기관 마케팅, 지방자치단체와 관광객(장소 및 관광마케팅), 스포츠구단과 관중(스포츠마케팅) 등의 관계처럼 교환이나 거래가 일어나는 곳에서는 어디에나 존재한다는 점에 합의를 이루고 있다.

미국 마케팅학회는 2004년의 개정을 거쳐 2007년에는 "마케팅은 고객, 클라이언트, 파트너, 그리고 사회 일반에 가치를 가지는 제공물을 창안, 커뮤니케이션, 전달 및 교환하기 위한 활동, 일련의 기관 및 과정들"이라고 정의하고 있다. 이 정의에서는 조직이나 개인을 보다 구체화하여 고객, 클라이언트, 파트너, 사회 일반으로 분류하고 있으며 특히 마케팅이 직접 고객이나 관련 당사자들뿐만 아니라 사회 일반을 대상으로 한다는 점이 추가되었다. 또한, 전통적으로 마케팅활동을 규정할 때에 사용되던 '아이디어, 제품과 서비스의 창안, 가격설정, 촉진 및 유통'이라는 4P 중심의 활동 대신에 '창안, 커뮤니케이션, 전달 및 교환'이라는 용어로 좀 더 추상적으로 나타내고 있다. 그리고 '아이디어, 제품, 서비스'를 '제공물(offering)'이라는 용어로 통합하고 있으며, '가치제공'을 마케팅의 핵심 역할로서 강조하고 있다.

'고객 가치(value)'는 기업이 제공하는 모든 혜택과 이 혜택을 얻기 위해 고객이 지불한 비용 간의 차이이다. 기업은 고객의 욕구를 만족시키기 위해 어떤 혜택이나 가치를 제공할 수 있는지에 대한 약속을 흔히 가치제안서(value proposition)에 담아서 제시한다. 예를 들어, 월마트는 최저가(everyday low price)를, 아마존은 제품 다양성과 가용성(selection and availability), 애플은 제품 혁신을 주요한 가치로 제공한다. 성공적 기업들의 고객은 기업이 제공한 혜택 또는 가치에 대해 만족을 느끼고, 만족은 고객의 충성도(loyalty, 혹은 애호도)로 연결된다. 고객가치는 이 선순환의 출발점이 되기 때문에 기업이 고객에게 제공하는 차별적 부가가치를 명확히 전달하는 것은 중요하다.

전주한옥마을

처마밑으로 전해오는
전통의 향기

한때 보잘것없는 도심의 한옥촌으로만 여겨졌던 전주 한옥마을이 한국의 대표 관광지로 자리 잡았다. 관광객 집계가 처음으로 시작된 2002년에는 총 31만 명의 관광객이 한옥마을을 방문하였다. 그러나 2008년부터 관광객들의 방문이 급증하기 시작하였고 2015년에는 그 수치가 965만 명을 넘어섰고 2017년에서 2019년까지 연간 천만 관광객이 방문하였다. 이는 유례를 찾아보기 힘든 성장 속도이다. 쇠퇴하던 옛 도심이 어떻게 이런 대표적인 관광명소가 될 수 있었던 것일까?

CASE 1
전주 한옥마을의
장소마케팅

2000년대 초반, 관광객들은 한옥 마을을 '그저 오래된 옛날 집들이 모여있는 마을', '다른 한옥마을과 다르지 않고 멀기만 해서 구태여 시간 내서 찾아갈 필요가 없는 마을'로 인식하고 있었다. 그러나 서울 북촌이나 경주, 안동에 자리 잡고 있는 한옥마을들과 달리 전주한옥마을의 한옥들은 대규모로 도심에 운집해있었다. 마을이 100년이라는 비교적 짧은 시간 동안에 지금의 형태를 갖추었기 때문에 전주 한옥마을의 한옥들은 전통적 한옥이 아닌 도시 환경과 구조에 맞게 발전되어온 '도시형 한옥'의 형태를 갖추고 있었다. 게다가 이러한 도시형 한옥들과 기존에 존재하고 있던 문화 유적지들과의 만남이 전주한옥마을만의 특별한 가치를 형성하고 있었다. 이러한 한옥마을만의 고유한 가치를 관광객들에게 인식시키고자 전주시는 '국내유일, 도심 속 700채 한옥군락-전주 한옥마을'이라는 표어를 만들었다.

대부분의 지방자치단체는 유적지를 홍보할 때 팸플릿을 이용한 오프라인 광고에 열을 올리고 있었다. 그러나 전주시는 여행을 즐기는 젊은이들의 70% 이상은 여행지 정보의 대부분을 인터넷을 통해 찾고 있다는 점에 착안하여, 여행지 포스팅 비중이 높고 700만 명의 회원을 확보하고 있던 포털 사이트인 네띠앙에 "인터넷으로 즐기는 또 하나의 한옥마을"이라는 슬로건으로 2005년부터 배너광고를 시작하였다. 이때부터 전주 한옥마을 방문객은 눈에 띄게 증가하기 시작하였다.

한편 한옥마을을 방문하는 국내 관광객들은 도시에서 오는 사람들이 대부분이었는데, 평소 빌딩숲에 갇혀 사는 도시 관광객들은 여행을 통해 삶의 여유를 찾고 싶어 했다. 반면에 한국을 처음 방문하는 경우가 대부분인 외국인 관광객들은 한국의 전통문화를 직접 체험해보길 원했다. 먼저 주변의 불법상점들을 대폭 정리하고 그 자리에 가로수를 심고 연못을 조성하였으며, 대규모의 주차장을 만들었다. 부정적 이미지의 모텔과 달리 편안함을 줄 수 있는 전통한옥 숙박시설 단지를 조성하였다. 그리고 이 모든 요소들을 한옥마을을 중심으로 원의 형태로 위치시킴으로써 관광객들의 이동거리를 최소화하였

다. 더불어 '한지공예 프로그램', '한옥 짓기 체험행사', 그리고 '전통혼례 체험행사' 등 전통문화프로그램들을 제작하였다. '여유'와 '체험'이 한옥마을에 더해지면서 한옥마을은 2010년에 국제 슬로시티연맹으로부터 슬로시티로 지정되었고, 외국인 관광객의 비중은 총 관광객의 40% 이상을 넘어서게 되었다.

이렇게 전주 한옥마을을 바꿔가는 과정에서 주민들은 '주민자치위원회'와 '한옥마을공동체' 등의 여러 협의체를 구성하여 한옥마을 활성화를 위한 프로그램들을 제안하였다. 주민과 함께 하려는 전주시의 노력은 자연스럽게 주민들의 자발적인 협조를 이끌어내었다. 이렇듯 전주시는 한옥마을을 하나의 상품으로 인식하고 공공과 주민의 협력하에 한옥마을만의 고유한 이미지를 회복하여 이를 널리 알리고 관광객이 원하는 시설을 개발하려 노력하였다. 그 결과, 2012년에 세계 최고 여행가이드지인 '미슐랭 가이드'는 전주 한옥마을에 최고점인 별 3개를 부여하였고, 2019년 국제슬로시티 어워드 대상을 수상하기도 하였다. 전주시는 '지방브랜드 세계화 사업', '한옥마을케이블카' 사업 등을 통해 한옥마을을 로마의 콜로세움과 같은 유명한 관광지로 만드는 것을 목표로 하고 있다. 과연 전주 한옥마을은 장소마케팅의 성공사례를 계속 이어갈 수 있을까?

자료원: 전주한옥마을 홈페이지; 뉴스 1 2016. 2. 4; 조선일보 2014. 8. 27; 한국경제 2014. 11. 5; 한국일보 2016. 6. 24; 전주일보 2022. 10. 12 수정 인용

마케팅을 지배하는 철학은 무엇인가?

역사적으로 마케팅을 지배하는 철학은 생산개념, 제품개념, 판매개념, 마케팅개념으로 발전해 왔다. 그러나 이 개념들이 언제 출현했는가에 상관 없이 이 개념들은 오늘날에도 특정 상황과 특정 조건하에서는 여전히 유효하다.

첫째, 생산 중심의 철학(production philosophy)은 소비자가 원하는 제품의 공급이 수요에 턱없이 부족한 상황에서 기업이 일정 수준의 품질의 제품을 저렴한 가격으로 공급하면 팔린다는 철학이다. 없어서 못 파는 상황이기 때문에 생산성 증대가 주된 과제이다. 오늘날 수요보다 공급이 부족한 제품이나, 아프리카의 낙후된 지역에서는 여전히 이 마케팅 철학이 주효하다.

둘째, 제품 중심의 철학(product philosophy)은 좋은 제품을 만들면 팔린다는 철학이다. 제품의 품질은 중요하지만, 근시안적 마케팅(marketing myopia)에 빠져들지 않도록 시장의 트렌드와 기술변화를 예의주시할 필요가 있다. 예를 들어, Kodak은 전통적으로 필름사업에 집중한 나머지 소비자들의 취향이 디지털 카메라 쪽으로 선회함에 따라 필름 시장 자체가 붕괴될 수도 있다는 사실을 간과하였고 이로 말미암아 파산에 이르고 말았다. 반면에 Xerox 같은 기업은 업(業)의 정의를 복사기 제조 및 판매에 두는 것이 아니라 사무생산성이라는 보다 거시적인 사명으로 규정함으로써 시장의 변화에 따라 계속 적응하고 성장하고 있는 것을 볼 수 있다.

셋째, 판매 중심의 철학(selling philosophy)은 공급이 시장 수요를 초과한 상황에서 생겨났으며, 적극적인 판매 노력을 기울여야 판매할 수 있다는 철학이다. 판촉이나 유능한 판매원을 활용하면 단기적인 성과를 올릴 수는 있지만 고객의 불만과 부정적 구전이 발생할 가능성이 높다. 그러나 소비자가 욕구 인식을 못 하고 있는 상품의 경우 — 예를 들어, 일상적 상황에서는 꼭 구매해야겠다는 필요성을 느끼지 못 할 수 있는 보험상품 — 에는 판매 중심의 철학을 어느 정도 적용하는 것이 필요하다.

넷째, 고객지향적 마케팅 콘셉트(marketing concept)는 마케팅의 주과제가 고객욕구를 달성하는 것이라고 본다. 고객의 욕구를 제대로 파악하여 고객에게 가치있는 제품을 창조하고 전달하면 고객을 만족시키게 되고, 결과적으로 기업의 이윤이 따라온다고 본다. 또한 고객 욕구를 만족시키기 위해서는 모든 기업의 활동들이 고객 중심

그림 1.1

마케팅을 주도하는
철학의 변천

(customer orientation)의 통합적 마케팅(integrated marketing)이 실시되어야 한다고
본다.

최근에는 이 개념에서 한 걸음 더 나아가, 기업의 제품을 구입하는 직접 고객뿐
만 아니라 이로 인해 영향을 받는 다른 사람들까지도 배려하는 마케팅이 필요하다는
관점에서 사회지향적 마케팅 콘셉트(societal marketing concept)가 대두되고 있다. 오
늘날의 기업은 사회적 책임, 환경에 대한 관심, 지속가능 경영에 충실하지 않고는 장
기적 성장을 기대할 수 없다. 장수하고 있는 기업과 브랜드들은 사회적 책임을 다 하
는 기업들이다.

4

마케팅 관리란 무엇인가?

Kotler와 Keller는, "마케팅 관리란 표적시장을 선정하고, 탁월한 고객가치를 창
출·전달·커뮤니케이션해서 고객을 획득·유지·성장시키는 기법이자 과학'이라고
정의하였다.

(1) 마케팅 전략의 수립

마케팅전략의 기본 과제는 두 가지이다. 첫째, '우리 고객은 누구인가?.' 먼저,
고객시장을 다양한 기준에 따라 세분화하고, 이 세분시장 가운데 우리 기업에 적합한
표적시장을 선정한다. 둘째, '고객을 어떻게 만족시킬까?' 선정된 표적시장 고객에게
어떻게 차별화된 가치를 전달할지, 어떻게 포지셔닝할 것인지를 결정한다.

(2) 마케팅믹스 계획의 수립, 시행, 통제

마케팅전략을 세운 후에는 마케팅믹스(marketing mix) 요소인 제품(product), 가격(price), 유통(place) 및 촉진(promotion)에 대한 계획을 세운다. 기업은 제한된 마케팅 자원을 가장 효과적, 효율적으로 사용할 수 있는 마케팅믹스 요소에 배분해야 한다.

먼저 제품전략은 신제품 개발, 제품 포트폴리오, 제품 확장, 개별 제품의 품질, 상표명, 포장 등의 결정을 포함한다. 예를 들어, 국내 주류 회사가 신제품 개발을 고민할 때, 포도주 시장 진입과 전통주 가운데 어느 쪽이 나은 선택일까? 포도주 농장을 만들고 포도주를 생산하여 프랑스와 칠레 등 포도주로서 탄탄한 입지를 구축하고 있는 나라와 경쟁할 것인가 아니면 아직 글로벌 지명도는 낮지만 우리나라 지형에 더 알맞은 전통주를 개발할 것인가에 대한 결정은 신제품 개발과 관련된 결정이다.

가격 설정은 또 다른 중요한 마케팅 요소이다. 제품을 출시할 때에 고가로 할 것인가 저가로 할 것인가, 어느 시점에서 제품 가격을 인상 또는 인하할 것인가 하는 결정은 매출 및 향후 운명에 큰 영향을 미치는 의사결정이다. 예를 들어, 담배 가격 인상을 앞두고 가격 인상과 그 정당성에 대한 논란이 가열되었던 적이 있다. 반면에 항공시장의 경우에는 중저가 항공사들이 낮은 가격을 무기로 시장을 급속히 잠식했다. 2004년 대한항공과 아시아나 항공의 양대 항공사들의 틈새를 비집고 들어온 제주항공 등 저가 항공사들은 약진을 거듭하며 2015년에는 국내선 55%, 국제선 점유율 14%를 넘어선 데 이어, 2021년에는 국내선 72%, 국제선 27%로 급성장했다.

유통 의사결정도 주요한 마케팅믹스요소이다. 소비자들은 다양한 방식으로 제품을 구매한다. 슈퍼, 편의점, 할인점으로 대별되던 유통방식은 홈쇼핑, 온라인 쇼핑, 온라인 주문 후 오프라인 픽업, 해외 직구매 등으로 다양화하고 있다. 이에 따라 대형 유통전문그룹들은 온·오프라인을 아우르는 다양한 유통망의 활용에 적극 나서고 있다.

유통의 혁신은 기존의 유통점들이 나아가는 방향과는 전혀 달리 역발상적으로 추진될 수 있다. 예를 들어, 전통적으로 가구를 구매하는 경우 몇 주, 심지어는 한 달씩 기다리는 경우도 있었으나, '가구 슈퍼마켓' 이케아가 2014년 우리나라에서 본격적으로 영업을 시작하면서 이런 통념을 깨고 소비자가 매장으로 찾아와 가구를 구입해 직접 가져가는 방식으로 바꾸었다. 또 매장에 레스토랑, 어린이 놀이 공간들을 마련함으로써 가구업계의 유통 혁명을 이끌고 있다.

　　개발된 제품을 소비자에게 커뮤니케이션하는 활동인 촉진에는 광고, 판매촉진, PR 등이 있으며, 이 가운데 광고가 가장 잘 알려진 수단이다. 예를 들어, 애플 컴퓨터가 세상에 확실히 알려지게 된 계기가 된 것은 아마도 1984년 애플이 슈퍼볼 결승전에서 선보인 '1984'라는 한 편의 광고가 큰 역할을 했다. 슈퍼볼 광고의 효과를 인식하고 많은 기업들이 엄청난 비용을 들여서 슈퍼볼에 광고를 보내고 있다. 우리나라의 현대자동차와 기아자동차도 최근 슈퍼볼 광고에 빠지지 않고 참가하고 있다. 반면 슈퍼볼에 광고를 내보내던 삼성전자는 2014년에는 슈퍼볼 대신 아카데미상 시상식을 후원하는 쪽을 택했다. 특히 아카데미상 시상식 사회자인 Ellen의 사회 봉사활동을 지원하고, Ellen이 갤럭시를 이용하여 찍은 셀카를 트위터에 올리는 방식으로 홍보 효과를 극대화했다. 그리고 2022년에는 BTS를 앞세워 다시 슈퍼볼 광고에 복귀해 '지구를 위한 갤럭시' 캠페인을 벌였다. 이처럼 기업은 광고를 할 것인가 다른 촉진수단을 사용할 것인가를 결정하게 된다. 광고를 선택할 경우에도 어떤 광고를 어떤 매체를 통해 누구를 대상으로 어떻게 제시할 것인가를 결정해야 한다.

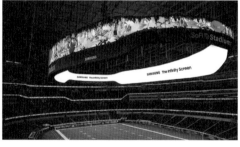

　　북미미식축구(NFL) 결승전인 슈퍼볼은 '지상 최대의 쇼'로 불린다. 전 세계 180국에 생중계되며, 미국에서만 인구의 3분의 1에 달하는 1억명 이상이 시청한다. 중계방송 시청률은 40%가 넘는다. 미국에서는 "대통령 취임식도 슈퍼볼과 겹치면 연기한다"는 말이 나올 정도다. 세계에서 가장 경제력이 있는 미국인들의 시선이 몰리기 때문에.

CASE 2
**'지상 최대의 쇼'
슈퍼볼의 주인공?**

　　슈퍼볼 중간광고는 글로벌 기업들의 광고 전쟁터다. 30초짜리 광고 단가는 2021년 550만 달러에서 2022년 650만 달러(약 78억원)로 상승했다. 초당 2억 6,000만원. 2022년에는 국내 업체 중 삼성전자와 기아가 광고에 참여했다. 삼성전자는 BTS를 앞세워 해양생물 보호를 위한 '지구를 위한 갤럭시' 캠페인 광고를 했다. 약 1분 50초짜리였으니, 286억원. 이 캠페인 광고는 당일 오후 4시 기준 113만 3,866회의 조회수와 3,723개의 댓글이 달리며 슈퍼볼만큼 화제를 모았다.

그러나 '지구를 위한 갤럭시' 캠페인 광고의 주인공은 BTS와 '캠페인' 자체였다. 삼성전자와 갤럭시는 철저히 조연이었다. 반면, 하프타임쇼의 주인공은 삼성전자였다. 미국 힙합계의 '레전드'인 닥터 드레, 스눕독, 에미넴, 켄드릭 라마, 매리 J. 블라이즈(R&B 가수)가 등장했고, 이들은 미국 그래미상 수상 횟수 합계만 43회, 빌보드 앨범차트 1위 앨범만 21장에 달할 정도로 역대급 출연진이었다. 이들의 공연은 현장에 모인 7만여 관중의 열렬한 호응을 받았다. 그런데 경기장이 넓기 때문에 관중들은 가수들의 얼굴을 직접 보는 데 한계가 있었고, 대신 운동장 천장에 설치된 초대형 스크린을 바라봤다.

삼성전자가 제작한 이 스크린은 37미터 높이에 원형의 전광판으로 설치됐다. 길이는 약 110m, 면적 6,500㎡(미식축구장 1개 면적)로, 세계 최대 규모다. 모두의 이목이 이 스크린에 쏠렸으니, 스크린이 주인공이었다고 할 만하다.

삼성전자의 초대형 전광판과 중간광고의 시너지를 고려한 촉진 전략으로 평가받는다.

최근에는 브랜드의 주요한 요소로서 스토리텔링이 강조되고 있다. 대부분의 명품의 예에서 보는 바와 같이 명품은 스토리가 있다. Seth Godin은 우리가 가진 스토리가 어떤 소비자에게 적합한지 파악해서 이 소비자를 대상으로 마케팅 활동을 전개하는 것이 중요하다고 하였다. 예를 들어, 프랑스의 에비앙(evian)은 병들어 고생하던 귀족이 프랑스의 에비앙에 머물면서 3개월 동안 에비앙 광천수만 마시면서 건강을 회복했다는 스토리를 토대로 전세계에서 가장 잘 팔리는 생수 브랜드가 될 수 있었다. 미국의 청바지 리바이스(Levi's)도 초기에 주로 미국 서부의 노동 계층이 입는 질긴 청바지로서 인식되다가 점차 미국을 상징하는 브랜드로 부상하게 되었다. 그러나 리바이스의 경우는 시대별 트렌드(예: 히피 문화, 랩 음악의 유행 등)에 따라 부침을 겪어 왔으며, 2000년대에는 소비자들이 더 이상 리바이스의 스토리가 적절하지 않다고 인식함에 따라 요즘 소비자에게 소구하는 스토리를 구축하기 위해서 노력하고 있다.

이런 마케팅전략과 마케팅믹스 전략과 관련된 전반적 사항이 결정되면 기업은 인원과 자원을 투입해서 전략을 실행한다. 또한, 현재 시행되고 있는 마케팅활동을 주기적으로 점검하는 마케팅 통제활동을 실시하고, 마케팅활동을 통해 획득한 고객과의 관계 강화를 통해 장기적 고객 관계의 형성을 꾀한다.

이 과정을 정리하면 [그림 1.2]와 같다.

마케팅전략	• 목표 설정 • 시장세분화, 표적시장선정, 포지셔닝
마케팅믹스	• 4P • product, price, place, promotion
시행과 통제	• 자원과 인력의 배분 및 활용 • 마케팅 성과의 측정 및 시정
고객관계강화	• 고객생애가치 파악 • 고객유지 및 장기적 관계 강화

그림 1.2

마케팅 관리 과정

· · · ·
토론사례

뜨거운 커피전쟁과 개인 카페

경기 침체에도 불구하고 국내 커피 시장은 성장중이다. 2023년 8조 6,000억 원에 이를 것으로 전망되는데 이는 2016년 5조 9,000억 원에서 46% 증가한 수치다. 미국과 중국에 이은 3위 시장이다. 한국인이 일 년 동안 마시는 커피의 양은 353잔으로 이는 세계 평균(130잔)보다 3배에 육박한다. 연간 카페에서 쓰는 돈은 2018년 기준 1인당 10만 4,000원으로 집계됐다.

국내 커피 시장은 커피전문점과 소매로 나누어지는데, 이 중 커피 산업 성장을 이끄는 건 전문점이다. '맥심' 커피믹스와 커피믹스를 비롯한 소매 시장규모는 2016년부터 지난해까지 2조 4,000억 원 정도에 머물고 있다. 반면 같은 기간 커피전문점 시장규모는 3조 5,000억 원에서 5조 원까지 커졌다. "한국인은 커피를 좋아하는 것이 아니라 커피숍을 좋아하는 것"이라는 얘기가 나오는 이유다.

특히 커피 전문점의 숫자가 빠른 속도로 늘어나 2009년 전국 5,200여 개에 불과하던 커피 전문점은 2015년 4만 9,000개, 2022년 7월 기준 9만 1,101개로 급성장했다. 대기업 계열사를 포함한 프랜차이즈 커피 전문점들의 시장 진입과 가맹점 유치가 시장 성장을 부추겼으며, 커피 원두와 제조방식, 그리고 부재료에 따른 커피 소비자들의 선호도가 매우 다양하다는 점이 맞춤형 서비스를 선호하는 소비 트렌드와 맞아 떨어지면서 폭발적인 성장을 불러온 것으로 분석된다. 그러나 이러한 창업 열기는 역설적으로 커피전문점들의 난립으로 이어졌고, 특히 최근 2~3년 전부터는 업계 내 경쟁이 매우 치열해졌다. 앞으로도 커피 전문점들간의 경쟁은 더욱더 심화될 것으로 예상된다.

커피의 인기가 날로 높아지면서 커피 소비 트렌드도 시시각각 변화하고 있다. 특히 최근에는 소비자들의 입맛이 까다로워지면서 고급 프리미엄 커피를 찾는 소비자들이 늘어나고 있는 추세이다. 이에 발맞춰 스타벅스와 탐앤탐스, 할리스 등의 대형 프랜차이즈 커피 전문점 브랜드들은 고객이 직접 선택한 원두를 즉석에서 갈아 커피를 내려주는 프리미엄 매장들을 하나

둘 열고 있다. 2019년 '커피계 애플'로 불리는 블루보틀이 성수에 1호점을 열며 스타벅스의 아성에 도전하고 있다. 블루보틀 역시 공간에 스토리를 입힌다는 점에서 스타벅스와 닮아있다. 블루보틀은 성수동에 이어 삼청동, 광화문, 압구정, 제주 등에서 매장을 운영하고 있다. 블루보틀의 2021년 매출은 202억 원으로 코로나에도 불구 전년(120억 원)대비 68% 증가했다.

커피전문점이 급증하면서 경쟁을 이겨내지 못하고 폐업하는 커피전문점도 적지 않다. 특히, 프랜차이즈 커피 전문점뿐 아니라 스터디 카페, 베이커리 카페, 무인 카페, 편의점 등 다양한 형태의 경쟁자 틈에서 입지를 굳히는 개인 카페들도 적지 않다. 이들 개인 카페가 성공한 이유는 무엇일까? 성공한 소규모 개인 카페를 선정한 후 다음 토론문제에 답해 보자.

자료원: 동아일보 2021.5.19; Bloter 2022.10.29; 서울경제 2022.10.15

토론문제

01 개인 카페 한 곳을 선정한 후, 이 카페가 처한 마케팅 상황을 분석하라.

02 한국 커피 시장의 추세와 소비 트렌드, 경쟁 상황은 어떻게 전개될까? 그리고 이것이 이 개인 카페에 어떤 영향을 미칠까?

03 작은 카페가 향후 어떻게 계속해서 성장해갈 수 있을까?

02

마케팅 전략

02

마케팅 전략

┃ 나이를 먹지 않는 왕국, 디즈니의 성장

월트 디즈니와 로이 디즈니 형제가 1923년 미국 LA에서 디즈니를 창업한 지 90년이 넘었지만 아직까지 세계 최고, 최대의 콘텐츠 기업으로서의 명성을 이어가고 있다. 디즈니의 사업 영역은 폭이 넓다. 영화, TV, 홈비디오 제작·유통, 테마파크, 출판, 음악 등 거의 모든 콘텐츠 분야를 망라하고 있다. 디즈니는 기술의 발달 등 사업 환경이 변할 때마다 시대적 트렌드를 놓치지 않고 선두에서 계속 새로운 것을 시도해 왔다. '선진국 10억 명 인구가 디즈니 속에서 태어나 디즈니 속에서 살다가 죽는다' '나이를 먹지 않는 왕국' 등의 말은 디즈니의 혁신 DNA와 생명력을 가리키는 말이다. 디즈니는 몇 차례의 위기가 있었음에도 불구하고 혁신을 앞세워 위기를 돌파해 왔다.

1928년 최초의 만화 캐릭터인 미키마우스를 선보인 디즈니는 1930년대 미키마우스 클럽을 탄생시키면서 캐릭터 관련 상품과 서적 등을 팔기 시작했다. 지금도 엄청난 부가가치를 올리고 있는 디즈니 캐릭터의 '원 소스 멀티 유스(One source multi-use)' 전략을 선보이기 시작한 것이다. 이어 1940년대에는 라디오 방송을 시작했고, 1950년대에는 TV 방송과 함께 장편 애니메이션 제작과 테마파크 사업에도 뛰어들었다. 월트 디즈니는 1950년대 기존의 놀이공원과는 완전히 다른 '테마파크'를 만들면서 '이매지녀(imaginer)'

라는 신조어를 만들어냈다. 디즈니의 기술자들이 놀이공원 모든 곳에 상상력을 불어넣는 사람이 되어야 한다는 의미에서 만들어낸 말이다. 지금도 디즈니 그룹에서는 엔지니어라는 말 대신 이매지너라는 말을 쓴다.

1980년대 디즈니는 닌텐도 게임의 열기를 놓치지 않고 게임사업에 뛰어들어 사업을 확장했다. 지금도 월트 디즈니그룹 산하의 디즈니 인터랙티브 미디어그룹은 온라인, 모바일, 비디오 게임을 망라하는 사업 영역을 구축하고 있다. 이어 1990년대 들어서는 미국 3대 공중파 방송사 중 하나인 ABC 인수를 시작으로 방송 제국을 건설하기 시작했다. 현재 디즈니는 여러 사업 분야 중에서도 방송과 인터넷을 아우르는 미디어 네트워크에서 가장 가파른 성장세를 보이고 있다.

ABC를 비롯해 어린이 전문 방송 '디즈니 채널' 'ABC 패밀리' 'SOAPnet' 등의 채널과 '스테이지9디지털 미디어' 등의 제작사, 그리고 '라디오 디즈니 네트워크' 등을 갖고 있다. ABC가 80%의 지분을 보유하고 있는 스포츠 전문방송 ESPN도 디즈니 소유다. 현재 ESPN의 가치는 1996년 디즈니가 ABC 인수를 위해 쏟아부은 190억 달러 이상이라는 평가를 받고 있다.

한때 위기에 처했던 디즈니를 위기에서 일으켜 세운 혁신의 경영자는 1984년 최고경영자(CEO) 자리에 오른 마이클 아이즈너다. 그는 영화사업에 진출했다가 위기를 맞은 디즈니를 다시 애니메이션 왕국으로 돌려놓는 데 성공했다. 하지만 단순한 과거로의 복귀가 아니라 혁신이 가미된 변신이었다. 그는 단순한 아이들 취향의 만화영화 스튜디오였던 디즈니를 '종합엔터테인먼트 미디어그룹'으로 탈바꿈시켰다. '인어공주' '미녀와 야수' '라이온킹' 등의 히트작을 쏟아낸 것은 그가 그린 청사진의 결과였다.

2005년부터 현재까지 디즈니의 중단 없는 성장을 이끌고 있는 밥 아이거 CEO 역시 디즈니의 혁신 DNA를 물려받은 경영자로 평가받는다. 그가 CEO에 오른 뒤 처음으로 한 일은 픽사 스튜디오의 인수였다. 픽사 스튜디오는 애플 창업자 스티브 잡스가 애플에서 쫓겨나 있을 때 설립한 회사로, 디즈니의 최대 경쟁자로 평가받는 애니메이션 제작 업체였다.

하지만 아이거와 잡스는 디즈니의 픽사 인수라는 74억 달러 규모의 M&A를 이끌어냈다. 이 과정에서 잡스는 디즈니의 지분을 확보해 주주가 되었고, 테크놀러지에 관심이 많은 아이거는 이 후 디즈니의 TV물을 애플의 아이팟에서 볼 수 있게 하는 등 플랫폼 혁명도 이끌어냈다. 이후에도 사업 확장은 계속되어, 2009년에는 마블 엔터테인먼트, 2012년에는 루카스필름, 2020년에는 21세기 폭스를 인수하였다. 2019년 자체 스트리밍 서비스 디즈니플러스를 선보이면서 자체 제작뿐만 아니라 콘텐츠 유통 채널도 확보했다.

　코로나19 팬데믹이 막 시작하던 2020년 2월 CEO직을 사임했던 아이거는 경영 부진 위기 극복을 위해 2022년 11월 다시 복귀했다. 그러나 다시 복귀한 밥 아이거 CEO가 챙겨야 할 일이 결코 만만치 않다. 디즈니의 2022년 3분기 전체 매출은 전년 동기 대비 9% 늘어난 201억 5,000만 달러(약 27조 7,000억원)으로 집계됐다. 순이익은 1억 6,200만 달러(약 2,227억원)로 전년 동기 수준에 그쳤다. 디즈니 주가는 2022년에만 41% 주저앉았다.

　특히 테마마크 부진의 상처가 깊다. 포스트 코로나 흐름에 따라 매출은 회복세지만, 여전히 적자가 줄지 않고 있다. 여기에 영화 등 영상 사업 역시 마블 프랜차이즈 성공 이후 디즈니는 뚜렷한 신성장 동력을 찾지 못하고 있다. 메타버스 시장 진출은 기본 전략조차 제시하지 못했으며, 새로운 마블 영화 시리즈 역시 좀처럼 흥행가도를 달리지 못하고 있다. 사람들은 과연 다시 등판한 스타 CEO가 디즈니의 재도약을 이룰 수 있을지 주목하고 있다.

　자료원: 디지털투데이 2022. 11. 21; 월스트리트저널 2015. 1. 21; 조선일보 2013. 6. 20 수정 인용

디즈니의 성장 사례에서 볼 수 있듯이 기업이 계속 살아남고 지속적으로 성장하기 위해서는 변화가 필요하다. 전략은 기업이 환경 변화에 대응하여 장기적인 방향을 구체화하려는 노력이라고 볼 수 있다. 기업의 성공을 위해서는 무엇이 필요할까? 기업은 고객의 욕구를 보다 잘 충족시켜 줄 수 있는 해결책을 제시해 주어야 한다. 또한 이를 효과적이고 효율적으로 달성할 수 있는 자원과 역량을 갖추어야 한다.

환경의 변화는 기업들에게 새로운 도전을 요구한다. 소비자들에게 매력적인 해결책을 제시하여 많은 사랑을 받던 기업들도 환경이 변화하게 되면 그 해결책이 더이상 최선의 대안이 되지 않을 수 있다. 기업의 성공이 한 때에 그치지 않고 오랜 기간 지속되고 계속 성장하기 위해서는 변화하는 환경에 잘 대응해야 한다.

현재 디즈니는 엔터테인먼트 분야를 대표하는 선도 기업이지만 지금의 모습을 갖기까지 수많은 도전에 직면했다. 디즈니는 뚜렷한 방향성을 갖고 있었으며, 환경에 부합되는 적절한 전략으로 성장을 모색해 왔기에 현재의 모습을 갖출 수 있었다.

본 장에서는 마케팅전략을 중심으로 전략에 대해 설명하고자 한다. 먼저 전략의 의의를 살펴보고 전체 전략의 체계에서 마케팅의 역할과 위치를 살펴본다. 그리고 마케팅전략의 토대가 되는 기업 수준의 전사적 전략 계획의 과정과 기법을 설명할 것이다. 끝으로 사업부 수준의 마케팅 전략 수립을 개괄적으로 설명하겠다.

전략의 의의 및 마케팅의 역할

[1] 전략의 의의

기업은 시장에서 성공하기 위해 고객가치를 창조하고 고객관계를 구축하는 노력이 필요하다. 그런데 현재의 성공이 미래의 성공을 보장해주지는 못한다. 시간이 흐름에 따라 소비자의 욕구는 변화한다. 새로운 트렌드가 세상을 휩쓸면 과거에 멋졌던 것들이 촌스러운 것들로 전락해 버린다. 한 때를 풍미했던 제품의 광고를 십년이상 훌쩍 지난 지금 보면서 아직도 사고 싶다는 생각을 갖기는 쉽지 않다. 소비자의 욕구만 변화하는 것이 아니라, 경쟁자도 변하고, 관련 기술은 더욱 빨리 변한다. 따라서 기업도 변화하는 환경에 적응하기 위해 변화를 검토해야 한다. 그리고 이를 반영하여 기업 수준의 큰 틀의 전략 계획이 수립되어야 한다. 또한 소비자들에게 지속적으로 높은 가치를 제공하기 위해서는 적절한 마케팅 전략이 요구된다.

그렇다면 전략이란 무엇인가? 전략은 어떠한 방향으로 가야 하는지, 어떻게 가는 것이 바람직한지에 대한 고민의 산물이라고 할 수 있다. 전략이 없다는 것은 방향성에 대한 고민 없이 일을 추진하는 것이다. 어떤 사람이 깜깜한 길을 무턱대고 걸어가고 있는 모습을 상상해보라. 어디로 가야 하는지, 어떻게 가야 잘 가는 것인지, 어떠한 위험이 도사리고 있는지 등에 대한 생각 없이 그냥 나아가는 것은 위험한 일이다. 최종 목적지가 어디인지, 현재 어디에 있고 어떠한 길로 가야 하는지, 어떻게 가는 것이 지형지물을 고려할 때 바람직한지를 파악하기 위해서는 불을 밝혀야 한다.

기업도 마찬가지다. 기업의 구성원들이 열심히 잘하고 있다는 것만으로 성공을 담보할 수 없다. 더욱이 구성원들이 방향성을 갖지 못한 채 뿔뿔이 흩어져 제각기 여러 방향으로 나간다면 구성원들의 노력은 소기의 성과를 거두기 어렵다. 따라서 전략 수립을 통해 현재를 검토하고 장기적인 방향성을 제시하여 미래로 나아갈 수 있도록 해야 한다. 많은 구성원들의 노력이 조화롭게 통합될 수 있도록 지침을 제시하고 방법을 구체화해 주어야 한다.

(2) 전략 체계에서 마케팅 전략의 위치

마케팅 전략의 수립을 위해서는 먼저 기업 수준의 전략 계획이 선행되어야 한다. 마케팅 전략은 큰 틀의 전사적 전략 계획의 아래에 있다고 할 수 있다. 마케팅은 기업이 수행하는 다양한 활동 또는 기능 중 하나이기 때문이다. 그렇지만 시장에서의 성공을 위해서는 기업 전사적인 차원에서 고객지향적인 관점이 요구된다. 즉 마케팅은 기업 수준의 전략 설정에서도 결정적인 역할을 수행하는 활동이다. 달리 표현하면 마케팅은 기업의 매출, 즉 수익을 결정하는 데 주된 역할을 하는 활동이다. 고객과의 교환을 관리하는 분야이기 때문이다. 마케팅의 결과에 따라 소비자들이 제품을 얼마나 구매할지, 얼마를 지불하고 구매할지, 얼마나 지속적으로 구매할지가 결정된다. 따라서 기업 수준의 전략 계획을 수립하는 과정에서 고객 가치에 대한 고민, 변화하는 시장 환경에 대한 고려는 필수적이다. 결국 기업 수준의 전략이 마케팅 전략을 도출하는 근간이 되는 상위의 개념이지만, 이를 결정하는 데 있어 마케팅적인 관점이 배제

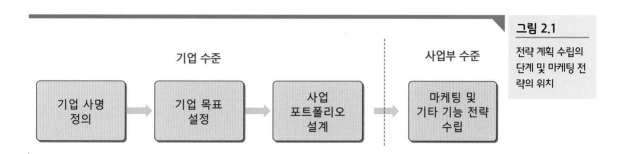

그림 2.1
전략 계획 수립의
단계 및 마케팅 전
략의 위치

된다면 시장지향적인 기업이 될 수 없다.

　　기업 수준의 전략이 수립되면 이를 달성하기 위한 각 사업부의 역할, 구체적으로 사업부 수준의 마케팅 역할이 가시화된다. 이러한 역할을 보다 구체적으로 고민하고 정교하게 방향성을 모색하는 것이 마케팅 전략이라고 할 수 있다. 결국 마케팅 전략은 기업 수준의 전사적 전략을 뒷받침하는 중요한 한 축을 이룬다. 즉 전사적 전략 추진에 있어 마케팅의 역할이 정의되면, 마케팅 전략을 통해 이러한 역할을 잘 수행하기 위한 구체적인 방향성과 프로그램을 만드는 것이다. 전략 계획 수립의 단계 및 마케팅 전략의 위치를 도식화해보면 [그림 2.1]과 같다.

2

기업 수준의 전략 계획(company-level strategic planning)

　　시대가 변화함에 따라 한 때 각광받던 사업들도 더 이상 매력적이지 않을 수 있다. 아직 기존 사업들이 잘 나갈 때 미래에는 어떤 사업을 성장 동력으로 할 것인지 탐색해야 한다. 기존 사업들 중 어떤 사업을 어떠한 방식으로 정리할 것인지 고민해야 한다. 이를 위해 먼저 기업의 장기적인 지향점이라고 할 수 있는 사명 정의와 목표 설정이 필요하다.

　　전략 계획(strategic planning)이란 조직의 목표, 자원, 역량과 변화하는 환경 간의 전략적 적합성(strategic fit)을 개발, 유지하는 과정이다. 전략적 적합성을 개발한다는 것은 환경에 부합되는 목표, 자원, 역량을 구축한다는 의미이다. 단기적으로는 목표의 조정, 자원과 역량의 내·외부 보강 등의 방법이 활용될 수 있다. 근본적으로는 큰 틀의 전략을 검토하고 재설정하는 방법이 활용될 수 있다. 즉 전략 계획은 환경 변화에 주목하면서 기업을 적응, 진화, 변신시키는 큰 틀의 방향을 고민하고 이에 대한 대안을 도출하는 것이다.

디즈니의 사례에서 살펴본 바와 같이, 더 이상 사람이 직접 그린 애니메이션으로 소비자의 욕구를 충족시킬 수 없다면 3D 컴퓨터 애니메이션으로의 진출을 모색해야 한다. 애니메이션과 테마파크 관련 사업만으로는 성장의 한계가 있다면 과감히 다른 엔터테인먼트 분야 진출을 추진해야 할 것이다. 이러한 전략 계획은 조직 내에서 이루어지는 다양한 세부 계획 수립에 기초를 제공해준다.

기업 수준의 전략 계획은 기업이 궁극적으로 추구하고자 하는 가치를 표현하는 사명(mission)을 정의하는 것으로부터 시작된다. 사명을 정의하면 이를 달성하기 위해 필요한 구체적인 목표(objectives)를 설정하게 된다. 목표는 기업 전략의 구체적인 지침의 역할을 수행한다. 다음으로 기업은 현재의 사업 현황과 바람직한 방향을 검토하는 사업 포트폴리오(business portfolio) 설계의 과정을 거친다. 구체적으로 사업 포트폴리오의 현재 상황은 어떠한지 분석하고 미래 모습은 어떠해야 할지를 결정해서 전략의 큰 틀을 완성한다. 이것이 결정되면 마케터는 전사적 전략의 큰 틀 아래에서 각 사업의 바람직한 마케팅 전략을 수립한다.

(1) 기업 사명(corporate mission)

리츠 칼튼

THE RITZ·CARLTON

앞서 언급한 것처럼 기업은 궁극적으로 추구하고자 하는 가치 또는 목적을 갖고 있어야 한다. 옛날 먼 바다를 항해하는 배들이 별자리를 보고 현재의 위치와 가야 할 방향을 파악하듯 사명은 구성원들에게 가치판단의 기준과 궁극적인 지향점을 제시한다. 사명은 조직의 구성원들에게 보이지 않는 손(invisible hand)의 역할을 한다. 구성원들에게 영감을 불어 넣고 생각과 행동의 지침이 된다.

리츠칼튼 호텔의 사명에는 "우리는 우리 고객들의 표현하지 않은 요구까지도 충족시키는 '리츠칼튼 경험'을 제공한다"라는 문구가 포함되었다. 고객이 표현하는 요구뿐 아니라 표현하지 않은 요구까지 충족시키기 위해서는 구성원들이 보다 능동적으로 고객의 희망 사항을 포착하려고 노력해야 한다. 리츠칼튼 호텔에서 고객이 과거 이용할 때 요청한 베개의 타입, 선호 와인 등을 데이터베이스에 기록하였다가 다음 방문 시 고객이 요구하기 전에 제공하는 것은 이 기업의 사명에 부합하는 활동이다.

기업 사명은 설립 당시에 정의되었을 수 있지만 조직의 변화, 환경의 변화로 인해 일부 재조정되기도 한다. 물론 사명이 빈번하게 수정되는 것은 바람직하지 않다. 기업 사명이 제 역할을 다하기 위해서는 다음과 같은 특성을 가져야 한다.

첫째, 기업 사명은 시장지향적으로 정의되어야 하고, 이러한 관점에서 사업 영역과 추구 가치를 명시해야 한다. 월마트는 '우리 회사는 사람들에게 돈을 아낄 수 있게 하여, 그들이 더 잘 살 수 있게 해준다.'라고 사명을 정의하고 있다. 상시 저가(everyday low price)를 통해 사람들의 삶을 개선해주는 역할을 수행하겠다는 가치를 내걸고 있다. 제록스는 '우리 회사는 복사기기를 생산하고 판매한다'라는 제품 지향적인 사명이 아니라, 다음과 같이 사명을 정의하고 있다. '우리 회사는 사업 프로세스와 문서 관리 분야에서의 선도적 기술과 서비스를 통해, 우리 고객들이 중요한 자신들의 사업에 집중할 수 있도록 자유를 제공하면서 크고 작은 기업의 심장부에서 위치한다.' 고객들이 자신들의 본연의 일에 집중할 수 있도록 자유를 제공하겠다는 가치를 제시한다.

시장지향적인 사명의 정의는 앞 장에서 살펴본 '근시안적 마케팅(marketing myopia)'에 빠져들지 않게 해 준다. 고객 가치에 주목하는 시장지향적 사명은 환경 변화에 보다 유연하게 대응할 수 있는 업(業)의 정의가 이루어지도록 해 준다. '장난감 제조업', '테마파크 운영' 등과 같이 제품지향적으로 사업 영역을 설정하는 것은 위험하다. 이는 근시안적 마케팅으로 스스로 족쇄를 채울 수 있기 때문이다. 그렇다고 어떠한 사업인지 파악하기 어렵게 '고객을 행복하게 하는 사업' 등과 같이 너무 넓게 사업영역을 담는 것도 피해야 한다. 제록스의 사명기술서에 담겨 있는 '사업 프로세스와 문서 관리 분야'와 같이 시장의 관점을 반영하면서 너무 좁지 않게 사업 영역을 담아야 한다. 그리고 '자신들의 사업에 집중할 수 있도록 자유를 제공'과 같이 핵심적인 추구 가치를 표현해야 한다.

둘째, 기업 사명은 기업의 차별적 우위를 갖는 역량을 반영하고, 주된 경쟁을 고려해야 한다. 아마존닷컴의 사명기술서에는 '당신이 온라인으로 구매하고 싶은 어떠한 제품도 찾을 수 있는 곳'이라는 문구가 포함되었다. 이는 아마존닷컴의 차별적 우위와 '온라인'이라고 하는 주된 경쟁 범위를 고객지향적인 관점에서 표현한 것이다.

셋째, 기업 사명은 환경에 적합한 비전을 제시할 수 있어야 한다. 사명은 구성원을 동기부여할 수 있어야 한다. 구성원이 자신들이 하는 일에 의미와 보람을 찾을 수 있다면 더욱 동기 부여될 수 있다. 월마트의 사명에 '사람들의 삶을 개선해주는 역할을 수행하겠다'는 가치를 담은 것은 소비자뿐만 아니라 구성원들에게도 긍정적인 영향을 미칠 것이다. 그렇다고 이러한 비전이 너무 모호하면 구성원들에게 지침을 제시하지도 영감을 제공하지도 못한다. 좋은 단어나 표현들을 잔뜩 열거하고 있으나 무엇을 하겠다는 지가 불분명해서는 안 될 것이다.

(2) 기업 목표 설정

기업의 존립 근거와 궁극적 지향점에 대한 고민 끝에 기업 사명이 정의되면 이제 기업 목표를 설정해야 한다. 기업 목표를 설정한다는 것은 추상적일 수 있는 기업 사명을 구체적인 형태로 전환하는 것을 의미한다. 즉 기업 사명의 실현을 모색하려면 관리할 수 있는 버전으로 구체화해야 한다. 만약 어떤 기업이 '고객에게 보다 나은 솔루션을 제공하겠다'는 사명을 설정하였다면, 이를 어떻게 구현할 것인지 목표로 구체화해야 한다. 혁신적 솔루션 제공을 위해 연구 개발에 얼마나 투자하겠다든지, 소비자 구입비용 최소화를 위해 얼마만큼의 원가절감을 하겠다든지 등의 목표를 설정해야 한다.

기업이 목표 설정에 있어 고려해야 할 요인은 다음과 같은 것들이 있다.

첫째, 목표는 전반적 목표에서 구체적 목표까지 위계 구조를 갖도록 설정하는 것이 바람직하다. 중요한 목표부터 덜 중요한 목표까지 우선순위를 부여하는 것도 필요하다. 기업의 목표 중 '특정 기간 동안 투자 수익률을 제고'하는 것을 상위의 목표로, '매출 증가'와 '투자 및 비용 절감'을 하위의 목표로 설정할 수 있다. 그리고 이를 위해 추진할 '기존 고객 1인당 매출 증가', '신규 고객 유치', '물류비용 절감' 등의 보다 하위의 목표들에 우선순위를 부여할 수 있다.

둘째, 목표는 가급적 숫자와 같이 정량적으로 표현해야 한다. 기업들은 '측정할 수 없으면 관리할 수 없다'라는 것을 명심해야 한다. 목표를 얼마나 달성했는지를 파악하고 이를 토대로 지속적으로 관리해야 한다. 따라서 측정이 가능하도록 정량적으로 설정되는 것이 바람직하다. 물론 모든 목표를 정량화하기는 어려울 수 있다. 그렇지만 다양한 기법을 활용해 숫자로 표현할 수 있는 방안을 최대한 모색해야 한다.

셋째, 목표는 현실적이고, 일관적이어야 한다. 목표가 구성원들에게 도저히 달성할 수 없는 수준으로 인식된다면 목표의 기능을 수행할 수 없다. 목표의 결정에 경영층의 단순한 희망사항이나 지나친 낙관이 반영되지 않았는지 검토해야 한다. 또한 목표는 일관성을 가져야 한다. 세부 목표들 간 상쇄관계(trade-off)가 존재하거나 동시에 추구하기 어려운 점이 없는지 살펴보아야 한다. '고객 증가'와 '고객 1인당 마진 제고'를 동시에 추구하는 것은 현실적으로 어려울 수 있다.

CASE 1
애플의 신규 사업 진출

스티브 잡스가 애플을 떠났을 때 "잡스 없는 애플은 평범한 회사일 뿐"이라는 말이 나왔다. 팀 쿡은 그렇게 출발했다. 그리고 2년이 넘는 시간이 흘렀다. 팀 쿡은 여전히 '스티브 잡스라면 어떻게 했을까'라는 질문에서 자유롭지 못하다. 그래도 팀 쿡은 차근차근 '잡스의 애플'에서 벗어나 '팀 쿡의 애플'을 만들어 가고 있다.

애플을 물려받은 팀 쿡은 착실하게 애플을 경영했다. 애플의 주가는 팀 쿡이 CEO가 된 뒤 56%나 상승했다. 애플은 2013년 4분기 576억 달러로 사상 최대 매출을 거뒀다. 잡스 시대의 성장세를 그대로 이어가고 있다. 물론 이 과정에서 많은 이들에게 감동을 줬던 '혁신'은 더 이상 없다는 말들이 나온다.

팀 쿡은 잡스 때와 다른 환경에 직면해 있다. 아이폰은 삼성전자를 비롯한 안드로이드 진영에게 시장점유율을 계속 뺏기고 있다. 스마트폰시장 자체가 한계에 달했다는 지적도 끊임없이 나온다. 아이패드 매출도 지난 네 분기 중 세 분기 동안 감소했다.

팀 쿡은 사업다각화에 나서고 있다. 아이폰과 아이패드에서 벗어나 TV, 자동차 등 다양한 사업에 진출하고 있다. 이를 위해 대규모 인수합병도 추진하고 있다. 잡스가 생전에 부정적으로 봤던 일들이다. 이에 대한 평가는 엇갈린다. "잡스라면 진출하지 않았을 것"이라는 비판과 "애플도 사업다각화가 필요하다"는 옹호가 교차한다.

팀 쿡은 지난 3월 애플 주주총회에서 잡스를 비롯한 애플 임원들이 농담삼아 애플TV를 '취미'라고 불러온 점을 언급하며 운을 뗐다. 그는 "그 취미가 작년에 매출 10억 달러를 넘었다"며 "이제는 더 이상 취미라고 부르기가 좀 어려워졌다"고 말했다. 애플은 2007년 맥 운영체제 기반의 1세대 애플TV를 선보인 데 이어 2012년 3세대 애플TV까지 선보였다. 그러나 그동안 애플TV는 별다른 주목을 받지 않았다. 다른 제품에 비해 매출 비중이 낮았고 애플 입장에서도 크게 신경쓰지 않았기 때문이다.

그러나 팀 쿡은 직접 TV가 더 이상 취미가 아니라면서 상황이 바뀌었음을 시사했다. 이 때문에 조만간 시장경쟁력을 갖춘 애플TV가 선보여질 가능성도 점쳐지고 있다. 업계에서 애플이 음성인식기능과 게임 등의 기능이 추가된 4세대 애플TV를 곧 출시할 것이란 전망이 우세하다. 파이낸셜타임스는 "지난해 애플은 아이튠즈를 통해서만 매일 80만 개의 TV 프로그램과 35

만 개의 영화를 팔았다"며 "팀 쿡의 발언은 TV 부문을 새로운 성장동력으로 키우겠다는 비전을 보여준 것"이라고 보도했다.

애플은 웨어러블기기 시장에도 진출한다. 그러나 이 분야에서 애플은 후발주자다. 삼성은 이미 스마트워치 시장에서 75% 이상의 점유율을 자랑하며 시장을 선도하고 있다. 그런데도 애플에 대한 시장의 신뢰는 여전하다. 전문가들은 애플과 삼성이 향후 웨어러블기기 시장을 양분할 것으로 본다. 시장조사기관 IDC가 미국 소비자들을 대상으로 회사별 웨어러블기기 신뢰도를 조사한 결과 애플 45%, 삼성 42%, 구글 35% 순으로 나타났다. IDC는 "아직 뚜렷한 제품이 없는 애플에 대한 이러한 기대감은 애플이 스마트기기 시장에서 지속적 경쟁력을 보여 왔기 때문"이라며 "애플이 웨어러블시장에서도 자사만의 아이덴티티를 구현할 수 있을 것"이라고 덧붙였다.

애플은 자동차시장에도 이미 진출했다. 지난 3월 애플은 공식 홈페이지를 통해 자동차 전용 애플운영체제 '카플레이(Carplay)'를 공개했다. 이 분야에서 상용화할 수 있는 운영체제를 출시한 것은 애플이 처음이다. 운전자들은 카플레이를 통해 애플지도를 내비게이션에서 사용할 수 있고 자동차에서 아이폰에 저장된 영화를 보고 음악도 들을 수 있다. 카플레이는 현대차, 벤츠를 비롯해 6개 자동차회사의 신차에 우선탑재될 예정이다. 월스트리트저널은 "애플을 시작으로 IT업체들이 자동차시장에 본격적으로 뛰어들 것"이라며 "자동차분야는 IT소프트웨어 업체에게 새로운 시험장이자 기회"라고 분석했다. 연간 전 세계 자동차 판매대수는 8천만 대에 이를 것으로 관측돼 확실한 신성장동력으로 주목받고 있다.

팀 쿡은 CEO 자리에 오른 직후부터 "혁신이 사라졌다"는 공격을 끊임없이 받았다. 그의 모든 행보에 대해 "잡스라면 하지 않았을 것"이라는 말이 꼬리표처럼 따라다녔다. 특히 잡스는 생전 사업다각화에 대한 부정적 견해를 내비친 적이 있다. 잡스는 1980년 "많은 기업은 일단 성공하면 사업다각화를 꾀하기 시작해서 회사의 초점이 흐려지고 혼을 잃는다"고 말했다. 그는 "오로지 각 분기별 결산을 흑자로 만들기 위해 기업을 매수하고 사업을 확대하는 등 설립 당시의 이념과 점점 멀어지고 본질을 잃어간다"며 "회사가 거대해지면 직원들은 물론이고 경영자마저 자신의 회사가 어떤 사업을 하고 어떤 제품을 판매하는지 파악하지 못하는 경우도 적지 않다"고 말했다.

그러나 잡스의 시기와 지금은 분명 다르다는 우호적 시각도 존재한다. 애플의 다각화 행보를 환영하는 목소리도 많다. 잡스는 2011년 사망하기 전 팀 쿡에게 "잡스라면 어떻게 할 것인지 묻지 말고 자신이 옳다고 생각하는 것을 하라"고 조언했다. 팀 쿡은 점차 잡스의 조언을 따르고 있는 것처럼 보인다. 그에게 늘 따라다녔던

'잡스의 2인자', '잡스라면 어떻게 했을까'라는 말에서 벗어나 '팀 쿡의 애플'을 만들어 나가고 있다는 평가를 듣는다. 팀 쿡은 2014년 2월 "애플의 전성기는 끝나지 않았다"고 자신만만하게 말했다.

자료원: 비즈니스포스트 2014. 5. 22 수정 인용

(3) 사업 포트폴리오 설계

1) 사업 포트폴리오 분석

재무 투자에서는 다양한 성격의 투자 종목을 포트폴리오로 구성하여 안정적인 투자를 모색한다. 마찬가지로 기업은 다양한 사업에 진출하여 포트폴리오를 구성하고 성장과 시너지를 모색한다. 사업 포트폴리오란 기업을 구성하는 사업의 집합을 의미한다. 사업 포트폴리오 분석이란 이러한 사업들의 매력도, 경쟁력, 역할 등을 평가하는 것이다. 새롭게 사업이 추가될 때 여러 측면의 타당성을 검토하여 추가 여부를 결정한다. 그렇지만 시간이 흐름에 따라 현재는 어떠한 상태를 보이고 있는지 파악할 필요가 있다. 또한 사업 포트폴리오 전체의 구성이 균형 잡힌 모습인지 파악해 볼 필요가 있다. 이러한 분석을 하는 것은 한정된 자원의 투입 및 배분의 결정, 사업 구성의 미래 방향 결정 등을 위해 기초 정보가 필요하기 때문이다. CASE 1의 애플과 같이 현재 뛰어난 성과를 거두고 있는 기업도 지속적인 성장을 위해서는 현재 사업 포트폴리오의 타당성을 검토하고 미래 방향에 대한 고민이 필요한 것이다.

포트폴리오 분석을 위해서는 먼저 전략 사업 단위(strategic business unit, SBU)를 파악해야 한다. SBU는 독자적인 목표를 갖고 기업 내 다른 사업과 독립적으로 계획 수립, 집행, 평가가 이루어질 수 있는 단위를 의미한다. 따라서 SBU는 기업의 기존 사업부 수준일 수도, 사업부 내 제품군이나 제품라인일 수도, 단일 브랜드 수준일 수도 있다. 디즈니의 경우 '애니메이션 스튜디오 부문', '미디어 네트워크 부문' 등과 같이 크게 구분할 수도 있고, 'ABC', 'ESPN', '디즈니랜드' 등의 수준으로 구분하거나, 더 세부적으로 각 지역의 테마파크 수준이나 테마파크에 포함되어 있는 '매직킹덤' '애니멀킹덤' 수준으로 구분해서 SBU를 나누어 볼 수 있다. 여기서 유의해야 할 점은 독자적인 전략 수립, 경쟁자의 파악, 성과 평가가 이루어질 수 있는 조직 단위어야 한다는 것이다. 실무적으로 분석을 위한 자료의 집계가 가능한 수준이어야 한다.

그림 2.2

BCG 성장–점유
매트릭스

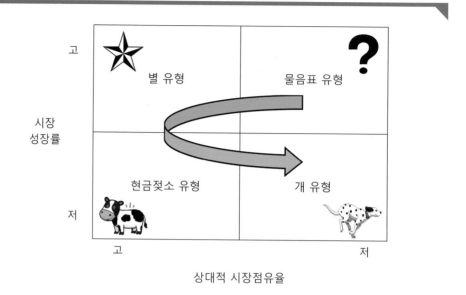

SBU가 파악되었다면 이들 사업 단위를 어떠한 기준으로 평가할지 결정해야 한다. 일반적으로 많이 활용하는 기준은 산업 전체 수준의 시장 매력도 차원, 기업 수준의 기업 경쟁력 차원이다. 시장 매력도란 시장의 크기, 성장률, 과거 이익률 등과 같이 얼마나 해당 시장이 매력적인지를 나타낸다. 기업 경쟁력이란 기업의 시장 점유율, 제품의 품질 우위 정도, 점유율의 증가율 등과 같이 해당 기업이 시장에서 얼마나 경쟁 우위를 점하고 있는지를 나타낸다.

가장 대표적인 사업 포트폴리오 분석 기법인 BCG(Boston Consulting Group)의 성장-점유 매트릭스(growth-share matrix)를 소개하고자 한다. BCG의 성장-점유 매트릭스는 SBU를 평가하는 기준으로 시장성장률(market growth rate)과 상대적 시장점유율(relative market share)을 활용한다. 시장성장률이란 해당 시장의 매력도를 나타내는 것으로 해당 산업이나 시장 전체의 매출액 증가율로 측정된다. 상대적 시장점유율은 해당 시장 내에서 기업의 경쟁력을 나타내는 것으로 해당 산업이나 시장에서 자사의 시장 점유율을 경쟁사(가장 시장점유율이 높은)의 시장점유율로 나눈 값으로 측정된다.

이러한 SBU별 측정 결과를 [그림 2.2]와 같이 수직축과 수평축에 나타낸다. 일반적으로 시장성장률은 10%를 기준으로 고/저를 나누고, 상대적 시장점유율은 1을 기준으로 고/저로 나눈다. 그리고 시장성장률과 상대적 시장점유율은 위치를 결정하는 데 활용하고, 해당 SBU의 매출은 원의 크기로 표현한다.

BCG의 성장-점유 매트릭스에 표시된 SBU들은 스타(stars), 현금 젖소(cash cows), 물음표(question marks), 개(dogs) 네 가지 유형으로 구분된다.

① 스타

시장성장률과 상대적 시장점유율이 모두 높은 SBU이다. 일반적으로 물음표 유형의 SBU가 시장에서 성공을 거두면 스타 유형이 된다. 그러나 이 유형의 SBU들이 기업에게 반드시 긍정적인 현금흐름을 가져다주지는 않는다. 빠르게 성장하는 시장에서 경쟁자들보다 나은 성과를 내기 위해서는 상당한 수준의 자금 투자가 필요하기 때문이다. 그렇지만 만약 기업에 스타 유형의 SBU가 없거나 부족하다면 미래 전망이 어두울 수밖에 없다.

② 현금 젖소

상대적 시장점유율은 높으나 시장성장률이 낮은 SBU이다. 여기에 속한 SBU들은 이미 시장에서 업계 리더의 확고한 기반을 구축하였기 때문에 매출은 많이 발생하지만 추가적인 투자가 많이 필요하지는 않는다. 또한 해당 산업이나 시장은 성장률이 둔화된 성숙기에 접어든 상태이기 때문에 많은 투자를 필요로 하지는 않는다. 따라서 현금을 창출해내는 역할을 수행하는 SBU들로 기업의 투자 자금의 원천이다.

③ 물음표

시장성장률은 높지만 상대적 시장점유율이 낮은 SBU이다. 물음표에 속한 SBU들은 시장에서의 낮은 지위로 인해 매출액은 많지 않고 오히려 시장점유율 확대를 위해 많은 투자가 필요하다. 대부분의 사업은 물음표 유형으로 출발한다. 이 중 일부 SBU는 상대적 시장점유율 증가를 통해 스타 유형으로 이동할 수 있지만 그렇지 못한 SBU는 점차 시장성장률이 낮아져 개 유형으로 이동하게 된다. 따라서 이 유형의 SBU에 많은 투자를 하는 것이 바람직할지, 바람직하지 않을지 판단하는 것은 어렵고 불확실해서 물음표라는 명칭으로 표현된다.

④ 개

시장성장률과 상대적 시장점유율이 모두 낮은 SBU이다. 이들 SBU들은 사업을 유지하는 데 많은 투자가 필요하지는 않지만 유지할 수준 이상의 충분한 규모의 현금을 창출하지는 못한다. 따라서 낮은 이익 또는 손실이 발생한다. 시장성장률이 낮기 때문에 향후 전망에 있어서도 부정적인 모습을 갖는다.

각 SBU를 매트릭스에 표시한 다음, 어느 한 유형에 쏠려있는 구조인지 검토해 보아야 한다. 사업 포트폴리오의 균형과 건강성을 검토하는 것이다. 현금 젖소, 스타, 물음표 등에 골고루 분포하는 균형 잡힌 형태가 바람직하다. 만약 사업 포트폴리오가 현재 현금 젖소 유형에 치우친 형태를 갖고 있다면 당장은 별 문제 없겠지만 향후 문제가 발생할 가능성이 높다. 현금 젖소에 있는 SBU들이 언제까지나 그곳에 머무를 수는 없기 때문이다. 만약 기업이 스타 유형의 SBU들이 없거나 너무 많은 개 유형의 SBU들을 보유하고 있다면 기업의 향후 전망은 어둡다고 볼 수 있다.

일반적으로 제품수명주기(product life cycle, PLC) 상의 도입기에는 물음표, 성장기에는 스타, 성숙기에는 현금 젖소, 쇠퇴기에는 개 유형인 경우가 많다. 즉 시장에서 정상적인 성장의 루트를 취하더라도 시간의 흐름에 따라 유형이 변화될 수 있다는 것이다. 따라서 어느 한 유형의 SBU에 치우친 구조는 장기적인 관점에서 바람직하지 않다고 할 수 있다.

SBU들 간의 현금 이동이나 자원 배분을 검토해 보아야 한다. 현금 젖소 유형의 SBU에서 창출하는 자금으로 물음표, 스타 유형의 SBU들의 성장을 모색해야 한다. 또한 각 SBU의 미래 바람직한 이동 방향에 대해서도 고민해야 한다. 기업은 물음표 유형의 SBU들에 투자하여 스타 유형으로 전환하거나, 스타 유형의 SBU들을 잘 유지하여 향후 현금 젖소 유형의 SBU가 될 수 있도록 관리해야 한다. 그리고 현금 젖소의 성격을 갖는 SBU들이 지속적으로 다량의 자금을 창출해낼 수 있도록 해야 하고, 스타 유형의 SBU들도 현재의 시장 우위를 지키는 유지 전략이 필요하다. 개 유형의 SBU들은 향후 어떻게 처리할 것인지 판단해야 한다. 지속적인 비용 절감을 통해 자금을 회수하려는 수확전략을 고려하거나 자원을 보다 유용하게 활용할 수 있도록 SBU를 매각하는 철수전략을 고려할 수 있다.

BCG의 성장-점유 매트릭스는 다양한 유용성을 제공한다. 먼저 현재 사업 포트폴리오의 모습을 한 눈에 파악할 수 있도록 나타내 주며, 사업 포트폴리오가 균형 잡힌 형태인지를 파악할 수 있게 해준다. 일반적으로 스타, 물음표, 현금 젖소 유형의 SBU들이 골고루 존재하는 것이 미래 성장을 위해 바람직한 형태라고 할 수 있다. 그리고 매트릭스 상에 분포하는 유형들의 시간에 따른 이동이 제품수명주기를 반영하기 때문에 미래의 모습을 어느 정도 예상할 수 있게 해준다. 일반적으로 [그림 2.2]의 화살표 방향과 같이 각 사업들은 물음표, 스타, 현금 젖소, 개 유형으로 이동하는 제품수명주기를 갖는다. 또한 각 SBU의 잠재력과 목표에 대한 고려를 바탕으로 각 SBU의 역할을 판단할 수 있고, 자원의 적절한 배분에 대한 시사점을 제공한다. 기업의 경영자는 모든 SBU를 동일한 기준으로 평가하고 통제할 것이 아니라 각 SBU를 바라보는 시각이 달라야 한다는 점을 명심해야 한다. 이 외에도 이 기법은 전략 계획 부서가 SBU 내 관리부서와 커뮤니케이션하는 데에도 유용한 자료가 된다.

이 기법은 다음과 같은 한계를 갖고 있다. 성장률과 점유율이 매출을 기반으로 산출되는데 매출을 지나치게 강조하고 질적인 판단이 배제될 우려가 있다. 이러한 측면을 보완할 수 있는 방법으로 GE 매트릭스(General Electric matrix) 모델이 활용되기도 한다. 이 방법에서는 시장 매력도와 기업 경쟁력을 산출하는 데 있어 BCG 매트릭스에서 사용한 변수에 덧붙여 추가적인 변수를 고려한다. 이 과정에서 질적인 판단이 포함될 수 있다. 또 다른 한계로는 각 SBU의 미래를 결정하는 데 있어 너무 빨리 포기하는 실수를 저지르거나 성장률만을 고려한 무분별한 신규 사업 투자가 이루어질 가능성이 있다. 또한 사업 간 시너지에 대한 고려가 충분히 반영되지 못할 가능성이 높다. 만약 어떤 SBU가 개 유형에 속해 있더라도 기업 전체의 핵심 역량에 해당되는 SBU라면 자원 배분이나 미래 결정에 있어 다른 판단을 해야 할 것이다.

〈기사 1〉

'정신이 나간 걸까, 영감을 받은 걸까?(Crazy or inspired?)' 2010년 10월 18일 세계 최대 커피 전문점 스타벅스가 메뉴에 술을 추가했다. 이 사실을 보도했던 전 세계 언론들은 당시 약속이나 한듯 기사 제목에 물음표를 주렁주렁 달아 놓았다. 그만큼 놀랍고 귀추가 주목된다는 의미였다. 스타벅스 전 세계 1호점인 미국 시애틀 매장에 '15번가 커피&티(15th Avenue Coffee and Tea)'라는 간판이 내걸리고 맥주와 와인, 치즈가 팔린 지 6개월. 하지만 여전히 물음표는 완전히 사라지지 않은 것 같다. 2011년 4월 28일 한국을 방문한 하워드 슐츠 스타벅스 회장에게 매일경제 MBA 섹션팀이 직접 질문을 던졌다.

우선 스타벅스 매장 가운데 주류를 판매하는 매장은 아직까지 시애틀 한 곳뿐이다. 슐츠 회장은 '도대체 바(bar)를 오픈하게 된 계기가 무엇이냐?'는 질문에 "놀랄 수도 있겠지만 우리 고객 중 상당수가 스타벅스에서 맥주와 와인을 판매한다면 아침뿐만 아니라 저녁에도 매장에 들르겠다고 하더라"고 답했다. 스타벅스 주류판매는 고객의 소리에 귀를 기울인 혁신이라는 게 슐츠 회장의 생각이다. 실제로 지난해 뉴욕 데일리는 '스타벅스에서 와인과 맥주를 사서 마시겠습니까?'라는 긴급 설문을 했는데 응답자의 45%가 '그렇다(Yes)'고 답했고 17%는 '아마도(Maybe)'라는 반응을 보였다. 10명 중 6명이 긍정적인 반응을 보인 것이다.

그런데 스타벅스는 고객의 욕구를 반영했다고 밝혔지만 뉴욕 데일리의 설문에 응한 사람 중 38%는 스타벅스에서 술을 구입할 생각이 '없다(No)'고 거부했다. 이는 결코 만만치 않은 수치다. 전문가들도 여전히 우려의 목소리를 거두지 않고 있다. 특히 스타벅스의 제품 다각화가 다소 위험해 보인다는 의견이 많다. 김병도 서울대 경영대학 교수는 "(스타벅스의 주류 판매는)전례가 없는 위험한 전략"이라며 "주류와 커피는 판매 방법부터 매우 다르다"고 말했다. 김 교수는 "맥주나 와인을 스타벅스 브랜드로 표준화해 세계적으로 판매하는 것은 만만치 않은 게임"이라고 분석했다.

스타벅스의 제품 다각화와 시장 다각화, 매장 확대의 3대 전략은 계속 이어질 것으로 보인다. 성장세가 가장 거센 시장은 역시 중국 등 아시아다. 슐츠 회장은 "2015년까지 중국 내 스타벅스 매장을 지금의 3배 수준인 1,500개로 늘릴

CASE 2
스타벅스의 사업 확장에 대한 두 개의 기사

것이며 한국 역시 2016년까지 현재 339개에서 700개 이상으로 확대할 것"이라고 밝혔다. 올해 들어 로고에서 '스타벅스' '커피'라는 영어를 삭제한 것도 중국 등 아시아 시장으로 확장을 염두에 둔 전략이다. 스타벅스가 커피 향기에 '어떤' 새로운 향기를 덧입혀 문화와 이미지를 지켜 나갈지 전 세계가 주목하고 있다.

〈기사 2〉

'한 명의 고객, 한 잔(one cup)의 음료, 그리고 이웃에 정성을 다한다.' 커피 하나로 승부해 전 세계 60개국에 1만 8,000개 매장을 갖게 된 스타벅스의 사훈이다. 그런데 이 문구에 '한 접시(one dish)'를 추가해야 할지 모르겠다.

스타벅스가 베이커리 등 새 사업으로 쏠쏠한 재미를 봤다. 2013년 10월 31일 스타벅스는 2013회계연도 실적(9월 말 결산)을 발표한다. 블룸버그통신 등 전문기관이 추정한 올 매출액은 140억 달러(약 14조 9,000억 원)로 지난해보다 11% 이상 늘었다. 순이익은 20% 넘게 증가할 것으로 예상됐다.

뉴욕타임스는 스타벅스의 이 같은 사상 최대 실적에 대해 "커피라는 핵심 사업의 기반을 다지는 동시에 지난 2년 동안 제빵 등 신사업에 7억 5,000만 달러를 투입하는 등 사업다각화에 힘을 쏟은 결과"라고 전했다. 중국 등 신흥시장은 물론 기존 진출 국가에서 공격적으로 점포를 늘린 까닭도 있지만 무엇보다 음료부문 혁신, 식품사업 확대 등 사업다각화가 재기의 발판을 마련하는 데 결정적 역할을 했다.

스타벅스 주가는 올 들어 40% 넘게 올랐다. 2013년 10월 14일 주가는 상장(1992년) 이후 최고치인 78.1달러를 기록하기도 했다. 스타벅스의 변신은 아픈 과거에서 비롯됐다. 스타벅스는 80~90년대 폭발적으로 성장했지만 2000년대 들어 침체에 빠졌다. 활로를 찾지 못하던 스타벅스는 2008년 창업자인 슐츠의 복귀로 재기를 노렸다. 하지만 글로벌 금융위기가 터졌고, 경쟁 커피전문점들이 우후죽순처럼 생기면서 경영난은 가중됐다. 2009년 매출은 6% 가까이 떨어졌다.

벼랑 끝에 선 슐츠는 스타벅스의 자존심과 같았던 '커피 온리' 정책을 버렸다. 커피에만 몰두하고 다른 식품은 구색 맞추기 정도로 아웃소싱해 진열하던 기존 방침을 버리고 직접 푸드산업에 뛰어들었다. 음료업체인 '에볼루션 프레시'와 제빵회사인 '라 블랑제'를 잇따라 인수했고 '스타벅스 리프레셔' '케이 컵'이란 자체 식품 브랜드도 만들었다. 40여 년간 지켜온 커피 고집을 꺾고 지난해 말에는 차 브랜드인 '티바나'를 사들였다. 슐츠는 자신이 설립한 사모펀드를 통해 요거트 아이스크림 업체인 '핑크베리'에 투자하기도 했다.

그러나 시사주간지 타임은 "사업다각화라는 스타벅스의 도전이 성공했는지 여부는 판단하기 이르다"고 지적했다. 스타벅스가 내놓은 식품들의 인기가 미지근해 미래의 신성장동력으로 아직 자리잡진 못하고 있다는 것이다. 타임은 커피 외 다른 식품산업 투자는 "스타벅스에 여전히 위험한 도박(risky bet)"이라며 더 지켜봐야 한다고 했다. 스타벅스는 커피전문점을 넘어 거대 식품기업으로 성장할 수 있을지, 다시 침체에 빠져들지 시험대에 올랐다. "이제 시작"이라는 슐츠의 말이 어찌 보면 딱 맞아떨어지는 셈이다.

자료원: 〈기사 1〉은 매일경제 2011. 5. 6; 〈기사 2〉는 중앙일보 2013. 10. 17 수정 인용

2) 성장전략 모색

기업들은 CASE 2의 스타벅스와 같이 성장을 모색하기 위해 다양한 대안을 검토한다. 그런데 그 방향을 어떻게 설정하는 지가 매우 중요하다. 사례의 첫 번째 기사에서 소개한 대로 무리한 사업확장 전략은 위험한 성장 방향일 수 있다. 그렇지만 2년 후에 게재된 두 번째 기사에서 언급되어 있는 것과 같이 성장을 위한 사업 확장은 적합한 형태로 이루어지면 상당한 성과를 거두기도 한다.

성장전략을 모색하기 위해서는 집중적 성장, 통합적 성장, 다각화 성장의 기회를 순차적으로 검토해볼 필요가 있다. 바람직한 미래 매출의 규모를 설정하였다면 이를 달성하기 위해 어떠한 성장 기회를 발굴하여 현재의 매출을 늘려나갈 것인지 검토해야 한다. 먼저 기업의 현재 사업 분야에서 성장을 모색하는 집중적 성장 기회를 파악해야 한다. 여기에는 시장침투전략, 시장개발전략, 제품개발전략 등이 포함된다. 다음으로 기업의 현재 사업 분야와 관련된 사업으로 사업 범위를 확장하거나 관련 업체를 사들이는 방식인 통합적 성장 기회를 검토할 수 있다. 여기에는 후방통합과 전방통합이 포함된다. 끝으로 기업의 현재 사업 분야와 직접적으로 관련되어 있지는 않지만 매력적인 사업들을 추가하는 다각화 성장 기회를 고려할 수 있다.

먼저 기업은 집중적 성장(intensive growth) 전략을 고려할 수 있다. 현재 자신이 속해 있는 사업 분야 내에서 추가적인 매출 기회를 모색하는 전략이다. 앤소프

	기존 제품	신제품
기존 시장	시장침투전략 (market-penetration strategy)	제품개발전략 (product-development strategy)
신시장	시장개발전략 (market-development strategy)	다각화전략 (market-penetration strategy)

그림 2.3
제품/시장 확대 그리드

(Ansoff)는 성장전략을 모색하는 데 유용한 제품/시장 확대 그리드(product/market expansion grid)라는 분석틀을 제시하고 있다. 기업은 먼저 기존 시장에서 기존 제품의 시장점유율을 높이는 시장침투전략(market-penetration strategy)을 고려해 볼 필요가 있다. 다음으로는 기존 제품으로 새로운 시장을 찾거나 개발하는 시장개발전략(market-development strategy)을 모색하거나 기존 시장의 고객들에게 어필할 수 있는 신제품을 개발하는 제품개발전략(product-development strategy)을 모색해 볼 수 있다. 또한 신제품으로 신시장을 개척하는 다각화전략의 기회를 검토해 볼 수 있다. 앤소프가 제시한 제품/시장 확대 그리드는 [그림 2.3]과 같다.

① 시장침투전략

기존 시장에서 기존 제품의 시장점유율을 증가시키는 방법에는 기존 고객의 사용량 증가, 경쟁사 고객 유치, 미사용 소비자 획득 등이 있다. 예를 들어 스타벅스에서는 시장침투전략으로 다음과 같은 것들을 추진하고 있다. 기존 고객들이 더 자주 방문하고, 더 오래 머물고, 더 많이 구매하도록 취급 품목을 다양화하고 와이파이 환경을 무료로 제공하는 '스타벅스 경험 강화' 전략을 추진하였다. 그리고 점포수를 지속적으로 확대하여 고객들을 더 많이 확보하려는 경쟁 전략을 추진하였다. 이 외에 사전에 결제된 스타벅스 카드를 이용할 수 있게 하는 것도 이 전략의 일환이라고 판단된다.

② 시장개발전략

기존 제품으로 새로운 시장을 모색하는 방법에는 잠재적 사용자 그룹을 대상으로 수요를 자극하는 방법, 새로운 유통망을 활용하는 방법, 글로벌 시장을 개척하는 방법 등이 있다. 스타벅스가 글로벌 시장 진출을 적극적으로 모색하는 것이 가장 대표적인 시장개발전략의 사례이다. 최근 스타벅스는 중국 내 스타벅스 매장을 공격적으로 늘리고 있다. 또한 몇몇 항공사를 통해 탑승객들에게 스타벅스 커피를 제공하는 방식으로 새로운 소매경로를 추가하고 있다.

③ 제품개발전략

기존 시장에 대한 이해를 바탕으로 신제품의 가능성을 검토해 볼 수 있다. 기존 제품에 새롭고 매력적인 기능을 추가하는 방법, 혁신적인 기술을 활용하여 신제품을 개발하는 방법 등이 있다. 스타벅스는 커피를 마시지 않거나 줄이고 싶어 하는 고객들을 대상으로 비커피 음료와 간단한 음식을 제공하는 등 메뉴를 점차 확대해 나가고 있다. 그리고 슈퍼마켓에서 판매되는 원두커피 제품을 개발하여 공급하고 있다.

다음으로 기업은 통합적 성장(integrative growth) 전략을 고려해 볼 수 있다. 이는 기업이 자신이 속한 산업 내에서 사업의 범위를 확장하는 방식으로 성장을 모색하는 것을 의미한다. 원재료나 부품 공급업체와 같이 가치사슬의 전단계로 사업을 확장하는 후방 통합(backward integration), 유통망과 같이 가치사슬의 후단계로 사업을 확장하는 전방 통합(forward integration), 경쟁자를 합병하는 수평적 통합(horizontal integration) 등이 있다. 예를 들어 최근 스타벅스는 자사 매장에 베이커리나 음료를 제공하던 공급업체에 더 이상 의존하지 않고 자체적으로 식품이나 음료 사업에 진출하거나 해당 업체를 합병하는 후방 통합 전략을 추진하고 있다. 많은 기업들이 제조만 하던 기업이 유통도 직접 운영한다든지, 경쟁자들을 흡수 합병한다든지 하는 전략을 통해 성장을 모색하기도 한다(⇒ 11장 유통관리에서 '기업형 VMS' 가운데 Zara, 유니클로의 전방 통합 사례).

마지막으로 기업은 다각화 성장(diversification growth) 전략을 추진해 볼 수 있다. 전술한 집중적 성장, 통합적 성장의 기회를 통해 계획한 목표 매출 규모가 달성되기 어렵다면 다각화를 통한 성장을 고려해 볼 수 있다. 환경 변화의 트렌드를 검토한 결과, 현재 사업 분야를 벗어난 산업에서 매력적인 사업 기회가 포착된다면 다각화 성장은 바람직한 대안이 될 수 있다. 물론 이러한 산업이 매우 매력적이고 기업이 해당 산업에서 성공을 거둘 수 있는 역량과 자원의 강점을 보유하고 있어야 한다. 또한 기존 사업 분야와의 시너지, 기존 브랜드 이미지와의 상충 가능성 등을 고려하는 것이 바람직하다. 물론 기존 사업과 전혀 관련이 없는 분야로의 진출도 다각화 성장의 한 유형이라고 볼 수 있다. 그렇지만 이러한 다각화는 모기업의 브랜드 이미지에 부정적인 영향을 미칠 수 있기 때문에 조심스럽게 접근해야 할 것이다.

3

사업부 수준의 마케팅 전략

(1) 마케팅 전략 수립 과정

　기업 수준의 전략 계획이 수립되면 설정된 기업 사명과 목표, 각 사업부의 역할 등을 기초로 사업부 수준의 구체적인 마케팅 전략을 수립해야 한다. 마케팅 전략은 고객가치 창출과 고객관계 구축을 위해 STP 전략을 수립하고 이를 달성하기 위한 마케팅믹스를 개발하는 것이다. 이러한 마케팅 전략을 수립하는 과정은 마케팅 기회에 대한 분석, 마케팅 목표의 설정, STP 전략 수립, 마케팅믹스 전략 개발의 순으로 이루어진다([그림 2.4] 참조). 이 중 마케팅 목표의 설정은 앞서 설명한 기업 수준의 전략 계획의 하위 수준이라고 이해하면 되기 때문에 여기에서 구체적인 설명은 제외하겠다.

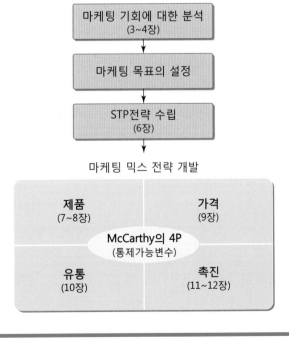

그림 2.4

마케팅 전략 수립 과정

1) 마케팅 기회에 대한 분석

기업 수준의 전략이 수립되고 이를 위한 마케팅의 역할과 목표가 결정되면 마케터는 목표 달성에 영향을 미치는 제반 환경 요인을 검토하고 분석하는 과정을 거쳐야 한다. 마케팅 환경 분석에 관한 구체적인 내용은 3장에서 본격적으로 다룰 것이다. 여기에서는 환경 분석의 개괄적인 내용만을 설명하도록 하겠다.

기업은 시장 환경에 대한 분석을 통해 어떠한 기회와 위협이 존재하는지 파악해야 한다. 그리고 기업 내부 환경 측면에서 어떠한 강점과 약점이 있는지 파악해야 한다. 환경 분석을 위한 방법론 중 가장 널리 활용되고 있는 것으로 SWOT 분석을 들 수 있다. SWOT 분석은 내부 환경의 강점(strength)과 약점(weakness), 외부 환경의 기회(opportunity)와 위협(threat)을 종합적으로 검토하는 것으로 각 항목의 앞 글자를 따서 이름이 붙여졌다. 이는 기업의 자원/역량과 외부 환경 간 전략적 적합성을 모색하는 과정에서 필요한 분석이라고 할 수 있다. 이 분석의 목적은 기업의 강점을 최대한 살려 외부 환경의 기회를 자사의 것으로 만들고, 약점은 어떻게 방어하며 외부 환경 위협의 영향력을 어떻게 최소화할 것인지를 파악하는 데 있다.

SWOT 분석의 첫 번째 단계는 외부의 기회와 위협 요인들과 내부의 강점과 약점 요인들을 확인하고 각 요인들이 갖는 전략적 이슈의 우선순위를 파악하는 것이다. 기회란 기업 성과에 긍정적으로 작용하는 현존하거나 잠재적인 외부 환경 요인과 트렌드를 의미한다. 기회 요인은 일반적으로 매력성과 성공 가능성의 2가지 기준을 활용하여 중요도 또는 우선순위를 설정한다. 위협이란 기업 성과에 부정적으로 작용하는 현존하거나 잠재적인 외부 환경 요인과 트렌드를 의미한다. 위협 요인은 심각성과 발생 가능성의 2가지 기준으로 우선순위를 중요도나 우선순위를 설정한다. 한편 외부 환경의 기회나 위협은 그 기업이 어떠한 강점과 약점을 갖느냐에 따라 영향의 정도가 결정된다. 따라서 기업의 역량, 자원, 현재의 상황 등이 얼마나 강한지, 약한지를 파악해서 강점과 약점을 점검한다. 강점은 기업이 원하는 목표를 실현하는 데 도움이 되는 내부적 역량 및 자원, 긍정적 내부 상황 등의 요인을 의미한다. 약점은 기업의 목표 실현을 방해하는 내부적 제약 및 한계, 부정적 내부 상황 등의 요인을 의미한다.

두 번째 단계는 강점과 약점, 기회와 위협을 2×2 그리드에 조합하고 이 조합이 주는 전략적 시사점을 도출하는 것이다([그림 2.5] 참조). 첫 번째 단계만을 수행하여 활용하기도 하지만 두 번째 단계까지 수행하여 각 조합의 의미와 시사점을 파악하는 것이 이 분석의 취지를 제대로 살린 분석이다. 첫 번째 단계 중 요인의 도출까지만 수

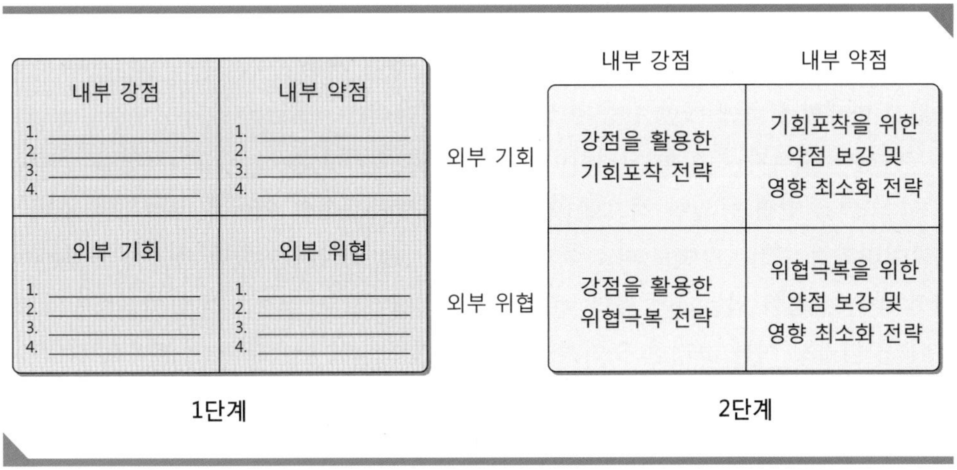

그림 2.5

SWOT 분석의
단계

행하는 경우도 있는데, 미흡하기는 하지만 요인들을 도출하고 한 표에 종합 정리해
본다는 점만으로 어느 정도 의미는 있다.

　　환경 분석뿐만 아니라 마케팅 기회를 보다 객관적으로 평가하기 위해서는 마케
팅 조사를 수행하는 것이 바람직하다. 마케팅 활동을 통해 소비자의 욕구나 요구를
제대로 충족시키기 위해서는 이에 대한 조사가 필요하다. 또한 시장의 경쟁 상황, 유
통업체 이용 상황 등의 정보는 시장 전략이나 마케팅 프로그램을 설계하는 데 있어
필수적인 항목이다. 이를 위해 마케터는 2차 자료를 활용하거나 1차 자료를 수집하기
위한 추가적인 노력을 하게 된다. 그리고 수집된 자료를 분석하여 유용한 정보를 도
출하고 이를 마케팅 전략 수립에 반영한다.

　　마케팅 조사는 환경 분석을 수행하는 방법론이라는 관점에서 보면 환경 분석에
포함된다고 할 수 있다. 그런데 마케팅 기회를 파악하고 이를 객관적으로 검토하기
위한 매우 중요한 수단이라는 점에서 환경 분석과 별도로 추후 4장에서 이를 구체적
으로 다루게 된다.

2) STP 전략(segmentation targeting positioning strategy) 수립

　　기업은 치열한 시장 경쟁에서 승자가 되기 위해 고객지향적인 관점을 지녀야 한
다. 그리고 이러한 관점을 바탕으로 소비자들의 욕구를 제대로 파악하려는 노력을 해
야 한다. 적절한 STP 전략 수립을 위해서는 고객에 대한 심층적인 분석이 선행되어
야 한다. 마케팅 활동이라고 하는 자극을 받고 소비자행동이라는 반응을 도출하는 소

비자라는 블랙박스를 이해하는 것은 전략 수립 전반에 있어 중요한 정보를 제공한다. 예를 들어 소비자들이 어떠한 욕구, 동기, 태도, 과거 경험 등을 갖고 있는지에 따라 동일한 마케팅 활동에 대한 반응은 상이할 수 있다.

이러한 소비자 특성을 고려하여 시장을 세분화하고 적절한 표적시장을 선정할 필요가 있다. 한편 동일한 정보에 대해서 이를 받아들이고 의미를 부여하는 소비자 정보처리과정은 소비자별로 다소 차이를 보인다. 그 소비자가 어떤 욕구를 가졌는지, 어떤 과거 경험이 있는지에 따라 주관적이고 선택적으로 정보처리가 이루어지기 때문이다. 따라서 이를 고려한 포지셔닝 전략이 필요하다. 이렇듯 STP 전략 수립의 기초가 되는 소비자행동의 이해는 5장에서 본격적으로 다룰 것이다.

기업이 시장 내 모든 소비자의 욕구를 제대로 충족시켜주는 것은 매우 어렵다. 다양한 방식을 활용하여 다양한 욕구를 충족시켜 줄 수 있다 하더라도 이를 통해 이익을 실현하기는 어렵다. 따라서 기업은 전체 시장을 적절한 기준을 활용하여 세분화할 필요가 있다. 전체 시장을 다양한 변수를 활용하여 동질적인 집단으로 나누는 것을 시장세분화(market segmentation)라고 한다. 시장을 나누기 위해 활용되는 기준은 크게 지리적 변수, 인구통계적 변수, 심리도식적 변수, 행동적 변수로 나누어 볼 수 있다. 이들 기준 중 소비자행동의 특성을 잘 반영하고 전략 개발에 유용하게 사용할 수 있는 기준을 선택해야 할 것이다. 예를 들어 연령에 따라 시장을 나누었는데 연령별로 마케팅 활동에 대한 반응이 크게 다르지 않다면 전략 개발에 큰 도움이 되지 못할 것이다.

의미 있게 나누어진 세분시장 중에서 하나 혹은 복수의 세분시장을 표적으로 선택하는 것을 표적시장 선택(targeting)이라고 한다. 이를 위해 각 세분시장의 매력도, 자사와의 적합성, 파급효과 등의 선택 기준을 활용한다. 기업의 자원과 역량이 충분하여 모든 시장을 표적으로 삼아도 되는 경우를 제외하고 하나 또는 소수의 세분시장을 선택한다. 세분시장을 모두 선택하는 경우에도 세분시장별 마케팅 프로그램은 다르게 추진하는 경우가 많다. 또한 특정 세분시장의 성공을 발판으로 점차 인접 세분시장으로 추가 진출하는 단계별 표적시장 선택도 많이 활용된다.

기업이 표적시장을 선택하게 되면 해당 세분시장 내의 소비자들에게 자사의 제공물(offering)을 어떻게 차별화하여 인식시킬 것인가를 고민하게 된다. 포지셔닝(positioning)이란 표적시장 내 소비자에게 자사의 제공물을 경쟁사의 그것과 비교하여 바람직한 위치로 인식시키려는 노력을 의미한다. 즉 소비자들이 왜 자사의 제품을

구매해야 하는지에 대한 인식을 심어주려
는 것이다. 오리온 제과의 마켓오는 '유기
농 재료로 만든 고급 웰빙 과자'라는 차별

적이면서 매력적인 포지셔닝을 통해 시장에서 성공을 거두고 있다.

시장세분화, 표적시장 선택, 포지셔닝으로 구성되는 STP 전략 수립에 대해서는
6장에서 본격적으로 다루도록 하겠다.

3) 마케팅믹스 전략 개발

STP 전략이 수립되면 기업은 이를 실현할 수 있는 구체적인 프로그램을 개발하
는 과정을 거친다. 마케팅믹스(marketing mix)란 기업이 표적시장 소비자들로부터 목
표하는 반응을 창출하기 위해 사용하는 통제 가능한 수단들의 집합을 의미한다. 소
비자 반응에 영향을 미치는 요인에는 기업의 마케팅 프로그램과 같이 통제 가능한
변수도 있지만 경기나 날씨 등과 같이 통제 불가능한 변수도 있다. 마케팅믹스는 이
들 다양한 요인들 중 통제 가능한 부분을 의미하며 일반적으로 제품(product), 촉진
(promotion), 유통(place), 가격(price)의 4P로 분류된다. 그런데 '믹스(mix)'라는 표현
에서 짐작할 수 있듯이 마케팅믹스는 통합적으로 이루어져야 하며 조화를 이룰 수 있
어야 한다. 예를 들어 제품전략과 가격전략은 프리미엄 제품이라는 포지셔닝에 근거
해 이루어지는데 촉진전략과 유통전략은 이러한 포지셔닝에 어울리지 않게 설정되는
것은 적절하지 못한 결정이다.

제품은 기업이 소비자의 문제 해결과 욕구 충족을 위해 소비자에게 제시하는 제
공물이라고 정의할 수 있다. 여기에는 제품의 품질, 브랜딩, 패키징뿐만 아니라 우리
가 흔히 A/S라고 부르는 제품지원 서비스 등이 포함된다. 결국 기업이 소비자의 문제
해결이나 욕구 충족을 위해 제시하는 다양한 가치의 조합이라고 할 수 있다. 소비자
들에게 제품이 선택받는다는 것은 해당 기업이 제시하는 가치의 조합이 충분히 어필
했다는 것으로 해석할 수 있다. 제품관리에 대한 보다 구체적인 내용은 7장과 8장에
서 다루어진다.

가격은 제품을 획득한 대가로 지불해야 하는 금액을 의미한다. 이러한 가격은 기
업과 고객 간 교환조건이라는 측면에서 매우 중요한 의미를 갖는다. 또한 기업의 수
익과 이익을 결정하는 중요한 변수라고 할 수 있다. 따라서 가격의 결정은 고객 반응,
경쟁사 전략, 비용 등을 종합적으로 고려하여 이루어진다. 가격관리에 대한 보다 구

체적인 내용은 9장에서 다루어진다.

유통은 표적시장의 고객이 제품을 쉽게 이용할 수 있도록 하는 다양한 활동을 의미한다. 고객이 제품을 구입할 수 있도록 유통경로를 설계하고 다양한 유통경로 참여자를 관리하는 활동이라고 할 수 있다. 즉 기업과 고객을 연결해주는 파이프라인을 설계하고 관리하는 활동이라고 할 수 있다. 결국 고객들에게 제품 구입과 관련된 편의성을 어떻게 제공할 것인가를 다루게 된다. 유통관리에 대한 보다 구체적인 내용은 10장에서 다루어진다.

촉진은 표적시장의 소비자가 제품을 구매하도록 유도하는 다양한 활동을 의미한다. 여기에는 광고, PR, 구전, 인적판매 등과 같은 커뮤니케이션과 판매촉진이라고 불리는 다양한 촉진 수단이 포함된다. 이러한 다양한 활동들은 통합적인 관점에서 조화를 이룰 수 있도록 추진되어야 하는데 이를 IMC(integrated marketing communication)라고 한다. 촉진관리에 대한 보다 구체적인 내용은 11장과 12장에서 다루어진다.

. . . .
토론사례

통신사업자의 사업다각화에 관한 상반된 행보

통신시장이 포화상태에 이른 가운데 SK텔레콤(대표 하성민)과 KT(회장 황창규)가 상반된 행보를 보이고 있어 눈길을 끈다. 전임 이석채 회장 시절 '탈(脫) 통신'을 외치며 비(非) 통신사업으로 보폭을 넓혔던 KT가 황창규 회장 취임 후 알짜 계열사까지 매각을 추진하며 본업에 충실하려는 반면, SK텔레콤은 헬스케어, 보안 등으로 영역을 넓히고 있다.

KT의 경우 지난 달부터 비통신 부실계열사 위주로 매각 절차를 진행하기 시작했다. 경쟁력이 없는 부실 계열사를 과감하게 쳐내고 통신계열사와 통신 관련 시너지 효과를 낼 수 있는 계열사 위주로 재편한다는 것이다. 비 통신분야 매각을 진두지휘하고 있는 황창규 회장은 지난 5월 기자회견에서 "계열사가 너무 많다는 생각이 들어 쓸모없는 계열사는 덜어내고 시너지 효과를 낼 수 있는 조직으로 개편할 계획"이라고 말한 바 있다.

실적이 괜찮더라도 통신분야와의 시너지가 어려운 계열사까지도 과감하게 정리할 수 있다는 황 회장의 강한 의지가 읽혀지는 대목이다. 이미 지난 달 차량업계 1위 KT렌탈(대표 표현명)과 그룹 금융계열사 KT캐피탈(대표 조화준)을 시장에 내놓기도 했다. 지난해 매출 8천 484억 원, 영업이익 853억 원을 올려 알짜 계열사로 평가받는 KT렌탈은 현재 시장점유율 25%로 1위 자리를 놓치지 않고 있고 KT캐피탈 역시 그룹 내 유일한 금융사로서 그룹의 실질적인 금고 역할을 해왔다.

황 회장의 이 같은 행보 뒤에는 이석채 전 회장의 '탈 통신 정책'으로 인한 부작용이 실적 악화를 가져왔다는 판단이 자리잡고 있다. 이 전 회장 취임 이후 비통신 계열사들이 난립하면서 KT의 경영 실적도 퇴보했기 때문이다. 최근 2년 간 KT 매출은 11% 늘었지만 영업이익은 무려 52%나 감소했고 순이익은 올해 적자전환하는 등 비대해진 외형과는 달리 내실은 악화되고 있다.

KT는 최근 스마트에너지와 통합보안, 차세대 미디어, 헬스케어 및 지능형 교통관제 등 5개 미래성장동력을 제시한 반면, 이 전 회장이 주창한 '글로벌 유통 콘텐츠 기업 육성'은 전면 백지화해 비 통신계열사에 대한 '2차 구조조정'도 예상된다.

이에 비해 SK텔레콤은 KT와는 달리 사업 영역을 넓혀나가는 데 중점을 두고 있다. 2012년 서울대병원과 벤처기업 '헬스커넥트'를 세워 의료 기술과 정보통신 기술을 융합하는 헬스케어 분야로의 진출을 선언한데이어 올해 4월에는 나노바이오 진단 의료사업을 주력사업으로 영위하는 '나노엔텍'의 지분 26%를 확보해 생명과학제품 및 체외진단기기 글로벌 사업역량 강화를 추진하기도 했다.

올해 2월에는 경비보안업체 'NSOK'를 인수해 정보통신기술(ICT)와 경비보안시스템을 접목한 콘텐츠를 생산하고 있다. 게다가 지난 달에는 MP3 플레이어 제조사로 잘 알려진 '아이리버'의 최대주주 보고펀드와 295억 원에 아이리버 지분 39.6%를 인수하는 계약을 체결해 '스마트 앱세서리'와 '고음질 콘텐츠 제공'이라는 두 마리 토끼 잡기에 나섰다.

SK텔레콤의 '탈 통신 가속화'는 이동업계 선두주자로서 주도권은 지키고 있지만 가입자나 매출 성장에서 더 이상의 성과가 나타나지 않아 새로운 수익원 창출이 절실하다는 배경이 깔려있다. 실제로 2011년부터 13년까지 2년 간 SK텔레콤의 이동통신 가입자수는 0.8% 줄었고 영업이익도 12.4%나 감소했다. 업계에서는 사실상 '치킨 게임'에 가까운 이통시장 점유율 경쟁에서 과도한 마케팅 비용 지출에 멍이 든 두 회사가 각기 다른 방향으로 수익성 제고에 나선 것으로 보고 있다.

한 통신사 관계자는 "현재 이동통신 시장은 점유율 1%를 얻기 위해 1조 원을 투자해야 한다는 뼈 있는 농담이 오갈 정도로 성장 가능성이 낮다"면서 "각 사업자별로 추구하는 부분이 다르지만 본업을 크게 벗어나지 않는 선에서의 외도는 사업 다각화 측면에서 긍정적이지 않겠느냐"고 말했다.

자료원: 소비자가 만드는 신문 2014. 7. 21 수정 인용

토론문제

01) 사례 당시의 시점에 KT와 SKT가 직면했던 어려움을 요약해보시오.

02) KT와 SKT가 당시 추진했던 각 전략의 장점과 단점은 무엇인가? 또한 각 사업자가 추진하는 전략을 정당화할 수 있는 근거로 교재 2장의 어떠한 내용을 언급할 것인가?

03) 바람직한 성장 전략은 어떠한 방향으로 추진되어야 한다고 생각하는가? 그리고 본인의 주장을 뒷받침할 수 있는 근거로 본 장에서 배운 내용 중 어떠한 것을 활용할 것인가?

03

마케팅 상황 분석

03

마케팅 상황 분석

▍ CJ제일제당의 '차세대 K푸드'

CJ제일제당은 지난 10여 년간 해외 시장 공략의 주력 제품이었던 만두의 뒤를 이을 '차세대 K푸드' 육성에 적극 나서고 있다. 1년에 1조원 이상의 매출을 올리는 품목인 만두에 안주하지 않고 새로운 먹거리를 찾아내겠다는 의지를 내비치고 있다.

CJ제일제당은 지난해 넥스트 만두 후보군을 정하고 '글로벌 전략제품(GSP: Global Strategy Product)'이라고 이름 붙였다. 글로벌 진출의 맏형격인 만두를 비롯해 가공밥, K소스, 치킨, 김치, 김 여섯 개 품목이 여기에 포함됐다.

GSP의 성공적인 안착을 위해 별도 조직도 꾸렸다. 제품별로 6개의 조직을 신설했다. 각 조직의 사업 독립성은 강화했다. 올해 초에는 식품사업 전체 조직을 글로벌 헤드쿼터(HQ)와 한국 식품 사업으로 분리했다. 이 가운데 GSP 조직은 글로벌 HQ 산하의 식품 성장추진실에 편제했다. 미래 성장동력으로 키우겠다는 의지를 확실하게 드러낸 것으로 풀이된다.

만두는 이미 해외에서 주류 시장에 안착하고 있다고 판단하고, 핵심 5개국(미국·한국·중국·일본·유럽)을 정해 사업 대형화를 이어가겠다는 계획을 세웠다. 이를 토대로 2025년까지 미주지역에서만 만두로 1조원 이상의 매출을 올리겠다는 포부다.

최근 'K푸드 라이징 스타'로 주목받는 제품은 가공밥이다. CJ제일제당은

비비고 멀티그레인

2025년 1조원 이상 규모로 성장할 것으로 예상되는 미국 가공밥 시장을 겨냥해 지난 4월 '비비고 멀티그레인'을 출시했다. 수출국도 확대하고 있다. 글로벌 시장에서 판매되는 가공밥의 누적 매출은 지난달 말 기준으로 1,500억원을 넘어섰다. 미국 매출은 상반기에만 전년 동기 대비 60% 증가하며 폭발적인 성장세를 보였다.

김과 K소스는 현지화 제품으로 승부를 걸었다. 밥과 같이 먹는 반찬이 아닌, 간식류로 김을 즐기는 해외 소비자들의 취향에 맞춰 쌀과 함께 튀겨낸 '김스낵'을 선보인 것이 그런 사례다. 김을 먹기 편한 스틱 형태로 만든 '비비고 씨위드 스낵(bibigo seaweed snack)'을 출시한 것이다. 음식을 소스에 찍어 먹는 '디핑(dipping)' 문화에 익숙한 소비자를 겨냥해 출시한 '갓츄(GOTCHU · 고추장 핫소스)', '찍장(찍어먹는 쌈장)' 등의 제품도 있다.

CJ제일제당은 최근 식물성 식품을 미래 성장동력으로 낙점했다. 식물성 식품은 고기와 생선, 우유 등 모든 동물 유래 식품을 식물 소재로 대체한 식품을 뜻한다. 글로벌 시장 규모는 약 26조원 이상으로 추정된다. 매년 평균 두 자리 수 이상 빠른 성장세를 보이고 있다. 전 세계 인구의 38%가 윤리 · 종교적 신념을 이유로 채식을 하고 있다. 동물복지를 넘어 건강 · 영

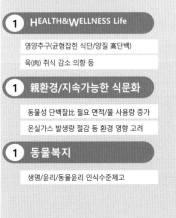

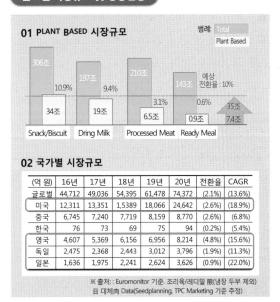

글로벌 시장규모 및 성장전망

01 PLANT BASED 시장규모

02 국가별 시장규모

(억 원)	16년	17년	18년	19년	20년	전환율	CAGR
글로벌	44,712	49,036	54,395	61,478	74,372	(2.1%)	(13.6%)
미국	12,311	13,351	1,5389	18,066	24,642	(2.6%)	(18.9%)
중국	6,745	7,240	7,719	8,159	8,770	(2.6%)	(6.8%)
한국	76	73	69	75	94	(0.2%)	(5.4%)
영국	4,607	5,369	6,156	8,214	(4.8%)	(15.6%)	
독일	2,475	2,368	2,443	3,012	3,796	(1.9%)	(11.3%)
일본	1,636	1,975	2,241	2,624	3,626	(0.9%)	(22.0%)

※ 출처: Euromonitor 기준. 조리육/레디밀 限(냉장 두부 제외)
日 대체肉 Data(Seedplanning, TPC Marketing 기준 추정)

식물성 식품 시장규모

CJ제일제당 플랜테이블 브랜드

양·친환경이 중요한 가치로 여겨지면서 식물성 식품이 거대한 트렌드로 자리잡고 있다.

CJ제일제당은 지난해 말 식물성 식품 전문 브랜드 '플랜테이블'을 선보이고, 수출 제품을 출시했다. 지난 7월에는 고기가 들어가지 않은 떡갈비와 함박스테이크 제품을 선보이며 제품군을 확대했다. 최근 출시된 신제품에는 고기를 대체하는 식물성 소재 'TVP(Textured Vegetable Protein)'를 독자적인 기술력으로 개발 및 적용했다. 이 소재는 대두·완두 등을 자체 공법으로 배합해 만든 식물성 단백질이다. 차별화한 연구·개발(R&D) 역량과 제조 기술을 통해 단백질 조직들이 촘촘히 엉겨 붙도록 해 실제 고기에 버금가는 육질과 육즙을 구현했다.

CJ제일제당은 최적화한 식물성 제품을 생산하기 위해 인천 2공장에 연 1000t 규모의 자체 생산라인을 구축했다. 향후 국내는 물론 글로벌 사업 확대에 맞춰 추가 증설도 검토하고 있다. 궁극적으로 육류가 함유된 가정간편식(HMR) 대부분의 제품을 소비자들이 식물성 식품으로 선택할 수 있도록 관련 기술을 확보하고 제품 확대에 나설 계획이다.

이미 존재하는 성공공식을 따라하는 '패스트 팔로어(Fast Follwer)'보다는 트렌드를 주도하는 '퍼스트 무버(First Mover)'로서 시장을 확대하겠다는 의도다.

자료원: 매일경제 2022. 12. 19; 이투데이 2022. 04. 21; 조선일보 2022. 7. 18; 한국경제 2022. 10. 19 수정 인용

　　CJ제일제당의 차세대 K푸드 사례는 현지의 시장 상황이나 미래의 시장 전망을 분석하여 제품을 확대하며, 이 과정에서 자사의 연구개발 및 제조 역량을 적극적으로 활용하는 모습을 보여주고 있다.

　　본 장에서는 기업의 외부 환경, 시장 및 경쟁 구조, 기업의 마케팅 역량으로 구성되는 마케팅 상황 분석에 대해 논의하기로 한다.

마케팅 상황 분석의 개념과 의의

　　마케팅 상황(situation)이란 마케팅 목표 달성에 영향을 미치고, 마케팅 의사결정 시 고려해야 하는 기업 내·외부의 요인들을 포괄적으로 의미한다. 마케팅 상황이라는 용어는 마케팅 환경(marketing environment)으로 사용되기도 하는데, 환경이라는 개념은 기업에 영향을 미치는 기업 외부의 상황을 뜻하는 경우가 많기 때문에, 본서에서는 외부 환경, 경쟁 구조, 내부 역량을 포괄할 수 있는 마케팅 상황이라는 용어를 사용하기로 한다.

　　여기서는 기업의 일반적인 마케팅 상황 요인들을 개괄적으로 살펴보고, 마케팅 상황의 마케팅적 의의를 알아보기로 한다.

(1) 마케팅 상황 요인

　　마케팅 상황 분석은 마케팅 성과에 영향을 미칠 수 있는 기업 내·외부의 요인들을 확인하고 분석하여, 마케팅 의사결정에 전략적으로 활용하는 것이다. 마케팅 목표나 성과에 긍정적 혹은 부정적인 영향을 미칠 수 있는 상황 요인들은 다양하게 존재하는데, [그림 3.1]에는 마케팅 의사결정시 고려해야 하는 마케팅 상황의 구성 요인들이 요약되어 있다.

　　마케팅 상황을 구성하는 요인들을 종류별로 나누어 이해하는 방법은 매우 다양하나, 일반적으로 거시적 환경(일반 환경), 미시적 환경(과업 환경), 기업 내부 여건으로 구분하여 살펴볼 수 있다.

　　거시적 환경이란 모든 산업과 기업들에 직접적, 간접적으로 영향을 미치는 요인

그림 3.1

마케팅 상황의
구성 요인

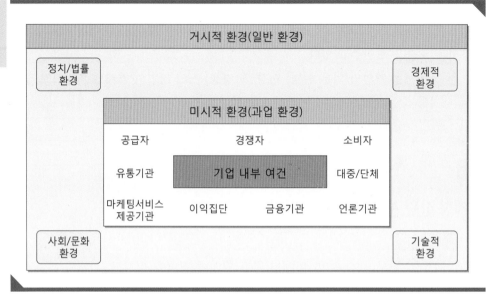

이기 때문에 일반 환경이라고도 부른다. 거시적 환경은 그 자체적으로 기업에 영향을 주기도 하지만, 미시적 환경에 영향을 줌으로써 간접적으로 영향을 줄 수도 있다. 거시적 환경 요인은 정치적/법률적(political/legal) 환경, 경제적(economical) 환경, 사회문화적(socio-cultural) 환경, 기술적(technological) 환경으로 나눌 수 있으며, 거시적 환경에 대한 상황 분석을 수행하는 것을 영어 표현의 첫 글자를 따서 PEST 분석이라고 부르기도 한다.

　미시적 환경이란 기업이 속해 있는 산업이나 제품 시장을 구성하는 요소들을 말하며, 회사의 업무와 직접적으로 관련되는 환경들이기 때문에 과업 환경이라고 부른다. 미시적 환경 요인은 제품 시장과 산업의 경쟁 구조에 직접 관련되어 있는 공급자, 경쟁사, 소비자가 중요하고, 유통기관이나 마케팅서비스제공기관도 기업이 직접 접촉하는 환경 요인들이다. 이 밖에도 이익집단, 금융기관, 언론기관, 대중 등도 미시적 환경의 구성 요인들이 될 수 있다.

　기업 내부 여건은 거시적 환경과 미시적 환경의 영향을 받는 대상이자, 그 자체로서 독립적인 마케팅 상황을 구성하는 요인이 된다. 기업이 보유하고 있는 경영자원과 다양한 경영 관련 능력들은 기업 내부 여건의 대표적 구성 요인들이다. 또한, 기업이 활동하고 있는 사업 영역, 기업의 전반적인 목표, 기업문화, 조직 구조 및 부서의 역할 등도 기업 내부 여건을 구성하는 요인들이다.

본서에서는 거시적 환경, 미시적 환경을 기업 외부 환경으로 분류하고, 미시적 환경 중에서 제품 시장 및 경쟁 구조를 형성하는 공급자, 경쟁자, 소비자를 시장 및 경쟁 구조로 분류하며, 기업 내부 여건은 기업 내부 역량으로 분류하여 마케팅 상황 분석을 살펴보기로 한다.

(2) 마케팅 상황 분석의 의의

마케팅 의사결정 과정에서 마케팅 상황을 분석해야 하는 이유를 기업 외부 환경, 시장 및 경쟁 구조, 기업 내부 역량 관점에서 각각 살펴볼 수 있다.

먼저, 기업은 외부 환경에 대한 분석을 통해 마케팅 기회와 위협 요인을 파악할 수 있다. 이러한 기회 요인과 위협 요인은 마케팅 목표 달성에 긍정적, 부정적 영향을 미치기 때문에, 마케터는 마케팅 기회 요인을 활용하고 위협 요인을 방어할 수 있는 전략적 의사결정을 통해 마케팅 목표를 달성할 수 있다.

기업의 외부 환경 중 미시적 환경 요인에 해당하는 공급자, 경쟁사, 소비자는 기업의 제품 시장과 해당 산업의 경쟁 구조를 결정한다. 기업은 이러한 시장 및 경쟁 구조에 대한 분석을 통해 해당 산업의 매력도와 시장성 등을 파악할 수 있기 때문에, 사업부 수준의 전략이나 마케팅 전략에 대한 의사결정에 이러한 분석 결과를 활용한다.

기업은 내부 역량에 대한 분석을 통해 자사가 보유한 마케팅 역량의 수준을 주요 경쟁사와 비교하여 평가하고, 자사의 강점과 약점 요인을 파악할 수 있다. 마케터는 자사의 강점을 극대화하고 약점을 최소화할 수 있는 방향으로 마케팅 의사결정을 수행함으로써, 시장에서 경쟁사 대비 차별화된 위상을 차지할 수 있다.

마케팅 상황 분석이 중요한 이유는, 전술한 마케팅 상황 요인별 필요성이 존재하기 때문이기도 하지만, 이보다 중요한 것은 세 가지 마케팅 상황에 대한 분석을 종합하여 통합적인 마케팅 의사결정에 활용해야 하기 때문이다. 기업은 외부 환경을 분석하여 확인한 기회 및 위협 요인, 시장 및 경쟁 구조를 분석하여 파악한 산업의 매력도와 시장성 등의 평가 결과를 토대로, 자사가 보유하고 있는 마케팅 역량의 상대적인 강점과 약점을 고려하여, 최적의 사업 전략이나 마케팅 전략을 수립할 수 있다.

이렇게 기업의 외부 환경과 내부 역량에 대한 각각의 분석 결과를 토대로, 종합적인 전략적 의사결정을 하는 방법을 SWOT 분석이라고 한다. SWOT 분석은 내부 역량 분석 결과를 바탕으로 정의된 강점(strength)과 약점(weakness), 외부 환경 분석 결과를 토대로 확인된 기회(opportunity)와 위협(threat)의 영문 첫 글자를 따서 명명하는 것이다. SWOT 분석은 외부 환경 분석을 먼저 반영하여 TOWS 분석으로 명명되기도 한다. SWOT 분석에 대한 상세한 내용은 나중에 살펴보기로 한다.

외부 환경

마케팅 상황 중 외부 환경이란 기업의 마케팅 목표 달성에 긍정적이거나 부정적인 영향을 미칠 수 있는 기업 외부의 요인들을 말하며, 거시적 환경(일반 환경)과 미시적 환경(과업 환경)으로 구분된다고 하였다. 여기서는 외부 환경을 구성하는 세부 내용들을 유형별로 살펴보기로 한다.

(1) 거시적 환경(일반 환경)

거시적 환경은 모든 산업과 기업들에 직접적, 간접적으로 영향을 미치는 요인이기 때문에 일반 환경이라고도 하며, 기업에 긍정적, 부정적 영향을 미치거나 미시적 환경을 통해 영향을 준다. 거시적 환경은 경제적/법률적 환경, 경제적 환경, 사회문화적 환경, 기술적 환경으로 나누어 살펴볼 수 있다.

1) 정치적/법률적 환경

기업이 속해 있는 국가의 정치적 환경은 그 기업의 경영 활동에 영향을 미치게 된다. 민주주의적 정치 환경인가 그렇지 못한 정치 환경인가의 여부는 기업의 자유로운 경쟁을 통한 발전에 영향을 준다. 정경유착이 심한 환경에서는 독과점이나 공정경쟁 저해로 기업가 정신을 발휘하기 어렵고, 기술개발을 통한 성장 추구 노력보다는 불법적, 비윤리적 로비를 통한 경영활동이 많아진다. 반면에 민주적이고 투명한 정치 환경 하에서는 기업들이 창의적이고 적극적인 마케팅 활동을 통해 경쟁 우위를 모색하려고 노력한다. 정치적 환경은 그 자체적으로 기업의 경영 활동에 영향을 미치기도 하지만, 정치의 결과로 만들어지는 법과 규제, 정책과 제도 등을 통해 보다 구체적인 영향을 미치기도 한다.

　　기업의 경영이나 마케팅 활동은 정부나 공공기관의 법과 규제, 정책과 제도와 같은 법률적 환경의 영향을 받는다. 시장의 거래를 규제하는 법률은 기업의 사업 범위나 특정 경영 활동을 제약하며, 이로 인해 마케팅 활동이 억제되거나 금지되기도 한다. 독과점 금지나 공정거래와 관련된 규제와 법률들은 기업의 지위 남용을 억제하고 공정한 경쟁을 촉진하기 위한 기업 활동 규제의 성격을 가지고 있다. 이러한 법률적 환경은 기업 활동에 제약으로 작용하기도 하지만, 경영과 마케팅 측면에서 새로운 기회를 제공하기도 한다. 창업과 중소기업을 지원하기 위한 법률, 특허 및 지적재산권을 보호하는 법률 등은 중소기업이나 연구개발을 지원하는 내용이기 때문에 이들에게는 긍정적인 영향을 미치는 것이다.

　　마케팅 활동에 직접적인 영향을 미치는 법률적 환경을 몇 가지 살펴보면 허위 및 과장 광고를 금지하는 광고 규제, 대형 유통기관의 의무휴업과 같은 유통법규나 규제, 가격규제에 관한 법률과 시행령 등을 들 수 있다. 최근에는 소비자를 보호하기 위한 법률이나 규제가 지속적으로 강화되고 있는데, 제조물책임(product liability, PL)법은 소비자의 권익을 보호하고 제조업자의 책임을 강화하는 법률이기 때문에 기업은 보다 소비자중심의 경영과 마케팅 활동을 해야 한다. 정치권과 정부가 펼치는 정책이나 제도도 기업의 대응을 요구한다. 수출입자유화 정책, 중소기업 육성정책 등이 시행되면 이러한 정책을 지원하기 위한 제도와 법적 근거 등이 만들어지며, 기업은 이러한 정책과 제도에 부응하는 경영 전략과 마케팅 활동을 수립하고 실행해야 한다.

　　요컨대, 기업들은 정치적 · 법률적 환경 변화에 주목하고, 환경에 부합하는 대응 활동을 해야 하는데, 이러한 대응 활동은 법률과 규제의 테두리 내에서 기업을 경영하고자 하는 소극적 방식뿐 아니라, 새로운 사업 기회로 활용하고자 하는 적극적 방식도 고려해야 한다. 2009년 2월부터 시행된 자통법(자본시장통합법)에 따라 국내 금융기관들이 상품 및 서비스를 다양화하고, 환경 규제 강화에 따라 기업들이 그린마케팅(green marketing) 개념을 도입하여 친환경 제품을 생산하고 판매하는 것은 기업의 적극적 대응 방식의 예다.

2) 경제적 환경

　　기업은 가계, 정부와 함께 경제를 구성하는 3가지 경제 주체 중 하나이며, 경제적 환경은 기업의 경영 활동에 중요한 영향을 미친다. 특히 경기를 나타내는 변수들인 국내총생산(GDP)이나 국민소득(GNI)은 기업의 경영 및 마케팅 성과에 직접적인 영향을 준다. 경기가 호황일 때 소비자의 지출이 늘어나고, 불황이 되면 소비가 줄어들기 때문에, 기업들은 경기에 따라 경영 목표나 마케팅 전략을 다르게 한다. 예를 들어 호황일 때는 고급 제품을 개발하고, 불황일 때는 판매촉진을 강화한다.

경제적 환경의 세부 변수 중 원자재 가격, 임금, 지대, 세금, 금리, 환율 등은 기업의 생산원가에 영향을 주어 제품의 가격 변동을 유발하여 제품 판매량이나 매출액에 영향을 미친다. 소득, 세금, 실업률, 물가 등의 변수는 소비자들의 가처분 소득이나 구매력에 영향을 준다. 특히 소득의 변화나 실업률은 기업의 제품 판매에 직접적인 영향을 주는데, 소득 수준이 오르면 고가품이나 내구재의 소비가 늘어나며, 소득 수준이 떨어지면 필수적인 제품 이외의 소비가 줄어든다. 실업률이 높아지면 실업자들의 소득 수준이 떨어질 뿐 아니라, 높은 실업률이 유발하는 사회 및 경제 전반의 구매력이 침체되는 현상을 보인다.

경제적 환경 변수들도, 다른 거시적 환경 변수들과 마찬가지로, 동일한 환경 변화가 어떤 기업들에게는 부정적인 영향을 주고, 다른 기업들에게는 긍정적인 영향을 줄 수도 있다. 최근의 지속적인 경기침체는 많은 기업들의 경영 목표 달성에 위협요인으로 작용하고 있으나, 소위 B급 상품으로 불리는 시장 규모는 지속적으로 확대되고 있어, 이 시장에 참여하고 있는 기업들에게는 새로운 성장의 기회요인으로 작용하고 있다. 또한 일반적인 경기침체 상황에서는 중산층 이하의 소비 수준은 떨어지는 경향이 있으나, 고소득층의 소비 수준은 크게 줄지 않거나 이들의 과시적 소비로 인해 오히려 고가품 시장이 성장하는 경우도 있다.

기업들은 전반적인 경기 상황과 추세를 파악하여 자사의 목표나 경영 활동에 반영해야 하고, 더 나아가 자사의 생산 원가, 제품 가격, 판매량과 매출액, 자사 제품 소비자들의 구매력에 영향을 줄 수 있는 세부적인 경제적 환경 변수들을 모니터링하며 적절히 대응해야 한다.

3) 사회문화적 환경

사회문화적 환경은 사람들이 살아가는 생활방식을 의미한다. 사회문화적 환경의 변화도 기업의 경영이나 마케팅 활동에 큰 영향을 미치기 때문에 기업은 소비자들의 생활방식의 변화를 이해하고, 여기에 부합하는 제품을 제공해야 한다. 최근 국내의 사회문화적 환경 변화로 여성의 사회 참여 증가, 싱글족(독신가구) 증가, 도시화의 심화, 환경에 대한 관심 강화 등을 예로 들 수 있다.

먼저, 여성의 사회 참여 증가로 편리한 아파트에 대한 선호가 증가하고, 일괄 구매가 가능한 대형마트 이용이 늘어나며, 즉석식품이나 포장 이사와 같은 빠르고 편리한 제품과 서비스의 수요가 증가하였다.

독신가구가 2015년 기준 약 400만에 이르는 등 싱글족 증가는 독신 전용의 원룸이나 오피스텔 수요량, 소형 가전과 가구의 판매량, 온라인 쇼핑과 모바일 쇼핑의 이용량에 영향을 주고 있다. 또한 자기관리 및 웰빙과 관련된 다이어트 식품, 피트니스 서비스 등 건강관련 제품과 서비스의 증가도 싱글족의 증가와 관련성이 높다.

도시화의 심화는 환경에 대한 관심 강화와 결부되어, 전원주택이나 주말농장과 같은 자연 활동의 증가, 유기농 식품이나 공기청정기와 같은 친환경 제품 판매량의 증가로 나타나고 있다.

사회문화적 환경의 변화는 사회를 구성하는 개인들의 가치가 변화하는 과정에서 비슷한 인구통계적 특성을 가진 사람들끼리 공통된 사회적, 문화적 가치로 통합되면서 하나의 추세로 나타난다. 이러한 관점에서 보면, 소비자들의 인구통계적 변화가 사회문화적 환경 변화에 중요한 영향을 미친다.

인구통계적 변화는 성별, 연령별, 가구별, 지역별 인구구성의 변화를 확인하여 파악할 수 있다. 예를 들어, 2015년 연령별 인구 구조는 30~40대의 비중이 가장 높고, 20대와 10대가 그 다음을 차지하며, 65세 이후의 인구도 전체에서 10% 이상을 차지하고 있다. 가장 큰 비중을 차지하는 40대는 구매력도 높기 때문에 제품 시장의 주요한 표적 고객이 되고, 65세 이상의 노령 인구는 계속 증가할 것이기 때문에 실버산업의 성장이 예상된다. 가구별 인구 구성의 변화를 보면, 가구의 수는 증가 추세에 있으나, 가구당 인구 수가 줄어들고 있다는 점에서 핵가족화가 심화되고 있는 것을 알 수 있다. 이러한 핵가족화 및 독신가구 증가 추세에 대응하기 위해서는, 대가족이나 개인 소비자가 아닌 소형 가구 중심의 제품 개발이나 마케팅믹스를 설계하는 것이 필요하다.

4) 기술적 환경

새로운 기술의 발전은 신제품 개발의 핵심 원천이 되거나, 기업의 경영 방식을 혁신적으로 바꾸는 계기가 된다. 특히, 최근의 기술 개발은 매우 급속한 속도로 진행된다는 점에서 기술적 환경의 변화는 기업의 생산 및 마케팅 활동에 매우 큰 영향을 미치게 된다.

일반적으로 기업은 경영의 전 과정에서 여러 가지 기술에 의존하고 있는데, 신제품의 핵심 원천기술, 제품 생산을 위한 고성능 설비, 신속한 유통을 위한 물류 기술, 다양한 미디어를 통한 커뮤니케이션 기술 등은 기업의 생존과 성장을 위한 경쟁우위의 원천이 되고 있다.

기업들은 기술적 환경의 중요성을 이해하고, 국내외 기술 발전에 지속적 관심을 가지고 정보를 수집하며, 자사에 적합한 기술을 선택하여 경영에 적극적으로 반영해야 한다. 그러한 기술은 자사 제품의 품질과 차별화를 위한 핵심적인 원천기술일 수도 있고, 경영혁신에 활용하기 위한 응용기술이 될 수도 있으며, 소비자들에게 제품 및 서비스를 제공하고 의사소통하는 방식을 개선하기 위한 정보기술이 될 수도 있다. 4G 통신기술을 탑재한 휴대폰이나 PET(양전자 단층촬영장치) 기술을 적용한 의학장비 등은 핵심적인 원천 기술의 예이고, ERP시스템이나 CRM시스템을 이용한 BPR(business process reengineering) 등은 경영혁신을 위한 응용 기술의 예이며, 웹이나 모바일을 이용한 인터넷 채널들은 정보 기술의 예가 될 것이다.

기술적 환경 변화를 성공적으로 수용한 기업들은 시장의 리더가 되지만, 그렇지 못한 기업들은 시장에서 사라지기도 한다. 애플이 통신기술과 컴퓨터 기술을 접목한 스마트폰으로 세계 최고의 휴대폰 기업이 된 반면, 전 세계 휴대폰 시장 1위였던 노키아가 시장에서 사라지고 있는 것은 동일한 시장에서 기술적 환경 변화에 적절히 대응했느냐로 설명할 수 있다.

기술적 환경의 변화는 기업에 미치는 영향력도 크지만, 소비자들의 생활 방식 및 구매 행동에도 영향을 미친다. 예를 들어 IT 기술의 발전으로 소비자들이 기업이나 다른 소비자들과 연결, 쌍방향으로 소통하는 상호작용, 개방과 참여를 통한 정보 교류와 관계 구축이 용이해졌다. 이렇게 변화된 환경에서는 전통적인 마케팅 방식을 넘어서는 접근이 요구된다. 제품 개발부터 판매 후 서비스에 이르는 전 단계에서 고객의 적극적 참여를 유도하고, 고객이 기업과의 관계에서 수동적이 아닌 주도적인 역할을 할 수 있도록 하는 방안이 필요하다.

기술 발전은 연속적으로 이루어지지 않는 경우도 있고, 장기적으로 어떤 기술과 제품이 등장하여 시장에서 성공할지 예측하는 것도 어렵기 때문에 기술적 환경 변화에 대응하는 것은 쉽지 않다. 하지만 기술적 환경 변화가 경영이나 마케팅에 미치는 기회요인이나 위협요인의 영향력이 크기 때문에 기업들은 기술 발전을 지속적으로 모니터링 하는 동시에 자사의 기술 경쟁력을 높이기 위한 적극적이고 지속적인 R&D 투자를 병행함으로써 기술적 환경 변화에 대응해야 한다.

통계청이 발표한 '2021년 양곡소비량 조사 결과'에 따르면 2021년 국민 1인당 연간 쌀 소비량은 56.9kg으로 전년보다 0.8kg(1.4%) 줄었다. 쌀 소비량은 매년 감소해 30년 전인 1991년(116.3kg) 대비 절반 수준이다. 게다가 이미 성숙기에 접어든 밥솥시장은 한번 구매하면 오래 사용하는 상품 특성상 사업 확장에 한계가 있다. 신규 수요가 생기기 힘들다. 이에 업계 1위 쿠쿠는 새로운 먹거리 발굴을 위해 전기레인지, 블렌더, 정수기뿐만 아니라 지난달 31일 스팀 토스터를 출시하는 등 소형 가전에도 진출하고 있다. 이외에도 펫 가전 브랜드 '넬로'를 론칭하고 주방가전 이외의 품목을 확장하며 위기를 극복하려는 모습이다. 쿠쿠홀딩스의 지난해 매출액은 6,865억원으로 전년 5,877억원 대비 16.8% 증가했다. 영업익은 1,057억원으로 전년 1,023억원과 비슷한 수준을 유지했다. 업계 관계자는 "주방용품 업체부터 가전 업체까지 모두 새로운 품목으로 확장하면서 이전에는 생각지

CASE 1

외부 환경에 서로 다르게 대응하는 쿠쿠와 쿠첸

도 못한 기업이 경쟁자가 되는 상황"이라며 "이젠 잘 하는 한 가지 품목만 파고들면 시장에서 도태될 위험이 있다"고 말했다.

쿠첸은 올해도 '쿠첸 121 밥솥'을 기반으로 한 밥솥시장 경쟁력 강화에 초점을 맞춘다는 방침이다. 쿠첸 관계자는 "밥솥 카테고리와 인덕션, 플렉스쿡 등 주방가전 카테고리를 중심으로 내실중심의 사업을 전개하고 있다"며 "현재 수익성 개선을 위해 밥솥과 전기레인지 등 주력사업의 안정적 흑자구조 운영에 더욱 중점을 두고 있다"고 설명했다. 쿠첸도 '쿠첸 베이비케어' 등 유아가전과 같이 주방 가전 이외의 시장에 진출했다. 다만 쿠첸은 주력 사업의 안정화가 이뤄지고 나서 추가 카테고리 확장을 추진할 예정이다. 쿠첸 관계자는 "쿠첸은 고객 니즈를 반영한 제품 개발 등에 박차를 가하고 있다"며 "올해 다시 한번 밥솥과 인덕션 시장 공략을 통해 성장할 것"이라고 했다.

자료원: 뉴시스 2022. 4. 13 수정 인용

---

[2] 미시적 환경(과업 환경)

미시적 환경이란 거시적 환경과 달리 해당 기업과 그 기업이 속한 산업에 주로 영향을 미치는 외부 환경으로, 구체적 환경 혹은 과업 환경이라고도 한다.

미시적 환경 요인들은 관점에 따라 매우 다양하지만, 여기서는 공급업체, 경쟁자, 소비자를 묶어서 먼저 살펴보고, 유통기관, 마케팅서비스수행기관, 이익단체를 두 번째로 살펴보며, 마지막으로 기타 미시적 환경 요인들을 살펴보기로 한다.

1) 소비자, 경쟁자, 공급자

미시적 환경 요인 중 소비자, 경쟁자, 공급자는 특정 산업과 시장을 형성하는 가장 중요한 요인이다. 여기서는 각각의 요인들을 개별적으로 살펴본 후 다음 절(**3** 시장 및 경쟁 구조)에서 본 요인들을 종합적으로 이해하는 틀인 산업구조분석과 5 Forces Model 등을 설명하겠다.

소비자는 기업이 마케팅 의사결정을 수행할 때 우선적으로 고려해야 하는 환경 요인이다. 마케팅의 요체는 소비자에 대한 이해를 바탕으로 그들의 니즈와 욕구에 부합하는 제품과 서비스를 제공하는 것이다. 따라서, 미시적 환경 요인으로서의 소비자는 환경에 대응하는 수준이 아니라, 소비자에 맞추어야 한다는 보다 강력한 명제를 내포하고 있다. 또한, 미시적 환경 요인으로서의 소비자는 거시적 환경 요인 중 하나인 사회문화적 환경을 형성하는 핵심 주체가 된다. 현재와 미래의 소비자들의 특성이 새로운 사회문화적 환경의 구축으로 나타나기 때문이다. 실제로 마케팅 이론 전체에서 소비자에 대해 심도있게 연구하는 소비자행동론은 필수적이고 핵심적인 영역으로 자리매김하고 있다. 마케터는 소비자에 대한 끊임없는 조사와 이해를 통해서 소비자들의 인구통계(demographic), 심리도식(psychographic), 라이프스타일(lifestyle) 등을 포함한 소비자 행동(consumer behavior)을 지속적으로 모니터링 해야 한다. 이러한 소비자 분석의 결과를 기존 마케팅 프로그램의 변경 및 개선, 신상품 개발에 적극적으로 반영해야 한다.

경쟁자는 특정 산업이나 제품 시장 내에서 동일한 제품을 공급하는 기업을 의미한다. 여기서 동일한 제품이란 물리적 특성에 한정되는 것이 아니라, 고객의 욕구 충족이나 고객의 인식 관점에서 유사성이 높은 경우를 포함한다. 소비자는 자사와 경쟁자의 제품 중에서 브랜드를 선택하기 때문에 미시적 환경 요인으로서의 경쟁자를 주의깊게 모니터링하며 사업을 수행해야 한다. 경쟁자의 전략이나 전술을 놓치거나 대응하지 못하면 직접적인 시장점유율 하락이 발생할 수 있기 때문이다. 또한 경쟁자의 범위를 가급적 넓게 설정하는 것도 필요하다. 이후에 다룰 경쟁 구조 분석에서는 경쟁의 범위를 기존 기업간 경쟁, 잠재적 진입자와의 경쟁, 대체재와의 경쟁 등으로 확장하여 살펴보고 있다. 시장에서 발생하는 경쟁은 우리가 결정하는 것이 아니라 소비자의 선택이 경쟁 구조를 결정한다. 소비자 선택은 많은 경우 기존 기업 간 경쟁뿐 아니라 잠재 경쟁자 및 대체재를 포함하는 경쟁 구조로 나타난다는 점을 유의해야 한다.

　　공급자는 일반적으로 제조기업에게 생산에 필요한 원자재, 장비, 물품 등을 공급하는 조직을 의미한다. 그러나 유통업에 있어서는 유통업체들에게 제품을 공급해 주는 제조기업, 제조기업에게 제품을 공급받아 해당 유통업체들에게 공급해주는 유통업체가 공급업자가 될 것이다. 공급자들이 어떤 품질의 원재료나 제품을 공급해 주는가에 따라서 자사의 경영 성과와 마케팅 활동이 영향을 받는다. 또한 공급자들이 어떤 가격으로 공급해주는가도 마케팅에 직접적인 영향을 미친다. 따라서, 공급자들을 폭넓게 구성하고, 이들에 대한 관계를 잘 관리하는 것은 마케팅 성과 향상을 위해 매우 중요하다. 최근에는 기존의 고객 관계 관리(customer relationship management, CRM)의 개념과 대응하여 공급자 관계 관리(supplier relationship management, SRM)의 개념이 발전하고 있다. 미시적 환경 요인 중 공급자의 중요성을 경영 현장에서 인식하고 적절한 실천 활동을 수행하고 있는 것이다.

2) 유통기관, 마케팅서비스수행기관, 이익단체

　　유통기관은 제조업체가 생산한 제품을 최종 소비자들에게 전달하는 과정에서 역할을 수행한다. 이들은 전체 유통 과정에서 제조업체의 생산물을 직접 유통시키는 업무를 수행하거나(도매상, 소매상 등), 이러한 유통 과정에서 필요한 여러 가지 활동들을 지원해주는 업무를 수행한다(창고업자, 수송업자 등). 제조업체들은 자사 유통기관이 얼마나 제품을 소비자들에게 잘 유통시킬 수 있는가에 따라 마케팅 성과가 달라질 수 있다는 점에서 유통기관을 중요한 미시적 환경요인의 하나로 이해해야 한다. 또한 유통기관이 우호적인 환경으로 작용할 수 있도록 하는 적극적인 유통경로의 설계 및 관리가 필요하다.

　　마케팅서비스수행기관은 특정 기업이 마케팅 활동을 잘 수행할 수 있도록 도와주거나 특정 활동 자체를 대행해 준다. 광고대행사, 마케팅조사전문기관, 마케팅컨설팅회사를 비롯한 마케팅서비스수행기관들은 기업의 마케팅 활동을 직접 수행하거나 간접적으로 지원하는 과정에서 마케팅 성과에 영향을 미친다는 점에서 미시적 환경요인의 하나가 된다. 기업들은 자사의 주요한 마케팅 파트너인 이들 마케팅서비스수행기관들을 잘 선정하고 이들과 효과적인 협업을 수행해 나가야 한다.

　　기업들로 구성되는 다양한 형태의 협회나 조합 등은 회원사들의 입장을 대변하고 그들의 이익을 위해 활동하는 이익단체의 성격을 가진다. 이익단체들은 회원사들을 위한 정보를 수집하고 필요한 홍보활동을 수행하며 정부에 대한 로비를 담당하기도 한다. 이익단체들의 활동은 회원사들에게 이익과 도움을 제공하기 위한 것이라는 점에서, 기업의 마케팅 성과에 영향을 주는 미시적 환경요인의 하나다.

3) 기타 미시적 환경 요인

　　지금까지 살펴본 미시적 환경 요인들 외에도 언론기관, 금융기관, 대중 및 각종 단체들도 기업의 마케팅 활동에 직간접으로 영향을 미친다. 언론기관의 긍정적 혹은 부정적 언론보도로 인해 기업의 이미지가 영향을 받고, 금융기관을 통한 자금조달 결과에 따라 기업 경영 및 마케팅 자원이 달라지기도 하며, 대중들과 각종 단체들(소비자단체나 시민단체 등)은 기업 활동을 감시하고 소비자주권을 행사하면서 기업에 영향을 미친다.

　　기업과 마케터는 이러한 외부집단들이 미시적 환경 요인으로서 작용할 수 있는 잠재적 기회 및 위협 요인을 인지하고, 이들과의 긍정적인 관계를 유지할 수 있도록 노력해야 한다.

CASE 2

새로운 소비자 신(新)노마드족의 등장

　　2020년 이후의 코로나19로 고가 자동차와 명품 패션잡화 등을 수시로 사고파는 2030 소비자들이 '신(新)노마드족'으로 부상하고 있다. 이들은 상품을 소유하는 것보다는 만족스러운 경험을 중시하며 새로운 소비를 찾아 이동하는 특성을 보이고 있다. 동아일보 특별취재팀이 신한카드 소비데이터와 바이브컴퍼니 소셜데이터 등을 분석한 결과 코로나19 이후 '차박'과 '캠핑'이 인기를 끌면서 차를 이동수단뿐만 아니라 사적 공간으로 보는 트렌드가 생겼다. 신한카드의 업종별 매출 자료에 따르면 지난해 1분기(1~3월) 전체 소비가 8% 감소한 반면에 자동차 소비는 0.5% 증가했다. 올 1분기 전체 소비 증가율은 1.9%에 그쳤지만 같은 기간 차량 소비 증가율은 24.9%에 이르렀다.

　　전문가들은 지난해 국내 자동차와 명품시장이 호황을 누리고 중고시장이 급성장한 배경에는 '체험'을 찾아 이동한 신노마드족이 있었다고 분석했다. 이강욱 보스턴컨설팅그룹 소비재유통 담당 파트너는 "이들의 기본적인 욕구는 '좋은 걸 다양하게 누리겠다'는 것"이라며 "새로운 경험을 좇으며 소비시장 전반에 다양한 영향력을 행사하고 있다"고 말했다.

바이브 소셜 분석을 보면 지난해 소셜네트워크서비스(SNS)상에서 소비자들이 자동차와 관련해 사용한 표현 가운데 '빠르다'(—84.9%)와 '편하다'(—74.3%)라는 표현은 크게 줄었다. 차량을 이동수단으로 여기는 인식이 그만큼 줄어든 셈이다. 반면 같은 기간 차량과 관련해 '필요하다'(203.6%), '만족하다'(83.9%)란 표현은 크게 늘었다. 자동차를 즐기기 위한 수단으로 여기는 인식이 늘어난 것이다. 박진우 씨(24·경기 성남시 분당)는 "차박을 할 때마다 마치 집시가 된 것처럼 낭만적이고 자유롭다는 감정에 취한다"고 말했다.

바이브컴퍼니의 소셜 분석에 따르면 지난해 명품 관련 서술어 중 전년 대비 언급량이 가장 많이 늘어난 단어는 '물건 없다'(208.3%)였다. 실제로 지난해 국내 명품시장에선 수요 폭증에 따른 재고 부족 영향으로 매장 문을 열기 전부터 줄을 서서 기다린다는 뜻인 '오픈런' '샤넬런' 등의 신조어가 등장했다.

해외여행과 외부 모임이 어려워지면서 2030 신노마드족의 소비는 즉시적 만족감을 주는 고가품 영역에서 폭발적으로 증가했다. 여준상 동국대 경영학과 교수는 "기성세대와 달리 2030 소비자들은 당장의 행복감, 즐거움을 느낄 수 있는 소비에 몰두하면서 명품 브랜드의 주 소비층으로 부상했다"고 말했다.

신(新)노마드족: 고가 자동차와 명품, 중고시장 성장의 주축이 된 '2030' 소비자. 소유보다 만족스러운 경험을 추구하며 소비시장을 유목민(nomad)처럼 끊임없이 옮겨 다니는 경향을 보임

자료원: 동아일보 2021. 7. 6 수정 인용

시장 및 경쟁 구조

마케팅 상황 중 두 번째 차원은 제품 시장 및 경쟁 구조에 관한 것이다. 제품 시장은 어떤 제품들이 동일한 시장에 속해 있느냐를 판단하여 정의하는 것이며, 경쟁 구조 분석의 토대가 된다. 제품 시장을 어떻게 정의하느냐에 따라 경쟁의 수준이 달라지고 경쟁자가 달라지기 때문이다.

경쟁 구조 분석은 해당 시장 및 산업의 다양한 경쟁 요인들과 공급자 및 구매자와의 관계를 고려하여 산업의 매력도를 분석하는 것이다. 전략 경영의 이론이지만 마케팅 상황 분석에서도 많이 사용하는 유용한 기법이다.

여기서 제품 시장 분석과 경쟁 구조 분석의 세부 내용들을 살펴보기로 한다.

(1) 제품 시장 분석

1) 제품 시장의 정의

제품 시장을 정의하는 기준은 여러 가지가 있으나 가장 중요한 것은 소비자의 관점에서 동일 범주로 생각되는 제품들을 하나의 제품 시장으로 정의하는 것이다. 일반적으로 어떤 제품들이 동일한 시장에 속하는지 판단하는 기준은 다음과 같다.

첫째는 물리적 속성을 기준으로 시장을 정의하는 것이다. 예를 들어 자동차 시장은 배기량을 기준으로 소형, 준중형, 중형, 준대형, 대형 등으로 구분할 수 있다. 이러한 시장 정의 기준은 가장 일반적으로 사용되지만 제품을 중심으로 하고 있다는 점에서 소비자가 인식하는 시장의 구분과는 다를 수 있다.

둘째는 사용 용도를 기준으로 시장을 정의하는 것이다. 소비자가 동일한 용도로 사용하는 제품들은 같은 시장으로 간주하는 것이다. 예를 들어 커피와 아이스크림은 물리적 속성 측면에서는 다른 시장이라 할 수 있지만, 식사 후 디저트의 용도 관점에서 보면 동일한 제품 시장으로 분류할 수 있다.

셋째는 교차탄력성을 평가하여 시장을 정의하는 것이다. 커피와 녹차라는 두 제품을 고려할 때, 녹차의 교차 탄력성은 '(녹차의 수요 변화율) / (커피의 가격 변화율)'로 계산된다. 교차탄력성이 양수(+) 값을 가지면 커피와 녹차 사이에는 대체 관계가 있다고 말할 수 있다. 가령 커피의 가격이 5% 증가했을 때, 녹차의 수요가 10% 증가하였다면 교차탄력성은 2라는 양수(+) 값을 가진다. 이것은 커피가격 인상으로 기존에 커피를 구매하는 소비자들이 녹차를 대신 구입한 것을 의미하기 때문에 두 시장을 동일 시장으로 간주할 수 있다. 교차탄력성 값이 클수록 두 제품은 동일한 제품군으로 분류될 가능성이 커진다.

넷째는 소비자가 동일한 범위로 인식하는 제품들로 시장을 정의하는 것이다. 이러한 시장 정의 기준은 보통 소비자를 대상으로 한 설문조사를 실시하여 제품의 속성 및 브랜드를 평가한 결과를 활용한다. 예를 들어 물리적으로는 자동차 시장이 배기량 규모에 따라 구분되지만, 소비자 설문조사 결과 국내 중형차와 수입 중형차를 다른 시장으로 인식하고 있다면 이러한 인식이 시장을 정의하는 기준으로 활용될 수 있다. 학자들과 자료에 따라 시장을 정의하는 기준 중 하나를 '소비자가 인식하는 유사성'으로 언급하는 경우가 있는데, 크게 보면 본 범주에 포함된다고 할 수 있다.

제품 시장을 정의하는 이상의 기준들은 서로 배타적인 것이 아니라 많은 경우 공통된 성격을 가지고 있다. 예를 들어, 소비자가 동일한 시장으로 인식하는 제품들은 물리적 속성이 동일하거나 소비자가 인식하는 유사성이 높다. 또한 이러한 제품들은 교차탄력성이 높게 나타나고 사용 용도가 비슷한 경우가 많다. 반면, 제품 시장을 정의하는 기준들이 충돌하는 상황이 발생하기도 한다. 예를 들어, TV와 스마트폰은 물리적 속성에 있어서는 많은 차이가 존재하지만, 소비자들의 오락 시간을 제공한다는 점에서 사용 용도의 유사성이 높다. 따라서 제품 시장을 정의할 때 제품이 속해 있는 산업의 특성이나 소비자의 변화 등을 고려하여 다양한 방법들을 적용해보고, 해당 기업의 상황과 전략에 부합하도록 시장을 정의해야 한다.

2) 제품 시장의 수요 분석

제품 시장에 대한 정의가 끝나면 해당 시장의 크기와 성장률을 살펴보는 것이 필요하다. 현재와 미래의 제품 시장의 크기는 사업의 성패를 결정짓는 중요한 요소일 뿐 아니라 시장의 크기와 성장률에 따라 취해야 하는 마케팅 전략도 달라지기 때문이다.

일반적으로 제품 시장이 성장하는 상황은 해당 기업에 긍정적 기회인 경우가 많다. 그러나 시장이 성장함에 따라 경쟁자도 늘어나고 이에 따라 공급량도 늘어난다는 것도 고려해야 한다. 왜냐하면 경쟁의 심화와 공급량 증가는 제품 시장 내 가격 하락 및 수익성 압박으로 작용할 수 있기 때문이다.

제품 시장의 수요에 대한 분석은 크게 세 가지를 고려해야 한다. 하나는 해당 제품의 수요 즉, 시장의 크기가 어떻게 될 것인가에 대한 수요의 양적 분석이다. 다른 하나는 시장이 커짐에 따라 경쟁 및 공급의 상황이 어떻게 될 것인가에 대한 시장의 경쟁 분석이다. 마지막으로 수요의 질적 분석이 있는데, 이것은 시장 내의 고객이 가지고 있는 제품의 구매, 사용, 처분 등과 관련된 특징들을 분석하여 마케팅 전략에 활용하는 것이다.

제품 시장의 수요 분석 유형 중 가장 기초적이고 필수적인 부분은 수요의 양적 분석이다. 시장의 경쟁 분석은 이후에 살펴볼 경쟁 구조 분석에서 알아보고, 수요의 질적 분석은 5장 소비자행동에서 살펴보겠다. 여기에서는 수요의 양적 분석을 중심으로 제품 시장에 대한 수요를 분석하는 내용을 논의하기로 한다.

3) 수요의 영향 요인과 수요 예측

특정 제품에 대한 수요는 제품 시장 전체의 수요와 제품 시장 내 개별 제품의 수요로 구분할 수 있다. 전자를 1차적 수요라고 하고, 후자를 2차적 수요라고 부른다. 자동차 시장의 경우 중형 세단 시장 전체를 1차적 수요라고 한다면 현대자동차의 소나타 제품에 대한 수요는 2차적 수요가 되는 것이다. 여기서는 개별 제품의 수요를 중심으로 논의하기로 한다.

① 수요의 영향 요인

개별 제품에 대한 수요는 기업이 어떤 마케팅 상황에서 표적 시장을 대상으로 특정 마케팅 프로그램을 실행하는 경우 특정 기간 내에 구매되는 제품의 수량으로 정의할 수 있다. 이러한 개별 제품의 수요에 영향을 미치는 요인은 여러 가지가 있다.

먼저, 해당 제품에 대한 수요는 경제 전반의 상황 즉, 경기의 영향을 받는다. 경기가 좋으면 대부분의 제품 수요가 증가하고 경기가 나쁘면 수요가 감소한다. 두 번째로 수요 공급의 법칙에 따라 해당 제품의 가격이 내리면 수요는 증가하고 가격이 오르면 수요가 감소한다. 세 번째로 수요는 마케팅믹스의 영향을 받는데, 가령 유통망을 확대하거나 촉진 프로그램을 확장하는 경우 수요가 증가하게 된다. 마지막으로 수요는 경쟁 회사 및 제품의 마케팅 프로그램의 영향을 받는다. 가령 경쟁 브랜드의 가격이 인하되거나 경쟁사의 판촉이 강화되면 자사 브랜드와 제품의 수요는 감소하게 된다.

요컨대, 개별 제품에 대한 수요는 경기, 자사 제품의 가격, 자사의 마케팅 노력, 경쟁사의 마케팅 프로그램의 영향을 받을 수 있다.

② 수요 예측 방법

개별 제품에 대한 수요 예측 방법은 크게 의견조사법, 시장시험법, 시계열분석법, 인과관계분석법 등이다.

의견조사법은 해당 제품의 시장에 대해 잘 알고 있는 이해관계자들의 의견을 조사하여 수요를 예측하는 방법이다. 해당 시장의 전문 지식을 보유하고 있는 이해관계자들에는 판매원이나 유통업자, 전문가, 잠재고객 등이 있다. 판매원이나 유통업자에게는 직접적으로 시장의 수요를 물어보는 방법을 쓰고, 전문가들에게는 전문가들의 의견을 1차로 조사한 후 조사 결과를 다시 전문가들에게 보내 2차로 조사하는 방식으로 반복조사를 실시하는 델파이법을 사용한다. 마지막으로 잠재 고객을 대상으로 한 의견조사는 설문지를 이용하여 제품의 콘셉트와 가격 정보를 제시하고 구매 가능성에 대한 응답 정보를 분석함으로써 제품 시장의 수요를 예측한다.

시장시험법은 신제품 등에 대한 수요예측을 위해 실제의 판매환경에서 시험적으로 판매하여 그 결과를 분석함으로써 전체 시장에서의 판매 수요를 예측하는 방법이다. 의견조사법이 적합하지 않은 경우에 사용할 수 있는 장점이 있지만, 적절한 시험 시장을 선택하는 문제가 있기 때문에 주의도 필요하다.

시계열 분석법은 과거의 실적을 바탕으로 미래의 수요를 예측하는 방법으로 기존 제품의 수요 예측 방법으로 가장 많이 활용된다. 그러나 시계열 분석을 위해서는 과거의 자료가 있어야 하고 미래에도 과거와 상황이 유사할 것이라는 가정이 필요하다. 신제품에 대한 수요를 예측하는 경우에는 과거의 매출 자료가 없기 때문에 활용이 어렵지만 유사한 제품의 과거 매출 자료를 이용하여 시계열 분석을 수행하기도 한다.

인과관계분석법은 수요에 영향을 미칠 것으로 추정되는 변수와 수요간의 관계를 파악하여 수요를 예측하는 방법이다. 예를 들어 청량음료 수요에 기온과 지역의 소득이 큰 영향을 미친다고 판단하면 과거의 기온, 소득, 매출 데이터를 이용한 회귀분석을 실시하고, 회귀분석을 통해 도출한 회귀식의 모형에, 미래의 기온과 소득 변수를 입력하여 매출 데이터를 추정할 수 있다.

제품 시장에 대한 수요 예측은 상황에 따라 여러 가지 방법을 종합적으로 사용하는 경우가 많다. 위에서 언급한 수요예측 방법 중 적절한 방법들을 복수로 선택하여 수요를 예측해보고 각 방법에 따른 수요 예측 결과를 보정하는 식으로 진행한다. 최근에는 엑셀과 같은 스프레드 시트를 활용하여 해당 SW에 적절한 수요 예측 모델을 구현하고, 다양한 변수를 변경하면서 시뮬레이션 해 보는 수요예측 방법이 많이 활용되고 있다.

(2) 경쟁 구조 분석

제품 시장을 어떻게 정의하느냐에 따라 경쟁 구조 분석의 수준이 달라진다고 언급한 바 있다. 경쟁 구조는 제품군 단위, 제품 형태 단위, 브랜드 단위, 제품 형태 단위 등 다양한 수준에서 발생할 수 있다. 건강음료 제품군에서 자양강장제와 비타민음료가 경쟁하고, 자양강장제 제품 내에서 쌍화탕 같은 한방 음료와 박카스 같은 양방 음료가 경쟁하며, 양방 음료 내에서 박카스 브랜드와 생생톤 브랜드가 경쟁하는 것이다.

시장 및 경쟁 분석의 단위가 결정되면 해당 시장의 경쟁 구조에 대한 분석이 이루어지는데, Michael Porter가 제시한 5 Forces Model은 대표적인 경쟁 구조 분석 기법이다. 제품 시장에 대한 분석 중 수요 분석 부분이 해당 산업의 성장성을 판단하는 것이라면, 이하에서 살펴볼 5 Forces Model은 경쟁 구조에 대한 분석 중 해당 산업의 수익성을 판단하는 것이라고 할 수 있다.

1) 산업구조분석과 5 Forces Model

마케팅 상황 중 외부환경에 대한 것을 거시적 요인과 미시적 요인으로 구분하여 살펴본 바 있다. 미시적 환경 요인 중 산업 내의 주요 이해관계자들은 산업구조의 변화를 유발하고, 이를 통해 기업에 보다 직접적인 영향을 미치는 외부 환경 요소이며, 보다 구체적으로는 경쟁자, 공급자, 구매자 등으로 분류할 수 있다.

이와 같이 특정 산업의 경쟁자, 공급자, 구매자와의 관계가 산업 환경을 구성하기 때문에, 이러한 관계를 조직적으로 분석하여 산업의 매력도를 평가하고 기업에 미치는 영향을 분석할 수 있는데 이를 산업구조분석이라고 한다.

산업구조분석은 경제학의 산업조직론에서 발전하였고, Porter는 이를 경영전략에 도입하여 기업에 적용하기 쉽도록 '5-Forces Model'이라는 분석틀을 제시하였다. 그의 분석틀에 의하면 다섯 가지 경쟁적인 세력에 의해 산업의 수익률이 결정된다.

[그림 3.2]에는 5-Forces Model의 구조가 나타나 있다. Porter는 이러한 5-Forces Model을 통해, 산업의 수익률 혹은 매력도를 결정하는 다섯 가지 경쟁적인 세력으로 대체재와의 경쟁, 잠재적 진입자와의 경쟁, 기존사업자와의 경쟁, 공급자와의 교섭력, 구매자와의 교섭력을 제시하고 있다.

다섯 가지 경쟁 세력 중 대체재와의 경쟁, 잠재적 진입자와의 경쟁, 기존사업자와의 경쟁의 세 가지는 수평적인 경쟁인 동일 시장 및 동일 제품의 경쟁 측면으로 볼 수 있다. 공급자와의 교섭력, 구매자와의 교섭력은 수직적인 경쟁인 공급업체 및 구매자와의 교섭 경쟁 측면으로 볼 수 있다.

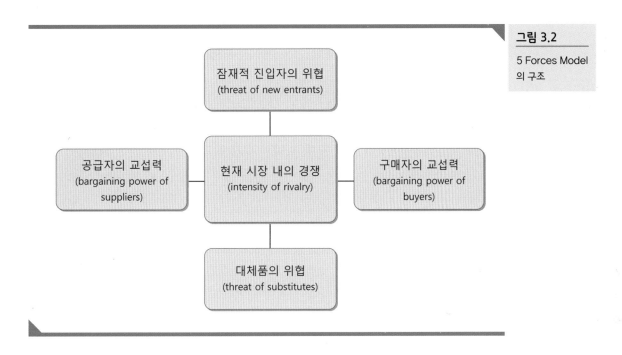

그림 3.2

5 Forces Model
의 구조

2] 경쟁 요인과 산업의 수익성

5 Forces Model이 보여주는 다섯 가지 경쟁 요인은 제품 시장이 속한 산업의 수익성에 영향을 미치기 때문에 5 Forces Model을 통해 해당 시장의 매력도를 평가한다. 이하에서는 국내 태블릿 PC 시장을 중심으로 5 Forces Model상의 다섯 가지 경쟁 요인이 어떻게 작용하고 있는가를 살펴보기로 한다.

첫째, 기존사업자와의 경쟁은 경쟁의 양상과 산업의 수익률을 결정하는 가장 중요한 요인으로 경쟁의 강도가 심할수록 과당경쟁으로 인한 가격하락 등을 통해 수익률이 저하된다. 국내 태블릿 PC 시장은 전 세계의 전문적인 전자업체들이 치열한 광고전과 함께 강력한 경쟁을 벌이고 있는 상황이다.

둘째, 잠재적인 진입자와의 경쟁도 기존사업자와의 경쟁의 경우와 같은 논리로 경쟁의 강도가 높을수록 수익률이 저하된다. 국내 태블릿 PC 시장은 글로벌 가전 업체들의 진입 가능성이 높아질수록 잠재 경쟁이 심화되고 기존 사업자들의 수익률이 저하된다. 잠재적인 진입자와의 경쟁 강도는 진입장벽의 강도에 의해 영향을 받기 때문에 진입장벽이 높은 산업은 수익률을 유지할 수 있다.

셋째, 대체재와의 경쟁강도가 높아도 산업의 수익률이 저하된다. 국내에서 태블릿 PC를 구매하려는 소비자들은 스마트폰이 커지거나 넷북이 작아질수록 태블릿을 구매하는 대신 이들 제품을 구매할 가능성이 높아진다. 대체재와의 경쟁강도는 고객이 대체재로 쉽게 옮겨갈 수 있는가와 대체재의 유용성이 얼마나 높은가가 중요하다.

넷째, 구매자의 교섭력이 높을수록 기업은 구매자의 가격인하 요구 등에 따라야 하고, 이로 인해 수익률이 저하된다. 태블릿 PC의 구매자는 통신사와 개인구매자로 나눌 수 있는데, 통신사의 경우 구매 기업의 수가 작고 한꺼번에 많은 물량을 구매하기 때문에 구매자의 협상력이 매우 높아서 해당 시장의 수익성과 매력도는 떨어진다. 구매자의 교섭력은 구매자가 가격에 얼마나 민감한가의 정도와 구매자의 실질적인 교섭능력의 영향을 받는다.

다섯째, 공급자의 교섭력도 구매자의 교섭력과 마찬가지로 공급자가 원자재의 가격을 높임으로써 제조업체의 수익률 저하를 초래할 수 있다. 태블릿 PC 제조에 필요한 모바일 AP 기술은 삼성전자와 퀄컴이 양분하고 있어 이들의 협상력이 매우 높기 때문에 태블릿 PC를 제조하는 업체들의 협상력은 상대적으로 낮아 시장의 매력도를 저하시킨다.

마케팅 상황 분석을 수행하려는 기업들은 산업구조분석 혹은 5 Forces Model을 통해 당사가 속해 있는 산업의 매력도와 수익성을 분석하고, 더 나아가 산업의 미래를 예측하며, 산업구조의 변경을 의도하는 전략을 실행할 수 있다. 또한, 앞서 살펴본 외부환경에 대한 분석 내용이나 뒤에서 살펴볼 내부 역량에 대한 분석 결과 등을 본 분석과 함께 종합함으로써 다양한 마케팅 의사결정에 활용할 수 있다.

3) 본원적 전략과 전략집단

동일한 제품 시장 혹은 특정 산업 내에 있는 기업들이 모두 동일한 전략을 사용하지는 않는다. 한 시장에서 기업들이 구사할 수 있는 전략을 크게 세 가지로 나누어 살펴볼 수 있는데 Michael Porter는 이를 본원적 전략(generic strategy)이라고 하였다.

첫 번째는 원가우위를 바탕으로 비용 경쟁력을 구축하여 가격이나 수익성 측면에서 우월성을 추구하는 전략이다. 이를 비용우위 혹은 저가격 전략이라 명명할 수 있다.

두 번째는 경쟁 제품보다 우월하고 독특한 가치를 제공하고 동시에 가격 프리미엄을 추구하는 전략이다. 이를 차별화 전략이라고 한다.

마지막으로 전체 시장 중에서 특정한 일부 시장에만 집중하여 해당 시장에서 우월적 지위를 확보하는 전략이 있다. 이를 집중화 전략이라고 부르는데 구체적인 방법은 비용우위와 차별화우위 전략을 모두 사용할 수 있다.

　일반적으로 한 제품 시장에는 자사와 동일한 전략을 구사하는 기업들도 있고 그렇지 않은 기업들도 있다. 이 경우 한 제품 시장에서 동일한 전략을 사용하는 기업들의 집합을 전략 집단(strategic group)이라고 한다. 경쟁 구조 분석에서 전략 집단의 개념을 도입하여 시장 상황을 이해하는 것은 매우 중요하다. 한 산업 내에서도 다른 전략 집단에 속한 기업들은 구체적인 사업의 영역이나 자원의 배분 방식이 달라지기 때문에, 경쟁 구조 분석을 심도있게 수행하기 위해서는 산업 내 경쟁 기업들을 서로 다른 전략 집단으로 범주화시키고 어떤 전략 집단으로 들어가서 어떻게 경쟁할 것인가를 고려하여야 한다.

CASE 3

카드사의 'PLCC(상업자표시 신용카드)' 경쟁

　커피 전문점부터 영화관, 배달 앱, 호텔, 항공사까지. 내가 좋아하는 브랜드에 혜택을 몰아주는 신용카드를 원하는 소비자의 입맛에 맞춘 상업자표시신용카드(PLCC)가 카드업계 대세로 떠올랐다. PLCC는 카드사 이름을 앞세운 기존 카드와 달리 특정 기업 브랜드를 카드 전면에 내세우고 해당 기업에 특화한 혜택을 제공하는 게 특징이다. 3~4년 전까지만 해도 국내에선 생소한 콘셉트였지만 지난해부터 모든 카드사가 PLCC를 내놓을 만큼 시장이 달아올랐다. 카드사들도 파트너 기업의 충성 고객을 끌어와 묶어둘 수 있어 적극적으로 나서고 있다.

　2015년 업계 최초로 이마트 PLCC를 출시한 '국내 PLCC 원조' 현대카드는 이제까지 16종의 PLCC를 출시했다. 스타벅스 네이버 배달의민족 코스트코 제네시스 등 브랜드 파워와 소비자 충성도가 높은 각 분야 1위 기업과 손을 잡았다. 현대카드가 대한항공과 지난해 내놓은 '대한항공카드'는 카드 소비자의 수요가 높은 대한항공 마일리지 적립 서비스를 극대화한 카드로 꾸준히 인기를 끌고 있다. 총 4종의 대한항공 카드는 결제액 1,000원당 1마일리지를 기본 적립해주고, 상품별로 대한항공·해외·호텔·면세점 등에선 1,000원당 2~5마일리지를 쌓아준다. 지난 6월엔 넥슨과 게임사 최초 PLCC '넥슨 현대카드' 3종을 출시했다. 상품별로 결제액의 0.5~3%를 넥슨 현대카드 포인트로 적립해주는 게 특징이다. 이 포인트는 게임 쿠폰을 사거나 넥슨 캐시로 전환할 때 쓸 수 있다. 신한카드가 세계 최대 호텔그룹 메리어트 인터내셔널과 선보인 '메리어트 본보이 더 베스트 신한카드'는 26만 7,000원이란 연회비에도 호캉스족에게 큰 인기를 누리고 있다. 메리어트 계열 호텔에서 25박을 해야 오를 수 있는 '골드 엘리트 등급'을 기본 혜택으로 제공한다는 게 강점이다. 또 결제액 1,000원당 1~5 메리어트 본보이 포인트가 쌓이고 연간 실적에 따라 1만 5,000 보너스 포인트도 챙길 수 있다.

우리카드는 작년 말 CGV와 첫 영화 전용 PLCC인 'CGV 우리카드'를 출시했다. 연회비 2만 원으로 CGV 영화관람권 1매 무료, 영화 예매 시 5,000원 할인, 매점 콤보 2000원 할인 등의 혜택을 누릴 수 있어 영화 애호가에게 인기다. 우리카드는 지난 17일 패션 플랫폼 코오롱몰 온·오프라인 매장에서 5% 할인받을 수 있는 '코오롱몰 우리카드'도 선보였다. 5만원 이상 결제하면 최대 36개월 장기 할부를 제공한다.

국민카드는 배달 앱 요기요와 '요기패스 신용카드'를 내놨다. 매달 3만원 상당 요기요 할인 쿠폰, 포장 1,000원 무제한 할인 혜택을 기본 제공하며 전월 실적 조건을 채우면 요기요의 멤버십 할인 구독 서비스인 요기패스의 월 구독료 9,900원을 전액 할인받을 수 있다. 국민카드는 지난달 닭가슴살 플랫폼 '랭킹닭컴'의 첫 PLCC도 출시했다. 기본 혜택으로 랭킹닭컴 20% 할인, 골프장 10% 할인을 제공한다.

비씨카드는 지난달 KT 이용자를 겨냥한 '비씨 KT수퍼 카드' 2종을 출시했다. 전용 요금제를 선택하면 24개월간 매달 최대 2만 6,000~3만 5,000원을 할인받을 수 있다. 통신 제휴카드 중 최초로 '비자 영 프리미엄 서비스'를 기본 혜택

으로 넣은 점이 눈에 띈다. 지난 2월에는 국내 첫 단일 게임 특화 PLCC인 '로스트아크 카드'도 선보였다. 로스트아크 게임머니인 '로열크리스탈'을 이 카드로 충전하면 10% 청구 할인을 받을 수 있다.

카드사 자체 브랜드 파워를 살린 PLCC도 잇따르고 있다. 삼성카드는 삼성전자 갤럭시 스토어에서 결제하면 결제액의 5%를 삼성전자 포인트로 무제한 적립해주는 '삼성 모바일 플러스 카드'를, 롯데카드는 롯데 계열사에서 결제하면 이용액의 7%를 '롤라머니'로 쌓아주는 '롤라카드'를 운영 중이다. 롤라머니는 롯데상품권이나 현금처럼 쓸 수 있는 엘포인트로 전환할 수 있다.

PLCC는 한 브랜드에만 혜택이 집중되다 보니 소비자가 메인 카드로 쓰기에는 범용성이 떨어지는 경우가 많다. 카드사로서는 브랜드 파워가 강한 기업을 파트너사로 확보하기 위해 비용·수익을 불리하게 나누기도 한다. 그럼에도 포화 상태인 카드 시장에서 파트너사의 충성 고객을 단기간 신규 가입자로 확보할 수 있다 보니 카드사들도 계속 다양한 PLCC를 내놓는 추세다.

자료원: 한국경제 2022. 8. 25 수정 인용

4
기업의 마케팅 역량

마케팅 상황 중 세 번째 차원은 기업의 마케팅 역량에 관한 것이다. 일반적으로 기업의 내부 역량은 경영의 전 범위에 걸쳐 있고, 전략 경영 분야에서는 내부 역량 분

석을 전 범위를 대상으로 수행한다. 그러나 본 마케팅 상황 분석에서는 마케팅 역량을 중심으로 내부 역량을 분석하는 방법을 살펴볼 것이다.

마케팅 상황 분석에서 기업의 마케팅 역량을 분석하는 것은 상황 분석 이후에 수행하는 SWOT 분석을 위해 필요하다. SWOT 분석은 외부 환경을 중심으로 파악된 기회 및 위협 요인과 내부 역량을 중심으로 파악된 강점 및 약점 요인을 결합함으로써 종합적으로 분석하는 것이기 때문이다.

여기서는 마케팅 역량을 구성하는 마케팅 자원과 능력에 대하여 살펴보고, 마케팅 역량을 중심으로 한 강점과 약점을 분석하는 과정을 이해하기로 한다.

(1) 마케팅 자원과 능력

기업의 내부 역량이란 기업이 보유하고 있는 자원과 능력의 결합을 통해 나타나는 종합적인 경쟁력이라고 할 수 있다. 예를 들어, 기업이 강력한 브랜드라는 자원을 보유하고 있고 유통파트너들에 대한 협상 능력을 보유하고 있다면, 유통경쟁력 혹은 유통장악력이라는 마케팅 역량이 구축되는 것이다.

기업 내부의 자원과 능력을 분석할 때 기업의 브랜드 이미지나 품질 및 가격 경쟁력, 서비스 역량, 유통망, 기술력, 재무구조, 인적자원 등을 포괄적으로 염두에 두고 진행하는 것이 일반적이다. 따라서 기업 및 사업부 관점에서 내부 역량을 분석하기 위해서는 영업 및 마케팅, 인사 조직, 회계 및 재무, 제조 및 운영 등의 영역에서 보유하고 있는 자원과 능력들을 1차적으로 확인할 필요가 있다. 그러나 마케팅 상황에 대한 분석을 마케팅 관점에서 수행하는 것이 목적이라면 보다 마케팅 측면의 자원과 능력을 고려한 분석을 수행하는 것이 바람직하다.

[표 3.1]에는 기업 혹은 사업부의 강점과 약점을 분석하기 위한 역량 체크리스트가 제시되어 있다.

아래에 제시된 내부 역량 체크리스트에는 마케팅, 재무, 제조, 조직 측면을 포괄적으로 기술하고 있으나, 마케팅 측면의 역량을 보다 강조하고 있다. 기업에서는 분석의 목적이나 필요한 의사결정의 내용에 따라 내부 역량 혹은 마케팅 역량의 분석 범위를 다양하게 선정하여 활용할 수 있다.

마케팅 역량		기타 역량	
1	기업의 명성		원가 구조
2	시장점유율	재무	현금흐름
3	고객만족도		재무적 안정
4	고객유지비율		생산설비
5	제품 품질		규모의 경제
6	서비스 품질	생산	생산량
7	가격 전략		생산 인력
8	유통		적시 생산
9	프로모션 활동		기술력
10	영업 인력		비전과 리더십
11	혁신 역량	조직	헌신적 종업원
12	지리적 활동범위		기업가정신

표 3.1

내부 역량
체크리스트

(2) 마케팅 역량의 경쟁력 분석

전술한 마케팅 자원과 능력을 종합하여 해당 제품 시장에서 중요한 마케팅 역량이 확인되면, 자사가 보유한 마케팅 역량이 주요 경쟁사와 비교하여 어떤 수준에 있는가를 평가하고, 이를 토대로 마케팅 역량의 강점과 약점을 정의해야 한다.

[표 3.2]에는 앞서 살펴본 내부 역량 체크리스트를 토대로 마케팅 역량의 상대적 경쟁력을 분석하는 모델이 제시되어 있다.

내부 역량을 평가하는 모델은 내부 역량 체크리스트 항목별로 경쟁 기업과 비교하여 우리가 보유한 자원과 능력이 어떠한 수준에 있는지를 평가하여 표시하는데, 매우 약점에서 매우 강점까지 5단계로 평가하고 있다. 체크리스트의 오른쪽에는 내부 역량의 각 항목들이 해당 산업 및 제품 시장 내에서 얼마나 중요성이 높은가를 평가하고 있다.

이 사례에서는 마케팅 역량을 기업의 명성이나 유통 같은 역량뿐 아니라, 마케팅 역량의 결과로 나타나는 시장점유율, 고객만족도 등과 같은 성과지표도 포함시켜 분석하고 있다. 마케팅 역량에 대한 경쟁력 평가는 이와 같이 기업의 상황이나 분석 목적에 따라 다양한 항목을 대상으로 수행할 수 있다.

평가 영역	평가					중요도		
	매우 약점	약간 약점	중간	약간 강점	매우 강점	저	중	고
마케팅								
1 기업의 명성				○				V
2 시장점유율				○			V	
3 고객만족도			○				V	
4 고객유지비율				○			V	
5 제품 품질				○				V
6 서비스 품질		○				V		
7 가격 전략		○						V
8 유통			○			V		
9 프로모션 활동			○					V
10 영업 인력				○			V	
11 혁신 역량		○					V	
12 지리적 활동범위				○		V		

표 3.2
내부 역량 평가 모형 및 마케팅 분야 예시

[표 3.2]에 제시된 분석 결과를 보면 마케팅 역량이나 성과 지표에 대한 비교 평가뿐 아니라, 해당 항목이 얼마나 중요한 것인가를 동시에 분석하고 있다. 항목별 중요성까지를 고려하여 경쟁력을 분석하는 경우에는 그렇지 않은 경우보다 장점이 많다. 예를 들어 A회사의 기업 명성과 제품 품질은 경쟁사에 비해 강점으로 평가되고 있는데, 두 가지 평가 항목은 해당 제품 시장 내에서의 중요성이 높기 때문에 해당 항목에서 파악된 강점 요인에 주목해야 한다. 한편, A사의 서비스 품질은 B회사에 비해 약점으로 평가되고 있지만, 제품 시장 내에서 서비스 품질의 중요성이 그리 높지 않기 때문에 해당 항목에서 파악된 약점 요인은 크게 신경을 쓰지 않아도 된다. 반면에, 가격전략의 경우 중요성이 높지만 경쟁사에 비해 약점으로 파악되고 있기 때문에 개선이 필요하며, 지리적 활동범위는 중요성은 낮은데 강점에 해당하기 때문에 해당 영역에의 자원 투입을 줄일 필요가 있을 것이다.

기업은 특정 사업이나 해당 제품 시장 내에서 자사가 보유한 마케팅 역량을 주요 경쟁사와 비교하여 평가함으로써 현재와 미래의 경쟁력을 확인하고, 외부 환경 분석 결과와 결합한 SWOT 분석에 사용할 수 있다.

휠라코리아(주)는 혁신을 통한 지속 성장을 추구하고자 조직 개편을 단행하고 외부 업계 전문가를 영입했다고 23일 밝혔다. 이번 조직 개편은 지난 2월 발표한 그룹의 5개년 전략 '위닝 투게더(Winning Together)'의 성공적인 국내 실행을 위해 조직 역량을 강화하려는 취지에서 이뤄졌다. 올해 5월 부임한 김지헌 대표가 2~3개월에 거쳐 전 직원 개별 면담과 전반의 프로세스 점검 등 면밀하게 조직을 진단, 분석하는 과정을 거쳐 진행됐다.

먼저, 대표이사 직속 전략본부를 신설하고 이재현 본부장(사진)을 신규 선임했다. 이 본부장은 이랜드그룹 전략기획실 출신으로, 뉴발란스 키즈를 거쳐 뉴발란스 브랜드를 총괄한 이력을 지녔다. 그룹의 전략적 방향을 국내 시장에서 가장 효과적으로 적용할 수 있도록 비즈니스 실행 전략을 도출하고 프로세스를 개선·관리하는 한편, 선진화된 시스템으로 현업을 전방위적으로 지원하는 임무를 맡게 됐다.

이외 전체 프런트 오피스 조직을 기존 직능제에서 브랜드별 사업(본)부 체제로 확대 개편했다. 같은 상품 기획(MD)이나 디자인, 마케팅 업무라 할지라도 각 복종별 특성에 따라 시장 환경이 다른 만큼 브랜드 단위로 직군별 구성원들이 한 팀을 이뤄 시너지를 극대화하기 위해서다. 휠라의 디자인력 보강을 위해 기존 디자인팀도 디자인실로 승격했다.

휠라 브랜드의 경우, 앞으로 나아가야 할 방향인 새 브랜드 정체성 '프리미엄 라이프스타일 스포츠 브랜드'에 맞춘 상품과 커뮤니케이션 전

CASE 4
휠라코리아의 마케팅 역량 강화

략으로 소비자와 소통을 강화하기 위해 외부 전문 인력도 영입했다. 뉴발란스 마케팅 책임자로 성장기를 이끌었으며 최근까지 현대차그룹 제네시스에서 프리미엄 브랜드 마케팅 경력을 보유한 마케팅 전문가와 패션 대기업 LF와 F&F 프리미엄 브랜드에서 기획(MD) 경력을 지닌 상품 전문가가 새롭게 합류했다. 여기에 심리 상담 전문지식까지 보유한 HR 전문가를 통해 내부 소통을 더욱 강화해 나간다는 방침이다.

휠라코리아는 이번 조직 변화를 바탕으로 브랜드 가치·경쟁력 제고, 기업 지속성장을 위한 변화에 본격 시동을 걸었다. 재정립된 새 BI(브랜드 아이덴티티)에 맞춰 제품 기획, 생산 프로세스와 매장 환경 구축까지 전방위 체질 개선을 이룰 예정이다. 최근 국내 테니스 인기 속 '테니스 대표 브랜드'로 각인되고 있는 만큼 하반기 관련 비즈니스를 더욱 확대한다. 사내 '테니스 프로젝트팀' 구성, 제품 라인업 확대, 테니스 앰배서더·후원 선수를 연계한 대규모 마케팅 활동도 계획 중에 있다.

여기에 온오프라인 판매채널도 대대적인 정비에 돌입한다. 소비자 최접점인 매장 인테리어에 신규 매뉴얼을 도입하고 온라인 공식 스토어 역시 브랜드별 콘텐츠 구성과 고객 쇼핑 편의성 강화를 목표로 리뉴얼을 계획 중이다.

휠라코리아는 앞으로도 필요한 파트에 최고 수준의 인력을 보강, 전문성 극대화를 위한 노력을 아끼지 않을 계획이다. 새로운 전략에 따라 대대적으로 변화된 상품과 매장의 모습은 내년 상반기부터 소비자에게 선보일 예정이다.

자료원: 부산일보 2022. 8. 23 수정 인용

5

마케팅 상황 분석 종합

(1) 내·외부 상황 분석의 정리

SWOT 분석은 내부 역량 분석 결과인 강점(strength)과 약점(weakness), 외부 환경 분석 결과인 기회(opportunity)와 위협(threat)을 종합적으로 검토하는 것으로 기업의 자원·능력과 외부 환경 간 전략적 적합성을 모색하는 과정이다. SWOT 분석의 첫 번째 단계는 외부 환경 분석에서 도출한 기회 및 위협 요인과 내부 역량 분석에서 도출한 강점과 약점 요인을 명확하게 정리하는 것이다.

[그림 3.3]에는 기업의 내·외부 상황 분석을 개념적으로 정리한 예로, 기업 내부의 관점에서 강점과 약점을, 기업 외부의 관점에서 기회와 위협 요인을 일목요연하게 정리하고 있다.

내·외부 상황 분석을 SWOT의 항목별로 [그림 3.3]과 같이 정리하는 것은

	강점(strength)	약점(weakness)
내부요인	• 브랜드 이미지 • 품질 경쟁력 • 서비스 역량 • 유통망 • 영업 역량 • 효율적인 조직 구조 • 우수한 인적 자원	• 취약한 재무 구조 • 가격 경쟁력 • 재무관리 체계 • 기술력 및 R&D 역량 • 불분명한 전략 방향 • 낮은 생산성 • 비효율적인 인력 운영
	기회(opportunity)	위협(threat)
외부요인	• 늘어나는 시장 규모 • 경제 활성화 • 정부의 호의적인 정책 • 시장 개방과 해외 진출 • 연관 산업의 발달 • 수직적 통합 • 인구 증가	• 쇠퇴하는 시장 • 새로운 대체제의 등장 • 정부의 비호의적인 정책 • 시장 개방과 해외 경쟁자의 진입 • 연관 산업의 쇠퇴 • 인구의 감소 • 경기침체

그림 3.3

내·외부 상황 분석 결과(예시)

SWOT 분석의 출발점이지 SWOT 분석을 수행한 것이 아니다. 많은 경우 경영 현장에서는 SWOT 요소를 나열한 위와 같은 정리 내용을 가지고 SWOT 분석을 수행한 것으로 오해하거나 소통하고 있다. 진정한 의미의 SWOT 분석은 기업의 강점을 최대한 살려 외부 환경의 기회를 자사의 것으로 만들고, 약점은 어떻게 보완하며 외부 환경 위협의 영향력을 어떻게 최소화할 것인지를 파악하고 분석하는 데 있다.

(2) SWOT 분석의 수행

SWOT 분석의 두 번째 단계는 강점과 약점, 기회와 위협을 2×2 그리드에 조합하고 이 조합이 주는 전략적 시사점을 도출하는 것이라고 2장에서 살펴보았다.

[그림 3.4]에는 본격적인 SWOT을 수행하는 절차를 보여주고 있다. 내외부 상황 분석을 통해 SWOT 항목들이 정리되면, 강점과 약점, 기회와 위협을 2×2 그리드에서 연결하여 분석하고 전략 방향이나 시사점을 도출하는 것이 필요하다.

요컨대 진정한 의미의 SWOT 분석은 외부 환경의 기회를 활용하기 위해 내부의 강점을 사용하는 전략(강점-기회 연결), 외부 환경의 위협을 극복하기 위해 내부의 강점을 사용하는 전략(강점-위협 연결), 내부 약점을 보완함으로써 외부 환경의 기회를 활용하는 전략(약점-기회 연결), 외부 환경의 위협을 회피하고 내부 약점을 최소화하는 전략(약점-위협 연결)의 차원에서 구체적인 전략 방향과 시사점을 도출하는 것

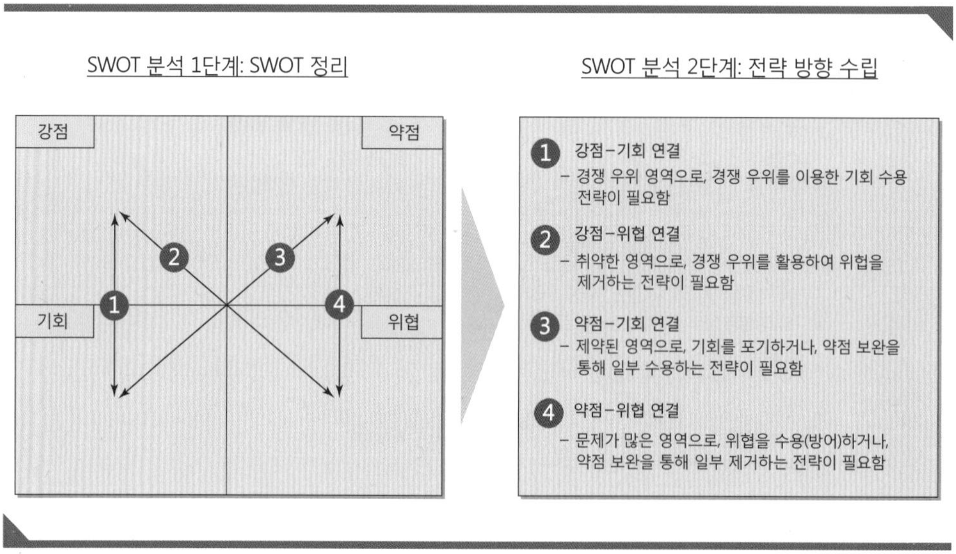

SWOT 분석 1단계: SWOT 정리

강점   약점

② ③

① ④

기회   위협

SWOT 분석 2단계: 전략 방향 수립

❶ 강점-기회 연결
  – 경쟁 우위 영역으로, 경쟁 우위를 이용한 기회 수용 전략이 필요함

❷ 강점-위협 연결
  – 취약한 영역으로, 경쟁 우위를 활용하여 위협을 제거하는 전략이 필요함

❸ 약점-기회 연결
  – 제약된 영역으로, 기회를 포기하거나, 약점 보완을 통해 일부 수용하는 전략이 필요함

❹ 약점-위협 연결
  – 문제가 많은 영역으로, 위협을 수용(방어)하거나, 약점 보완을 통해 일부 제거하는 전략이 필요함

그림 3.4
SWOT 분석의 단계

이 핵심이다. 예를 들어 시장 개방과 해외진출 기회 확대라는 기회 요인이 있는데, 우리의 강점이 브랜드 이미지와 품질 경쟁력이라면 기회 요인과 강점 요인을 결합하여 '독자적인 해외시장 개척'이라는 전략 방향을 설정하는 것이 SWOT 분석의 결과물로 도출되어야 한다.

· · · ·
토론사례

밀키트 시장과 이마트24의 사업 확장

2020년도에 식품업계에서 코로나19(COVID-19) 확산 속에서 가장 크게 성장한 시장 중 하나가 '밀키트'(meal kit)다. 배달 음식은 싫증나고, 요리는 번거로운 소비자들에겐 간단한 조리로 집밥 기분을 낼 수 있는 밀키트가 안성맞춤이기 때문이다. 관련 업계에 따르면 2020년도에 밀키트 시장 규모는 2,000억원으로 추산된다. 한국농촌경제연구원은 2019년 1,000억원 규모이던 밀키트 시장이 오는 2024년 7,000억원까지 성장할 것으로 전망하고 있다.

2021년도의 밀키트 시장은 일찌감치 시장에 진출한 스타트업들이 주도하였다고 볼 수 있다. 많은 밀키트 제품이 대형 유통·식품업체 상표를 달고 출시되지만, 이 중 상당수는 ODM(제조업자개발생산), OEM(주문자상표부착생산) 제품이어서다. 제조업체에서 제품 개발·생산을 모두 담당하거나(ODM), 주문업체 요구대로 제조업체가 완제품을 생산하는 방식(OEM)이 주를 이룬다. 이 중에서도 '프레시지'가 가파른 성장세로 시장을 이끌었다. ODM, OEM 물량을 포함하면 프레시지의 밀키트 시장점유율은 70%에 달했다. 2016년 시장에 진출한 프레시지의 연매출은 2017년 15억원에서 2018년 218억원, 2019년 712억원, 2020년 1,700억원(추정)으로 급증했다. 3년 만에 매출이 113배로 폭증한 셈이다.

대형 유통·식품업체 중에서는 한국야구르트가 2017년 9월 밀키트 시장에 가장 먼저 뛰어들었다. 한국야구르트는 위탁생산한 밀키트를 프레시 매니저(야구르트 배달원)를 통해 유통하고

이마트24의
밀키드

있다. CJ제일제당도 2019년 4월 밀키트 시장에 진출한 뒤 CJ프레시웨이, CJ대한통운 등 계열 사 인프라를 활용해 직접 생산·유통에 나서며 시장에 빠르게 안착하고 있다. 이마트도 2024 년까지 밀키트 연매출 규모를 500억원까지 확대한다는 계획을 세우고 제품 40여 종을 출시하 며 사업 확장에 나선 바 있다.

실제 이마트24는 2021년도에 15종이었던 밀키트 상품을 2022년도에 44종으로 늘렸으며 매 출도 덩달아 증가하는 추세다. 이마트24 가정간편식 매출은 전년 대비 2020년 15%, 2021년 23%, 2022년(1~9월) 34% 증가한 것으로 나타났다. 이마트24는 유명 맛집 메뉴와 지역의 특색 있는 먹거리를 편의점에서 만나볼 수 있도록 가정간편식을 지속적으로 확대하고 있다.

이마트24는 가정간편식 상품을 다양화하는 동시에 매월 시즌에 맞는 상품을 할인된 가격으 로 제공하는 '이달의 밀키트' 행사를 진행한다. 예를 들어, 인기 밀키트 4종을 행사카드로 결 제 시 반값에 구입할 수 있다. 업계 최초로 밀키트 카탈로그를 운영한다. 점포에서 모든 종류 의 밀키트상품을 판매하기 어렵다는 점을 고려해 냉장과 냉동 타입 한식·양식·아시아식·분 식·야식 등 44개 밀키트 상품 이미지와 바코드가 인쇄된 카탈로그를 제작해 고객들이 원하 는 상품을 현장에서 예약·주문할 수 있다.

밀키트 시장은 향후 더 세분화, 다양화된 모습으로 진화할 전망이다. 대기업과 스타트업이 경쟁하면서 대기업은 저가 전략을, 스타트업은 프리미엄 전략을 선택할 수 있다. 새벽배송이 나 방문판매 등 유통 방식도 더욱 다양화될 것으로 예상된다. 제품 형태도 레스토랑 메뉴를 밀키트로 만든 RMR(레스토랑간편식), 밀키트보다 조리가 더 간편한 '레디밀' 등 세분화될 전망 이다.

자료원: 머니투데이 2021. 1. 6; 아주경제 2022. 10. 6 수정 인용

토론문제

01 밀키트 시장의 성장요인은 어떤 것들이 있다고 생각하는가?

02 밀키트 시장에서 중소기업과 대기업이 취할 수 있는 전략은 각각 무엇이 있는가?

03 밀키트 시장에서의 제품 및 유통 다양화 방안은 어떤 것들이 있을 수 있는가?

04

마케팅 조사

04

마케팅 조사

▌ 테팔의 소비자에 대한 진심

지금 살고 있는 집을 천천히 둘러보면 프라이팬, 무선주전자, 다리미 등 테팔 제품 하나쯤은 가지고 있을 것이다. '전 세계 소비자의 일상생활을 보다 편리하고 풍요롭게 만든다'는 사명 아래 1997년 한국에 첫 발을 내디딘 그룹세브의 브랜드 테팔이 2022년도에 국내 소비자와 만난 지 25년이 됐다. 그만큼 테팔은 대한민국 국민들의 일상에 깊숙이 자리 잡고 있다. 오랜시간 동안 꾸준히 사랑받을 수 있었던 비결에 대해 테팔은 '소비자에 대한 진심'이라고 말한다.

테팔이 한국에 처음 선보인 제품은 주방용품이다. 2000년, 최적의 조리시작 타이밍을 알려주는 테팔 열센서 프라이팬은 집밥 요리의 혁신을 일으키며 소비자들에게 폭발적인 인기를 얻었다. 이후 '테팔 테팔~' CM송으로 유

그룹세브 개요
- 테팔, 칼로, 로벤타, WMF 등 31개 브랜드 보유
- 매해 평균 300개 이상의 신제품 전세계 150개국에 출시
- 테팔 1968년세계 최초 코팅 프라이팬 개발
- 1997년 테팔 한국 시장 진출

테팔 주요 한국형 제품

원픽냄비팬
- 세계최초로 국내에서 출시
- 프라이팬, 볶음팬, 냄비 기능 한 번에

에어포스 360 라이트 아쿠아
- 물걸레 기능 추가된 무선청소기

트위니 스팀샷
- 스팀 다리미와 의류 스티머 장점 결합

명해진 TV광고와 더불어 테팔의 기술력을 기반으로 선보인 무선주전자, 다리미, 전기 그릴로 국내 소형가전 시장을 주도했다. 이후 초고속 블렌더, 이미용기, 청소기 등 새로운 제품군 확대와 지속적인 신제품 출시로 제품 판매를 시작한 이래 2021년까지 연평균 두 자릿수 성장률을 이어갔다.

한국 소비자를 위한 철저한 현지화 전략은 사용자의 마음을 감동시켰다. 테팔 고메·트레져 인덕션 냄비는 대표적인 한국형 제품 중 하나다. 한국인의 냄비 사용 습관을 조사·분석해 개발된 이 제품은 뚝배기, 국냄비, 라면냄비 등 용도에 맞는 최적의 디자인과 기술력이 적용됐다는 평가를 받으며 독일 iF 디자인 어워드를 수상하기도 했다.

그룹세브코리아 팽경인 대표는 "테팔이 프라이팬에서는 압도적인 1위이나 냄비 시장에서도 선도적 위치를 차지하기 위해 소비자를 대상으로 조사했다. 냄비를 어떻게 사는지 질문했더니, 여성 소비자에게 냄비는 단순히 요리하기 위한 기능에 초점을 맞춘 제품이 아니라는 사실을 발견했다. 남성의 차처럼 디자인, 성능, 감성까지 충족시킨다는 것"이라고 말했다. 이어 그는 "기존에는 편수 20㎝, 양수 18㎝ 이런 식으로 이름을 붙여서 팔았으나, 소비자는 찌개 냄비가 필요하다. 국 냄비를 사야 한다는 식으로 인식한다. 소비자가 고르기 쉽게 국내 셰프와 협업해 라면, 뚝배기, 찌개, 전골, 국 냄비 등으로 세분화했다"며 "이에 맞춰 라면 냄비에는 물조절 눈금을 넣고, 볶음라면을 끓일 때 물을 따르기 쉽게 만들었다. 볶다 끓이는 요리가 많은 데 주목해 냄비 바닥에 코팅을 넣었다.

이 외에도 테팔은 위생을 중시하는 한국 소비자를 위해 국내 최초로 유리 용기를 적용한 데다 칼날이 분리되고 원터치 자동 세척 기능을 갖춘 미니 믹서와 토스터 내 먼지가 쌓이는 것을 방지하도록 별도 뚜껑이 포함된 토스터 등을 출시했다. 해당 제품은 현재 국내를 넘어 해외에서도 인기리에 판매되고 있다.

테팔의 현지화는 제품개발에만 국한되지 않았다. 제품명을 비롯해 기술명, 광고 문구 등 글로벌본사에서 사용하는 영문 표현 대신 한국 소비자의 눈높이에 맞춰 누구나 직관적으로 이해하기 쉬운 한글 표현으로 소통하고자 노력했다. 예를 들면 '서모스폿(thermo-spot)'이란 어려운 용어 대신 프라이팬의 '열센서'라고 설명한다. 독창력이라는 뜻의 스페인어 '인지니오(Ingenio)' 대신 '매직핸즈'라는 제품명을 사용하는 식이다.

최근에는 국내 시장 진출 25주년을 맞이한 테팔이 한국에서 출시해 성공을 거둔 이른바 '한국형 제품'을 다른 나라로 수출하며 관심을 끌고 있다. 그룹세브코리아 팽경인 대표는 "테팔의 '한국형 제품'이 성공을 거둬 다른 국가에 수출을 시작한 사례가 꽤 많다"며 "국내 MZ(밀레

테팔의 원픽냄비팬

니얼+Z)세대를 위해 출시한 원픽냄비팬은 선풍적 바람을 일으켜 일본에도 수출할 예정"이라고 말했다.

세계에 특허 기술만 400개 이상을 갖고 있는 테팔은 자체 보유한 첨단 기술을 바탕으로 한국 맞춤형 제품을 선보이고 있다. 한국 소비자의 수요를 꾸준히 조사해 이를 충족시킬 수 있는 제품을 출시하는 것이다. 일본에 수출하는 원픽냄비팬은 국내 MZ세대의 생활 환경과 요리 습관을 분석해 만든 제품이다. 메인 요리 1개를 즐기는 MZ세대를 위해 프라이팬, 볶음팬, 냄비 세 가지 기능을 하나에 담았다. 대부분 1·2인 가구라는 점을 반영해 소용량인 2ℓ 권장 용량으로 내놓았다.

테팔은 주방용품뿐 아니라 가전으로 상품군을 넓혀 현지화 제품을 출시하고 있다. 하반기에 선보이는 물걸레 무선청소기와 지난달 내놓은 스팀샷이 대표적이다. 팽경인 대표는 "국내에서는 청소할 때 물걸레질을 중요시하기 때문에 무선청소기에 물걸레 기능을 탑재했다"며 "유럽과 달리 간편하게 셔츠를 다리는 한국인을 위한 '트위니 스팀샷'도 출시했다"고 밝혔다. 트위니 스팀샷은 세라믹 열판의 스팀 다리미와 의류 스티머의 장점을 결합한 제품이다. '칼주름'을 중시하면서도 한꺼번에 많은 셔츠를 다리지 않는 한국인의 특성을 고려했다.

테팔은 독보적인 현지화 제품을 통해 꾸준히 국내에서 매출을 올리고 있다. 1997년 이후 지난해까지 연평균 두 자릿수 매출 성장률을 자랑한다.

자료원: 아주경제 2020. 9. 4; 신아일보 2022. 9. 17; 매일경제 2022. 10. 13; 매일경제 2022. 10. 21 수정 인용

마케팅 조사는 상품개발을 포함한 다양한 마케팅 의사결정에 필요한 자료를 수집하고 분석하는 것을 의미한다. 테팔의 사례는 한국 소비자들을 대상으로 한 지속적인 마케팅 조사와 맞춤형 제품의 개발이 어떻게 이루어져 왔는가를 보여주고 있다.

본 장에서는 마케팅 정보와 마케팅 조사의 개념, 마케팅 조사의 종류, 마케팅 조사의 절차를 살펴보기고 하다.

마케팅 정보와 마케팅 조사

마케팅 조사는 마케팅 의사결정에 필요한 마케팅 정보를 수집하고 분석하는 것이다. 기업의 마케팅 부서에서는 마케팅 조사를 통해 직접 수집한 정보뿐 아니라 기업 내·외부에 존재하는 다양한 형태의 정보들을 마케팅 의사결정에 활용한다.

여기서는 마케팅 정보의 종류를 살펴보고, 마케팅 조사 시스템 중 하나라고 할 수 있는 마케팅 조사의 의의를 알아보기로 한다.

(1) 마케팅 정보의 종류

마케터들이 마케팅과 관련된 의사결정을 내리기 위해서는 다양한 정보가 필요하다. 마케팅은 시장을 세분화하고, 표적시장을 선정하여 차별화할 수 있는 포지셔닝을 정하는 마케팅 전략 수립의 단계와, 이러한 마케팅 전략을 실행하는 제품, 가격, 유통, 촉진이라는 마케팅믹스를 개발하는 단계를 거친다. 그리고 이러한 과정에서는 수많은 의사결정이 수반되고, 효과적인 의사결정을 위해 방대한 정보를 필요로 한다.

마케팅 의사결정에 필요한 정보는 다양한 원천에 존재한다. 먼저 기업 내부에 보유하고 있는 자료와 정보들은 마케팅 의사결정을 위한 가장 기본적인 정보로 활용되는데, 이를 내부정보시스템(internal information system)이라고 부른다. 기업의 내부정보시스템은 여러 부서에서 보유하는 자료와 분석 정보로 구성된다. 영업부서에서는 중간상의 반응이나 시장의 판매 동향을 분석하고, 회계부서에서는 매출과 원가 관련 정보를 분석하며, 생산부서는 재고수준과 불량률 관련 정보를 분석할 수 있다. 마케팅 부서는 자신뿐 아니라 다른 부서가 보유하고 있는 자료와 정보들을 마케팅 의사결정에 통합적으로 활용할 수 있다.

1990년대 들어 이루어진 정보시스템의 비약적인 발전은 기업들이 고객들의 정보를 수집하고 분석하여 고객별로 차별화된 마케팅을 수행할 수 있는 데이터베이스 마케팅을 가능하게 해 주었다. 데이터베이스 마케팅 활동에 핵심적인 정보를 제공하는 것이 바로 고객정보시스템(customer information system)인데, 여기에는 고객의 인구통계적 정보, 구매행동 정보 등이 관리되며, 추가적인 분석을 통해 고객의 라이프스타일을 이해하거나 고객 세분화를 수행할 수 있다. 고객에 대한 이해를 바탕으로 고객이 원하는 혜택을 제공하고 고객과의 장기적 관계를 강화하여 고객의 생애가치를 극대화하는 경영 및 마케팅 기법으로 정의되는 고객 관계 관리(customer relationship management) 활동도 고객정보시스템을 기반으로 한다.

기업에서 마케팅 의사결정에 활용하는 정보의 원천 중 하나로 마케팅인텔리전스시스템(marketing intelligence system)이 있다. 내부정보시스템이 기업의 각 부서에서 보유하고 있는 자료와 정보를 의미하고, 고객정보시스템이 고객에 대한 프로파일과 구매행동 정보를 의미한다면, 마케팅인텔리전스시스템은 기업 외부에 존재하는 정보를 마케팅 의사결정에 활용하는 것으로 이해할 수 있다. 기업은 산업 동향과 관련된 보고서를 분석하거나, 경쟁 기업에 대한 정보를 입수하거나, 유통기관 및 판매원을 통한 고객 정보를 수집하는 등의 방법으로 외부의 정보를 마케팅 의사결정에 활용할 수 있다.

마케팅조사시스템(marketing research system)은 당면한 마케팅 과제를 해결하기 위한 별도의 조사를 통해 자료와 정보를 수집하고 분석하는 것을 의미한다. 전술한 내부정보시스템, 고객정보시스템, 마케팅인텔리전스시스템은 각기 다른 목적으로 수집되어 분석된 자료들을 마케팅 의사결정을 위해 선별적으로 활용하는 2차 자료 활용의 성격을 가진다. 반면 마케팅조사시스템은 당면한 마케팅 의사결정을 위해 필요한 정보를 수집하기 위해 조사를 실시하고 분석하는 1차 자료 활용의 성격을 가진다. 본 장에서는 마케팅조사시스템과 관련된 마케팅 조사 전반에 대하여 살펴보기로 한다.

(2) 마케팅 조사의 의의

마케팅 조사란 마케팅 의사결정에 필요한 정보를 제공하기 위하여 관련 자료를 수집하고 분석하는 것을 말한다. 마케팅 관리자는 일반적으로 전술한 내부정보시스템, 고객정보시스템, 마케팅인텔리전스시스템을 통한 정보를 마케팅 의사결정에 활용한다. 그러나 중요한 마케팅 의사결정이나 새로운 마케팅 기회에 대한 판단을 위해서는 이와 같은 정보들이 충분하지 않을 수 있다. 당면한 마케팅 의사결정 과제를 위해 필요한 정보를 수집하는 마케팅 조사는 기존 정보들보다 시의적절하고 풍부한 정보를 제공할 수 있다.

　기업의 마케팅 조사는 제품(product), 가격(price), 유통(place), 촉진(promotion)의 4P 영역과 판매 예측, 시장 세분화와 표적 시장 선정, 포지셔닝 과정 등 사실상 마케팅 전 영역에서의 의사결정을 지원한다. 또한, 기업 자체적으로 조사를 수행할 수도 있고, 외부 전문조사기관을 이용할 수도 있다.

　마케팅 과제는 두 가지로 구분할 수 있다. 하나는 현재 시장에서 발생하는 마케팅 문제를 확인하고 대처하는 것이다. 예를 들어, 시장은 지속적으로 성장하고 있는데 자사 제품의 매출과 시장 점유율은 정체하거나 하락하고 있다면, 마케팅 조사를 통해 문제의 원인을 찾고 필요한 대처를 해야 할 것이다. 다른 하나는 시장의 마케팅 기회를 확인하여 신상품과 신사업 개발을 추진하는 것이다. 많은 경우 신상품이나 신사업 아이디어는 소비자 대상의 조사와 분석에서 나오는데, 이는 시장의 새로운 마케팅 기회를 확인하는 마케팅 조사를 통해 가능하다.

마케팅 조사의 종류

　마케팅 조사는 일반적으로 그 목적에 따라 탐색적 조사, 기술적 조사, 인과관계 조사로 구분되며, 자료의 특성과 분석 방법에 따라 정성적 조사와 정량적 조사로도 구분할 수 있다. 또한 자료의 측정 시기와 횟수에 따라 횡단적 조사와 종단적 조사로 구분할 수 있다.

(1) 탐색적 조사, 기술적 조사, 인과관계 조사

1) 탐색적 조사
탐색적 조사란 조사 문제가 불명확하거나 조사 문제를 잘 모르는 상황에서 기본적인 통찰과 아이디어를 얻기 위하여 수행하는 조사이다. 본 조사를 수행하기 전에 사전 단계로 수행하는 경우가 많기 때문에, 사전 조사 혹은 예비 조사라고도 한다.

자사 제품의 매출액이 최근에 급격히 감소하였다고 하자. 이에 대한 원인은 여러 가지가 있을 수 있기 때문에 사전 지식 없이 마케팅 조사를 너무 광범위하게 수행하는 것은 시간과 비용이 많이 든다. 이때, 본 조사를 실시하기 전에 문헌조사, 전문가조사, 사례 조사 등을 참고하여 가능성이 높은 원인들을 파악하고, 이후에 마케팅 조사 문제를 명확히 정의하여 본 조사를 수행할 수 있다.

탐색적 조사에 활용되는 다양한 자료수집 방법들은 이후에 설명하는 기술적 조사나 인과관계 조사와 같은 본 조사를 수행하기 전에 사전적 예비 조사로도 많이 활용되지만, 그 자체로서 본 조사 성격을 가질 수도 있다. 예컨대, 소비자들의 제품 구매 동기를 조사하기 위하여 심층면접법(in-depth interview)이나 표적집단면접법(focus group interview, FGI)을 이용하거나, 유통업체들이 제품을 효율적으로 배치하기 위해 소비자들의 쇼핑 과정과 동선을 관찰(observation)하는 경우가 그것이다.

이하에서는 탐색적 조사에 많이 활용되는 자료수집 방법들을 하나씩 살펴보기로 한다.

① 문헌 조사

문헌 조사란 기업 내부에 보유하고 있는 관련 자료, 신문이나 잡지, 학술지, 각종 보고서 등 기업 외부에 공개되어 있는 관련 자료들을 검토하는 것이다. 문헌 조사는 짧은 시간에 적은 비용으로 수행할 수 있어 조사 문제의 사전 파악이나 관련 지식을 확보하는데 매우 효율적인 방법이다.

문헌 조사를 수행할 때는 2가지 사항을 유의해야 한다. 하나는 기업 내·외부에 존재하는 관련 자료들은 대부분 도처에 분산되어 있기 때문에 필요한 자료들을 체계적으로 수집하고 분석할 필요가 있다. 두 번째는 조사에 사용하는 문헌들이 그 시점에 꼭 필요한 정보를 제공하지 못할 때가 많고, 시간이 지난 자료들도 있기 때문에 활용과 해석에 주의해야 한다.

마케팅 조사에 활용하는 자료는 크게 1차 자료와 2차 자료로 구분할 수 있는데, 문헌 조사에 주로 활용되는 자료는 2차 자료이다. 1차 자료는 당면한 마케팅 과제와 정의된 조사 문제를 해결하기 위해 실시하는 마케팅 조사를 통해 직접 수집하는 자료를 의미한다. 2차 자료는 과거에 다른 목적을 위해 이미 수집된 자료를 금번의 마케팅 조사 목적에 활용하는 경우를 의미한다. 문헌 조사의 대상 자료들은 과거에 이미 만들어진 기업 내·외부의 자료이기 때문에 2차 자료에 해당되는 것이다.

② 전문가 조사

전문가 조사란 해당 문제에 관련된 경험과 지식을 보유하고 있는 전문가를 통하여 정보를 얻어내는 조사를 말한다. 전문가는 특정 산업이나 시장, 제품이나 소비자 등과 관련된 전문 지식을 가지고 있는 사람들을 의미하며, 외부의 전문가뿐 아니라 기업 내부의 담당자, 시장의 소비자 등을 포함한다.

전문가들을 통해 본격적인 마케팅 조사를 위해 필요한 사전 지식을 얻을 수 있을 뿐 아니라 당면한 마케팅 과제에 대한 예비적인 원인이나 해결책 등도 얻는 경우가 있다. 따라서 해당 분야의 적절한 전문가들을 잘 파악하고 이들을 잘 활용하는 것이 필요하다. 전문가 조사는 단독으로도 활용할 수 있지만, 문헌 조사와 병행하여 보조적인 수단으로 활용하는 경우도 많다.

③ 사례 조사

사례 조사란 당면한 상황과 유사한 사례를 찾아서 분석함으로써 잠재적인 문제의 원인이나 해결책 등에 대한 정보를 확보하는 것이다. 사례는 실제 기업의 경영 현장에서 일어났거나 일어나고 있는 사실들을 심층적으로 분석하기 때문에 특정 문제의 발생에서 해결까지의 과정을 조망할 수 있다.

사례 조사는 보통 유사한 문제를 경험한 다른 기업을 대상으로 심층적인 분석을 수행하고, 분석 결과를 바탕으로 당면한 문제를 해석하고 대처하는 과정을 거친다. 이때 과거의 사례에서 나타난 내용들이 반드시 미래에도 적용되지는 않는다는 점을 주의해야 한다. 한편, 사례 조사를 자신의 조직을 대상으로 수행할 수도 있다. 예컨대, 백화점의 경우 실적이 좋은 점포들과 나쁜 점포들을 일부 선정하여 심도있는 비교 분석을 수행할 수 있다.

④ 면접법

면접법은 조사 대상자들을 대상으로 면접(interview)을 실시하여 응답자들이 말하는 생각이나 느낌을 토대로 필요한 정보를 얻는 조사를 말한다. 면접법은 크게 심층면접법(in-depth interview)과 표적집단면접법(focus group interview, FGI)으로 구분할 수 있다. 심층면접법은 조사자와 응답자가 1:1 대면 접촉을 통해 면접을 수행하는 방식이다. 질문 항목을 구체적으로 정하지 않고 조사자와 응답자가 자유롭고 심도있는 질의 응답을 진행하는데, 이 과정에서 일반적인 설문조사로는 밝혀내기 어려운 소비자의 내면과 심리를 파악할 수 있다는 장점이 있다.

표적집단면접법이란 소수의 응답자(6명에서 12명)를 한 장소에 모이게 하여 그들끼리 편하게 대화를 진행하게 함으로써 필요한 정보를 수집하는 것이다. 사회자(moderator)는 대화의 주제를 제시하고, 응답자들의 솔직하고 자유로운 대화를 유도하며, 대화가 너무 주제를 벗어나는 경우에 최소한의 개입만 한다.

면접법은 소비자의 잠재적인 욕구나 동기, 태도 등과 같은 내면의 심리적인 요인을 파악하는 데 유용하다는 장점이 있다. 그러나 조사 방법의 특성상 조사 대상의 숫자가 한정되기 때문에 조사 결과를 일반화하기 어렵다는 단점도 존재한다. 이러한 단점을 극복하기 위하여 면접법으로 확인한 항목들로 설문지를 구성하여 추가적으로 서베이 조사를 수행할 수 있다.

⑤ 관찰법

관찰법이란 조사 대상을 관찰하여 자료를 수집하는 것으로 조사자가 직접 관찰하는 경우와 기계를 통해 관찰하는 경우로 나눌 수 있다.

조사자가 소비자들의 점포 구매 행동을 조사하기 위하여 소비자들이 점포에서 어떤 동선을 따라 어떤 순서로 제품을 구매하는지를 조사자가 직접 보거나 비디오 카메라나 사진기 등의 도구를 활용하여 직접 관찰할 수 있다.

기계를 이용한 관찰의 대표적인 경우는 people meter에 의한 시청률 조사이다. 시청률 조사는 표본으로 선택된 가정의 TV에 people meter라는 기계를 부착하여 가족 구성원들 중 누가, 언제, 어떤 프로그램을 시청하는지를 기록한다. 이 경우의 조사는 탐색적 조사가 아니라 기술적 조사에 해당된다.

최근에는 관찰장비의 발전에 따라 기계를 이용한 관찰법이 매우 다양해지고 있다. 안구추적장치를 이용하여 광고를 보는 소비자들의 눈 움직임을 관찰하고 이를 광고효과 평가에 활용하거나, 동공측정기를 이용하여 어떤 자극에 대한 소비자들의 동공크기 변화를 관찰하고 그것을 통해 소비자들의 자극에 대한 관심과 태도를 판단할 수 있다. 심리검류계는 어떤 자극을 받은 소비자가 흥분을 통해 땀이 증가하는 반응을 관찰하여 소비자의 관심과 태도를 유추하는 데 활용될 수 있고, 음성고저분석기는 자극을 받은 소비자의 음성에 나타나는 변화를 관찰하고 분석하는 데 사용된다. 기능적자기공명영상(fMRI)을 측정하는 장비는 소비자들이 의사결정이나 자극에 대한 반응을 할 때 어떠한 두뇌반응이 나타나는지 관찰할 수 있다.

관찰법은 정형화된 관찰과 비정형적 관찰로 나눌 수 있는데, 정형화된 관찰은 무엇을 관찰할 것인지를 사전에 명확히 정의하여 기록하는 것이고, 비정형적 관찰은 관찰 대상을 전반적으로 기술하고 사후에 분석하는 것이다.

관찰법의 장점은 정확한 자료를 수집할 수 있다는 점이다. 그러나 조사대상자의 겉으로 드러난 행동 정보와 같은 것은 획득할 수 있으나, 행동을 유발하는 동기나 태도와 같은 내면의 심리를 파악할 수 없다는 단점이 있다.

임창환 한양대 바이오메디컬공학과 교수팀이 뇌파 및 생체신호에 기계학습을 적용해 제품에 대한 선호도나 사용자의 감정 변화를 추적할 수 있는 뉴로마케팅(neuromarketing) 기술을 개발했다. 해당 기술은 현대자동차가 최근 출시한 제네시스 G90에 탑재된 무드 큐레이터의 효과 검증에 적용됐는데, 48명의 운전자를 대상으로 한 실험에서 우수한 감정 개선 효과를 확인했다. 이번 연구 결과는 감성 컴퓨팅 분야 최고 권위 학술지 '국제전기전자기술자협회의 감성 컴퓨팅 트랜잭션(IEEE Transactions on Affective Computing, IF = 13,990)'에 온라인 게재되었다.

현재까지 사용자의 제품에 대한 선호도나 감정의 변화는 가상의 사용자를 대상으로 시행하는 설문조사를 통해 조사했다. 하지만 개인의 감정 변화는 수치화하기 어렵고 조사방법에 따라 왜곡될 수 있어 제품에 대한 선호도를 정량적으로 조사하기 위해 뇌파나 생체신호를 이용하는 뉴로마케팅 기법이 연구돼 왔다. 실제로

CASE 1

뇌파를 관찰하는 뉴로마케팅 기법

글로벌 기업에서는 제품을 출시 전 뉴로마케팅 기법을 이용해 소비자의 제품에 대한 선호도를 사전에 파악하는 과정이 보편화되고 있다.

뇌파를 이용해 사용자의 선호도나 감정을 평가하기 위해 몇 가지 잘 알려진 지표를 활용하는 것이 일반적이지만, 개인별로 뇌파의 차이가 크기 때문에 기존 방식은 설문조사 결과의 보조자료 정도로만 활용돼 왔다.

이를 개선하고자 임창환 교수팀은 실험 참가자에게 다양한 감정 상태를 유도하는 영상을 보여준 뒤 개인별로 감정 변화를 추적할 수 있는 기계학습 모델을 생성하는 방법으로 뇌파의 큰 개인차를 극복했다.

임 교수팀은 현대자동차와 공동으로 2022년형 제네시스 G90에 탑재된 '무드 큐레이터'의 감정 개선 효과를 검증했다. 무드 큐레이터는 운전자의 감정 상태를 개선하기 위해 조명, 음악, 향기, 전동식 커튼 등을 조절하는 네 가지 모드(Vitality, Delight, Care, Comfort)를 제공한다. 실험

은 1년 이상의 운전 경력이 있는 48명의 2,30대 남녀를 대상으로 차량에 탑승한 상태에서 진행됐는데, 4가지 모드 모두에서 무드 큐레이터를 적용하지 않았을 때에 비해 빠르고 효과적으로 부정적인 감정이 저감되는 것은 물론 각 모드가 의도하는 감정개선 효과가 관찰됐다.

임 교수는 "세계적으로 감성 컴퓨팅 분야에서 다양한 연구가 발표되고 있지만 실제 산업 분야에서 제품 개발과정에 적용된 사례는 많지 않다"며 "뇌파 및 생체신호를 이용한 뉴로마케팅 기술을 다양한 국내 산업 분야에 적용하면 국가 경쟁력 향상에 기여할 수 있을 것"이라고 말했다.

자료원: 한국대학신문 2022. 10. 6; 이데일리 2022. 10. 6 수정 인용

2) 기술적 조사

기술적 조사란 마케팅 조사 문제와 관련된 자료들을 수집하고 분석된 결과를 기술하는 것으로, 대부분의 마케팅 조사가 여기에 해당된다. 기술적 조사는 탐색적 조사와는 달리 수집하는 자료 항목이 정해져 있으며, 소비자 조사의 경우에는 설문지와 같은 표준화된 측정도구를 이용하여 많은 응답자들로부터 동일한 자료 항목들을 수집하게 된다.

① 서베이법

서베이법은 조사 대상자에게 설문지를 이용하여 자료를 수집하는 방법으로 가장 널리 이용되는 자료 수집 방법이다. 기업은 서베이를 이용하여 제품과 관련된 태도, 선호도, 구매행동 등 다양한 설문문항을 통해 응답 자료를 수집할 수 있다.

서베이법에서 사용하는 설문지는 마케팅 조사에서 가장 많이 사용되는 자료 수집 도구로서 서베이법뿐 아니라 실험법에서도 사용할 수 있다. 설문지를 개발하는 단계를 크게 4단계로 요약하면, 첫 번째 단계에서 마케팅 조사에 필요한 정보를 명확히 확정하고, 두 번째 단계에서 이러한 정보를 수집하기 위한 개별 설문 문항들을 질문과 대답으로 구성한다. 세 번째 단계에서 설문 문항들의 순서와 배치를 통해 설문지 초안을 작성한 후, 마지막 단계에서 사전 조사를 통해 최종적인 설문지를 완성한다.

설문지 개발이 완료되면 조사 대상자들을 대상으로 설문조사를 실시하는데 설문조사 대상과 관련하여 모집단과 표본의 개념을 알아야 한다. 모집단이란 해당 조사의 관심 대상이 되는 전체 구성원을 말한다. 인구센서스 조사와 같이 모집단의 구성원 전체를 대상으로 조사를 수행하는 전수조사도 있지만, 대부분의 마케팅 조사에서

는 모집단의 크기가 너무 크거나 불명확하기 때문에, 표본을 추출하여 조사를 수행한다. 표본이란 모집단을 대표할 수 있도록 모집단으로부터 추출한 일부 구성원의 집합을 말한다.

　　표본의 추출은 크게 세 단계로 구성된다. 첫 번째 단계는 조사 대상의 모집단을 결정하는 것이다. 모집단은 마케팅 조사의 관심 대상인 전체 구성원의 집합이며, 이후의 표본추출 과정에서 선택의 대상이 될 수 있는 모집단의 구성원을 표본추출 단위(sampling unit)라고 한다. 두 번째 단계는 표본추출 프레임(sampling frame)을 결정하는 것이다. 표본추출 프레임은 모집단 내의 구성원 리스트를 말하며, 표본추출 시 초기 명부로 사용된다. 현실적으로 표본추출 프레임을 갖추지 못하는 경우도 있다. 예컨대, 서울 지역의 자사제품 구매고객들을 대상으로 마케팅 조사를 실시할 때, 그들의 명단을 확보하는 것은 불가능하다. 표본추출의 세 번째 단계는 표본추출 방법을 결정하는 것이다. 표본추출 방법은 크게 확률표본추출과 비확률표본추출이 있다. 확률표본추출은 모집단(혹은 표본추출 프레임)의 각 표본추출 단위가 표본으로 추출될 확률이 사전에 알려져 있고, 그 확률이 '0'이 안 되도록 표본을 추출하는 방법으로 단순무작위 표본추출, 층화표본추출, 군집표본추출 등의 방법이 있다. 비확률표본추출은 각 표본추출 단위가 표본으로 추출될 확률이 사전에 알려지지 않은 표본추출 방법으로 편의표본추출, 판단표본추출, 할당표본추출, 눈덩이표본추출 등의 방법이 있다. 표본추출 방법에 대한 상세한 내용은 본서의 범위를 벗어나기 때문에 마케팅 조사 관련 서적들을 참고하기로 한다.

　　서베이법은 설문지를 수집할 때 응답자와 접촉하는 방식에 따라 대인 면접, 전화 면접, 우편 서베이, 전자 서베이 등으로 나눌 수 있다. 대인 면접법은 교육을 받은 조사원이 응답자와의 대면 접촉을 통해 자료를 수집하는 방법이다. 전화 면접법은 조사원이 응답자를 직접 만나는 대신 전화를 통해 응답을 받아 자료를 수집한다. 우편 서베이는 응답자들에게 우편으로 설문지를 발송하여 응답자가 설문지에 응답 후 다시 우편으로 보내게 함으로써 자료를 수집한다. 전자 서베이는 최근 많이 이용하는 방식으로 웹 페이지에서 설문지에 답하게 하거나, 이메일을 통해 설문조사를 수행하여 자료를 수집하는 방식이다.

　　이상의 내용을 요약하면, 서베이법은 설문지 개발, 표본추출, 응답자 접촉 및 실사의 단계를 통해 자료를 수집한다. 서베이법은 다수의 조사 대상자를 대상으로 체계적인 자료 수집과 분석이 용이하고, 조사 결과의 일반화가 가능하다는 장점이 있다.

반면 설문지 개발 단계, 표본추출 단계, 조사 대상자의 응답 단계, 수집된 자료의 입력과 분석 단계에서 오류가 발생할 수 있다는 단점도 있어 조사 과정에서 주의가 필요하다.

② 패널 조사

패널 조사는 서베이법의 특수한 유형으로, 패널로 불리는 고정된 응답자들로부터 일정 기간 동안 자료를 수집하여 분석하는 방법이다. 일반적인 서베이가 조사를 할 때마다 설문지 항목들과 응답자 표본이 달라지는 것과는 달리, 패널 조사는 특정 기간 동안 같은 설문지를 가지고 동일한 응답자들로부터 자료를 수집함으로써, 특정 시점의 기술적 자료뿐 아니라, 시간의 흐름에 따른 시계열 자료도 분석할 수 있다.

기업들은 소비자 패널을 모집하여 이들에게 보상을 제공하면서 정기적으로 서베이 자료를 수집한다. 패널 조사를 통한 자료는 특정 시점의 자료뿐 아니라, 시간의 경과에 따른 자료를 확보하고 분석할 수 있다는 점에서 유용성이 높다. 그러나, 패널로 선정된 소비자들이 이사 등의 이유로 이탈하기 때문에 지속적인 관리가 어렵고, 소비자 패널들로부터 반복적인 조사에 대한 지속적인 협조를 구하기도 쉽지 않다.

3) 인과관계 조사

인과관계 조사는 마케팅 현상에서 원인과 결과가 무엇인지에 대한 판단을 수행하는 것으로, 두 개 이상의 변수들 사이에 존재하는 인과관계를 조사하는 것이다. 광고비 지출이 늘어나면 매출액이 늘어날 것이라고 가정하는 경우, 실제 광고비와 매출액의 관계가 원인과 결과의 관계로서 인과관계를 나타내고 있는지 자료를 수집하고 분석하는 것이다. 여기에서는 인과관계 조사의 의의를 살펴보고, 인과관계 조사의 대표적인 방식인 실험법에 대하여 알아보기로 한다.

① 인과관계 조사의 의의

인과관계는 조사자가 관심을 갖는 변수들의 관계가 원인과 결과로 구성되는 경우를 말하고, 원인이 되는 변수를 원인변수, 결과가 되는 변수를 결과변수로 명명한다. 광고비와 매출액의 관계에서 광고비 변수는 원인변수가 되고, 매출액 변수는 결과변수로 볼 수 있다. 변수들간에 인과관계가 존재한다고 하기 위해서는 세 가지 조건이 충족되어야 한다.

첫째, 원인변수와 결과변수가 함께 발생하여야 한다. 예컨대, 광고비 지출과 매출액 규모가 인과관계가 있으려면, 광고비 지출을 많이 한 기업은 매출이 상대적으로 높고, 광고비 지출을 적게 한 기업은 매출이 상대적으로 낮아야 한다.

둘째, 원인변수와 결과변수가 순차적으로 발생하여야 한다. 예컨대, 광고비 지출과 매출액 규모가 인과관계가 있으려면, 광고비 지출의 변화가 발생하고 일정 기간 경과 후 매출액의 변화가 발생해야 한다.

셋째, 원인변수 이외에 결과변수에 영향을 줄 가능성이 있는 다른 외생변수의 영향력을 제거할 수 있어야 한다. 예컨대, 광고비가 매출액에 영향을 줄 수도 있지만, 제품의 가격이나 매장의 서비스 수준도 매출액에 영향을 줄 수 있다. 광고비와 매출액의 인과관계를 조사하기 위해서는 제품의 가격이나 매장의 서비스 수준과 같은 외생변수들의 영향력을 통제한 상황에서 광고비와 매출액이라는 두 변수 간의 관계만을 조사해야 하는 것이다.

인과관계 조사는 조사자가 주목하는 결과변수에 어떠한 원인변수들이 영향을 미치는지를 파악할 수 있고, 더 나아가 이러한 원인변수들이 결과변수에 어떤 방향으로 (양의 방향 혹은 음의 방향) 얼마만큼 영향을 미치는지도 파악할 수 있다는 점에서 유용하다.

인과관계 조사는 서베이법을 통해 수행하기도 하지만, 독립변수의 조작이나 외생변수의 통제 등 보다 엄밀한 조사를 수행하기 위해서는 실험법을 사용해야 한다. 이에 대한 상세한 내용은 아래의 실험법에서 살펴보기로 한다.

② 실험법

실험이란 한 변수(원인변수)가 다른 변수(결과변수)에 어떤 방향으로 얼마만큼의 영향을 미치는지 조사하기 위하여, 인위적인 상황에서 원인변수를 변화시키면서 각각의 결과변수를 측정하여 그 차이를 측정하는 조사 방법을 말한다. 이때 원인변수를 인위적으로 변화시키는 것을 원인변수의 처치 혹은 조작이라고 말한다.

실험 상황의 예를 들어보자. 마케터가 신제품에 대한 광고 의사결정을 위해 광고 시안 3개에 대한 소비자의 반응을 비교하는 실험을 한다고 하자. 마케터는 소비자들을 3개의 방(실험실)에 나누어 넣고, 각 방에 서로 다른 3개의 광고를 보여줄 수 있는

데 이것이 바로 원인변수인 광고시안을 조작 혹은 처치하는 것이다. 이후에는 각 광고시안에 대한 소비자의 반응을 방별로(즉 광고시안별로) 조사 및 측정하는데 이것이 바로 결과변수를 측정하는 것이다. 이후에는 광고시안별로 소비자 반응의 차이를 분석함으로써 개별 광고시안과 소비자 반응 사이의 인과관계를 조사할 수 있다. 이 경우, 소비자의 반응에 대한 조사는 각 방의 소비자들이 해당 광고시안에 대해 얼마나 주목하는지 소비자들의 신체적 반응을 통해 관찰할 수도 있고, 광고를 본 후에 설문조사를 실시하여, 각 방의 소비자들이 본 광고를 얼마나 잘 기억하고 얼마나 좋아하는지 등을 측정할 수도 있다. 즉, 실험에 사용하는 측정이 관찰을 통해 이루어질 수도 있고, 서베이를 통해 수행될 수도 있다.

실험에는 독립변수, 종속변수, 외생변수, 실험집단과 통제집단이라는 몇 가지 용어가 사용된다. 독립변수란 인과관계에서의 원인변수를 의미하며, 실험에서 조사자가 인위적으로 변화시키기 때문에 실험변수, 조작변수 혹은 처치변수라고도 한다. 위의 예에서는 3개의 광고시안들이 독립변수가 된다. 종속변수란 인과관계에서의 결과변수를 의미하며, 위의 예에서는 소비자의 반응을 측정한 값이 된다. 외생변수란 종속변수에 영향을 미칠 수 있는 독립변수 이외의 모든 변수들을 의미한다. 위의 실험에서는 광고에 대한 소비자의 반응이 소비자의 성별에 따라 다르다면 성별이 외생변수가 된다. 예컨대, 실험에 참가하는 남성 소비자들은 해당 광고시안에 최근에 인기가 많은 여성 모델이 등장하는 경우, 여성 소비자들에 비해 더 좋은 평가를 할 수 있다. 이 경우 소비자의 성별은 외생변수로 작용할 수 있기 때문에 실험시 외생변수를 통제해야 한다. 여기서는 3개의 방에 소비자들을 할당할 때, 각 방의 소비자들의 성별을 비슷하게 맞추는 방법이 적용될 수 있다.

(2) 정성적 조사와 정량적 조사

정성적 조사와 정량적 조사는 수집하는 자료의 특성과 분석 방법에 따른 구분으로, 앞서 살펴본 탐색적 조사, 기술적 조사, 인과관계 조사의 내용들을 다른 방법으로 분류한 것이다.

1) 정성적 조사

정성적 조사는 대화, 토론, 기술 등의 방법으로 자료를 수집하는 것이다. 심층면접법이나 표적집단면접법과 같은 면접법에서 많이 사용하고, 관찰법 중 비정형화된 형태의 인적 관찰의 조사 방법도 정성적 조사에 해당한다. 탐색적 조사의 목적으로 사용되는 경우가 많지만, 정성적 조사 자체만으로 본 조사를 수행하는 경우도 있다. 최근에는 수치화된 자료의 통계적 분석에 의존하는 정량적 조사가 가지는 정보 깊이의 한계 때문에, 심도있는 분석이 가능한 정성적 조사의 중요성이 점점 커지고 있다.

정성적 조사는 보통 소수를 대상으로 수행하며 주관적인 분석 방법을 사용한다. 따라서 조사 결과를 일반화하는 것이 어렵고, 수집된 자료를 정확히 분석하여 해석하는 것도 쉽지 않다는 제약이 있다.

탐색적 조사에서 살펴본 면접법이나 관찰법 외에, 민속지적 조사(ethnographic research)와 온라인 정성조사와 같은 정성적 조사 방법이 있다. 민속지적 조사란 인류학에서 많이 사용하는 방법으로, 조사자가 조사 대상자들과 함께 살면서 그들의 감정, 특성, 행동, 문화 등에 관해 조사하는 현지 조사 및 참여 관찰 조사의 방법이다. 마케팅 조사에서는 조사 대상자들을 특정 일, 특정 시간에 가정이나 점포 등에서 직접 관찰하거나, 비디오 카메라를 이용하여 자료를 수집하여 분석하는 방식으로 활용하고 있다. 민속지적 조사는 조사 대상자들이 말로 표현할 수 없거나, 표현하려 하지 않는 내면의 생각이나 느낌을 조사하는 데 유용하다.

온라인 정성조사는 인터넷을 이용하여 정성적 조사를 수행하는 것으로 온라인 FGI, 웹 다이어리 등의 방법을 이용할 수 있다. 온라인 FGI는 참여자들이 특정 웹사이트를 통해 토론 주제를 접한 후, 진행자의 진행 하에 인터넷을 이용하여 해당 주제에 대한 토론을 수행하는 것이다. 토론은 특정 시간에 참여자들이 모여 실시간 채팅을 할 수도 있고, 특정 온라인 게시판을 통해 며칠, 몇 주에 걸쳐 토론을 할 수도 있다. 온라인을 통해 장소의 제약없이 손쉽게 이루어질 수 있다는 장점이 있으나, 대면 방식에 비해 몰입도나 탐색의 깊이가 떨어지는 단점이 있다. 웹 다이어리란 조사 참여자들이 특정 제품을 사용한 경험을 웹을 통해 기록하는 것으로, 자유로운 방식으로 의견이나 느낌을 입력하게 하여 조사 대상자들의 기술 자료를 수집하고 분석하는 것이다.

2) 정량적 조사
정량적 조사는 수치화된 자료를 수집하여 계량적인 통계분석을 통해 결과를 도출하는 조사 방법으로 설문지를 이용하여 서베이를 실시하거나 실험을 수행하는 경우에 활용된다. 정량적 조사는 다수의 응답자를 대상으로 하며 통계분석 방법을 사용하여 객관적인 해석이 가능하다. 정성적 조사에 비해 결과의 일반화 가능성이 높아진다.

설문지와 같은 정형화된 질문을 통해 자료를 수집하고 측정하기 때문에, 설문 문항이 타당성을 갖추어야 하고, 수집한 응답 자료가 신뢰성을 갖추어야 한다. 타당성이란 설문문항의 측정 항목이 조사자가 의도하는 내용을 얼마나 정확하게 측정하고 있는가의 문제이다. 신뢰성은 설문문항을 통해 측정한 값이 동일한 상황에서 반복 측정되어도 동일한 결과를 얻을 수 있는가의 문제이다.

타당성의 개념을 먼저 살펴보자. 추상적인 개념이라 할 수 있는 브랜드 충성도를 측정하고 싶다면, '귀하는 이 브랜드에 대해 얼마나 충성하십니까?'라는 문항을 사용해서는 안 되고, '귀하는 이 브랜드를 계속 구매하시겠습니까?', '귀하는 이 브랜드를 다른 사람들에게 추천하시겠습니가?'와 같은 복수의 문항들을 사용하여 그 평균값으로 브랜드 충성도의 개념을 측정하는 것이 정확하다. 측정의 타당성을 높이기 위해서는 설문문항을 자의적으로 개발하지 말고, 가급적 이미 타당성을 검증받은 측정 문항을 사용하는 것이 좋다.

신뢰성은 여러 가지 이유로 문제가 생길 수 있다. 응답자가 불성실하게 응답하는 경우, 조사원의 설문조사 전문성이 부족한 경우, 조사 장소의 주변 환경이 혼란스러운 경우 등은 모두 잘못된 응답과 오류를 유발할 수 있는 것이다. 자료의 신뢰성을 높이기 위해서는 유사한 상황에서 동일한 표본을 대상으로 동일한 설문문항을 이용하여 반복 측정하여 그 결과를 비교하는 반복측정 신뢰성을 검토할 수 있다. 상업적 목적의 마케팅 조사에서는 시간과 비용상의 문제 때문에 반복측정 신뢰성 검토는 거의 사용하지 않고, 내적 일관성에 의한 신뢰성 검토가 주로 이루어진다. 이는 동일한 개념을 여러 가지 설문문항으로 질문하여 응답 자료들이 유사한 값들을 가지는지를 검토하는 방법으로, 크론바흐 알파(Cronbach's alpha) 계수를 이용하여 측정된다.

[표 4.1]에는 앞서 살펴본 정성적 조사와 정량적 조사의 주요 특징이 비교되어 있다.

표 4.1

정성조사와 정량
조사의 비교

	정성조사	정량조사
조사 문제의 명확성	조사 문제가 불명확할 때	조사 문제가 명확할 때
조사 유형	탐색적 조사	기술적 조사, 인과관계 조사
자료 수집 방법	면접법, 관찰법	서베이법, 실험법, 관찰법
질문 유형	비정형화된 질문	정형화된 질문
조사 대상의 수	소수	다수
조사 기간	비교적 짧다	비교적 길다
분석 방법	주관적, 질적 방법	객관적, 양적 방법
조사 결과의 일반화 가능성	낮음	높음

(3) 횡단적 조사와 종단적 조사

횡단적 조사와 종단적 조사는 자료를 수집하는 시기와 횟수에 따른 구분으로, 앞서 살펴본 기술적 조사와 인과관계 조사의 경우에 모두 활용될 수 있다.

1) 횡단적 조사

횡단적 조사는 특정 시점에 조사 대상을 1회만 조사하여 자료를 수집하고 분석하는 마케팅 조사를 말한다. 일반적인 마케팅 조사, 특히 기술적 조사는 횡단적 조사의 형태를 가지는 경우가 많다.

마케팅 조사는 당면한 마케팅 과제를 위해 필요한 정보를 수집한다는 점에서 특정 시점에 1회성의 조사를 수행하는 경우가 많다. 예컨대, 신제품 설계를 위한 마케팅 조사는 소비들이 현재 해당 제품의 어떤 속성을 중요시하고 있는가, 경쟁사와 비교하여 우리 제품의 속성을 어떻게 평가하고 있는가 등을 조사하는 것이 중요하다. 이러한 정보를 통해 소비자들이 중요시하는 제품 속성을 경쟁사보다 우월하게 제공할 수 있는 신제품을 설계할 수 있다.

횡단적 조사는 시장의 상황과 소비자의 행동이 지속적으로 변화하고 있다는 점에서 특정 시점의 정보만을 제공할 수 있다는 단점이 있다. 이를 보완하기 위해서는 보조적으로 종단적 조사를 병행하여 마케팅 조사 정보의 양과 질을 높일 필요가 있다.

2) 종단적 조사

종단적 조사는 조사 대상에 대해 시간 간격을 두고 2회 이상 조사하여 자료를 분석하는 것이다. 종단적 조사는 조사 대상의 변수들이 시간의 흐름에 따라 어떻게 변하는지를 볼 수 있다는 장점이 있다.

종단적 조사는 시장 환경의 변화나 마케팅 전략의 변화가 소비자에게 어떠한 영향을 미치는지 살펴볼 수 있다. 예컨대, 새로운 광고 실시의 전후, 제품 가격 변동의 전후에 소비자의 반응과 행동이 어떻게 변했는지 측정함으로써 그 영향력을 파악할 수 있다.

기술적 조사 중 서베이 조사의 특수한 형태인 패널 조사의 경우 동일한 조사 대상(패널)으로부터 정기적으로 자료를 수집하기 때문에, 시간에 따른 소비자의 변화를 파악하는 데 용이하다. 패널 조사로 수집된 자료들은 시점에 따른 소비자의 심리와 행동의 변화를 추적할 수 있다는 점에서 유용성이 높다.

인과관계 조사 중 실험법을 사용하는 경우에도 종단적 조사의 형태로 설계하여 수행할 수 있다. 예를 들어 실험대상자 집단을 패널로 선정하여 브랜드 구매율과 같은 관심있는 종속변수(결과변수)를 측정하면서, 조사자가 원하는 시점에 제품 포장의 변화와 같은 독립변수(원인변수)를 조작(처치)하고, 그 이전과 이후의 측정값을 조사할 수 있다. 예를 들어, 3개 브랜드에 대한 2014년도 조사와 2015년도 조사 결과를 결합하여 각 브랜드를 2014년도에 구매하던 소비자들이 2015년도에 어떤 브랜드로 옮겨갔는지에 대한 정보까지 제공할 수 있다.

(4) 빅데이터 분석

정보기술의 발달에 따라 데이터를 수집하고 분석하는 역량은 꾸준히 발전해오고 있다. 특히 전통적인 기법으로 분석하기 어려운 복잡하고 매우 큰 규모의 자료를 의미하는 빅데이터(Big Data)의 수집 및 분석이 가능해지면서 비즈니스와 마케팅 분야의 의사결정에 빅데이터가 적극적으로 활용되고 있다. 여기에서는 전통적인 마케팅 조사와 다른 빅데이터 분석의 특성에 대해 간략히 살펴보기로 한다.

빅데이터는 규모(volume), 속도(velocity), 다양성(variety) 측면에서 기존의 데이터와 차이가 있다. 규모 측면에서 단일 또는 광범위한 소스로부터 막대한 양의 데이터가 수집되고, 속도 측면에서 실시간 데이터 수집 및 분석을 포함한 빠른 속도를 가지게 되며, 다양성 측면에서 정형화된 데이터와 비정형화된 데이터를 모두 포함하는 특성이 있다. 빅데이터의 이러한 특성들 때문에 비즈니스 및 마케팅 분야에 빅데이터 분석을 활용하는 것은 매우 유용하다. 광범위한 데이터에 실시간으로 접근하여 정밀한 분석을 수행함으로써 양질의 의사결정을 수행할 수 있는 것이다. 마케팅 분야에서는 웹이나 모바일, 블로그나 소셜미디어 영역의 빅데이터 분석을 많이 활용하고 있다.

빅데이터를 분석하는 과정에서는 전통적인 통계학 기반의 분석 기법뿐 아니라 머신러닝(Machine Learing)과 딥러닝(Deep Learning)과 같은 인공지능(AI: Artificial Intelligence) 분야의 분석 기법들도 활용된다. 머신러닝이란 컴퓨터가 데이터를 수집해 자신의 지식수준을 향상시킴으로써 인간처럼 학습하고 행동하도록 하는 분석 기법으로 기계학습이라고도 한다. 기계에게 알고리즘을 학습하게 하여 데이터에서 지식을 추출하는 분석 기법이다. 딥러닝은 머신러닝의 한 분야로 과거에 비해 개선된 인공신경망(Artificial Neural Networks) 구조를 사용하여 정확도를 높인 분석 기법이다.

빅데이터 분석에는 통계학 및 인공지능 분야 등에서 다루어지는 분석 기법에 대한 지식뿐 아니라 컴퓨터 프로그래밍과 데이터베이스와 관련된 지식, 빅데이터 분석을 활용하려는 분야에 대한 업무 지식 등이 동시에 필요할 수 있다. 따라서 빅데이터 분석 역량은 분석, 컴퓨터, 비즈니스 분야 중 어느 한 분야에 대한 전문 지식을 갖추어야 함을 물론이고, 세 가지 분야를 동시에 이해할 수 있는 융합적인 지식도 확보할 수 있어야 한다.

CASE 2
SNS 빅데이터를 활용한 소비자 이해

포털 검색, 온·오프라인 매장 구매, 모바일 애플리케이션 사용, 블로그와 인스타그램 포스팅까지. 우리의 모든 순간이 데이터로 기록되고 있다고 해도 과언이 아니다. 매순간 수많은 데이터가 생성되고 있는 만큼 이를 활용한 데이터 기반 의사결정은 광고·마케팅 분야에서도 더 이상 낯선 얘기가 아니다. 그 중에서도 소셜 빅데이터는 개개인이 자발적으로 남긴 데이터로 일상의 경험과 감정, 바라는 바를 담고 있다는 점에서 큰 의미가 있다.

대부분 기업에서 제품 판매 데이터는 확보하고 있으나 판매된 제품을 실질적으로 누가, 언제, 어디서, 어떤 감정으로 사용하는지는 파악이 어렵다. 기업에서 소셜 빅데이터를 활용한다면 이 지점에서의 갈증을 해소할 수 있을 뿐만 아니라 소비자의 생생한 라이프스타일도 포착할 수 있다. 하지만 소셜 빅데이터에서 의미 있는 인사이트를 도출하는 것은 쉽지 않다. 방대한 양의 데이터를 어떻게 분석하고 해석할 것인지가 중요한 문제다. 같은 데이터를 활용하더라도 분석가의 관점과 역량에 따라 그 해석 결과는 크게 달라질 수 있기 때문이다.

대홍기획 데이터플래닝센터는 마케팅 경쟁력을 높이기 위해 지난 5월 자체 소셜 빅데이터 분석 솔루션인 디빅스(D.BIGS, Daehong BIGdata Solution)를 업그레이드했다. 마케팅 관점에서 필요한 분석 기능을 직접 기획·개발해 다각도로 데이터를 분석할 수 있도록 했으며, 신규 차트 도입과 편집 기능 추가 등 사용자 편의성도 개선했다.

디빅스는 최근 한 식음료 브랜드 광고 캠페인 모델 선정 과정에 활용됐다. 브랜드와의 연관성을 가지고 있으면서도, 화제성 또한 높은 모델을 찾는 것이 과제였다. 소셜미디어, 커뮤니티 등 실시간으로 소비자가 생산해내는 방대한 양의 데이터를 활용해 소비자들이 가지고 있는 제품과 모델 후보에 대한 인식을 분석했다. 그 결과 긍정적인 연상 이미지와 주목도가 높음은 물론 광고 제품과의 연결성에서 가장 높은 스코어를 얻은 모델이 최종 광고 모델로 선정됐다. 과

거 직관으로 의사 결정이 이루어지던 절차를 화제성, 연상 이미지, 브랜드·제품과의 연결성 등으로 비교 분석해 최종 광고 모델을 선정한 것이다. 소셜 빅데이터 분석으로 초콜릿 과자의 소비·취식 행태를 살펴봐 브랜드에 대한 소비자 인식을 파악하고 브랜드 방향성을 설정한 사례도 있다. 해당 제품의 구체적인 취식 상황, 의미, 선호 요인 등을 확인할 수 있어 판매 데이터, 소비자 조사에서 찾지 못한 인사이트를 얻을 수 있었다. 소셜 빅데이터 분석은 사람들의 이야기가 담긴 대량의 데이터를 살펴보는 일이다. 이 과정에서 캠페인 영상 속 소비자의 공감을 얻을 수 있는 신(장면)을 발굴할 수 있다. 또 경쟁 브랜드와의 비교 분석을 통한 차별화 포인트 탐색, 신규 시장 진입 시 소비자의 숨은 니즈를 파악하는 등 많은 인사이트를 얻는 계기가 된다.

자료원: 매일경제 2022. 6. 23 수정 인용

3

마케팅 조사의 절차

마케팅 조사는 일반적으로 조사 문제의 정의, 조사 계획의 수립, 자료의 수집, 자료의 분석, 조사 결과의 보고의 단계를 거친다. [그림 4.1]에는 이러한 마케팅 조사의 절차와 주요 내용들이 요약되어 있다.

(1) 조사 문제의 정의

마케팅 조사는 마케팅 의사결정을 지원하는 정보를 수집하고 분석하는 것이기

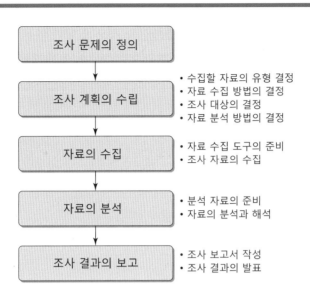

그림 4.1
마케팅 조사의
절차

조사 문제의 정의

조사 계획의 수립
- 수집할 자료의 유형 결정
- 자료 수집 방법의 결정
- 조사 대상의 결정
- 자료 분석 방법의 결정

자료의 수집
- 자료 수집 도구의 준비
- 조사 자료의 수집

자료의 분석
- 분석 자료의 준비
- 자료의 분석과 해석

조사 결과의 보고
- 조사 보고서 작성
- 조사 결과의 발표

표 4.2
마케팅 의사결정
과제와 마케팅
조사 문제

의사결정 과제	조사 문제
신제품 포장 개발	포장 디자인 대안들의 효과에 대한 평가
새로운 점포개발을 통한 시장 침투	가능한 지역 대안들에 대한 평가
점포 방문 고객의 증가	점포의 이미지(만족/불만족 요인) 조사
반복 구매율의 증가	현재 반복 구매정도에 대한 조사
광고예산의 지역적 분산	각 지역에서 현재의 시장 침투율 조사
신제품 도입 여부의 결정	적절한 시험시장 결정과 테스트 마케팅

출처: Gilbert A. Churchill, Jr., *Marketing Research*, 6th ed., The Dryden Press, 1995, p. 98.

때문에, 마케팅 의사결정 과제에서 마케팅 조사 문제를 도출할 수 있다. [표 4.2]에는 마케팅 의사결정 과제와 마케팅 조사 문제의 관계가 예시되어 있다.

　　마케팅 조사 문제를 제대로 파악하는 것은 중요하다. 마케팅 조사의 첫 번째 단계로서 이어지는 마케팅 조사 절차의 나침반 역할을 수행하기 때문이다. 마케팅 조사 문제를 잘못 정의하거나 범위가 부적절할 경우 마케팅 조사가 올바로 수행되지 못한다. 조사 문제를 광범위하게 설정하면 시간과 비용이 많이 소요되고 의사결정 타이밍을 놓칠 수 있으며, 너무 좁게 정의하면 필요한 조사 내용이 누락될 수 있기 때문이다. 예컨대, 자사 제품이 시장에서 매출부진을 겪고 있다면 이에 대한 원인은 매우 다양할 수 있다. 이 경우에 조사 문제를 명확하게 정의하기 위해 관련 문헌 조사, 전문가 의견 조사, 사례 조사 등의 방법을 이용할 수 있다.

(2) 조사 계획의 수립

조사 문제가 명확히 정의되고, 조사의 목적과 방향이 결정되면 구체적인 조사 계획을 수립해야 한다. 조사 계획의 수립 단계에서는 수집할 자료의 유형, 자료 수집 방법, 조사의 대상, 자료 분석 방법을 결정해야 한다.

1) 수집할 자료의 유형 결정

마케팅 조사에 필요한 자료는 1차 자료와 2차 자료로 구분할 수 있다. 1차 자료는 당면한 마케팅 과제와 정의된 조사 문제를 해결하기 위해 실시하는 마케팅 조사를 통해 직접 수집하는 자료를 의미한다. 2차 자료는 과거에 다른 목적을 위해 이미 수집된 자료를 금번의 마케팅 조사 목적에 활용하는 경우를 의미한다.

마케팅 조사를 수행하는 경우, 보통은 2차 자료를 먼저 수집하는 경향이 있는데, 2차 자료는 1차 자료에 비해 자료 수집이 용이하여 시간과 비용을 절약할 수 있기 때문이다. 2차 자료는 당면한 조사 문제를 위해 수집한 자료가 아니기 때문에 몇 가지 기준을 검토하여 사용해야 한다. 즉, 2차 자료가 본 조사의 목적에 적합해야 하고, 오래되지 않아 시의적절해야 하며, 자료의 내용이 정확하고, 공정하게 수집되고 정리된 자료여야 한다. 요컨대, 2차 자료는 적합성, 시의적절성, 정확성, 공정성을 기준으로 그 활용 여부를 판단하는 것이 중요하다.

2차 자료의 원천은 기업이 보유하고 있는 내부자료, 다양한 공적, 사적 기관들이 만드는 간행물이나 보고서와 같은 기업 외부의 발행물 자료, 인터넷을 통해 구할 수 있는 자료 등이 있으며, 조사 전문기관들이 기업들에게 판매하는 신디케이트(syndicate) 조사 자료도 이용할 수 있다.

1차 자료는 2차 자료에 비해 자료의 적합성, 시의적절성, 정확성, 공정성이 우수하지만 자료의 수집에 많은 시간과 비용이 수반된다. 그럼에도 불구하고 마케팅 조사를 수행하는 경우는 당면한 마케팅 과제와 조사 문제를 해결하기 위한 1차 자료를 수집하는 경우가 대부분이다. 따라서 마케팅 조사 계획을 수립하는 단계에서는 1차 자료를 어떻게 수집할 것인가에 대한 자료 수집 방법에 대한 결정이 포함되어야 한다.

2) 자료 수집 방법의 결정

당면한 마케팅 과제와 조사 문제를 해결하기 위해 필요한 1차 자료를 수집하는 방법은 다양하다. 면접법, 관찰법, 서베이법, 실험법 등은 모두 1차 자료를 수집하는 데 활용될 수 있는 방법들이며 조사자는 각 자료 수집 방법을 정확히 이해하고, 마케팅 조사 문제에 가장 적합한 방법을 선정해야 한다.

자료의 수집 방법은 목적에 따라 탐색적 조사, 기술적 조사, 인과관계 조사 등으로 구분되고, 자료의 수치화 및 통계 분석 유무에 따라 정성적 조사와 정량적 조사로 구분되며, 자료의 측정시기와 횟수에 따라 횡단적 조사와 종단적 조사로 구분된다. 각 조사 방법의 장단점을 검토한 후 당면한 마케팅 조사에 적합한 자료 수집 방법을 선정해야 한다.

3) 조사 대상의 결정

자료의 수집 방법에 따라 조사의 대상이 달라진다. 탐색적 조사의 경우 소수를 대상으로 조사를 하는 경우가 많고, 기술적 조사와 인과관계 조사는 다수의 조사 대상이 필요하다. 정성 조사와 정량 조사의 관점에서 보면 정성 조사는 소수를 대상으로 하고, 정량 조사는 다수를 대상으로 한다.

기술적 조사와 인과관계 조사의 경우 모집단을 결정하고 모집단의 구성원으로부터 표본을 추출하여 표본을 대상으로 한 조사를 실시한다고 하였다. 마케팅 조사자는 실제 조사를 수행하는 대상인 표본의 특성에 관심을 가지는 것이 아니라, 표본들이 대표하는 실제 모집단의 특성을 분석하는 것이기 때문에, 모집단의 특성을 대표할 수 있는 표본을 추출할 수 있도록 주의해야 한다. 실제 모집단으로부터 표본을 추출하는 작업은 자료의 수집 단계에서 이루어지지만, 조사 대상의 결정 단계에서도 개략적인 표본 추출 방법을 생각하고 있어야 한다. 표본추출 방법은 확률표본추출, 비확률표본추출 중 하나를 선택하고, 그 중에서 구체적으로 어떤 표본추출 방법을 사용할 것인지를 염두에 두어야 한다.

4) 자료 분석 방법의 결정

수집된 자료를 분석하는 방법은 크게 두 가지로 분류할 수 있다. 하나는 비계량적 자료를 대상으로 정성적 분석을 수행하는 것이고, 다른 하나는 계량적 자료를 대상으로 통계분석을 수행하는 것이다.

보통은 자료 수집 방법이 결정되면 이에 따른 자료 분석 방법도 정해지는 경우가 많다. 예컨대, 면접법과 관찰법은 비계량적 자료가 많이 수집되기 때문에 주관적 판단을 통한 정성적 분석이 이루어지고, 서베이법과 실험법은 계량적 데이터가 주로 수집되기 때문에 통계분석을 수행한다. 하지만, 관찰법으로 수집된 자료의 경우 관찰자가 서술적으로 기록하는 비계량적 자료도 있지만, 입장객수를 관찰하여 숫자로 기록하거나, people meter에 의한 관찰로 수집되는 TV 시청률 자료들은 계량적 자료의 형태이기 때문에 통계분석이 이루어질 수 있다. 또한 실험법을 통해서 계량적 데이터가 수집될 수도 있지만, 사용한 실험법이 2개의 실험 상황에서 소비자의 행동을 관찰하여 기록하는 경우라면 비계량적 데이터 수집과 주관적인 정성적 분석이 이루어질 수도 있다.

자료 분석 방법의 결정은 자료 수집 방법에 따라 큰 틀에서 정해지지만, 조사 내용에 따라 세부적인 분석 방법이 달라지기도 한다. 예컨대, 서베이법을 이용하여 자료를 수집하는 경우 소비자의 고객 만족도와 고객 충성도의 관계는 통계분석 중 회귀분석을 이용하고, 응답자의 인구통계적 특성을 이용한 시장 세분화는 군집분석을 이용한다. 이처럼 조사 내용이 여러 가지 하위 내용으로 구성되는 경우, 조사 계획의 수립 단계에서 각각의 세부적인 분석 방법까지 고려하는 것이 바람직하다.

(3) 자료의 수집

조사의 계획이 수립되면 실제적인 자료의 수집이 이루어진다. 자료의 수집 업무는 자료 수집을 위한 도구를 준비하는 단계와, 현장에서 자료를 수집하는 실사의 단계를 거쳐 진행된다.

1) 자료 수집 도구의 준비

자료 수집 방법은 앞에서 살펴본 바와 같이 면접법, 관찰법, 서베이법, 실험법 등으로 나눌 수 있는바, 개별 수집 방법에 따른 도구들을 준비해야 한다.

면접법을 위해서는 심층면접에서 활용할 면접 질의서나 표적집단면접법에 사용하기 위한 FGI기획서 등이 필요하다. 면접 질의서에는 소비자에게 물어볼 질문의 내용이나, 그 질문을 통해서 소비자의 어떠한 심리 상태를 파악하고자 하는 것을 기록해 두기도 한다. 표적집단면접법에 사용하는 FGI기획서에는 한 장소에 모인 응답자들이 시간의 흐름에 따라 어떤 주제로 대화를 나누게 하고, 필요한 경우에 진행자가 어떤 질문을 던져서 추가적인 대화를 유도할 것인지에 대한 가이드라인이 담겨있다. 심층면접이나 표적집단면접법의 경우, 참여자의 동의하에 녹음이나 비디오 활용이 병행되기도 하기 때문에 녹음기와 비디오카메라 등도 필요에 따라 준비해야 한다.

관찰법에 관찰기록지를 사용할 수 있다. 관찰기록지는 관찰할 항목을 사전에 정의하여 관찰결과를 기록하기 위한 목적으로 활용하는데, 관찰자는 대상을 관찰하면서 관찰기록지에 관찰결과를 기독하게 된다. 사전에 관찰할 내용을 정할 수 있는 정형화된 관찰은 관찰기록지 등을 이용할 수 있지만, 비정형 관찰이 필요한 경우에는 사진이나 동영상 등을 찍어두었다가 사후에 관찰된 내용을 분석해야 하기 때문에, 사진기와 비디오카메라 같은 관찰도구를 준비해야 한다. 피플미터와 같은 기계식 관찰의 경우에도 당연히 필요한 관찰기계를 준비해야 할 것이다.

서베이법과 실험법에는 설문지를 사용하는 경우가 많기 때문에 자료의 수집 전에 설문지를 개발하여 준비해야 한다. 설문지는 마케팅 조사에서 가장 보편적으로 사용하는 자료 수집 및 측정 도구이나, 잘못 사용하는 경우 여러 가지 오류를 발생시킬 수 있기 때문에 설문지 개발 과정과 주의사항을 잘 이해해야 한다. 특히 정량적 조사에서 살펴보았던 설문항목 및 측정의 타당성과 신뢰성을 확보하는 것이 중요하다.

설문지에 사용하는 설문 문항들은 개방형 질문 형태와 선택형 질문 형태로 구분할 수 있다. 개방형 질문은 응답자가 자유롭게 생각을 답변하는 것이고, 선택형 질문은 주어진 응답항목들 중 하나 혹은 그 이상을 선택하도록 하는 것이다. 개방형과 선택형의 질문들은 다양한 방식으로 만들 수 있는데, [표 4.3]에는 구체적인 예시를 제시하였다.

		표 4.3 개방형 질문과 선택형 질문		

유형		질문 방식	질문 예시
개방형	완전 비체계적	형식 제약 없이 자유롭게 응답	기아자동차 K5에 대한 당신의 의견은? ( )
	단어 연상법	단어를 제시하고 떠오르는 생각 응답	다음 단어를 들었을 때 떠오르는 생각은? K5: ( ) 투싼: ( )
	문장 완성법	비완성적인 문장을 완성하도록 응답	K5를 개선하여 신형 모델을 만든다면 가장 개선할 부분은 ( )이다.
선택형	이분형	응답 대안 2개	당신의 성별은 무엇입니까? (1) 남 (2) 여
	선다형	응답 대안 3개 이상	당신 가구의 보유차량은 몇 대입니까? (1) 없음 (2) 1대 (3) 2대 (4) 3대 이상
	리커트 척도	응답자의 동의 정도	K5는 승차감이 좋다. 전혀 동의안함 / 동의 안함 / 동의도 부정도 아님 / 동의함 / 매우 동의함 (1) (2) (3) (4) (5)

출처: Philip Kotler and Kevin Lane Keller, *Marketing Management*, 14th ed., Prentice-Hall, 2012, p. 105의 내용을 수정 및 보완

2) 조사 자료의 수집

자료 수집 방법에 따른 도구들이 준비되면 실제 자료를 수집하는 작업을 수행한다. 탐색적 조사의 목적 혹은 면접법과 관찰법을 이용하는 경우는 소수를 대상으로 자료를 수집하고, 기술적 조사나 인과관계 조사의 목적 혹은 서베이법이나 실험법을 이용하는 경우는 다수를 대상으로 자료를 수집한다고 하였다. 다수를 대상으로 자료를 수집하는 경우에는 표본을 선정하고 표본을 대상으로 자료를 수집한다.

표본의 선정과 관련하여 조사 계획 단계에서 조사의 대상을 정의하면서 표본 추출 계획을 수립하기도 하지만, 실제 표본을 추출하는 과정은 자료의 수집단계에서 이루어진다. 표본의 추출은 앞서 기술적 조사의 서베이법에서 살펴보았듯이, 마케팅 조사의 관심 대상이 되는 모집단의 특성을 대표할 수 있는 표본추출 방법을 선택하여 실제 조사 대상이 되는 구성원을 선정하는 작업이다.

표본이 선정되면 표본을 대상으로 자료를 수집한다. 서베이법의 경우 설문지를 수집할 때 응답자와 접촉하는 방식에 따라 대인 면접, 전화 면접, 우편 서베이, 전자

서베이 등으로 나눌 수 있다는 것을 앞서 살펴본 바 있다. 이 중에서 대인 면접을 통한 자료 수집 실사는 크게 3단계로 진행한다. 첫 번째 단계는 조사원을 선발하고 교육하는 단계이다. 조사원의 선발은 조사경험이 있는 경력자를 뽑는 것이 좋고, 경험이 없는 경우에는 본 조사 이전에 간단한 설문조사를 실제 경험하게 하는 것이 좋다. 조사원에 대한 교육은 조사의 목적과 설문 항목들에 대한 설명을 위주로 진행하고, 예상되는 질문이나 돌발 상황에 대한 교육도 포함시키는 것이 좋다. 교육이 끝나면 조사원들이 조사책임자를 대상으로 실제 설문조사를 수행해보도록 하거나, 서로 짝을 지어 연습을 해 보게 하는 것도 도움이 된다. 두 번째 단계는 조사 현장에서 자료를 수집하는 단계로 돌발 상황에 대한 통제도 필요하다. 조사 책임자나 수퍼바이저들이 조사원들의 조사 현장에 동행하여 조사원들이 제대로 조사를 진행하고 있는지, 조사 과정에서의 문제점은 없는지를 지속적으로 모니터링 해야 한다. 예를 들어 조사 현장에서 설문지에 문제가 발견되거나, 응답 과정에서 응답자의 무응답 비율이 높은 경우, 조사가 진행 중이라도 설문지에 대한 수정이나 조사원에 대한 재교육 등의 조치를 취해야 한다. 자료 수집의 마지막 단계는 수집한 자료들을 검증하고 편집하는 단계이다. 설문지의 검증은 조사원들이 성실하게 조사를 하였는지를 검토하는 과정으로 설문지의 주요 문항들이 대부분 응답되었는지, 조사원들이 실제로 응답자들을 대상으로 자료를 수집한 것이 맞는지, 응답자들의 응답이 성의있게 이루어진 것인지 등을 검토하는 단계이다.

플랫폼 기업이 내부 의사결정과 외부 인지도 향상을 위해 고객 리서치를 활용 중이다. 전략 수립에 있어 고객 수요를 즉각 반영하고 트렌드를 만들기 위함이다.

야놀자, 여기어때, 배달의민족, 어반베이스, 카카오 등 다수 플랫폼 기업은 오픈서베이라는 설문조사 시스템을 이용해 고객 수요와 만족도 조사를 진행 중이다.

야놀자는 신규 서비스 카테고리 설계 방향성을 정하기 위해 오픈서베이를 활용한다. 기본적인 이용자 경험을 설문으로 파악한 후 구체적인 수요를 수집하기 위해 서베이에 참여했던 응답자 중 선별해 질적 인터뷰를 진행한다. 야놀자 관계자는 "오픈서베이의 경우 교차분석이 빠르고 로직에 대한 상호 검수가 가능해 활용성이 높다"며 "신규 서비스 컨셉 수립이나 기존 서비스 개선 등에 사용하면서 이용률 및 사용 편의성에서 성과가 있었다"고 말했다.

배민은 기획과 브랜딩에 오픈서베이 리서치

CASE 3
플랫폼 기업들의 설문조사 시스템 활용

자료를 참고하고 있다. 프로덕트비전팀에서는 더 나은 사용자 경험을 고민하고 서비스에 반영하기 위해 오픈서베이 정량조사를 이용 중이다. 응답 수집 속도가 빠르며 '오픈애널리틱스'라는 분석 도구를 통해 성·연령 등 분석 단위에 따라 심층적 데이터 교차분석이 가능하다. 다양한 관점에서 분석할 수 있어 통찰을 얻을 수 있다. 이에 대한 보고서를 제공한다는 점 등은 오픈서베이를 이용하는 이유로 꼽힌다.

업계 및 기업 홍보 마케팅을 위해 오픈서베이를 이용하는 곳도 있다. 여기어때는 매월 오픈서베이를 활용. 이용자 여행·소비 트렌드를 분석한다. 리서치 기반 보도자료를 주기적으로 배포해 여행 트렌드를 독자에게 알린다. '2030 친환경 여행에 돈쓴다' '대학생 배낭여행보다 호캉스' '63% 새해에는 무조건 여행 떠난다' 등 설문 결과를 분석해 홍보(PR) 자료 제작 등에 활

용하고 있다. 흥미로운 데이터로 고객 주목을 받는 효과를 얻었다는 설명이다.

업계 전반에 도움을 주기 위해 설문을 이용하기도 한다. 어반베이스는 인테리어·홈퍼니싱 업계 동향을 파악할 수 있는 트렌드리포트를 발간한다. 이 과정에서 단기간에 많은 패널을 모아 자료 신뢰도를 높이고 공신력을 확보하기 위해 오픈서베이를 활용한다. 발간된 리포트는 업계 관계자에게 배포돼 인테리어 고객의 수요와 불편함 등을 파악할 수 있도록 돕는다. 최근 오픈서베이 설문 기반 '홈인테리어 트렌드 리포트 2022'를 발간해 업계 내 리포트를 제공했다. 내부적으로도 기획이나 프로덕트, 비즈니스를 발전시키기 위해 설문 결과를 반영 중이다.

이 외에도 카카오는 일부 부서에서 서비스 사용성이나 인지도, 트렌드 등을 파악할 때 오픈서베이를 사용하고 있다.

자료원: 머니투데이 전자신문 2022. 5. 8 수정 인용

(4) 자료의 분석

자료의 분석을 위해서는 수집되어 있는 원시 형태의 자료를 분석에 맞는 형태로 준비하는 단계가 필요하다. 분석을 위한 자료가 준비되면 자료의 형태에 따라 비계량적인 정성적 분석을 수행하거나 계량적인 통계분석을 수행하여 분석된 결과를 해석해야 한다.

1) 분석 자료의 준비

탐색적 조사, 정성적 조사에서 활용하는 면접법이나 관찰법 등은 수집된 자료들이 비계량적 자료이기 때문에 분석을 위한 별도의 준비 과정이 필요하지 않다. 그러나 기술적 조사나 인과관계 조사 등에서 설문지를 이용한 자료 수집을 하는 경우에는 통계분석을 수행하기 위해 분석 자료를 준비하는 별도의 과정인 코딩(coding)이나 펀칭(punching)이 필요하다.

코딩이란 설문지 등을 통해 수집한 응답 자료를 수치화하여 기록하는 과정을 말한다. 통계분석을 수행하기 위해서는 수집한 자료들이 숫자로 정리되어야 하기 때문에 설문지 상의 응답 내용을 숫자로 옮겨적는 방법을 명시한 코딩북(coding book)을 활용하기도 한다. 예를 들어 설문지에서 성별을 물어보는 문항에 응답자들이 남자와 여자를 선택하여 답변하였다면, 코딩북에는 남자를 '1'로 여자는 '2'로 입력하고, 무응답의 경우에는 '9'로 입력한다는 규칙이 담겨있는 설명서이다.

펀칭이란 코딩 과정을 통해 수치화, 부호화된 자료를 컴퓨터 파일에 입력하는 과정이다. 수집한 설문 응답 자료를 코딩 규칙에 따라 한글, 엑셀, SPSS 등의 프로그램에 입력하여 생성된 데이터 파일들은, 엑셀이나 SPSS 등의 통계분석 프로그램의 분석 대상으로 사용된다. 최근에는 코딩이나 펀칭과 같은 자료처리의 시간을 줄이기 위해, '코딩북을 이용한 펀칭'의 형태로 직접펀칭 방법이 활용되기도 한다.

2) 자료의 분석과 해석

심층면접법이나 표적집단면접법에 의해 수집된 자료, 관찰법 중 비정형적 형태로 소비자의 행동 등을 기록한 자료 등과 같은 비계량적 자료는 분석자의 주관적 판단에 의한 정성적 분석을 수행한다. 반면 관찰, 서베이, 실험 등을 통해 수집한 자료가 숫자로 기록되어 계량적 자료 형태로 존재하는 경우는 통계적 분석 방법을 사용한다.

계량적 자료에 대한 통계분석 기법은 분석 대상이 되는 변수의 수에 따라 단일변량 통계분석(univariate statistical analysis)과 다변량 통계분석(multivariate statistical analysis)으로 구분할 수 있다. 단일변량 통계분석은 하나의 변수를 분석하는 데 사용되는 것으로, 특정 변수의 분포상의 특성을 파악하는 데 사용된다. 설문 문항별로 응답자의 빈도 및 백분율을 측정하고 비교하는 것, 평균(mean)과 같은 대푯값을 측정하는 것, 분산(variance)이나 표준편차(standard deviation)와 같이 응답 자료의 흩어진 정도를 측정하는 것 등이 가장 대표적인 단일변량 통계분석 기법이다.

다변량 통계분석은 2개 이상의 변수들을 대상으로 변수들간의 관계를 파악하는 것을 목적으로 한다. 다변량 통계분석 기법들은 여러 가지 기준으로 분류할 수 있는데, 상세한 통계분석 기법들은 '마케팅 조사'나 '경영통계학' 등의 서적을 참고하기로 하고, 여기서는 마케팅 조사에서 많이 사용하는 통계분석 기법들을 분석의 목적에 따라 간단히 살펴보기로 한다.

먼저, 집단 간의 특성(평균값) 차이를 분석하기 위해서는 t-test와 분산분석(ANOVA)

을 사용할 수 있는데, 집단이 2개이면 t-test를 통해 집단간의 특성 차이가 있는지를 분석할 수 있고, 2개 이상의 집단 간의 차이를 보기 위해서는 분산분석을 사용한다.

변수들 사이에 종속관계 혹은 인과관계를 분석하기 위해서는 상관관계(correlation) 분석, 회귀분석(regression)을 사용할 수 있다. 상관관계 분석은 측정된 두 변수들 간의 연관성 정도를 분석하는 것으로 두 변수 사이의 인과관계를 점검하기 위한 예비적 분석 기법이고, 회귀분석은 하나 또는 둘 이상의 변수들(독립변수)이 다른 하나의 변수(종속변수)에 미치는 영향력의 크기와 방향을 분석하고 독립변수의 변화에 따른 종속변수의 변화를 예측할 수 있는 분석 기법이다.

유사성이 높은 변수들이나 응답자들을 그룹핑(grouping)하기 위해서는 요인분석 (factor analysis)과 군집분석(cluster analysis)을 사용한다. 요인분석은 설문문항으로 측정한 많은 변수들을 응답 결과를 바탕으로 유사성이 높은 요인들로 그룹핑함으로써 몇 개의 요인으로 축소시키는 통계분석 방법으로, 추상적 개념을 측정하기 위해 여러 가지 설문문항을 사용한 경우에 측정의 타당성을 검증하기 위한 방법으로도 활용된다. 군집분석은 측정 대상(소비자와 같은 응답자들)들을 각 대상의 특성을 기준으로 유사한 집단으로 그룹핑하는 통계분석 방법으로, 시장 세분화나 경쟁구조 분석 등에 사용할 수 있다.

이 밖에도 판별분석, 다차원척도법, 컨조인트 분석 등의 통계분석 기법이 마케팅 조사의 자료 분석과 해석 단계에서 분석 방법으로 활용될 수 있다.

자료의 분석(analysis)이 기술적 조사에서 현상을 기술하고 인과관계 조사에서 변수 간의 인과관계를 검증하는 것이라면, 자료의 해석(interpretation)은 분석 결과를 토대로 통찰(insight)을 가미하는 것이라고 할 수 있다. 물론, 자료의 분석과 해석은 동시에 이루어지는 경우가 많이 있기 때문에 자료의 분석과 해석을 구분하는 것이 필요하지 않을 수도 있다. 그러나, 마케팅 조사자는 통계분석 결과값 등이 제시하고 있는 분석 결과의 이해뿐 아니라, 분석 결과를 토대로 조사문제에 대한 답을 도출하고 당면한 마케팅 의사결정을 지원하기 위해 적극적으로 해석하는 과정이 필요하다.

(5) 조사 결과의 보고

마케팅 조사는 조사보고서를 작성하고 이해관계자들에게 보고 및 공유함으로써 마무리된다. 마케팅 조사의 목적이 마케팅 의사결정을 지원하는 정보의 제공이라는 점에서 조사 결과의 보고 단계는 매우 중요하다.

1) 조사 보고서의 작성

마케팅 조사 보고서는 조사한 내용을 요약하여 정리하고, 마케팅 의사결정을 위한 지침을 제시해야 한다. 즉, 조사 진행 과정에서 사용한 조사의 방법과 자료의 분석 결과를 담아야 하고, 의사결정에 필요한 정보와 대안 제시를 포함하여야 한다.

조사 보고서를 작성할 때는 전달할 정보를 주의깊게 결정하고, 주요 내용을 정확하고 명료하게 전달해야 하며, 쉽게 이해할 수 있도록 표현해야 한다. 마케팅 조사 보고서는 1차 보고서(중간 보고서), 본 보고서(최종 보고서), 경영진을 위한 요약 보고서 등으로 이루어지는데, 특히 경영진을 위한 요약 보고서는 조사 목적과 조사 결과, 가능한 전략 대안 등과 같은 핵심 내용으로 구성되어 경영진의 의사결정을 지원할 수 있어야 한다.

본 보고서를 기준으로 조사 보고서 작성 시 유의사항을 몇 가지 제시할 수 있다. 먼저, 실무자와 경영진이 관심을 가지는 문제와 그 해결 방안을 중심으로 보고서를 작성해야 한다. 보고서는 쉬운 용어를 사용하고, 논리적으로 구성하며, 그림이나 표와 같은 시각적 보조 자료를 적절하게 활용해야 한다. 어쩔 수 없이 전문 용어나 어려운 분석이 등장하는 경우에는 주석 등을 통해 추가적인 해설을 해 주는 것이 필요하다.

2) 조사 결과의 발표

조사 보고서를 작성하는 것 못지않게, 조사 결과를 이해관계자들에게 발표하는 자리도 매우 중요하다. 많은 경우, 경영진을 포함한 이해관계자들은 조사 보고서를 상세히 읽어볼 시간이 없기 때문에, 조사 결과를 발표하는 자리에서 조사 내용을 본격적으로 이해하게 되고, 더 나아가 그 자리에서 의사결정의 방향을 결정하기도 한다. 따라서 조사 결과를 발표하는 자리는 마케팅 의사결정자들과 만나는 '진실의 순간'이 될 수 있다.

구두 발표를 하기 위해서는 조사 보고서를 토대로 한 별도의 프리젠테이션 자료를 준비하는 것이 좋다. 프리젠테이션 자료는 발표의 스토리라인에 핵심적인 메시지와 내용을 중심으로 구성하고, 도식화된 표와 그림과 같은 시각적 보조자료를 활용하여 청중의 주목과 이해를 높일 수 있도록 해야 한다.

발표 자료가 준비되면 사전 연습과 현장 점검을 하는 것이 좋다. 먼저, 보고서 내용과 발표 자료의 내용들을 완전히 숙지하고 머릿속에 체계화해야 한다. 이후에는 발표 현장에서의 리허설을 통해 발표의 완성도를 높이고 자신감을 가질 수 있게 한다.

발표가 시작되면 도입 부분에서 발표의 주요 내용과 순서를 제시해 주고, 목차에 따른 발표를 진행한다. 발표를 하는 과정에서는 청중의 반응을 살피면서 눈맞춤이나 목소리, 제스처 등을 적절하게 조절해야 한다. 발표의 마지막에는 질문과 답변 시간을 할애하도록 하고, 발표가 끝나면 감사의 인사와 함께 발표의 핵심 메시지를 다시 한 번 요약 및 강조해 주는 것도 필요하다.

● ● ● ●
토론사례

올리브인터내셔널의 소비자 조사와 타깃마케팅

"회의에서 누군가 신제품 아이디어를 내면 저는 '당신 말고 소비자가 더 좋아하는 건 뭘까요?'라고 질문합니다. 올리브인터내셔널이 제품을 만드는 기준은 '소비자'거든요." 이진호 올리브인터내셔널 대표는 자사의의 경쟁력을 소개하며 이렇게 말했다. 이 대표가 지속적으로 강조한 것은 '소비자'였다.

올리브인터내셔널은 소비자의 니즈에 맞는 브랜드를 만들고 성장시키는 데 초점을 맞춘 회사다. 대다수의 기업들이 제품을 선개발한 뒤 구매자를 찾아 나서는 것과는 완전히 다른 방향으로 움직이고 있는 것이 특징이다.

이 회사가 내세우고 있는 '클러스터 커머스' 마케팅은 공통 관심사를 가진 소비자 집단을 포착해 이들을 타기팅할 수 있는 클러스터 리더 혹은 채널을 확보하고, 타깃 고객의 특성을 면밀히 분석해 이에 맞는 브랜드와 제품을 기획하고 제작, 판매하는 방식이다. 채널의 특성을 공유하는 명확한 타깃을 설정하고 브랜드와 제품을 출시하기에 초기 마케팅 비용을 최소화하고, 재구매율도 높일 수 있었다는 게 회사 측 설명이다.

덕분에 실적도 고공행진 중이다. 올리브인터내셔널의 매출액은 2019년 20억원에서 2021년 272억원으로 1,260% 뛰었다. 2022년도의 목표 매출액은 515억원이다. 업계 평균 대비 최대 3배 높은 고객 충성도를 달성했다는 평을 받는다. 이 대표는 "밀크터치와 성분에디터의 올해 매출액이 각각 200억원, 300억원을 바라보고 있는 중"이라며 "작년에 론칭한 비프로젝트와 시모먼트 역시 성장 곡선을 그리고 있다"고 설명했다.

올리브인터내셔널의 매장과 제품

특히 지난 2019년 론칭된 코스메틱 브랜드 '밀크터치'는 국내에서의 인기를 발판 삼아 해외에서도 인기몰이 중이다. 로프트·아모존·예스 아시아 등 주요 해외 유통 채널에 입점해 있으며, 일본의 경우 5,000개에 가까운 오프라인 매장에서 제품을 선보이고 있다. 밀크터치는 2022년 상반기에만 작년 한 해 해외 매출액의 2배를 넘어섰다. 회사 측은 일본을 시작으로 인도네시아, 말레이시아, 싱가포르, 태국, 러시아 등으로 수출국을 다변화하겠다는 계획이다.

올리브인터내셔널은 현재 밀크터치, 성분에디터, 비프로젝트, 시모먼트, 깔끔상회, 하루공방 등 총 6개의 브랜드 사업을 영위하고 있다. 뷰티 브랜드와 생활용품, 유아용품 등 광범위한 제품 포트폴리오를 갖췄다는 평가를 받는다.

올리브인터내셔널의 이진호 대표는 자사를 '소비자의 니즈에 맞는 제품과 브랜드를 적기에 출시해 만족을 주는 회사'라고 한다. 올리브인터내셔널은 소비자들의 수요가 점점 다양화·세분화되고 있기 때문에 소비자들의 수요가 어디서 생겨나는지를 보고 소비자들의 수요가 모인 곳을 클러스터라고 명명한다. 요즘은 클러스터가 온라인 공간, 사회관계망서비스(SNS)를 중심으로 생기고 있는데 올리브 인터내셔널은 이를 분석해 소비자들이 필요로 하는 제품을 선보이고 있다고 한다.

올리브인터내셔널은 신제품 출시를 위해 소비자들의 의견을 참고하지만 출시 후에도 지속적으로 소비자들과 소통하며 더 좋은 제품을 선보이기 위해 노력하고 있다. 소비자와 기업이 같이 제품을 만들어가는 셈이다. 밀크터치의 경우 제품 구매자들에게 엽서를 같이 보내 아이디어를 받고, 매주 기획 회의에서 제품 개선 방안을 검토하였다.

소비자들의 의견을 수렴하는 과정에서 대용량 패드를 원하는 이용자들이 많다는 것을 파악한 뒤 점보패드를 만들어 선보이기도 했다. 이 외에도 '크루'라는 고객평가단을 모집해 특정 기간 상품을 직접 사용해보고 의견을 받는 과정도 거쳤다. 이 대표는 올리브인터내셔널이 선보인 제품에 팬덤이 있는 이유라고 덧붙였다.

올리브인터내셔널의 이진호 대표는 꾸준히 사랑받을 수 있는 제품을 선보이며 지속 성장해 유니콘이 되겠다는 포부를 밝혔다. 2019년 20억원이던 매출은 2021년 272억원으로 급증했다. 이 대표의 목표는 올해 매출 600억원 이상, 향후 5년 안에 3,000억원을 달성하는 것이다. 이를 바탕으로 장기적으로는 기업가치 1조원의 유니콘도 넘보고 있다.

자료원: 매일경제 2022. 5. 9; 아시아투데이 2022. 6. 29; 서울경제 2022. 8. 12 수정 인용

. . . .
토론문제

01 올리브인터내셔널이 제품을 먼저 개발한 후 이것을 구매할 소비자들을 찾는 다른 기업들과 다른 점은 무엇인가?

02 올리브인터내셔널이 제품 출시 이전과 출시 이후에 각각 수행하는 소비자 조사의 방법은 어떤 것들이 있는가?

03 올리브인터내셔널이 사용하는 소비자 조사 방법 외에 화장품 제품에 대한 구체적인 마케팅 조사 방법들을 어떤 것들이 있는가?

05

소비자행동

05

소비자행동

▌ LG생활건강 '비욘드'

　　현대인의 소비는 단지 허기를 달래고 필요를 채우는 데 그치지 않는다. 어떤 것을 먹고, 어떤 것을 입으며, 어떤 것을 바르는지가 그 사람을 보여 주는 시대다. 좀 더 비싸도 유기농 식품을 먹고, 다소 번거로워도 친환경 소재를 찾는 사람이 늘고 있다. LG생활건강의 비욘드는 이런 흐름을 읽고 적극 대응해 호응을 얻고 있는 브랜드다. 출시 후 선발 주자의 그늘에서 벗어나지 못해 좌절하기도 했지만 이를 전화위복의 기회로 삼아 오히려 뚜렷한 정체성을 확보했다.

　　비욘드가 출시된 것은 2005년 4월이다. 당초 취지는 컬러 푸드가 갖고 있는 생명력을 피부에 전달하겠다는 것이었다. 참살이(웰빙) 트렌드에 맞춰 1년여 동안 야심 차게 기획한 새로운 브랜드였다. 그런데 그보다 2~3개월 앞서 나온 스킨푸드가 발목을 잡았다. 스킨푸드는 비욘드와 기획 의도가 완전히 일치했다. 이름부터 '푸드'를 전면에 내세운 스킨푸드는 큰 호응을 얻었다. 아무리 애를 써도 스킨푸드의 아류라는 오명을 벗기 어려웠다. 승산이 없다고 판단한 비욘드는 출시 1년 만에 방향을 전면 수정하기로 결단을 내렸다.

　　비욘드 팀은 다시 머리를 모았다. 여러 아이디어를 검토한 끝에 '친환경'을 새로운 콘셉트로 잡았다. 당시 건축이나 자동차, 패션 등에는 이미 친환경 바람이 불고 있었다. 비욘드 팀은 화장품에도 친환경을 요구하는 목소리가 높아질 것으로 판단했다. 화장품을 만들 때 합성원료나 화학재료를 최대한 배제하고 친환경, 유기농 재료 비율을 높이기로 했다.

　　친환경 제품을 만들면서 가장 어려웠던 것은 원료를 확보하는 일이다. 특히 최소 3년간 화학 비료나 살충제를 쓰지 않아야 하는 유기농 원료를 얻기가 어려웠다. 비욘드 팀은 유기농 원료를 국내에서 공급받는 비율을 높이기 위해 다음과 같은 방법을 사용했다. 예컨대 녹차가 필요하다면 전체 녹차 밭 중 일부분을 유기농 방식으로 재배해 줄 것을 농가에 요청한다. 그곳에서 생산되는 전량을 LG생활건강이 사들이기로 계약한다. 계약을 맺은 농가는 3년간 시간을 들여 유기농 방식으로 녹차를 재배하고 생산된 분량을 전부 LG생활건강에 넘긴다.

비욘드가 시도한 또 다른 일은 화장품으로서는 다소 파격적인 광고를 기획하고 내보낸 것이다. 통상 제품 광고는 긍정적인 이미지를 전달하는 데 주력한다. 이는 소비자의 제품 인식에 영향을 미친다. 소비자가 해당 제품을 떠올릴 때 아름답거나 멋진 이미지가 동반되는 식이다. 화장품 역시 인기 연예인이 등장해 이 제품을 사용하면 나처럼 예뻐질 수 있다는 식의 메시지를 던지는 방식이 일반적이다. 하지만 비욘드 팀은 동물실험을 하지 않는다는 점을 전면에 부각시키고 싶었다. 다른 화장품과 비슷한 광고로는 소비자의 관심을 끌 수 없을 것으로 생각했다. 그래서 나온 결과물이 톱스타 김수현이 강아지를 안고 등장해 "예뻐지기 위해 널 다치게 할 순 없어, 아름다워지기 위해 널 상처받게 할 순 없어"라고 말하는 광고다. 화장품의 성분이나 효능을 앞세우기보다는 동물실험 반대라는 다소 민감한 주제를 정면으로 건드린 것이다.

광고안이 처음 나왔을 때 사내에서는 우려가 컸다. 자칫하면 비욘드를 떠올릴 때 가죽이 벗겨진 쥐나 고통스러워하는 원숭이 등이 함께 생각날 수도 있었다. 하지만 비욘드 팀은 그대로 밀고 나가기로 결정했다. 소비자에게 비욘드의 목표와 정체성을 확실히 각인시킬 수 있을 것으로 믿었다.

결과는 대성공이었다. 광고는 큰 반향을 몰고 왔다. 소비자들은 동물실험 반대 메시지를 긍정적으로 받아들였다. 이제까지 순한 이미지로만 인식됐던 비욘드는 소비자에게 새로운 인상을 심어 줬다. 비욘드는 '동물실험을 하지 않는 착한 화장품'으로 인식되기 시작했다. 이계춘 비욘드 부문 마케팅 디렉터는 "밖으로는 소비자 인지도를 높이고 다른 화장품과의 차별성을 획득하는 성과가 있었고 안으로는 구성원 간에 동일한 목표를 공유하고 의지를 다지는 계기가 됐다"고 말했다.

자료원: 동아일보 2013. 3. 28 기사(DBR(동아비즈니스리뷰) 125호(3월 15일자))

사람들이 구매할 제품을 선택하는 방식은 다양하다. 사례에 소개된 비욘드와 같은 화장품을 구매할 때 소비자들은 가격이나 품질, 브랜드 등을 주로 고려한다. 그렇지만 어떤 소비자들은 '친환경'이라는 전에는 별로 고려하지 않았던 속성에 주목해 제품을 선택하기도 한다. 또한 '동물보호'라는 활동에 공감하는 가치를 지닌 소비자들은 이러한 가치를 추구하는 화장품에 매력을 느끼기도 한다. 이렇듯 소비자가 어떤 가치를 추구하는 사람이고, 기업의 메시지를 어떻게 받아들이고, 어떠한 기준으로 제품을 평가하는가를 고려해 마케팅 활동을 다른 형태로 추진할 필요가 있다.

결국 기업이 성공적인 마케팅을 수행하기 위해서는 소비자에 대한 심층적인 이해가 필요하다. 소비자행동은 이러한 점에 주목하여 소비자를 둘러 싼 다양한 이슈를 검토하는 분야이다. 본 장에서는 소비자행동 전반을 개관하고자 한다. 먼저 소비자행동에 대한 이해가 왜 필요하고 소비자행동에는 어떠한 내용들이 포함되는지 살펴보겠다. 그리고 소비자행동의 근간을 이루는 정보처리과정과 구매의사결정과정의 핵심적인 내용을 설명하도록 하겠다. 끝으로 소비자행동에 영향을 미치는 다양한 요인들 중 중요한 몇 가지를 소개하고자 한다.

소비자행동의 중요성 및 체계

시장에서 성공하기 위해 기업은 전사적으로 마케팅 마인드를 가져야 한다. 마케팅 철학은 '모든 의사결정의 출발점이 소비자'라는 관점이다. 소비자 관점에서 출발하려는 의지를 갖는 것은 매우 중요하지만 의지만으로는 부족하다. 소비자를 보다 잘 이해하려는 체계적인 노력이 필요하다. 1장에서 언급한 바와 같이, 마케팅은 소비자의 욕구를 제대로 파악하고 이를 경쟁자들보다 더 잘 충족시키도록 노력하는 것이다. 소비자 욕구를 '제대로' 파악하기 위해서는 소비자행동과 관련된 다양한 측면을 깊이 있게 분석해야 한다.

소비자를 제대로 파악하는 것은 그리 간단하지 않다. 실제로 동일한 제품에 대해 어떤 소비자들은 열광을 하는데 다른 소비자들은 냉담한 반응을 보이기도 한다. 소비자가 어떤 제품을 선택하는 데에는 다양한 요인들이 영향을 미치기 때문이다. 예를 들어 '소비자가 어떤 지식과 과거 경험을 갖고 있는지', '어떤 가치를 지향하고 어떤 동기를 갖고 있는지' 등에 따라 동일한 마케팅 활동에 대한 반응은 달라질 수 있다. 소비자가 여러 사람들과 함께 사회를 이루어 살아가기 때문에 '어떤 사회나 문화권에 속해있는지', '주변 사람들의 반응을 얼마나 고려하는지' 등도 소비자행동에 영향을 미친다. 따라서 소비자들의 선택을 받기 위해서는 최종 단계에 이르기까지 많은 단계에 대한 관리가 필요하다.

소비자행동이란 '소비자가 자신의 욕구를 충족시킬 것으로 기대하는 제품이나 서비스를 탐색, 구매, 사용, 평가, 처분하는 과정'이라고 정의할 수 있다. 소비자행동은 다양한 행동의 과정이고 이러한 과정에는 다양한 요인들이 영향을 미친다. 따라서 마케터는 소비자를 제대로 이해하기 위해 다양한 측면에 대한 폭넓은 검토를 해야 한다.

마케터는 소비자의 구매, 소비와 관련된 프로세스를 파악해야 한다. 구매 전 단계에서는 소비자들은 어떻게 필요를 느끼게 되는지, 어디에서 필요한 정보를 얻는지, 어떻게 각 대안들을 평가하는지 등에 대한 이슈가 있다. 구매 단계에서는 실제로 결정한 제품을 구매하는지 등을 파악해야 한다. 구매 후 단계에서는 구입한 제품에 대한 만족과 불만족에 어떠한 요인이 영향을 미치는지, 불만족한 소비자는 어떠한 행동

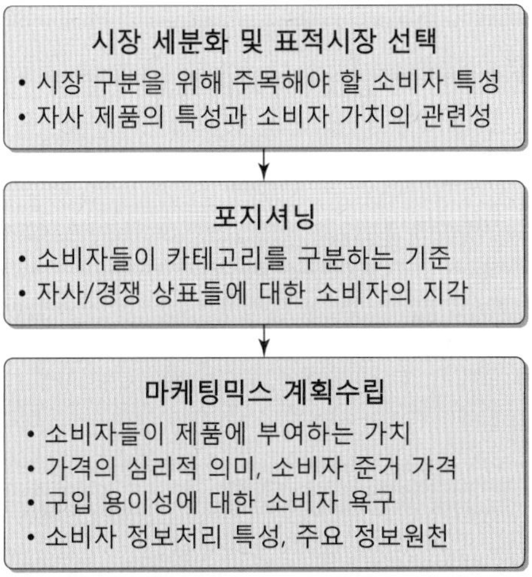

시장 세분화 및 표적시장 선택
- 시장 구분을 위해 주목해야 할 소비자 특성
- 자사 제품의 특성과 소비자 가치의 관련성

↓

포지셔닝
- 소비자들이 카테고리를 구분하는 기준
- 자사/경쟁 상표들에 대한 소비자의 지각

↓

마케팅믹스 계획수립
- 소비자들이 제품에 부여하는 가치
- 가격의 심리적 의미, 소비자 준거 가격
- 구입 용이성에 대한 소비자 욕구
- 소비자 정보처리 특성, 주요 정보원천

그림 5.1
마케팅 과정에 필요한 소비자행동 정보 예시

을 하는지 등에 대한 이해가 필요하다. 이를 통해 얻어진 소비자 행동 정보는 전략 결정에 중요한 참고자료가 된다.

소비자행동 관련 정보는 시장세분화, 표적시장 선택, 포지셔닝을 결정하는 시장전략 수립과 구체적인 마케팅믹스 계획에서 반드시 고려해야 할 요소이다. 효과적인 시장세분화가 이루어지기 위해서는 소비자의 욕구와 가치가 어떠한 시장세분화 변수에 따라 차이를 보이는지 파악해야 한다. 표적시장을 선택할 때 자사 제품의 특성이 특정 세분시장 소비자들에게 제대로 어필할 수 있을지 파악해야 한다. 소비자의 인식 속에 위치를 잡는 포지셔닝을 위해서는 소비자가 지금 어떠한 인식을 갖고 있는지 파악해야 한다. 또한 마케팅믹스별 계획을 위한 의사결정도 각 믹스에 관련된 고객의 욕구에서 출발해야 한다. 이렇듯 시장전략과 마케팅믹스 결정에 필요한 소비자행동 정보를 예시하면 [그림 5.1]과 같다.

마케팅믹스라고 표현되는 다양한 마케팅 활동들에 대한 소비자 반응은 다양하다. 동일한 마케팅 자극에 대한 소비자들의 반응은 동일하지 않을 수 있다. 소비자라고 하는 객체를 통과할 때 소비자들마다 자극을 받아들이는 다양한 방식과 영향 요인이 작동해 반응을 창출하기 때문이다. 그래서 이를 '블랙박스'라고 표현하기도 한다. 결국 소비자 행동은 소비자라는 블랙박스를 파악하려는 체계적 노력이라고 할 수 있다. 따라서 소비자 행동에서는 [그림 5.2]에 표현된 바와 같은 체계를 활용하여 제반

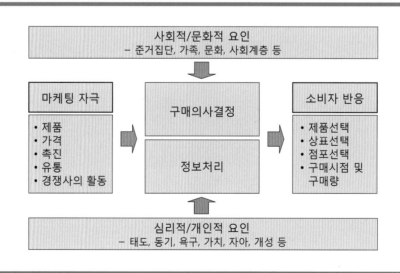

그림 5.2
소비자행동의 체계

과정과 요인에 대한 폭넓은 검토를 다루게 된다.

본 장에서는 소비자행동의 근간을 이루는 구매의사결정과정, 정보처리과정을 먼저 살펴보고, 소비자행동에 영향을 미치는 요인을 추가적으로 설명하도록 하겠다. 각 부분에 대한 이해를 위해 개괄적인 설명을 제시하는 과정에서 이를 통해 도출할 수 있는 마케팅 시사점을 제시하도록 하겠다.

소비자 구매의사결정

(1) 소비자 구매의사결정의 유형

소비자 구매의사결정은 어떤 소비자가 어떤 제품을 어떤 상황에서 구매하는지에 따라 다양한 형태로 이루어진다. 구매의사결정은 아주 단순한 형태로 빠른 순간에 이루어지기도 하고 매우 복잡한 형태로 많은 시간과 노력을 들여 이루어지기도 한다. 과거에 구매해 본 경험이 있는 제품에 대한 일상적인 의사결정도 있고 한 번도 구매해 본 적이 없는 제품을 대상으로 한 본격적인 의사결정도 있다. 심지어 이런 유형에 포함시키기 곤란할 만큼 일시적인 감정 변화에 기인한 충동구매라는 의사결정도 있다.

소비자가 어떤 유형의 구매의사결정을 하는지에 따라 실제 구매의사결정과정은 다른 양상을 보인다. 예를 들어 '갈증을 느껴 편의점에서 생수를 구매할 때'와 '태어나서 처음으로 자동차를 구매할 때'의 구매의사결정은 많은 차이를 갖는다. 따라서 마케터는 소비자들이 주로 어떠한 유형의 구매의사결정을 하는지 파악하고 이에 적합한 전략을 추진해야 한다.

(2) 소비자 구매의사결정과정

소비자 구매의사결정과정은 문제 인식, 정보 탐색, 대안 평가, 구매, 구매 후 행동의 다섯 단계로 구분해 볼 수 있다. 앞서 설명한 일상적 구매의사결정의 경우 이러한 다섯 단계를 모두 거치지 않을 수 있다. 하지만 구매의사결정과정의 포괄적인 설명을 위해 모든 단계를 포함하도록 하겠다.

1) 문제 인식

사람들은 살면서 다양한 문제에 직면하고 이를 해결하면서 살아간다. 이러한 문제에는 의식주와 같이 인간의 생명유지에 관련된 근본적인 문제에서부터 어떻게 하면 멋지고 보람차게 살 것인지와 관련된 추상적인 문제까지 모두 포함된다. 이러한 문제를 본인이 직접 해결하가면서 살아갈 수도 있지만 대부분의 문제는 제품의 구매와 소비를 통해 해결을 모색하게 된다. 소비자행동에서 주목하는 문제는 소비자로서 수행하는 구매와 소비에 관련된 것이다.

문제 인식(problem recognition)이란 소비자가 어떠한 욕구를 지각하고 이를 구매를 통해 해결하고자 하는 것을 의미한다. 무엇인가 구매할 필요를 느끼는 것을 문제 인식이라고 한다. 소비자들은 어떻게 문제를 인식하게 될까? 소비자들이 자신의 실제 상태와 바람직한 상태 간 괴리를 느끼면 '무엇인가 해결책이 필요하다'는 생각을 하게 된다. 예를 들어 어떤 사람이 남들에게 멋지게 보이고 싶다는 생각이 드는데 실제 본인이 갖고 있는 옷들은 별로라고 판단되는 상황을 상상해보자. 대책을 강구해야겠다는 생각이 들 수 있다.

이런 상황에서 언제나 '옷을 사야지'라는 결심을 하지는 않는다. 옷을 사려면 돈도 필요하고 옷을 사러갈 시간도 내야 하기 때문이다. 결국 자신의 실제 상태와 바람직한 상태 간 괴리를 통해 발생한 긴장감이 이러한 괴리를 해결하기 위해 필요한 문제 해결 비용보다 크게 인식될 때 이를 해결하려는 동기가 활성화된다. 여기서 문제 해결 비용이란 돈과 같이 구매에 수반되는 금전적 비용과 시간, 노력 등과 같은 비금전적 비용을 모두 포함하는 개념이다. 즉 옷을 사는 데 필요한 돈, 시간, 수고 등을 모두 지불하더라도 문제 해결을 위해 구매할 필요가 있겠다고 판단되면 구매동기가 활성화된다.

이러한 문제 인식은 구매의사결정과정의 출발점이다. 소비자들이 문제 인식을 하지 않으면 구매를 위해 필요한 다음 단계로 진행하지 않기 때문에 마케터에게 소비자의 문제 인식은 매우 중요한 과정이다. 마케터는 어떻게 소비자의 문제 인식 유발에 영향을 미칠 수 있을까? 앞서 설명한 문제 인식의 유발 조건에서 그 해답을 찾아볼 수 있다.

첫째, 바람직한 상태에 대해 재고하게 하여 바람직한 상태를 높이는 방법이 있다. 예를 들어 멋진 옷을 구매하여 주변 사람들의 시선을 한 몸에 받는 광경을 보여 주는 것이다. 어떤 가장이 온 가족이 캠핑을 가서 자연을 만끽하며 행복하게 지내는 모습을 보면 무슨 생각이 들까? 아마 이상적인 모습에 대해 다시 생각해보게 되어 바람직한 상태가 높아질 가능성이 높을 것이다.

둘째, 실제 상태를 재인식하게 하여 실제 상태를 낮추는 방법이 있다. '이 정도면 괜찮지!'라고 생각하는 사람에게 '과연 괜찮을까?'라는 질문을 제기하는 것이다. 해충방제 업체인 세스코는 '당신보다 강한 해충, 혼자 해결할 수 있을까요?'라는 질문을 제기하며 소비자의 문제인식을 자극한다.

셋째, 문제 해결 비용을 실제로 낮추거나 낮게 인식하도록 하는 방법을 활용할 수 있다. 예를 들어 실제로 가격, 시간, 수고 등의 비용을 낮추어 주거나, '가족 외식을 한번 줄이면 구매할 수 있다'라는 표현을 통해 비용에 대한 인식에 영향을 미치는 방식을 활용할 수 있다. '클릭 한번 하시면 해결됩니다'라는 표현을 활용해 생각했던 것보다 간단하게 해결할 수 있다는 것을 알리는 방식을 쓸 수도 있다.

2) 정보 탐색

소비자가 문제를 인식하고 이를 구매를 통해 해결하려고 하면 정보를 탐색하게 된다. 정보 탐색이란 제품이나 구매에 관한 정보를 얻고자 하는 의도적 노력을 의미한다. 소비자들은 정보의 필요를 느끼게 되면 본인의 기억 속에 저장된 정보를 떠올려 볼 것이다. 이를 내부 탐색(internal search, 내적 탐색)이라고 한다. 그런데 이러한 내부 탐색만으로 정보가 충분하지 않다고 판단되면 추가적인 탐색을 하게 된다. 이를 외부 탐색(external search, 외적 탐색)이라고 한다. 예를 들어 주변사람에게 물어보거나 인터넷을 뒤져보고 광고를 열심히 보는 것을 외부 탐색이라고 한다.

외부 탐색을 하는데 활용하는 정보 원천(information source)의 유형에는 친구, 가족 등과 같은 개인적 원천, 광고, 판매원 상담과 같은 상업적 원천, 신문이나 잡지의 기사, 관련 공공 단체의 정보와 같은 공공적 원천이 있다. 마케터는 목표로 하는 시장의 소비자들이 주로 어떤 정보 원천을 활용하고 해당 정보 원천으로부터 얻은 정보를 얼마나 신뢰하는지를 파악해야 한다. 이를 토대로 소비자들과 커뮤니케이션할 때 어떠한 매체와 방식을 활용할 것인지 결정할 수 있다. 간혹 사진을 찍으러 스튜디오를 방문하면 종업원이 '어떻게 알고 오셨는지'를 묻는 경우가 있다. 간단한 조사이지만

그림 5.3

환기상표군과
고려상표군

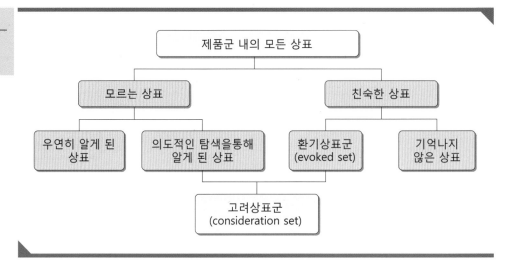

향후 잠재고객들에게 해당 스튜디오를 노출시킬 수 있는 경로를 파악하는 데 도움이
될 것이다.

또한 표적시장의 소비자들이 정보탐색을 얼마나 하는지를 파악하는 것도 필요
하다. 일반적으로 정보 탐색의 양은 해당 제품이 소비자에게 얼마나 중요한지에 따
라 달라진다. 만약 소비자들이 외부 정보 탐색을 그다지 많이 하지 않는데 다양한 경
로를 통해 정보를 제공하려고 많은 투자를 하는 것은 효율적이지 않다. 의견 선도자
(opinion leader)는 정보를 적극적으로 탐색하고 이를 주변 사람들에게 전파해 줄 가능
성이 높기 때문에 의견 선도자들을 활용할 필요가 있다.

구매 과정에서 소비자들이 내부 탐색만으로 떠오르는 상표들을 환기상표군
(evoked set)이라고 한다. 이러한 환기상표군에 외부 탐색을 통해 알게 된 상표들을
합쳐 놓은 것을 고려상표군(consideration set)이라고 한다. 이는 정보 탐색 과정에서
소비자에게 포착되어 구매를 고려하는 상표들이라는 의미를 담고 있다.

기업들은 자사의 브랜드가 소비자들의 환기상표군에 포함될 수 있도록 노력해야
한다. 환기상표군에 포함된다는 것은 추가적인 노력 없이도 최종 후보 대안에 포함될
수 있다는 것이기 때문이다. 특히 특정 브랜드가 구매 시점에서 소비자의 기억 속에
서 가장 먼저 떠오르는 것을 나타내는 Top-of-mind Awareness(TOMA)를 제고할 필
요가 있다. 이를 위해 많은 기업들이 브랜드 인지도 제고를 위해 지속적으로 투자하
고 있다. 어떤 사람이 피자를 주문하려고 할 때를 상상해보라. '어디에 주문을 하지?'

라는 생각을 하는데 해당 브랜드가 떠오른다는 것은 선택에 있어 매우 유리한 상황일 것이다. 보다 극단적인 예는 '국제전화 시장'과 같은 경우에서 찾아볼 수 있다. 해외에 전화를 하려는 사람이 전화를 꺼내 '어떤 번호를 먼저 누르지'하는 찰나의 순간에 선택이 이루어진다.

만약 자사의 브랜드가 이러한 환기상표군에 포함되어 있지 못하다면 적어도 고려상표군에는 포함될 수 있도록 해야 한다. 고려상표군에 포함되지 못하면 소비자들에게 최종적으로 선택될 가능성은 거의 없기 때문이다. 고려상표군에 포함되기 위해서는 소비자들의 외부 탐색 과정에서 해당 브랜드가 포착될 수 있도록 노력해야 한다. 이를 위해 전술한 바와 같이 외부 탐색의 정보 원천을 파악하고 이를 통해 정보를 노출시키는 활동을 활발히 해야 한다.

3) 대안 평가

대안 평가(evaluation of alternatives)란 소비자들이 고려상표군에 포함된 대안들을 평가하고, 소비자의 욕구나 가치에 부합되는 특정 대안을 선택하는 단계를 의미한다. 소비자의 대안 평가를 이해하기 위해서는 소비자들이 어떠한 평가 기준을 활용하는지, 어떠한 방식으로 평가를 진행하는지 파악해야 한다. 즉 평가 기준과 평가 방식을 파악해야 한다. 피평가자가 평가자의 평가 기준과 방식을 모르는 상태에서 좋은 평가를 받기 어렵듯이 기업이 소비자의 평가 기준과 방식을 모르면 선택받을 수 있는 가능성은 현저히 낮아질 것이다.

평가 기준은 소비자들이 여러 대안을 비교하고 평가하는 데 사용하는 제품의 속성과 성과 수준을 의미한다. 평가 기준의 유형은 다양한데, 제품의 속성과 같이 구체적인 수준일 때도 있지만 제품이 주는 가치와 같이 추상적인 수준일 때도 있다. 예를 들어 사회적 이슈를 해결하기 위해 노력하는 사회적 기업의 제품을 우선적으로 고려하는 소비자는 '제품 구매를 통해 좋은 일도 함께 하자는 가치'가 평가 기준에 포함되어 있다고 볼 수 있다. 평가 기준은 상황에 따라 변하기도 한다. 동일한 제품이라고 하더라도 그 제품을 본인이 직접 사용하기 위해 구매할 때와 누군가에게 선물을 하기 위해 구매할 때 상이한 기준을 사용한다. 식당을 평가할 때 본인이 평상시 이용할 식당을 평가할 때와 특별한 손님과 함께 이용할 식당을 평가할 때의 기준이 다를 것이다. 평가 대상이 되는 고려상표군에 어떤 브랜드들이 포함되어 있는가에 따라 기준이 달라지기도 한다. 어떤 소비자가 휴대폰의 '무게'를 가장 중요하게 생각하더라도 대안에 포함된 휴대폰들이 무게에서 큰 차이가 없다면 '무게'는 평가 결과를 좌우하지는 못할 것이다. 오히려 다음으로 중요하게 생각하지만 대안들 간 차이를 보이는 '배터리 용량'이라는 속성이 평가에 결정적인 역할을 하게 된다. 이를 결정적 속성(determinant attribute)이라고 한다.

평가 방식은 크게 보상적 전략과 비보상적 전략으로 나뉜다. 보상적 전략이란 한 평가 기준에서의 약점이 다른 평가 기준에서의 강점으로 보상되어 전체적 평가를 받는 방식을 의미한다. 휴대폰의 '가격'이 비싸서 낮은 평가를 받았지만 휴대폰의 '성능'에서 받은 후한 평가로 인해 전체적으로 높은 평가를 받을 수 있는 것을 의미한다. 반면 비보상적 전략은 특정 평가 기준에서의 낮은 점수를 다른 기준에서의 높은 점수로 메꿀 수 없는 방식을 의미한다. '가격'이 비싼 휴대폰은 아무리 다른 속성이 뛰어나더라도 좋은 평가를 받을 수 없거나 아예 탈락되어 버리는 평가방식이다.

마케터는 소비자들이 주로 어떤 방식을 활용해 대안을 평가하는지 파악해야 한다. 만약 소비자들이 중요한 속성에서 적정 수준을 만족하지 못하면 탈락시키는 비보상적 전략을 평가한다면 보상전 전략을 염두에 두고 준비를 한 마케터는 낭패를 볼 수 있다. 예를 들어 휴대폰이 무거울 경우 소비자의 선택에서 아예 배제될 수 있다면 기업은 우선적으로 이 부분에 초점을 맞추어야 한다.

소비자들은 대안 평가를 보다 단순화된 방식으로 수행하기도 한다. 휴리스틱(heuristic)에 의한 대안 평가란 경험, 직관을 활용하여 단순하고 빠르게 의사결정하는 것이다. 예를 들어 '여행지에서 식당을 고를 때는 손님이 많은 곳을 고른다'라든지, '선물을 고를 때는 가장 비싼 것을 고른다'라든지 하는 자신만의 단순화된 규칙을 활용하는 방식이다. 이는 소비자의 인지 용량의 한계나 인지 노력을 최소화하려는 경향에 기인한다.

4) 구매

소비자들의 선택은 실제 구매 단계에서 변경될 수 있고 어떤 브랜드를 구매할 것인지를 점포에 와서 결정하는 경우도 많다. 따라서 구매시점 전시, 점포 내 진열, 선반의 위치, 판매원의 행동 등과 같은 요인들이 최종 선택에 결정적인 영향을 미칠 수 있다.

구매시점(point of purchase, POP)이란 브랜드 선택이 이루어지는 시점이자 소비자와 마케터가 직접 커뮤니케이션할 수도 있는 시점이다. 또한 판매 요소인 소비자,

제품, 지불수단 등이 모두 함께하는 시점
이기도 하다. 판매 여부가 최종적으로 확 부티크
정되는 순간이기 때문에 기업의 각별한
관심이 필요하다. 따라서 소비자의 주의
를 유발하는 구매시점 진열(POP display),
매출 극대화를 위한 제품 배치, 쇼핑카트
나 선반에 하는 구매시점 광고 등을 활용해 관리해야 한다.

최근에는 고객의 상황 정보를 활용하여 맞춤화된 마케팅을 수행하는 컨텍스트
마케팅(context marketing)이 주목받고 있다. 정보통신기술이 발전함에 따라 고객의 위
치를 파악하고 효과적인 방식으로 정보를 제공할 수 있다. 개인의 시간, 장소, 상황에
맞춰 적합한 광고를 제공하거나 서비스 구매를 제안할 수 있다. 뉴욕의 패션 부띠크
에서는 증강현실에 기반한 Scanlife 기술을 활용하여 점포가 닫은 이후에도 쇼윈도에
전시된 옷들의 정보를 제공하기도 한다. 많은 기업들이 사람이나 사물의 위치 정보를
활용하여 여러 가지 정보를 제공하는 위치기반 서비스(location-based service, LBS)를
주목하고 있다.

5) 구매 후 행동

제품을 구매한 후에 자신의 선택이 과연 옳았는지에 대한 불안감이 발생하기도
한다. 이를 '구매 후 인지부조화'라고 하며 소비자가 구매 이후에 갖는 심리적 불편함
이라고 할 수 있다. 소비자는 이러한 심리적 불편함을 갖게 되면 이를 감소시키고 싶
어 한다. 그래서 새롭게 정보 탐색을 해서 선택을 지지하는 정보를 수집한다. 지지하
는 정보를 찾기 어렵고 부정적인 정보가 너무 많으면 선택을 후회하면서 제품에 대
해 부정적으로 평가하게 된다. 따라서 마케터는 구매 고객들의 인지부조화를 감소시
키기 위해 노력해야 한다. 이를 위해 판매 후 구매자에게 전화로 연락을 해 상담을 해
줌으로써 선택에 대한 확신을 갖게 해주거나, 구매자의 선택이 옳았음을 확신하게 하
는 것을 목표로 광고를 기획하기도 한다.

소비자들은 구매한 제품을 사용한 후 만족이나 불만족을 경험한다. 이러한 만족
또는 불만족 여부는 향후 재구매를 결정짓는 중요한 요소이다. 따라서 기업들의 구체
적인 관심과 관리가 필요한 분야이다.

그렇다면 만족과 불만족은 어떻게 발생하는가? Oliver가 제시한 기대 불일치 모

델(expectancy disconfirmation model)에서는 기대와 성과의 비교라는 분석틀을 제시한다. 구매 전 제품성과에 대한 기대와 구매 후 지각된 제품 성과에 대해 소비자가 느끼는 불일치 정도에 따라 만족과 불만족이 결정된다는 것이다. 지각된 제품성과가 기대했던 것에 미치지 못하는 부정적 불일치를 경험한 소비자는 불만족하고 구매 후 지각된 제품성과가 기대와 같거나 더 높은 긍정적 불일치를 경험한 소비자는 만족하게 된다. 우수한 제품성과를 지각했더라도 사전 기대 수준이 너무 높아서 기대에 미치지 못하면 불만족하게 된다. 예를 들어 맛집이라는 명성을 듣고 잔뜩 기대를 하고 가면 식당의 음식 맛이 괜찮은 편이라고 하더라도 불만족할 수 있다.

　　이러한 모델을 활용해 다음과 같은 고객만족 제고 방안을 도출해볼 수 있다. 먼저 지각된 실제 제품성과를 높일수록 고객이 만족하거나 고객만족 정도를 높일 수 있다. 예를 들어 품질 관리를 보다 철저하게 하고 고객이 좋아할 만한 기능을 더욱 보강해야 한다. 여기서 유의할 점은 '지각된' 제품 성과라는 점이다. 아무리 객관적 품질이 높아도 소비자들이 느끼는 주관적 품질이 높지 않다면 큰 의미가 없을 수 있다. 지각된 성과를 높이는 방안의 예로는 고객 교육을 통해 기능을 잘 사용할 수 있게 하는 방법, 고객이 각 기능을 잘 활용할 수 있도록 사용자 친화적인 사용 환경(user interface)을 제공하는 방법 등을 들 수 있다. 다음으로 제품성과에 대한 기대를 적정 수준으로 관리할 필요가 있다. 모델에 의하면 기대가 낮을수록 만족의 가능성이 높다. 그렇다고 해서 기대를 너무 낮추면 소비자는 아예 제품을 구매하려 하지도 않기 때문에 기대를 적정 수준으로 제시하는 것이 바람직할 것이다. 여기서 적정 수준이란 기업이 약속을 지킬 수 있는 수준의 기대를 의미한다.

　　구매한 제품에 불만족한 소비자들의 반응은 다양한 형태로 이루어진다. 기업에게 불평을 제기하기도 하고, 제품에 대한 불만을 주변사람에게 이야기하기도 하고, 조용히 떠나버리기도 한다. 주변사람들에게 하는 부정적 구전이 확산되면 기업에게 치명상을 줄 수 있고, 조용히 이탈하게 되면 고객도 잃고 잘못을 파악할 기회도 잃어버릴 수 있다. 따라서 기업은 불만족한 고객들이 기업에게 불평할 수 있도록 관리해야 한다. 이를 통해 부정적 구전을 최소화함과 동시에 문제점을 조기에 파악하고 대책을 모색하는 기회도 얻을 수 있다. 실제 기업들은 이를 위해 구매 후 전화연락, 다양한 불평 접수창구의 운영을 활용하고 있다.

서울우유가 흰 우유 제품 상단에 표시한 이 몇 글자가 시장에 지각 변동을 불러왔다. 소비자 입장에서 이런 변화는 사소해 보인다. 글자 몇 개를 추가로 찍은 게 전부이기 때문이다. 그러나 실제 이 마케팅 실행 과정에는 준비 기간만 1년 반이 걸렸고 전사적 인식과 행동을 바꿔야 했다. 그런데 서울우유 마케팅의 시장 파급 효과도 상당했다. 서울우유의 하루 평균 판매량은 800만 개 정도였으나 제조일자를 병기한 7월 이후 900만 개를 넘어섰고 한때 1,000만 개를 돌파하기도 했다. 서울우유가 실시한 광고 효과 조사에서 응답자의 64%가 제조일자를 확인했고, 이 가운데 98%는 제조일자 표기가 구매 의사결정에 영향을 미쳤다고 대답했다.

제조일자를 표기한 단순해 보이는 마케팅이 왜 이처럼 큰 반향을 불러일으킨 것일까? 제조일자 표기 아이디어는 고객에 대한 관찰에서부터 나왔다. 우유를 사기 전에 여러 제품을 들었

CASE 1

우유 선택의 새로운 기준, 제조일자

다 놓았다 하면서 제품을 고르는 소비자가 많았다. 자세히 살펴보니 이런 소비자들은 유통기한을 확인하고 있었다. 서울우유는 현장 조사 등을 통해 구매 날짜와 유통기한의 차이를 계산해서 유통기한이 상대적으로 많이 남은 제품을 고르는 소비자가 전체의 30%에 달한다는 사실을 파악했다. 소비자들이 이런 행동을 한 이유는 간단하다. 유통기한이 많이 남아 있을수록 더 신선하다고 믿기 때문이다. 신선한 우유는 몸에도 좋고 냉장고에 더 오래 보관할 수 있다. 그만큼 소비자들에게 더 큰 가치를 준다.

하지만 유통기한을 확인하는 소비자들의 행동은 신선함 추구라는 목적을 달성할 수 없다는 사실을 서울우유는 잘 알고 있었다. 각 우유 제조업체마다 유통기한이 달랐기 때문이다. 같은 회사 제품이라도 유통기한이 다른 사례가 있었다. 유통기한이 10일 남았다 하더라도, 바로 어제 생산된 제품도 있고, 5일 전에 생산된 제품도 있었다. 결국 소비자들은 '모든 회사의 유통기한은 같다'라는 잘못된 전제하에서 신선한 제품을 고르고 있었다.

해결책은 간단하다. 제품에 제조일자를 표기해주면 된다. 그러면 소비자들은 제조일로부터 며칠이 지났는지 쉽고 정확하게 알 수 있다. 그런데 당시 파스퇴르를 제외하고 다른 경쟁사들은 제조일자 표기를 주저하고 있었다. 여러 이유가 있겠지만, 유통 기간이 서울우유보다 상대적으로 긴 업체는 이 사실을 공표하기가 쉽지 않고, 조직 전체의 관행을 바꾸는 데에도 많은 시간이 걸리기 때문이다.

서울우유는 이 틈을 타 공격적인 마케팅을 벌였다. '우유 제조일자 왜 필요한가?' '신선함을 위한 두 줄, 제조일자와 유통기한 둘 다 확인하

세요' 등 직설화법을 동원한 대대적인 광고를 집행했다. 또 시판용 흰 우유뿐만 아니라 학교 급식용으로 공급되는 우유에도 제조일자 표기를 확대했다. 서울우유는 상대적으로 취약했던 어린이 및 청소년층에 상당한 인지도 제고 효과가 있을 것으로 기대하고 있다.

서울우유의 제조일자 표시 마케팅 성공의 비결은 무엇일까?

첫째, 고객에 대한 철저한 이해가 모든 마케팅 성공의 핵심이다. 서울우유는 구매 현장에서 소비자 행동을 관찰해서 우유를 사는 소비자들의 가장 중요한 판단 기준이 '신선도'임을 눈으로 직접 확인했다. 드러난 욕구보다 중요한 것이 잠재된 욕구, 숨겨진 욕구이고 이것에 근거한 마케팅은 때로 강력한 효과를 낸다.

둘째, 모방할 수 없는 차별화 전략을 선택해야 한다. 서울우유는 제조일자를 표기하는 것이 상당한 투자비용을 수반할 것이라는 사실을 알았다. 또 일종의 사업 기밀을 드러내 동종업계의 반발을 가져오거나 소비자들의 역풍을 맞을 가능성도 있었다. 그럼에도 불구하고 서울우유가 과감한 선택을 할 수 있었던 것은 바로 경쟁자가 모방하기 쉽지 않다는 판단이 서 있었기 때문이다.

마지막으로, 차별적 제품 우위에 대한 적극적인 커뮤니케이션이 뒷받침되어야 한다. TV 교양 프로그램의 성우 목소리로 "신선함을 위한 두 줄, 제조일자와 유통기한을 둘 다 확인하세요"라는 직설적인 광고 톤 앤 매너(tone and manner)를 사용함으로써 광고 메시지에 신뢰감을 부여했다.

자료원: 동아비즈니스리뷰 2009. 12. 15 수정 인용

소비자 정보처리(consumer information processing)

사람들은 외부 자극이 주어지면 이러한 자극을 처리하는 정보처리 과정을 거치게 된다. 소비자 정보처리는 크게 외부 자극에 대한 노출, 주의, 해석을 다루는 지각과 이러한 결과가 저장되는 기억으로 구성된다.

(1) 지각(perception)

1) 지각의 의의 및 특성
지각이란 '여러 감각기관을 통해 유입된 자극을 개인의 주관적 기준으로 받아들

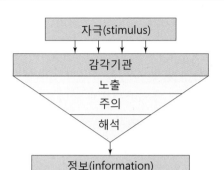

그림 5.4

지각 과정

이고, 해석하여 의미를 부여하는 과정'을 의미한다. 오감이라고 표현되는 감각기관을 통해 외부로부터 자극이 주어지면 이 중 일부만을 선별적으로 받아들이고 주관적으로 의미를 해석하는 과정을 거치게 된다. 따라서 기업의 다양한 마케팅 활동이 기획된 의도대로 소비자들에게 받아들여지지 않을 수 있다. 예를 들어 기업이 많은 투자를 하여 광고를 해도 소비자들은 주의를 기울이지 않을 수도 있고, 메시지를 의도한 대로 받아들이지 않을 수 있다. 보다 경제적인 솔루션을 제공하려고 출시한 저가격 제품이 소비자들에게는 품질이 떨어지는 것으로 해석될 수도 있다.

　소비자들은 노출된 자극을 선택적으로 받아들이고, 선택된 요소들을 조직화하고, 나름대로 의미를 부여하는 처리 과정을 거친다. 지각과정이란 '소비자가 외부 자극이나 정보에 노출, 주의, 해석하는 과정'이라고 할 수 있다. 이를 도식화하면 [그림 5.4]와 같다.

　마케팅에서 지각이 중요한 이유는 다음과 같다. 첫째, 지각은 욕구, 동기와 같은 마케팅의 출발점과 서로 상호작용한다. 지각에 따라 욕구가 변하기도 하고, 욕구가 지각에 영향을 미치기도 한다. 맛있는 음식의 광고는 음식 구입과 관련된 욕구를 자극한다. 배고픔을 느끼는 사람은 식품류의 광고에 더 주의를 기울이고 보다 우선적인 구매품목으로 지각한다. 둘째, 자극을 받아들이고 해석하는 데 있어 다양한 요인들이 영향을 미치는데 이들에 대한 이해 없이는 효과적인 마케팅이 곤란하다. 개인의 과거 경험, 가치, 신념, 관심과 같은 특성에 따라 관련 자극에 대한 주의 정도나 의미 부여는 달라진다. 예를 들어 경제적으로 어려움을 겪고 있는 소비자는 가격할인 정보에 보다 높은 주의를 기울이고 낮은 가격에 매우 긍정적인 의미를 부여한다. 이렇듯 소비자들의 성향과 시대적 트렌드를 고려한 마케팅이 필요하다.

　　지각의 가장 일반적인 특징으로 선택성, 주관성, 통합성을 들 수 있다. 첫째, 주어진 시간, 제한된 처리 용량으로 인해 모든 자극을 받아들일 수 없기 때문에 선택성을 갖는다. 상대적으로 자신에게 필요하고, 중요하다고 생각되는 자극만 선택적으로 지각하는 특징을 보인다. 따라서 소비자들에게 받아들여지기 위해서는 주의를 끌 수 있는 메시지와 포맷을 활용해야 할 것이다. 둘째, 소비자의 과거 경험, 기대, 욕구, 태도 등 개인적 특성에 따라 주관적으로 지각한다. 경우에 따라서는 소비자들이 자신의 신념이나 기대에 부합하도록 정보가 왜곡되기도 한다. 따라서 정보를 기획할 때 소비자의 관점을 충분히 고려해야 하고 정보의 의미가 의도한 대로 전달되었는지 자주 점검해야 한다. 셋째, 소비자들은 받아들인 자극들을 통일된 형태로 통합하여 지각하려는 통합성을 갖는다. 예를 들어 광고, 홍보, 판촉 등 마케팅 커뮤니케이션 활동의 다양한 수단을 통해 제공되는 메시지는 소비자들에 의해 통합되어 지각된다. 따라서 마케팅 커뮤니케이션은 일관된 메시지를 바탕으로 서로 조화를 이룰 수 있도록 통합적으로 추진되어야 한다. 이를 통합적 마케팅 커뮤니케이션(integrated marketing communication)이라고 한다. 소비자들은 여러 정보들을 어차피 통합하게 되는데, 기업이 바라는 대로 통합되기 위해서는 아예 통합적으로 기획되어야 한다는 논리인 것이다.

2) 노출

　　지각 과정은 시각, 청각, 촉각, 후각, 미각 등 감각기관을 통해 자극에 노출되는 것에서 시작한다. 이렇게 입력된 정보는 감각기억(sensory memory)에 매우 짧은 시간 동안 보관된다. 이들 정보들 중 일부만 처리되고, 처리되지 못한 정보들은 이내 사라지게 된다.

　　최근에는 감성적 경험이라고 하는 측면이 중요해지고, 고객과 제품의 정서적 상호작용이 부각되면서 감각 마케팅(sensory marketing)에 대한 관심이 높아지고 있다. 이는 소비자들의 감각과 연계하여 소비자행동에 영향을 주는 마케팅을 의미한다. 예를 들어 우리가 흔히 '그립감'이라고 표현하는 제품의 촉각적인 특성은 최근 휴대폰 평가에 있어 중요한 부분으로 부각되고 있다. 제품의 표면 질감, 착용감, 착석감 등도 제품 디자인의 중요한 요소로 간주되고 있다. 또한 서비스 산업의 경우에는 점포 인테리어에 있어 시각, 청각, 후각 등의 요소가 소비자 선택과 만족에 결정적인 역할을 하기도 한다. 예를 들어 이탈리안 레스토랑 메드포갈릭은 매장에 마늘 향기를 활용하여 자기만의 뚜렷한 이미지를 만들어내고 있다.

3) 주의

사람들은 하루 수 천 개의 광고에 노출된다. 그런데 수많은 광고 중 아주 일부에만 주의를 기울인다. 주의는 특정 자극에 대해 정보처리능력을 집중하는 것을 의미한다. 인지 용량의 한계 때문에 노출된 모든 정보를 처리할 수 없다. 정보의 중요성에 따라 정보처리용량을 다르게 할당하고 중요한 소수 정보만을 처리하려는 경향을 갖는다.

소비자의 주의를 끌기 위해 기업들은 어떻게 해야 할까? 주의에 영향을 미치는 요인은 크게 개인적 요인과 자극 요인으로 나누어 볼 수 있다.

소비자들의 다음과 같은 개인적 특성이 주의의 정도에 영향을 미친다. 첫째, 소비자의 욕구가 주의의 정도에 영향을 미친다. 소비자가 배고픔이라는 욕구를 느끼게 되면 음식 관련 자극에 대해 더욱 주의를 기울이게 된다. 이를 자발적 주의(voluntary attention)라고 한다. 따라서 소비자들의 주의를 끌기 위해서는 해당 제품 관련 욕구가 활성화된 소비자들에게 마케팅 활동을 하는 것이 바람직하다. 예를 들어 음료 회사가 갈증 관련 욕구가 활성화되는 장소에 광고를 할 경우, 보다 많은 주의를 끌 수 있다. 둘째, 자극이 소비자의 동기와 관련성이 높을수록 해당 자극에 대해 더 많은 주의를 기울이게 된다. 이를 지각적 경계(perceptual vigilance)라고 한다. 따라서 기업들은 소비자들의 동기를 이해하여 목표 소비자들에게 보다 관련성이 높은 메시지 형태로 자극을 제시해야 한다. 예를 들어 청소년을 대상으로 하는 메시지는 그들의 관심사와 또래 문화의 특성을 반영해 기획되어야 한다. 셋째, 소비자들은 자신이 갖고 있는 신념이나 태도와 일치되지 않는 자극에 대해 주의를 덜 기울인다. 이러한 성향을 지각적 방어(perceptual defense)라고 한다. 따라서 마케터는 지각적 방어를 최소화할 수 있도록 자극물을 기획해야 주의를 유발할 수 있다. 예를 들어 흡연을 하는 사람들은 금연 광고의 정보를 의도적으로 회피하려는 경향을 보이기 때문에 지나치게 혐오스러운 표현은 지각적 방어를 유발할 수 있다. 넷째, 자극에 대한 과거 노출 경험이나 빈도도 주의에 영향을 미친다. 소비자는 동일한 자극에 반복적으로 노출되면 그 자극에 주의를 기울이지 않게 되는데, 이를 적응(adaptation)이라고 한다. 동일한 제품 광고를 반복적으로 제시할 경우, 약간의 변형을 통해 적응을 회피하는 것이 바람직하

박카스

다. 예를 들어 박카스는 오랜 기간 동안 '피로회복엔 박카스'라는 메시지를 계속 제시하고 있는데 다양한 시리즈를 활용해 변화를 주고 있다.

한편 자극 자체의 특성에 기인하여 유발되는 무의식적 주의(unconscious attention)에 의해 주의 정도가 높아지기도 한다. 주의에 영향을 미치는 자극 요인을 살펴보면 다음과 같다. 첫째, 자극의 강도가 높으면 주의의 정도가 높아진다. 상대적으로 큰 소리, 충격적인 영상, 강렬한 색상 등 보다 강한 자극이 주의를 더욱 유발시킨다. 예를 들어 담배 포장에 흡연과 관련된 충격적인 사진을 넣으면 기존의 문구보다 더 강한 주의를 유발한다. 둘째, 자극물이 어디에 위치해 있는지에 따라 주의의 정도가 달라진다. 예를 들어 편의점의 경우 보통사람들의 눈높이보다 약간 낮은 지점의 선반이 먼저 시선을 끌어 주의를 유발하고 매출도 상대적으로 높다. 셋째, 이전에 접하지 못했던 색다르고 신기한 자극물의 경우 주의를 끌 수 있다. 이에 따라 광고에서 주의를 끌기 위해 아래에 있는 하기스 광고 사진과 같이 제품의 효익을 재미있게 표현한 기상천외한 모습을 제

하기스

시하기도 한다. 이 외에도 메시지 표현(정보제공 위주의 문구보다 평가 위주의 문구가 더 많은 주의 유발), 대조(대부분의 광고가 컬러일 때 흑백 광고가 주의 유발), 크기(자극물의 크기가 클수록 보다 많은 주의 유발), 매력성(매력적인 모델이나 즐거움을 제공하는 자극에 높은 주의 유발) 등의 요인이 주의에 영향을 미친다.

4) 해석

지각 과정의 마지막 단계는 해석(interpretation) 과정이다. 해석이란 지각된 감각 정보(sensory stimuli)에 의미를 부여하는 것이다. 소비자들이 의미를 부여하는 과정은 주관적이며 왜곡이 발생하기도 한다. 예를 들어 음료업계에서 신제품에 대한 소비자 반응을 파악할 때 브랜드를 가리고 테스트하는 '블라인드 테스트' 방식을 사용하는

것은 해석의 주관성을 고려한 것이다. 특정 브랜드라는 인식이 맛에 관한 소비자 지각에 영향을 미칠 수 있기 때문이다.

해석은 여러 정보를 통합하는 지각적 조직화와 지각적 해석이라는 두 단계로 구성된다. 먼저 여러 개의 단편적인 정보를 합쳐 의미 있는 유용한 정보를 도출하는 지각적 조직화(organization) 과정을 거치게 된다. 예를 들어 광고에 주의를 기울인 소비자는 광고에 등장한 브랜드, 모델, 키워드 등을 통합적으로 지각하게 된다. 다음으로 조직화된 자극에 대해 소비자가 의미를 부여하는 지각적 해석 과정을 거치게 된다. 소비자가 자극을 자신의 기억 속에 있는 기존 지식과 관련시켜 자신의 방식으로 의미를 부여하게 된다. 예를 들어 엄지손가락을 치켜세우는 자극을 접한 사람은 '최고다'라는 의미를 부여하게 된다. 엄지를 위로 올리는 동작이 자체적으로 의미를 갖고 있지는 않다. 참고로 이러한 동작이 중동 국가에서는 심각한 욕을 의미한다. 결국 특정 문화의 사회화 과정에서 동작의 의미를 배웠고 이 지식을 활용해 의미를 부여한다.

해석이라는 과정이 마케팅에 주는 시사점은 다음과 같다. 먼저 소비자들이 자극을 통합적으로 지각하기 때문에 다양한 마케팅 활동시 통합성에 주목해야 한다. 제품에 대한 전체적인 평가에 영향을 미칠 수 있는 마케팅믹스 프로그램은 통합적으로 설계되어야 한다. 따로 따로 최적화를 모색하더라도 조화롭지 못하고 일관성이 떨어지면 별로 매력적이지 않은 대안으로 통합될 수 있기 때문이다. 다음으로 소비자가 자극에 의미를 부여하는 과정이 자신들의 기존 지식이나 기대를 바탕으로 주관적으로 이루어진다는 점을 명심해야 한다. 해당 문화의 핵심가치나 트렌드를 파악하여 마케팅의 설계가 이루어져야 한다. 또한 기업들은 해석의 주관성으로 인해 왜곡이 발생할 가능성이 항상 존재한다는 것을 유의해야 한다. 지속적으로 상황을 모니터링하여 자신들이 추구하는 방향대로 소비자들이 해석하는지 검토해야 한다.

[2] 기억

소비자들은 지각과정을 통해 받아들이고 해석한 정보를 기억 속에 저장하였다가 필요할 때 이용한다. 기업은 소비자들이 정보를 어떻게 기억에 저장하고 인출하는지 파악해야 한다. 기억의 구조를 설명하는 가장 대표적인 모델인 다중기억구조모델(multiple store model of memory)에 의하면 기억은 감각기억, 단기기억, 장기기억으로 구성되어 있다. 앞서 설명한 지각과정은 감각기억과 단기기억에서 이루어지는 과정

그림 5.5

기억의 연상망
예시

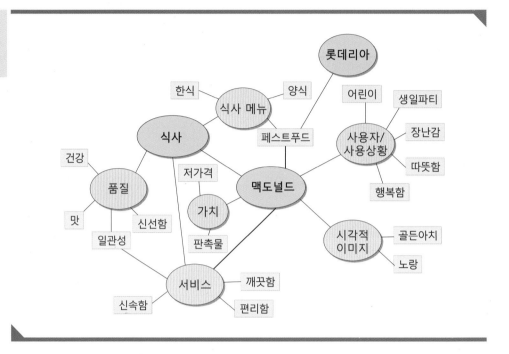

이라고 할 수 있다. 이렇게 처리된 정보가 리허설이라고 불리는 과정을 통해 장기기억에 저장되는 것이다.

결국 소비자들이 마케팅 자극을 장기기억에 저장하도록 하기 위해서는 기업들은 소비자의 리허설이 잘 이루어질 수 있도록 해야 한다. 리허설(rehearsal)이란 사람들이 처리된 정보를 마음속으로 반복(유지 리허설)하거나 자신들의 기존 지식과 연결해 생각하는 것(정교화 리허설)을 의미한다. 기업들은 제품 정보 제공이나 광고를 반복적으로 제시하는 방식으로 리허설을 도울 수 있다. 예를 들어 광고에 음악적 요소인 징글(jingle)을 활용하는 것은 소비자가 마음속에서 브랜드를 계속 되뇌도록 해서 기억시키는 데 효과적이다. 그리고 메시지의 핵심 내용을 담은 그림을 추가함으로써 리허설을 도울 수 있다. 일반적으로 시각적 정보와 언어적 정보가 함께 제시되면 기억이 증대된다. 또한 광고에서 기존 지식에 제품을 연결하려고 노력하기도 한다. 예를 들어 '피로회복엔 박카스'라는 메시지를 지속적으로 반복해 '피로회복'과 '박카스'의 연결을 기억 속에 뚜렷하게 심을 수 있다. 이는 장기기억 속의 기억의 형태 중 하나인 연상망(associative network)을 고려한 전략이다. 연상망이란 [그림 5.5]의 예시와 같이 의미와 관련된 지식이 링크(link)와 노드(node)로 구성된 네트워크 형태를 취하는 것이다. 연산망은 브랜드 자산 관리의 기초를 이루고 있는 것이기도 하다. 즉 브랜드 인지도란 특정 카테고리나 사용상황과 브랜드간 연결 관계가 얼마나 굵고 짧게 연결되어 있는지를, 브랜드 이미지란 해당 브랜드 주변에 어떠한 이미지 요소들이 연결되어 있는지를 의미한다.

4 소비자행동에 영향을 미치는 요인

도입부에 언급한 것처럼 소비자행동에 영향을 미치는 요인은 매우 다양하다. 심리적/개인적 요인에는 태도, 동기, 욕구, 가치, 자아, 개성, 라이프스타일, 인구통계적 특성(나이, 직업, 경제상황 등) 등이 포함된다. 사회적/문화적 요인에는 준거집단, 가족, 문화, 사회 계층 등이 포함된다. 여기에서는 소비자행동 분야에서 보다 중요하게 다루어지는 태도, 동기, 욕구, 가치, 자아, 준거집단에 대해서 구체적으로 살펴보도록 하겠다. 나머지 요인들에 대한 소개는 본 책의 3장과 6장을 참조하기 바란다.

(1) 태도

기업들은 소비자들의 행동을 예측하고 싶어 한다. 이러한 예측은 사전 준비를 위해서도 필요하지만 만약 문제가 있다면 대책을 마련할 수 있게 해준다. 기업들은 소비자 행동을 예측하기 위해 다양한 요인들을 검토하는데, 이 중 태도는 많은 기업들이 관심을 갖는 개념이다.

태도(attitude)란 어떤 대상에 대해 호의적이거나 비호의적으로 반응하려는 학습된 경향이라고 정의할 수 있다. 이 개념은 '자세, 신체적 포즈'를 뜻하는 라틴어 aptus에서 유래되었다. 어떤 자세나 신체적 포즈는 그 다음에 이루어질 행동을 짐작할 수 있게 해준다. 마찬가지로 사람들이 어떤 대상에 대해 갖는 태도가 어떤지 살펴보면 이후 어떤 행동을 할지 예측할 수 있다.

전술한 바와 같이 태도는 기업에게 구매행동을 예고해주는 지표라는 측면에서 유용한 개념이다. 이러한 유용성을 바탕으로 어떤 시장의 특성을 설명해주는 용도로 사용되기도 한다. 예를 들어 '직장인 시장의 소비자들은 전반적으로 호의적인 태도를 갖는 반면, 대학생 시장에서는 부정적인 태도를 갖고 있는 소비자들이 많다.'라는 식으로 쓰인다. 태도의 유용성은 기업이 마케팅 활동을 평가할 수 있는 지표라는 점이다. 소비자들이 자사 제품에 대해 부정적인 태도를 갖고 있다면 마케팅 활동에 문제가 있다는 신호다. 특히 태도는 광고와 같은 마케팅 커뮤니케이션 활동의 평가 지표로 많이 활용된다.

그렇다면 태도는 어떻게 형성될까? 내가 어떤 대상에 대해 호의적인 태도를 갖는 것은 그 대상이 호감을 가질 만한 측면을 많이 갖고 있기 때문이다. 우리는 어떤 대상을 평가할 때 그 대상이 갖고 있는 특성을 종합적으로 검토한다. 이렇듯 특정 대상에 대한 다양한 지식을 통합하는 형태로 태도를 형성하는 것을 '인지적 학습(cognitive learning)에 의한 태도 형성'이라고 한다. 한편 태도는 별 생각 없이, 무의식적, 자동적으로 형성될 수 있다. 누가 "왜 좋으세요?"라고 물어보면 "그냥 좋은데요!"라고 답하는 것처럼 태도가 형성될 수도 있다. 이를 '감정적 학습(affective learning)을 통한 태도 형성'이라고 한다.

인지적 학습에 의한 태도 형성을 설명하는 가장 대표적인 모델로 피쉬바인 모델(Fishbein model)을 들 수 있다. 피쉬바인 모델은 [그림 5.6]과 같은 구조를 갖고 있다. 이 모델에서는 어떤 대상이 특정 속성을 갖고 있다는 신념의 강도(b_i)와 해당 속

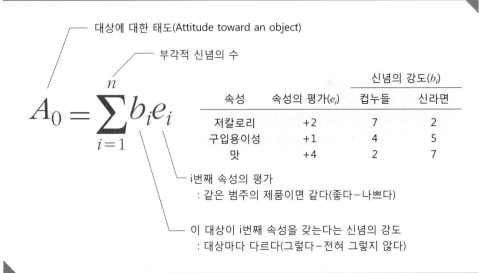

대상에 대한 태도(Attitude toward an object)

부각적 신념의 수

$$A_0 = \sum_{i=1}^{n} b_i e_i$$

속성	속성의 평가(e_i)	신념의 강도(b_i)	
		컵누들	신라면
저칼로리	+2	7	2
구입용이성	+1	4	5
맛	+4	2	7

i번째 속성의 평가
: 같은 범주의 제품이면 같다(좋다–나쁘다)

이 대상이 i번째 속성을 갖는다는 신념의 강도
: 대상마다 다르다(그렇다–전혀 그렇지 않다)

그림 5.6

피쉬바인 모델의 구조 및 예시

성에 대한 평가(e_i)를 종합하는 방식으로 태도가 형성된다고 주장한다. [그림 5.6]에 어떤 사람이 라면에 대한 태도를 결정하는 예시가 포함되어 있다. 이 사람은 라면에 대한 태도를 형성할 때, '저칼로리', '구입용이성', '맛'이라는 3개의 속성을 활용한다. 피쉬바인 모델에 따르면 이 사람의 컵누들에 대한 태도 점수는 $(7 \times 2) + (4 \times 1) + (2 \times 4) = 26$점이다. 반면 신라면에 대한 태도 점수는 $(2 \times 2) + (5 \times 1) + (7 \times 4) = 37$점이다. 즉

컵누들

각 속성별로 신념의 강도와 속성의 평가를 곱하고 이들 값들을 모두 더해서 태도 점수를 구한다. 그 결과 이 사람은 26점인 컵누들보다 37점인 신라면에 대해 보다 호의적인 태도를 갖는다. 실제 사람들이 태도를 형성할 때 이렇게 숫자를 매겨가며 총점을 내지는 않지만, 특정 브랜드가 갖는 특성에 대한 평가를 속성 중요도로 가중해가면서 종합하는 과정을 거친다는 것이다.

이러한 태도 모델은 현재의 태도가 형성된 원인을 분석하는 진단적 목적에 활용될 수 있다. 현재의 태도가 부정적이라면 어떠한 요인 때문에 부정적인지를 진단해 볼 수 있다. 예시의 점수가 시장을 대표하는 것이라고 한다면 컵누들을 담당하고 있는 마케터는 다음과 같은 개선 방안을 도출해 볼 수 있다. 첫째, 소비자가 중요하게 고려하는 속성인 '맛'이라는 속성을 컵누들이 갖고 있다는 신념을 개선할 수 있도록 노력해야 할 것이다. 둘째, 컵누들의 강점인 '저칼로리'라고 하는 속성의 평가(중요성)를 높이는 방안을 모색해야 한다. 셋째, 고려되고 있지는 않지만 컵누들이 강점을 갖는 '저나트륨'이라는 속성을 소비자들이 추가적으로 고려하도록 부각시키는 방법을 쓸 수 있다.

(2) 동기, 욕구, 가치, 자아

사람들은 어떠한 욕구(need)가 활성화되면 이러한 욕구로 인해 긴장이 발생한다. 욕구는 배고픔, 목마름 등과 같은 결핍의 상태이기 때문이다. 그럼 긴장을 완화하거나 제거하고 싶게 된다. 사람들에게 긴장은 불편하고 불쾌한 상태이기 때문이다. 이러한 긴장 완화나 제거를 위해 동기가 형성된다. 결국 동기(motivation)는 인간의 행동을 이끄는 원천이자 과정이라고 할 수 있다.

따라서 동기를 이해하는 것은 사람들이 왜 그러한 행동을 하는지를 이해하는 것

이다. 예를 들어 사회적 기업의 제품을 구매하는 사람들의 행동 저변에는 그러한 행동을 야기하는 동기가 존재한다. 이러한 동기의 형성은 무엇인가 사회 공동체를 위하는 일을 하고 싶다는 욕구에서 출발한다. 마케팅의 목표는 소비자의 욕구를 파악하고 이를 제대로 충족시키는 것이다. 따라서 욕구와 동기를 이해하는 것은 마케터에게 통찰력을 제공한다.

동기의 유형은 활성화된 욕구나 추구하는 가치의 유형에 의해 결정된다. 그리고 어떠한 동기를 갖느냐에 따라 마케팅 활동에 대한 반응이 달라진다. 표적시장 소비자의 주된 동기가 무엇인지 파악하고 이를 마케팅 활동에 반영해야 한다. 마케터는 소비자행동을 유발하는 외부적 자극요인을 개발하여 구매동기를 활성화하려고 노력해야 한다.

욕구는 소비자행동의 출발점이라고 할 수 있다. 사람들은 의식주와 같이 생명을 유지하기 위해 필수적인 욕구를 갖고 태어난다. 이러한 선천적 욕구를 생리적 욕구(biological needs)라고 한다. 이에 덧붙여 사람들이 특정 문화권에서 사회화되면서 체득하는 후천적인 욕구들도 갖고 있는데 이를 심리적 욕구(psychological needs)라고 한다. 여기에는 성취욕구, 친화욕구, 권력욕구, 독특성 욕구 등이 포함된다. 이러한 심리적 욕구들도 구매 행동에 강한 영향력을 갖는다. 예를 들어 성취욕구는 성공을 상징하는 고급 자동차 등의 구매에, 친화욕구는 스포츠, 주류, 쇼핑몰 등의 선택에 영향을 미친다. 권력욕구는 주변 환경을 지배하고 있다는 느낌을 주는 스포츠카나 고급 리조트 구매에, 독특성욕구는 자신의 정체성을 표현하는 향수나 의류 구매에 영향을 미친다.

가치(value)는 일상생활에서 결정을 내릴 때 작용하는 판단의 기준이라고 정의할 수 있다. 개인이 달성하고자 노력하는 최종상태라고 할 수 있다. 따라서 행위나 태도의 기준이 되는 가치는 행동을 예측하는 데 있어 중요한 개념이다. 마케팅에서도 가치는 중요한 역할을 수행한다. 소비자는 자신의 가치 실현을 위해 구매행동을 한다. 기업이 소비자들에게 얼마나 매력적인 가치의 조합을 제시하는지에 따라 마케팅의 성패가 좌우된다. 또한 가치는 광고나 제품개발에 있어서도 반드시 고려해야 할 요소이다. 예를 들어 최고급 자동차의 광고에서는 제품 소유자의 사회적 지위와 관련된 성취욕구와 사회적 가치를 활용하고 있다.

자아(self)도 소비자행동에 많은 영향을 미치는 요인이다. '우리는 자아를 강조하거나 감추기 위해 제품을 구매한다.'라는 표현이 있을 정도다. 자아란 자신을 어떻게 생각하고 어떻게 정의하는지를 의미한다. 자아를 조금 더 넓게 정의하면 현실적 평가를 의미하는 실제적 자아(actual self, 현실적 자아)와 함께 자신이 되고 싶어 하는 모습을 담은 이상적 자아(ideal self)도 포함된다. 소비자들은 실제적 자아를 잘 표현해주는 제품을 구매하기도 하고, 제품 구매를 통해 이상적 자아에 한 걸음 더 다가가려 하기도 한다.

어떤 사람의 소비행동은 그 사람의 사회적 정체성을 파악하는 데 도움을 준다. 예를 들어 그 사람이 어떤 옷을 입고, 어떤 여가활동을 즐겨하고, 어떤 자동차를 타고 다니는지를 보면 그 사람의 성향이나 지향점을 추론해볼 수 있다. 어쩌면 제품이 소비자의 자아 개념이나 사회적 정체성을 보여주는 역할을 하고 있다고 생각된다. 따라서 마케터는 자아를 표현하는 수단, 자아를 보완하는 수단으로서의 제품의 역할을 강조하는 커뮤니케이션 전략을 고려해야 한다.

(3) 준거집단

준거집단(reference group)이란 가족, 친구, 직장 동료와 같이 개인의 행동에 직접적으로 또는 간접적으로 영향을 미치는 사람들을 의미한다. 이러한 사람들은 개인의 생각이나 행동에 기준을 제시하거나 가치를 제공하는 방식으로 영향을 미친다. 소비자들도 어떤 집단의 구성원이거나 어떤 집단의 구성원이 되고 싶어 하는 사회 구성원의 본질적인 특성을 갖게 된다. 따라서 소비자들은 제품 구매에 있어 주변 사람의 영향을 받기도 하고 주변 사람들을 의식해 본인의 의지와는 다소 차이가 있는 선택을 하기도 한다. 예를 들어 과거 수년간 청소년들에게 노스페이스 재킷이 엄청난 인기를 누렸던 이유를 파악해보면 준거집단의 영향력이 상당한 역할을 했다.

준거집단의 영향력은 해당 준거집단이 어떠한 특성을 갖고 있는지에 따라 다르다. 일반적으로 준거집단이 가까이에 존재할수록, 빈번하게 접촉할수록, 집단 응집력이 높을수록 강한 영향력을 갖는다. '가족'이나 '또래 친구' 집단은 소비자행동에 큰 영향을 미치는 집단이라고 할 수 있다.

주변 사람의 영향력은 구전이라는 방식을 통해 더욱 증폭된다. '잠재 고객은 기존 고객의 주변에 있다'라는 말이 있다. 마케팅에서 구전(word of mouth)이란 소비자들 간 대화를 통해 제품 관련 정보를 서로 교환하는 것을 의미한다. 즉 어떤 사람이 다른 사람들에게 커뮤니케이션함으로써 그 사람들의 태도나 행동에 영향을 미치는 것을 의미한다. 이러한 의사소통은 광고와 같은 방식에 비해 신뢰성이 매우 높고 상황에 맞는 전달이 가능하기 때문에 큰 영향력을 갖는다. 따라서 기업들은 오래전부터 구전을 커뮤니케이션 수단의 하나로 인식하고 관심을 보여 왔다.

최근 인터넷, 스마트폰의 보급이 확산되면서 구전은 보다 강력한 영향요인으로 부각되고 있다. 구전, 특히 부정적 구전의 관리가 더욱 중요해졌다. 이를 위해 기업들은 브랜드 커뮤니티를 운영한다든지, 구전을 관리해 주는 전문 업체를 활용한다든지 하는 방식을 활용하고 있다.

토론사례

구매결정 휴리스틱의 새로운 키워드, 진정성과 집단 동조현상

휴리스틱은 '찾다', '발견하다'라는 그리스어에서 유래했다. 우리나라 말로는 '단순화된 추론 또는 의사결정 프로세스' 정도로 해석이 가능하다. 각 개인의 시간과 관심은 유한한 자원이므로, 이를 보다 효율적으로 사용하기 위해 개인은 자신의 과거 경험과 습관 등에 기반하여 의사결정 고려변수 중 일부만을 사용하여 구매의사결정을 한다는 것이 휴리스틱에서 바라보는 구매의사결정 프로세스이다.

IT기술의 발전으로 탐색 가능한 정보량이 기하급수적으로 증가하고, 과거보다 훨씬 많은 사람들과 시간과 장소에 구애 받지 않고 실시간 커뮤니케이션이 가능해지는 등 소비자들을 둘러싼 환경에도 큰 변화가 발생하였다.

이러한 변화에 따라 소비자의 대안적 구매 휴리스틱이 부상하고 있다. 소비자들은 그 어느 때보다도 구매하고자 하는 제품의 정보를 손쉽게 확인할 수 있다. 그러나 한편으로는 어떤 정보를 어디까지 탐색하고 제품을 구매하는 것이 적절한지, 다양한 정보의 소스들 중에서 어떤 소스를 우선적으로 고려해야 할지 등과 관련하여 과거에 경험한 적이 없는 새로운 혼란에 노출되어 있다. 여러 옵션들의 세부 정보들을 모두 확인하는 것이 불가능하다면, 소비자들은 어떠한 변수들에 자신의 구매의사결정을 의존하고 있는 것일까? 최근의 소비자 동향을 중심으로 살펴보도록 하자.

제임스 길모어와 조셉 파인은 〈진정성의 힘(Authenticity)〉에서 '사람들은 더 이상 그럴듯하게 포장된 가식적인 산출물들을 받아들이지 않으며, 투명한 출처에서 제공되는 진실한 산출물을 원한다. 경영자들이 성공을 거두기 위해서는 기존의 경영기법에 더해서 소비자들이 진실과 가식으로 인식하는 부분이 무엇인지, 그리고 어떠한 요소가 이러한 인식에 영향을 주는지 이해해야 한다'고 주장하였다.

정보량의 증가와 구매 가능한 제품 종류의 증가로 인해 제품 및 서비스에 대한 합리적인 선택이 과거에 비해 어려워졌다. 그 결과 소비자들은 제품들이 은연중 드러내는 '진실의 증거들'을 제품구매 변수로 고려하는 추세를 보이고 있다. 이러한 경향에 발맞추어 최근 광고의 추세는 제품을 소유했을 때 보여지는 이미지보다는 객관성이 담보되는 정보를 강조하고 있다. 또한 가치 판단이 들어간 문구나 슬로건을 제시하기보다 제품의 역사, 제품의 성분, 제품의 탄생 지역, 가격, 효용 등 소비자가 속을 염려가 없다고 판단하는 증거들을 객관적으로 제시하면서 소비자들에게 최종 판단을 넘기려는 경향들이 나타나고 있다. 오늘날 넘쳐나는 정보 속에 이러한 '진실'에 대한 요소들이 중요한 이유는 소비자들이 판단하기 쉽기 때문이다. '품질이 좋다'라는 것은 소비자 입장에서 '정도'라는 판단이 들어가고 '디자인이 예쁘다'라는 것은 사람마다 다를 수 있다. 그러나 100년 된 기업이다. 유럽에서 탄생했다. 알프스 빙하수를 원료로 사용했다 등의 요소들은 '그렇다', '아니다'로 간단하게 이분법적으로 판단하는 것이 가능하다.

애플과 유니클로는 이러한 추세를 반영하여 광고 커뮤니케이션을 진행하고 있는 대표적인 업체들이다. 이들의 TV광고는 드라마화된 설정이나 광고 카피 대신 실제 제품의 활용 장면(애플)이나 착용 장면, 가격(유니클로)만 제시한다. 소비자들에게 객관화된 정보만 제공하고 선택은 강요하지 않는다는 인상을 준다.

미국 화장품 업체 키엘(Kiehl's) 또한 진정성의 요소를 종합적으로 잘 활용하고 있는 브랜드 중 하나이다. 세계 최대 화장품 그룹인 로레알은 키엘을 2000년에 인수한 후 키엘의 역사와 진실성을 마케팅의 포인트로 삼고 세계적인 브랜드로 육성하는 데 성공하였다. 키엘의 마케팅 전략은 브랜드의 진실성을 소비자에게 과장하지 않고 전달하는 데 초점이 맞추어져 있다. 이를 위해 유명 모델을 활용한 광고 대신 자발적인 입소문에 의존하고 있다. 1851년에 뉴욕에서 시작한 약국이라는 탄생배경을 의식적으로 강조한다. 화려한 용기 디자인을 차별화 요소로 강조하는 업계의 전통적 관행과는 달리 수수한 용기에 천연 원료를 강조하였으며, 화장품 용기 표면에는 제품의 재료와 성능을 상세하게 기술하고 있다. 진정성을 강조한 키엘의 마케팅 전략은 큰 성공을 거두어 인수 10년만에 전세계 매출이 5배 이상 성장하였으며, 국내에서도 2011년 상반기 기준 전년 대비 60%에 육박하는 매출 성장을 기록하였다.

한편 마크 얼스는 그의 저서 〈허드(Herd)〉에서 '인간은 기존에 알려졌던 것과 달리 스스로 판단해서 주체적으로 의사결정 하기보다 무의식적으로 타인을 의식하고 다른 사람들로부터 끊임없이 영향을 받는 존재'라

네이처

고 강조한다. 또한 세스 고딘은 그의 저서 〈트라이브(Tribes)〉에서 '트라이브, 즉 집단이란 규모
에 상관없이 서로 연결된 사람들의 모임을 지칭하며 사람들은 굉장히 오랫동안 이러한 집단
에 속하길 추구한다. SNS를 비롯한 온라인 플랫폼의 확산은 이러한 집단을 다양한 규모로 쉽
게 형성하는 것이 가능해졌다'고 말했다. 따라서 과거에 비해 소비자들의 구매의사결정에서
타인의 추천이 영향을 더 크게 미칠 수 있는 환경이 조성되었고 집단 동조현상이 나타나고
있다.

디젤

청바지로 유명한 의류 브랜
드 디젤(Diesel)은 스페인 마드
리드와 바르셀로나 매장에서
디젤 캠(Diesel Cam)이라는 흥미
로운 서비스를 제공했다. 피팅
룸 앞에 페이스북과 연동된 카
메라를 설치해 놓았다. 소비자
들은 새로운 옷을 입어보고 사
진을 찍어 지인들에게 지금 입
어본 옷이 어울리는지, 유행하는 스타일인지 등 다양한 피드백을 얻을 수 있도록 했다. 디젤
캠을 활용하는 고객은 판매만을 목적으로 하는 매장 직원들의 평가에 의존하지 않고 지인들
의 추천과 평가에 의해 구매의사결정을 하게 된다. 하루 평균 50여 장의 사진이 찍혔고 이와
관련한 포스팅만 15,000여 개에 달하는 등 소비자들로부터 좋은 반응을 이끌어냈다.

자료원: LG Business Insight 2011. 11. 30 수정 인용

토론문제

01 소비자 구매의사결정과정의 일반적인 대안 평가와 휴리스틱은 어떤 차이를 갖는가?

02 대안 평가 방식으로 휴리스틱을 사용하는 경우가 증가한 이유가 무엇 때문이라고 생각하는가?

03 사례에서 제시한 새로운 키워드인 '진정성'과 '집단 동조현상'에 대응하기 위해 기업은 어떻게 해
야 할 것인가?

06

시장세분화,
표적시장 선택 및
포지셔닝

06

시장세분화, 표적시장 선택 및 포지셔닝

▌ 크록스의 성공 비결

세상에는 두 가지 신발이 있다. 예쁜 신발. 그리고 편한 신발. 왜 예쁜 신발은 편하지 않고 편한 신발은 예쁘지 않을까? 여성 하이힐이 대표적인 예다. 최근 유행인 킬힐을 비롯해 기하학적 디자인의 하이힐은 보기에는 아름답다. 하지만 그 높고 불편한 신발을 신고 걸을 때 얼마나 불편할까? 신발은 원래 기능성 제품이다. 발을 보호하고 따뜻하게 하고 편하게 하는 것이 신발의 주된 목적이다. 그런데 세월이 가면서 디자인이 중요해졌다. 점점 더 고급소재를 쓰기 시작했고 브랜드와 스타일이 중요해졌다. 그러면서 가격도 비싸졌다.

디자인과 고기능성을 향해 치닫던 신발시장에 엉뚱한 제품이 하나 등장했다. 바로 크록스 신발이다. 이 신발은 예쁘지도 않고 기능성이 뛰어나지도 않지만 편리성이 매우 높다. 패션 소품으로 간주되던 신발 시장에 하나의 충격이 등장한 것이다. 2003년 크록스는 120만 달러의 매출을 올렸다.

'아이들에게 사주다 보니 부모들이 그 제품을 좋아하기 시작했다. 그래서 어린이 제품을 만들다가 어른 제품을 만들기 시작했다.' 제품의 경쟁력을 설명할 때 이보다 더 좋은 상황이 있을까? 크록스 신발은 앙증맞은 어린이 신발로 출발했다. 하지만 사용하기 편리하다는 장점 때문에 어른들도 좋아했고 크록스는 제품라인을 성인시장까지 확대했다. 크록스 신발은 부드러운 합성수지로 만들어졌기 때문에 신는 사람의 발 모양에 맞게 변형된다. 구멍이 있어 공기가 통하며 물이 쉽게 빠져서 해변에서도 편리하게 신을 수 있다. 처음에는 우스꽝스러운 모양 때문에 구매를 꺼리는 사람들이 많았지만 곧 젊은이들의 마음을 사로잡았다.

크록스의 고속성장에는 2004년 크록스 설립자들이 CEO로 임명한 론 스나이더의 날카로운 전략이 크게 기여했다. 그는 계절과 기념일에 따라 다양한 색깔과 스타일의 크록스를 출시했고 구시대적인 공급망을 완전히 바꿔놓았다. 당시 대부분의 신발 소매업체는 최대 6개월 이전에 대량으로 제품을 주문해야만 했다. 하지만 스나이더는 대량 구매가 아니라 24켤레 단위의 적은 수량도 주문할 수 있게 했고 제품은 주문 후 몇 주 안에 받아볼 수 있도록 했다. 특수 합성수지로 신발을 만드는 캐나다의 제조업체를 인수해서 공급의 유연성을 확보했다.

스나이더의 전략에 따라 판매량은 계속 증가했다. 전 세계 매출액은 2005년 1억 860만 달러에서 2006년 3억 2,220만 달러, 2007년 4억 4,600만 달러로 가파르게 상승했다. 그리고 2008년에는 무려 8억 5,000만 달러어치를 팔았다. 단기간에 700배가 넘는 성장을 이룬 것이다. 무려 70개 대학이 대학의 로고가 찍힌 크록스를 주문했고 구글과 타이코, 플랜트로닉스, 로스앤젤레스 레이커스 등의 회사들도 크록스를 주문하기 시작했다. 유행이 식어갈 즈음 크록스는 32개에 이르는 새로운 스타일과 조합을 갖춘 디자인을 출시해 변덕스러운 소비자들을 다시 유혹하기 시작했다.

크록스는 무엇을 한 것인가? 소비자의 인식에 새로운 분류기준을 제시했다.

외부의 정보를 접했을 때 인간은 '범주화'와 '통합' 단계를 거치면서 정보를 처리한다. 범주화는 서로 비슷한 정보를 하나의 단위로 묶어주는 것을 의미하며, 통합은 범주화된 정보를 합해 장기 기억으로 저장하는 단계다. 제품과 브랜드에 대한 정보는 반드시 어떠한 형태로든 범주화와 통합의 과정을 겪게 된다.

바로 이 때문에 시장을 둘로 구분하는 게 효과적이다. 시장을 둘로 나누면 범주화와 통합의 과정을 임의적으로 강하게 만들어주는 효과가 있다. 이로 인해 이전에는 없던 새로운 기억 구조, 즉 '임시 기억 범주'가 만들어진다. 시장을 둘로 나누면 임시 기억 범주를 더 잘 만들 수 있고 그에 따라 정보의 통합이 수월해져 기억률이 높아지고 결국 선호도가 증가하게 된다. 소비자로 하여금 세상을 둘로 나눠볼 수 있게 해 주면 이처럼 큰 효과를 거둘 수 있다. 단순하게 시장을 나누는 작업의 효과는 결코 작지 않다는 사실을 명심해야 한다.

자료원: 동아비즈니스리뷰 2013. 9. 19; 동아비즈니스리뷰 2013. 4. 1 수정 인용

마케팅은 고객의 욕구를 제대로 충족시키기 위해 노력하는 활동이다. 그런데 일반적으로 고객들의 욕구나 제품에 대한 기대는 다양하다. 이러한 상황에서 기업들이 동일한 전략과 마케팅믹스로 시장의 모든 고객들의 욕구를 충족시키기 어렵다. 다양한 배경과 욕구를 갖고 있는 고객들을 모두 포용할 수 있는 만병통치약은 현실적으로 존재하기 어렵기 때문이다. 고객들의 욕구가 충족되지 않는다면 불만을 갖는 고객들이 많아지거나 욕구를 더 잘 충족시켜주는 대안에 끌리게 된다. 따라서 기업들은 전체 소비자들을 유사한 욕구를 갖는 집단으로 나누어 대응할 필요가 있다. 기업들이 시장을 나누고 표적시장을 선정한 다음 해당 표적시장에 어필할 수 있는 기업의 매력 포인트를 찾는 과정이 필요하다. 이를 시장세분화(segmentation), 표적시장 선택(targeting), 포지셔닝(positioning)이라고 하는데, 이러한 세 과정의 첫 글자를 따서 STP 전략이라고 부른다.

도입사례에서 언급한 크록스는 신발이 제공해야 할 기본적인 혜택으로 시장을 나누고, 편한 신발을 원하는 소비자들을 표적시장으로 선정한 것이다. 그리고 이러한 표적시장의 대표 브랜드로 자리매김하고 다양한 사용 상황에 부합하는 제품들을 계속 개발, 제공하여 성공을 거두었다.

본 장에서는 기업들이 시장에 대한 이해를 바탕으로 적절한 시장전략을 모색하는 과정을 설명하고자 한다. 시장세분화, 표적시장 선택, 포지셔닝으로 구성된 시장전략은 구체적인 마케팅믹스 전략과 프로그램 설계의 지침이 되는 기초적인 전략이다. 시장전략은 적합한 시장을 선택하는 것(select customer to serve)과 그 선택된 시장

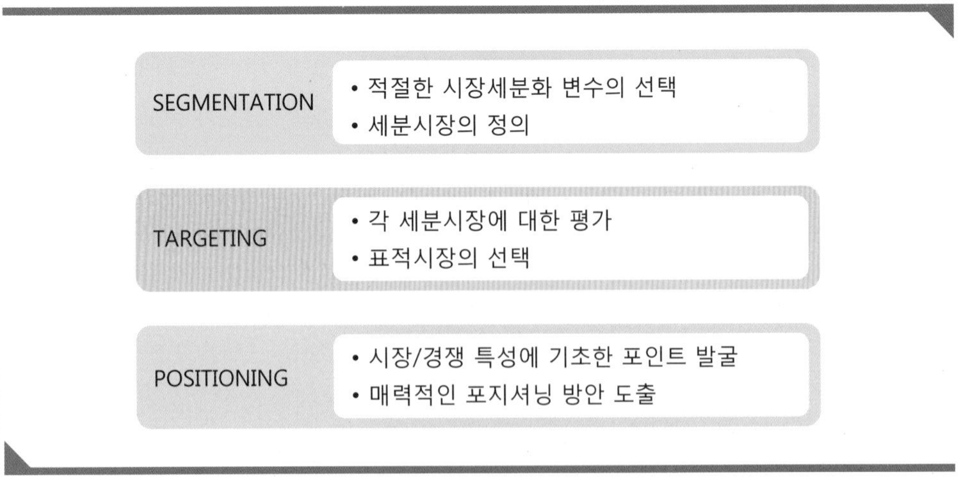

SEGMENTATION	• 적절한 시장세분화 변수의 선택 • 세분시장의 정의
TARGETING	• 각 세분시장에 대한 평가 • 표적시장의 선택
POSITIONING	• 시장/경쟁 특성에 기초한 포인트 발굴 • 매력적인 포지셔닝 방안 도출

그림 6.1
시장전략의 체계

에 적절한 가치 제안을 결정하는 것(decide on a value proposition)으로 구성되어 있다. 적합한 시장을 선정하기 위해서는 먼저 시장을 의미 있는 기준에 따라 나누는 시장세분화 과정이 필요하고, 나누어진 세분시장 중 어떠한 세분시장을 선택하는 표적시장 선택 과정이 이루어져야 한다. 그리고 적절한 가치 제안을 결정한다는 것은 선택된 표적시장 고객들의 마음속에 매력적인 위치를 구축하는 포지셔닝 과정을 의미한다. 즉 기업들은 어떻게 하면 고객들에게 경쟁사 대비 보다 매력적이고 차별화된 제안을 제공할 것인가를 결정하는 것이다.

본 장에서 설명할 시장전략 수립은 이전 장에서 소개한 마케팅 전략, 환경 및 소비자행동 분석을 바탕으로 이루어지며, 이후 장에서 설명할 구체적인 마케팅믹스 개발의 기초가 되는 것이다. 본 장에서는 시장세분화, 표적시장 선택, 포지셔닝의 순으로 주요 개념과 과정을 설명하도록 하겠다.

시장세분화(market segmentation)

(1) 시장세분화의 의의 및 정의

시장은 다양한 소비자들로 구성되어 있으며 이들의 욕구, 자원, 선택 기준, 구매관행 등은 동일하지 않다. 제품이 시장에 처음 도입되었을 때는 소비자들이 제품에 관해 바라는 바가 비교적 비슷한 모습을 보일 수 있다. 그렇지만 시간이 흐르고 상황이 변화하면 소비자들은 제품에 대해 전보다 다양한 것들을 원하게 된다. 예를 들어 휴대폰이 처음 시장에 선보였을 당시에는 대다수의 소비자들이 '통화가 잘 되었으면 좋겠다', '휴대하기 편했으면 좋겠다' 등과 같이 기본적인 것들을 원했고 소비자들 간 생각은 크게 다르지 않았다. 그런데 요즘 소비자들은 휴대폰이 훨씬 다양한 자신들의 욕구를 충족시켜 주기를 기대한다. 그래서 기업이 하나의 전략과 제공물로 시장 내 모든 고객의 욕구를 제대로 충족시킬 수 없다.

기업은 이러한 상황에 어떻게 대처해야 할까? 시장을 나누어 볼 필요가 있다. 즉 다양한 고객의 욕구에 부합하도록 마케팅 활동을 전개하기 위해서는 시장을 나누

그림 6.2
시장세분화의
필요성 예시

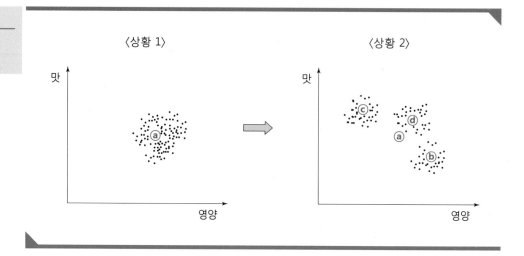

어 대응하는 것이 필요하다. 예를 들어 휴대폰 시장을 '일정 관리와 업무 활용'을 중요하게 생각하는 소비자들의 시장과 '사진과 동영상의 화질'을 중요하게 생각하는 소비자들의 시장으로 구분하는 것이다. 시장세분화란 시장을 일정한 기준에 따라 몇 개의 동질적인 소비자 집단으로 나누는 것을 의미한다. 효과적인 시장세분화를 위해서는 어떠한 기준으로 시장을 나눌 것인지를 고민해야 한다. 그리고 나누어진 세분시장(segment)은 다른 세분시장과는 구분되는 특징을 갖고 있고 해당 세분시장의 소비자들은 동질적(homogeneous)인 모습을 가져야 한다.

시장세분화가 왜 필요한지를 [그림 6.2]에 제시된 단순한 예를 통해 살펴보자. 이 산업에서 소비자들이 가장 중요하게 고려하는 속성은 맛과 영양이라고 가정해보자. 이 산업의 초기에는 <상황 1>의 그림처럼 소비자들의 맛과 영양에 대한 욕구가 크게 다르지 않은 모습을 보였다. 따라서 기업이 ⓐ 정도의 수준으로 맛과 영양을 제공하는 제품을 제공하는 것이 해당 시장의 고객 욕구 충족 측면에서 바람직했다.

그런데 소비자들의 욕구가 다양해져 <상황 2>의 그림처럼 소비자들의 제품에 대한 욕구가 변화하였다면 어떻게 해야 할까? 기업이 전체 시장의 욕구 분포를 고려해 전체의 평균쯤 되는 ⓐ 정도의 욕구를 고려한 제품만을 제공한다면 소비자들의 욕구를 제대로 충족해줄 수 없다. 따라서 영양을 우선적으로 고려하는 소비자들에게는 ⓑ 타입의 제품을, 맛을 우선적으로 고려하는 소비자들에게는 ⓒ 타입의 제품을, 맛과 영양을 고루 갖추기를 희망하는 소비자들에게는 ⓓ 타입의 제품을 제공하는 것이

고객의 욕구를 보다 잘 충족시켜줄 수 있는 방안일 것이다.

　이렇듯 소비자들의 욕구가 동질적이지 않고 다양해진 상황에서는 하나의 전략을 추진하는 것으로 제대로 된 고객욕구 충족을 기대할 수 없다. 그럼에도 불구하고 맞춤화의 정도가 크게 뒤떨어진 전략을 고집한다면 고객 욕구를 보다 더 잘 반영한 경쟁자들에게 많은 고객들을 잃게 될 수 있다.

　물론 모든 소비자들에게 동일한 마케팅믹스 전략과 프로그램으로 대응하는 매스마케팅(mass marketing)이 무조건 열등한 전략이라고 할 수는 없다. 매스마케팅은 원가를 낮춤으로써 낮은 가격과 높은 마진을 실현할 수 있기 때문에 상황에 따라 타당한 전략일 수 있다. 그렇지만 대부분의 시장에서 소비자들이 다양한 욕구를 갖기 때문에 매스마케팅은 한계에 봉착할 가능성이 높다.

　이에 따라 시장에서 의미 있는 변수로 시장을 나누어 대응하는 세분화 마케팅이 등장한 것이다. 시장을 나누는 것의 가장 극단적인 예는 개인의 수준으로 시장을 나누는 것이다. 개인의 욕구에 맞춤화된 솔루션을 제공하는 개인별 마케팅(individual marketing)은 과거 비현실적 세분화라고 여겨졌다. 개인별 맞춤화를 위해서는 막대한 비용이 들기 때문에 이윤을 달성할 수 없거나 엄청난 고가격이 불가피했기 때문이다.

　그런데 최근에는 정보화, 컴퓨터를 활용한 생산기술 등의 발전으로 맞춤화와 대량 생산을 동시에 추구하는 매스 커스터마이제이션(mass customization)이 가능해졌다. 예를 들어 패션업계에는 3D 신체 스캐너, CAD 등의 기술을 활용해 고객 치수에 맞춤화된 제품을 대량생산 시스템을 통해 제공하는 기업들이 등장하고 있다. 결국 세분화 마케팅은 매스마케팅을 넘어 개인별 마케팅에 이르는 연속선상에서, 여건을 고려해 적절한 수준에서 시장을 나누어 전개되는 마케팅이라고 할 수 있다.

　결국 시장세분화는 '고객이 원하는 욕구를 제대로 충족시키면 기업의 이윤은 자연히 따라오는 것'이라는 마케팅 개념에 충실한 전략이다. 경쟁자들보다 강한 경쟁력을 확보할 수 있는 방법이며 혹시 놓치고 있을지 모르는 시장기회를 파악할 수 있는 수단이다. 즉 시장세분화는 가급적이면 소비자 욕구를 보다 잘 충족시켜 주고 싶어하는 기업 지향점의 표출이기도 하고, 제대로 대응하지 못하면 경쟁에서 밀릴 수 있다는 기업의 위기의식에서 나온 어쩔 수 없는 선택일 수도 있다.

(2) 시장세분화 변수

시장세분화의 과정은 시장을 나누는 데 활용할 시장세분화 변수를 선정하는 것에서 출발한다. 이를 위해 기업은 시장의 구조를 가장 잘 설명해줄 수 있는 시장세분화 변수를 종합적으로 검토해야 한다. 시장 세분화에 활용되는 주요 변수는 지리적(geographic) 변수, 인구통계적(demographic) 변수, 심리도식적(psychographic) 변수, 행동적(behavioral) 변수가 있다.

1) 지리적 시장세분화

지리적 시장세분화란 국가, 지역, 도시, 동네 등과 같이 지리적인 단위에 따라 시장을 세분화하는 것을 의미한다. 예를 들어 현재 소비자들이 물리적으로 모여 있는 지역을 토대로 시장을 나누어 볼 수 있다. 실제로 많은 소규모 기업들이 특정 지역을 중심으로 사업을 수행한다. 또한 대기업들은 보다 넓은 지역을 대상으로 하되, 해당 지역의 욕구에 부합하도록 제품, 유통, 광고, 판촉 등의 마케팅 활동을 현지화(localization)하는 방식을 활용한다. 예를 들어 스타벅스 인사동점에서 단팥죽, 식혜 등과 같은 한식메뉴를 추가적으로 취급하는 방식을 취한다. 도시규모, 인구밀도, 기후 등의 변수를 기준으로 시장을 나누는 것도 지리적 시장세분화에 포함된다. '대도시', '중소도시', '인구밀집지역', '추운 지역' 등의 구분은 실제 많은 기업들이 시장을 나누는 데 고려하는 변수이다.

2) 인구통계적 시장세분화

인구통계적 시장세분화란 성별, 연령, 소득, 직업, 교육수준, 가족 구성 등과 같은 인구통계적 변수를 활용하여 시장을 나누는 것을 의미한다. 이러한 변수들이 해당 산업에서 소비자의 욕구, 관심사, 구매행태 등과 높은 연관성을 갖는 점에 착안하여 시장세분화를 할 수 있다. 예를 들어, 나이에 따라 여행에 대한 욕구가 다르고, 가격에 대한 반응이 상이할 수 있다. 인구통계적 변수는 일반적으로 가장 많이 고려되는 세분화 변수이다. 측정이 용이해 비교적 활용하기 쉬운 변수이기 때문이다. 이러한 이유에서 다른 시장세분화 변수를 활용하여 시장을 나누는 경우에도 각 세분시장의 특징을 표현할 때 인구통계적 변수가 활용되기도 한다. 도입사례로 제시한 크록스의 경우에도 '어린이 시장', '성인 시장'이라는 구분을 활용하고 있다.

그런데 인구통계적 변수에 따른 세분화만을 고려하는 것이 언뜻 보기에는 타당하지만 충분하지 않을 수 있다. 예를 들어 나이만으로는 소비자들의 욕구, 가치, 구매력, 활동성, 주요 관심사 등을 예측하기 어려울 수 있다. 일반적으로 스포츠카의 잠재고객이 '젊은 사람'이라고 생각할 수 있는데, 실은 '젊게 사는 사람'이라고 판단하는 것이 보다 타당할 것이다. 테마파크의 고객은 '어린이'가 아니라 '동심을 갖고 있는 사람'일 수 있다. 따라서 나이에 대한 스테레오 타입에 빠지지 않도록 유의해야 한다. 연령 이외의 추가적인 변수도 고려하는 것이 보다 타당한 시장세분화일 것이다.

CASE 1

디즈니랜드는 어린이들만 좋아하는 공간인가?

도쿄디즈니랜드는 올해 개장 30년이 됐다. 그간 방문객만 5억 명을 넘겼다. 회사 매출액(3,600억 엔)은 전체 유원지·테마파크 매출액(4,587억 엔)의 절대 다수를 차지한다(2011년). 업계 최강이다. 남녀노소 단연 최고의 인기 테마파크라는 데 이견이 없다.

도쿄디즈니랜드의 인기 비결은 추억의 명소라는 이미지 마케팅이 중년 이상 고령 인구의 마음을 움직인 덕분이다. '도쿄디즈니랜드'의 성공 스토리는 고령화(저출산)·저성장의 변화된 환경에서 어떻게 생존해야 하는지 잘 보여준다. 인구변화를 토대로 한 고객 성향의 세분화된 자료 축적으로 중년 이상의 신규 고객을 확보한 데 이어 한결 감동적이고 환상적인 서비스를 혁신적으로 제공함으로써 기존 고객의 이탈을 막아낼 수 있었다.

우선 주요 언론의 평가부터 보자. 2012년 '도쿄디즈니랜드'의 광고는 반백 노인이 등장해 어릴 적부터 지금까지의 과거 추억을 떠올리는 영상으로 마무리됐다. 일생에 걸친 디즈니랜드에서의 추억 공유를 호소한 셈인데 꽤 설득적이었다. 일부 주력 시설은 노인 눈높이에 맞춰 운영했다.

주간현대는 "놀이터조차 미끄럼틀·그네 대신 스트레칭 기구나 통증 경감 의자로 바뀌는 마당에 테마파크의 주력 시설이 건강한 노인 인구에 맞춰 바뀌는 건 당연한 결과"라고 했다. TV도쿄는 "추억의 명소라는 이미지 마케팅이 중년 이상 고령 인구의 마음을 움직인 덕분"이라는 분석이다. 어린이뿐만 아니라 어른마저 즐길 수밖에 없는 마법의 연출 결과다.

당장 어른 고객의 접근성을 낮췄다. 시니어 티켓 할인 등 특전 제공이 대표적이다. 디즈니랜드 1일 입장권은 60세 이상 시니어에게 5,500엔으로 제공된다. 대인(6,200엔)보다 할인된 가격이다. 연간 입장권도 4만 엔으로 대인(5만 2,000엔)보다 저렴하다. 그 결과 2011년 입장객 중 40세 이상이 전체의 19%까지 올라섰다. 1997년에는 10%에 불과했다. 더타임스는 디즈니랜드가 마케팅 주력층을 가족 고객에서 실버 계층으로 옮긴 것에 대해 '테마파크의 주인공은 노인'이라고 평가하기도 했다.

결국 디즈니랜드의 성공 스토리의 비밀은 고객 접점에서 찾아진다. 고령화·저성장으로 테

마파크의 미래가 어두울 것이라는 예상을 깨고 승승장구하는 비결은 고객 변화 및 성향 분석에서 비롯되는 맞춤 서비스로 압축된다. 어떤 상황에서든 성장을 지속할 것이라는 자신감의 원류다. "이 세상에 상상력이 존재하는 한 디즈니랜드는 영원히 완성되지 않는다"는 창업자의 말처럼 일상적 도전의 반복일 뿐이다.

자료원: 한국경제매거진 2013. 6. 3 수정 인용

3) 심리도식적 시장세분화

심리도식적 시장세분화란 라이프스타일, 개성 등과 같은 심리적 변수로 시장을 나누는 것을 의미한다. 인구통계적 시장세분화에서 설명한 바와 같이 동일한 성별, 연령대, 소득의 소비자들도 라이프스타일이나 개성에 따라 매우 다른 특성을 보일 수 있다. 앞서 스포츠카의 예에서 살펴본 바와 같이 스포츠카 회사가 주목해야 할 소비자 집단은 젊게 사는 사람들일 수 있다. 즉 젊으면서도 활동적이지 않고 소극적인 사람들보다는 나이가 들었지만 활동적이고 적극적인 사람들이 스포츠카 회사가 주목해야 할 주요 세분시장이라고 할 수 있다. 따라서 인구통계적 변수의 한계를 넘기 위해서는 소비자들의 심리적 측면도 고려해야 한다.

라이프스타일이란 사람들이 어떤 활동(activity)을 주로 하고, 어떠한 것에 관심(interest)을 가지며, 어떠한 의견(opinion)을 갖고 있는지를 반영한 유형을 의미한다. 활동, 관심, 의견이라고 하는 삶의 중요한 측면을 포괄적으로 파악하는 것이기 때문에 삶을 구성하고 있는 일부분인 구매와 소비와도 관련성이 높다. 예를 들어 의류산업에서 라이프스타일은 오래전부터 중요하게 고려되어 오던 시장세분화 변수이다.

자동차산업에서도 라이프스타일은 중요하다. 라이프스타일은 세단 유형의 차를 살지, 스포츠카나 SUV 타입의 차를 살지에 큰 영향을 미치기 때문이다.

4) 행동적 시장세분화

행동적 시장세분화란 추구하는 혜택, 사용자 상태, 사용 정도, 상황, 구매 준비 단계, 충성도 등과 같은 구매와 소비 행동에 관한 변수로 시장을 나누는 것을 의미한다. 마케팅 활동과 식접석인 관련을 갖고 있기 때문에 시장세분화의 중요한 출발점이 되는 변수라고 할 수 있다.

① 추구하는 혜택

소비자들이 제품을 통해 얻고자 하는 혜택은 다양할 수 있다. 소비자들이 제품을 통해 얻고자 하는 혜택 중 주된 것들이 무엇인지 파악하고 이러한 각각의 혜택을 주로 고려하는 소비자들로 세분시장을 나눌 수 있다. 예를 들어 치약시장은 소비자들이 치약을 통해 얻고자 하는 혜택에 따라 '미백효과 위주의 시장', '구취제거 위주의 시장', '충치예방 위주의 시장' 등으로 나누어 볼 수 있다.

② 사용자 상태

소비자들을 미사용자, 첫 사용자, 지속적 사용자, 과거 사용자 등으로 구분해 볼 수 있다. 혹자는 마케팅활동은 '사지 않은 사람은 사게 하고, 산 사람은 또 사게, 더 사게 하는 활동'이라고 표현하기도 한다. 마케팅은 사용하지 않은 소비자들이 사용할 수 있도록 유치하고, 사용해 본 소비자들이 계속 사용하고 더 사용할 수 있도록 유지해야 한다. 또한 과거에 사용하다가 지금은 사용하지 않는 소비자들을 다시 유치하려는 노력을 기울여야 한다. 이들에게 보다 매력적이고 긍정적으로 어필하기 위해서는 전략의 포인트가 달라야 한다. 미사용자들에게는 시용(trial)을 활성화하는 이벤트 방식이, 첫 사용자에게는 재구매와 다량구매를 활성화할 수 있는 쿠폰, 로얄티 프로그램, 다량구매 할인 등의 방식이 적합할 것이다. 또한 미사용자와 첫 사용자 중 어떤 세분시장에 집중할 것인지를 결정할 필요도 있다.

③ 사용 정도

사용자들은 사용 정도에 따라 중사용자(heavy user), 보통사용자(medium user),

경사용자(light user)로 나눌 수 있다. 사용 정도에 따라 중요하게 고려하는 속성이 달라질 수 있고, 기업의 마케팅 활동에 대한 반응도 다를 수 있다. 특히 소수의 사용자가 대다수의 매출을 차지하는 80 대 20 법칙을 뚜렷하게 갖고 있는 산업에서는 중사용자 세분시장에 대한 각별한 관리가 중요하다. 예를 들어 맥주 시장의 경우 중사용자를 주요 표적시장으로 선정하고 이들의 특성을 고려한 광고전략, 유통전략을 모색할 필요가 있다. 실제 맥주의 경우 스포츠 중계에 주로 광고를 노출시킨다든지, 동료들과 어울리는 상황을 묘사하는 방식을 활용하는데 이는 중사용자의 특징에 기인한 것이다.

④ 상황

잘 풀리는 집

소비자들을 구매 상황, 사용 상황 등의 상황을 기준으로 구분해 볼 수 있다. 예를 들어 항공이나 호텔의 경우 '비즈니스 상황'인지, '관광 상황'인지로 구분해 볼 수 있다. 이러한 구분에 따라 세분시장의 매력도가 달라질 수 있고 세분시장 별로 소비자가 고려하는 중요 속성이 달라질 수 있다. 또한 '본인이 직접 사용하는 상황'인지, '누군가에게 선물하려는 상황'인지에 따라 소비자의 제품 선택 기준은 상당히 다른 양상을 보인다. 선물이라는 상황을 고려한 세분시장의 확인이 큰 시장기회를 제공해 주기도 한다. 예를 들어 '두루마리 화장지'나 '피로회복을 위한 드링크'의 경우 선물이라는 상황의 세분시장을 확인한 것이 기업의 성장에 엄청난 기여를 했다고 할 수 있다.

(3) 시장세분화의 추진

지금까지 살펴 본 시장세분화 변수들은 시장을 구성하는 소비자의 특성을 나타내 줄 수 있기 때문에 많이 활용되고 있는 것들이다. 그런데 이러한 변수들 중 하나에만 전적으로 의존하는 것은 바람직하지 않을 수 있다. 각 변수군의 본원적인 특성으로 인해 [그림 6.3]과 같은 장점과 단점을 동시에 갖기 때문이다.

지리적 변수, 인구통계적 변수, 심리도식적 변수가 소비자의 특성과 관련된 변수라고 한다면, 행동적 변수는 소비자의 과거 반응과 관련된 변수라고 할 수 있다. 행

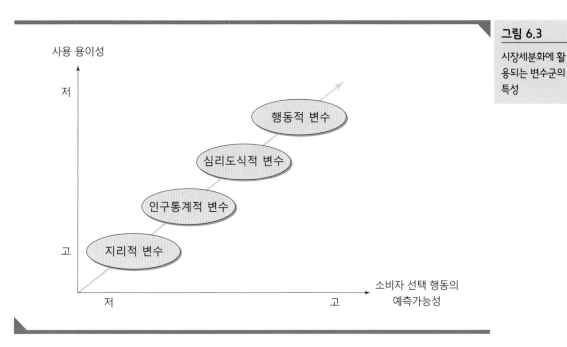

그림 6.3
시장세분화에 활용되는 변수군의 특성

동적 변수는 소비자 선택 행동을 설명하거나 예측할 때 유용성이 가장 높은 변수들이다. 소비자의 과거 행동이나 행동 관련 현재 상태를 나타내는 변수들이기 때문이다. 그렇지만 상대적으로 측정이나 파악이 어려워 이용하기 쉽지 않은 변수들이다. 반면 지리적 변수와 인구통계적 변수는 상대적으로 구하기 쉬워 이용하기 용이하지만 소비자행동의 예측력은 상대적으로 떨어지는 변수들이다. 따라서 시장세분화 변수를 복합적으로 활용하여 장점을 최대한 살리고 보다 정교한 시장세분화가 이루어지도록 해야 한다.

다음과 같은 시장세분화 방법을 활용해 볼 수 있다. 먼저 마케팅조사를 통해 소비자행동과 관련성이 높은 변수를 파악한다. 이를 위해 일단 내부 자료 수집과 인터뷰를 통해 소비자행동을 이해하는 데 통찰력을 제공해 줄 수 있는 내용을 탐색적으로 파악한다. 이를 통해 도출된 정보구조를 활용하여 객관적인 자료 수집을 위한 서베이를 실시한다. 설문항목에는 소비자행동과 관련성이 높은 변수뿐만 아니라 이용하기 쉬운 다른 변수들도 포함시킨다.

다음으로 시장세분화에 활용된 변수와 이용하기 쉬운 다른 변수들과의 상관관계를 검토한다. '이용하기 쉬운 변수' 가운데 '예측가능성이 높은 변수'와 상관관계가 높은 변수를 찾아보는 것이다. 이 이용하기 쉬운 변수를 활용해 시장을 세분화한다. 예를 들어 치약시장의 소비자행동과 가장 관련성이 높은 변수인 '추구하는 혜택'과 가장 상관관계가 높은 변수가 '연령'과 '성별'이라고 파악된다면 '연령'과 '성별'을 활용해 시장을 세분화한다. 실무적으로 사용하는 시장세분화 기준은 연령과 성별의 조합이겠지만 여기에는 추구하는 혜택이라는 중요한 변수가 반영된 것이다.

표적시장 선택

기업이 적절한 기준을 활용한 시장세분화를 수행하여 세분시장을 파악했으면 표적시장을 선택하는 과정을 추진한다. 먼저 구분된 세분시장의 특성을 면밀히 검토한 후 각 세분시장을 평가하는 과정을 수행한다. 그리고 몇 개의 세분시장에 진출할지, 구체적으로 어떤 세분시장에 진출할 것인지를 선택하게 된다. 표적시장을 어떻게 선택하였는가에 따라 포지셔닝과 마케팅믹스 프로그램이 결정되기 때문에 매우 중요한 의사결정이다. 쉽게 말해 누구를 대상으로 할 것인지를 결정하는 것이기 때문에 누구인지에 따라 매력적인 제안도 달라지고 적합한 프로그램도 달라질 수 있다. 표적시장 선택의 과정은 크게 각 세분시장에 대한 평가, 표적시장의 선택의 두 단계로 구분된다.

(1) 세분시장에 대한 평가

표적시장을 선택하기 위해서는 각 세분시장에 대한 평가가 이루어져야 한다. 소비자들이 제품을 선택할 때 다양한 속성을 검토하듯 기업도 표적시장 전략 선택에 있어 다양한 요인들을 고려한다. 세분시장을 평가하기 위한 대표적인 기준은 세분시장의 매력도, 자사와의 적합성, 다른 세분시장에 미치는 파급효과다. 기업은 이러한 3가지 평가 기준을 종합적으로 고려하되 어떤 측면에 보다 큰 가중치를 둘 것인지를 전략적 목표에 기초해 판단하게 된다.

1) 세분시장의 매력도

기업은 각 세분시장의 전반적 '매력도'를 평가해야 한다. 각 세분시장이 시장규모, 성장률, 수익성, 구매력, 경쟁 상황 등의 관점에서 얼마나 매력적인가를 평가하는 것이다. 이러한 시장 매력도는 2장에서 설명한 사업 포트폴리오 평가에도 포함되었듯이 시장관련 의사결정에 있어 필수적인 고려사항이다.

현재 세분시장의 크기가 어떻게 되는지, 얼마나 빨리 성장하고 있는지, 얼마나 높은 이윤을 창출해낼 수 있는지 등을 검토하는 것이다. 구매력이란 해당 세분시장의 소비자들이 자사 제품을 구매할 만한 경제적 여유나 지출의사를 갖고 있는지를 의미한다. 경쟁 상황은 해당 세분시장의 현재 또는 잠재 경쟁자는 얼마나 많은지, 얼마나 강력한지, 실제 경쟁은 얼마나 치열한지에 대한 판단을 의미한다. 경쟁이 매우 치열하거나 치열할 것으로 예상된다면 세분시장의 매력도는 낮아질 것이다. 물론 시장이 매력적이기 때문에 경쟁이 심할 수 있지만 경쟁 상황은 세분시장의 매력도 판단에 있어 고려해야 할 요소라고 할 수 있다.

2) 자사와의 적합성

세분시장의 특성이 자사의 목적, 자원, 역량 등에 얼마나 부합되는지를 판단하는 '적합성' 기준을 활용하여 세분시장을 평가할 수 있다. 기업은 자신들이 추구하고자 하는 기업의 목적에 얼마나 부합하는 세분시장인지 평가해야 한다. 기업이 추구하는 사명이나 목적에 부합하지 않거나 기업의 장기적 지향점을 훼손할 가능성이 있다면 적합한 세분시장이라고 볼 수 없다. 예를 들어 윤리와 관련된 이슈를 불러일으킬 수 있는 세분시장은 궁극적으로 사회에 공헌하고자 하는 사명을 추구하는 기업에게 바람직하지 않은 시장이다.

해당 세분시장에 진출하는 것이 자신들의 자원과 역량에 부합하는지를 판단해야 한다. 아무리 매력적이고 기업 목적에 부합하는 세분시장이라고 하더라도 본인들이 성공을 거둘 만한 경쟁우위가 없다면 '그림의 떡'일 뿐이다. 따라서 단순한 적합 여부 뿐만 아니라 우월한 가치 제공 가능성을 판단할 수 있도록 분석하는 것이 바람직하다.

3) 파급효과

해당 세분시장이 다른 세분시장과 관련하여 어떠한 '파급효과'를 갖는지 평가해야 한다. 특정 세분시장에서의 성공은 다른 세분시장들에 추가 진출하는 데 있어 중요한 교두보 역할을 할 수 있다. 예를 들어 많은 기업들이 정부시장에 관심을 갖는 것은 해당 시장 자체가 매력적일 뿐만 아니라 정부시장이 갖는 다른 시장에 대한 파급효과가 크기 때문이다. 정보통신 기기를 제조하는 기업들이 대학생 시장에 크게 공을 들이는 것도 파급효과 측면에서 이유를 찾아볼 수 있다. 대학생들이 해당 기기의 강점을 이해할 수 있는 기초지식을 갖고 있어 수요를 발굴하기 용이하다는 점, 향후 사회진출을 통해 성장 가능성이 높다는 점에서 매력적이라는 점이 우선 고려되었을 것이다. 여기에 덧붙여 대학생들이 가족을 포함한 주변 사람들에게 영향을 미칠 수 있어 파급효과가 크다는 점도 고려한 전략이다.

미국의 럭셔리 모토사이클 업체인 할리데이비슨(할리)이 저가 신규모델 출시와 마케팅, 교육을 통해 젊은 층을 끌어안고 있다. 로이터통신에 따르면 할리데이비슨은 충성도 높은 고객인 부유한 베이비 붐 세대가 노령화됨에 따라 고객기반을 확대하기 위해 젊은 층을 껴안기 위해 부심하고 있다. 할리는 젊은 층 구매자 확보를 위해 혼다, 스즈키, 야마하, 가와사키, 두카티 등과 치열한 경쟁을 벌이고 있다. 할리는 젊은 층의 구미에 맞는 20~30종의 새로운 모델을 출시하고 빅토리아 시크릿 같은 모델을 활용해 구매의욕을 자극했다. 값비싼 모터사이클이라는 인식을 불식시키기 위해 8,000달러짜리 '아이언 883'

CASE 2
할리데이비슨의 표적시장 확대 전략

Iron 883

을 내놓고 이 모터사이클은 하루 6달러로 인생을 멋지게 살 수 있다는 광고를 대규모로 펼쳤다.

할리의 뉴욕 판매관리자인 조이 프레도는 "오랫동안 사랑받아 온 할리의 오토바이 모델들은 이제 한켠으로 물러나고 이제는 젊은 층이 좋아하는 다크 커스텀(Dark Custom) 모델들이 판매의 주력이 되고 있다"고 소개했다. 할리는 또 '라이더스 엣지'(Rider's Edge)라는 초보용 강습 코스를 개발해 다양한 오토바이 운전 및 활용 방법을 가르치고 있다. 이런 전략 덕분에 35세 이하 중형 모터사이클 시장에서 시장점유율을 빠른 속도로 넓히는 데 성공했다.

고객층 다변화를 이끌어온 키스 원델 CEO가 지난 2009년 할리의 사령탑을 잡은 이후 이 시장 점유율은 30% 이상 증가했다. 차량 정보 컨설팅 회사인 R.L.Polk & Co에 따르면 할리는 35세 이하 모터사이클 시장의 48.6%를 차지해 2위 업체 점유율보다 4배 가량 높은 점유율을 기록했다. 미국 마케팅 정보회사인 JD파워에 따르면 지난 2008년 할리 신규 구매자중 35세 이하는 16.6%에 불과했으나 2010년에는 21%로 증가했고 올해도 크게 증가할 것으로 보인다. 하지만 젊은 층을 잡기 위해 모터사이클 가격을 낮춘 것이 순익에 악영향을 미치고 있는 것은 보완해야 할 점이다. 지난 2008년 할리 신제품 판매이윤은 대당 평균 3,184달러였으나 2011년 들어 9월까지는 평균 30~350달러로 줄었다.

할리데이비슨은 40대의 백인남성이 타는 거친 취미라는 인식이 강하다. 그런데 지난 수십 년간 할리데이비슨을 지탱하던 고객 사이에서 균열이 벌어지기 시작했다. 할리데이비슨에 열광하던 베이비 붐 세대의 노령화와 은퇴가 위기라는 부메랑으로 돌아왔다. 할리데이비슨은 과거부터 이어져온 '마초'이미지를 벗어나야 한다는 절박감을 갖고 변신을 꾀했다.

그 해법이 지구 인구의 절반인 여성과 소수민족을 노린다는 전략이다. 특히 주 대상은 여성이다. 변화가 필요했다. 여성을 상대로 한 라이딩 교육 프로그램이 등장했고 여성들의 자유 본능을 일깨우는 광고 전략도 더해졌다. 여성 라이더들을 위한 정보공유 공간도 마련했고 여성마케팅을 위해 별도의 팀도 꾸렸다. 할리데이비슨의 여성 마케팅 책임자 클라우디아 가버는 "할리데이비슨은 이제 여성들이 무엇을 원하는지 알고 그들을 사로잡기 위한 노력을 기울이고 있다"고 말했다. 그 결과 지난해 할리데이비슨은 미국 내에서 35세 이상의 백인 여성들이 구매한 오토바이 중 65%의 점유율을 기록했다.

하지만 문제도 있다. 남성브랜드라는 이미지를 유지하면서 여성들을 끌어 모으는 것은 그리 쉬운 일이 아니다. 여성시장공략에 실패하고 자

칫 남성들마저 놓칠 수 있기 때문이다. 한번 여성용 제품이라는 인식이 퍼지면 남성고객이 떠날 수 있다. 광고 전문가들은 이런 위험을 제거하기 위해 남성과 여성을 분리해 상대할 것을 권하고 있다. 그러면서도 고유의 브랜드 이미지를 유지하려는 노력을 함께 진행해야 한다고 조언한다.

이 같은 변화에 대해 여성용 모터사이클 온라인 잡지인 레이디모터닷컴의 잰 플레스너 편집장은 "다른 기업들도 할리데이비슨의 변화를 주목해야 한다"고 말한다. 그는 "과거 여성들은 기업 광고의 목표 대상이 아니었지만 할리데이비슨은 거대한 새로운 시장이 있음을 깨달은 경우다"라고 평했다. 물론 광고와 마케팅 노력만으로 여성 시장을 뚫을 수는 없다. 제품디자인도 여성의 요구에 맞게 변화해야 한다. 할리데이비슨은 남성이 여성을 뒤에 태우는 일반적인 오토바이 대신 여성 혼자만 탈수 있는 모델을 선보였다. 여성들이 두 명씩 오토바이를 타는 일이 드물다는 점에 착안한 그만큼 다양한 노력이 있기에 여성들의 마음을 사로잡은 것이다.

자료원: 아시아경제 2011. 12. 7; 아시아경제 2012. 8. 26 수정 인용

[2] 표적시장의 선택

기업은 각 세분시장에 대한 평가 결과를 토대로 표적시장을 선택한다. 이 의사결정에는 전체적으로 몇 개의 세분시장에 진출할 것인지를 결정하는 것, 구체적으로 어떤 세분시장에 진출할 것인지를 결정하는 것, 선택한 세분시장에 동시 진출 또는 단계적 진출을 결정하는 것 등이 포함된다. 즉 어떤 세분시장을 선택할지에 대한 결정뿐만 아니라 세분시장 진출의 범위와 방식에 대한 결정도 포함된다. 따라서 세분시장에 대한 평가 이외에 다음과 같은 사항들을 추가적으로 먼저 검토해야 한다.

첫째, 마케팅 활동에 투입할 수 있는 기업의 자원을 얼마나 보유하고 있는지를 검토해야 한다. 기업의 자원이 충분하다면 전체 세분시장에 진출하거나 다수의 세분시장을 표적으로 하는 것이 가능하다. 자원이 부족한 상황이라면 한 개 또는 소수의 세분시장을 표적시장으로 선정해야 할 것이다.

둘째, 시장과 제품의 동질성을 고려해야 한다. 세분시장별로 소비자들이 원하는 제품이 비슷하다면 시장의 동질성이 높다고 할 수 있다. 그리고 고려하고 있는 제품군들이 마케팅 활동을 하는 데 있어 별로 차이가 없다면 제품의 동질성이 높다고 할수 있다. 만약 여러 개의 세분시장에서 원하는 제품의 특징이 크게 다르지 않다면 하나의 제품으로 여러 세분시장에 진출하는 표적시장 선택이 타당한 전략이다. 한편 제품의 동질성이 높고 특정 세분시장에 대한 깊은 이해와 관계 구축이 여러 개의 제품취급이 가능할 만큼 우위를 제공해 준다면 하나의 시장에 여러 개의 제품을 취급하는 표적시장 선택이 바람직할 수 있다.

셋째, 비용, 기술 등에 있어 세분시장들 간 관련성을 검토해야 한다. 관련성이 높으면 복수의 세분시장에 진출하는 것이 비용 측면에서 타당한 대안일 수 있다. 예를들어 동일한 유통 점포에서 두 가지 제품을 모두 취급할 수 있다면 유통 비용은 약간상승하는 데 비해 수익은 더 크게 증가할 수도 있다. 이는 범위의 경제(economies of scop)를 고려한 판단이라고 할 수 있다. 또한 동일한 기술에 기반을 두고 있는 세분시장들이라면 복수의 세분시장에 진출하는 것을 우선적으로 검토해볼 수 있다. 어차피기술 개발을 위해 많은 투자를 진행할거라면 이 기술과 관련된 다수의 세분시장을 고려하는 것이 효율적인 선택이 될 수 있다.

넷째, 경쟁사가 어떠한 표적시장 선택 전략을 추진하는지를 고려해야 한다. 시장에서 성공을 거두기 위해 경쟁 상황에 대한 판단과 대응은 필수적인 고려사항이다.

따라서 경쟁사가 어떠한 표적시장 선택 전략을 추구하는지 파악하고 경쟁에 있어 자사의 위치나 경쟁력을 고려한 검토가 이루어져야 한다. 예를 들어 만약 주된 경쟁사가 전체 세분시장에 진출하는 전략을 추진하고 있고 역량이 유사한 경쟁사와의 전면전을 고려하고 있다면 전체 세분시장 진출을 우선적으로 검토해야 할 것이다.

　기업이 선택할 수 있는 표적시장 선택 전략의 유형은 매우 다양하다. 전체 세분시장 중 몇 개의 세분시장에 진출할지, 어떤 전략의 지향점을 우선적으로 고려할지 등이 복합적으로 고려되어야 하기 때문이다. 그렇지만 이를 요약하면 크게 집중 전략, 전문화 전략, 포괄 전략으로 크게 구분해볼 수 있다. 시장세분화 기준에 따른 세분시장의 구성은 매우 다양하지만, 여기에서는 [그림 6.4]와 같이 시장과 제품이라는 축으로 구성된 단순한 예시를 통해 전략의 유형을 살펴보도록 하겠다. 여기에서 시장은 예를 들어 '중국시장', '유아시장' 등과 같이 지리적 혹은 인구통계적 특성으로 구분되는 것으로 이해하면 되고, 그림에 표현된 9개의 셀이 세분시장을 의미한다.

　첫째, 단일 세분시장에 집중하는 전략이 있다. 이러한 전략은 일반적으로 자원을 많이 갖고 있지 못한 기업들이 사업 초기에 많이 활용한다. 틈새시장(niche market)이라고 하는 규모가 작고 주목을 받지 않는 세분시장에 진출하여 사업을 진행하는 것도 집중 전략의 하나라고 할 수 있다. 그런데 스포츠카 시장에 집중한 포르셰의 경우처럼 뚜렷한 방향성에 의해 장기적으로 추진하는 전략으로 선택되기도 한다. 이러한 전략은 특정 세분시장에 뚜렷하게 맞춘 사업 수행으로 수익을 창출해낼 수 있으나 하나의 표적 세분시장에 지나치게 의존하게 되어 위험이 따르는 선택이다.

　둘째, 특정 제품이나 시장에 전문화를 추구하면서 복수의 세분시장에 진출하는

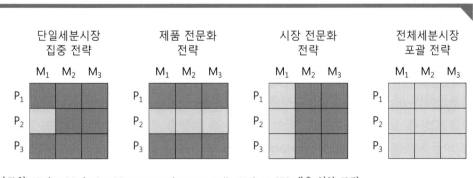

자료원: Kotler, Marketing Management(Prentice-Hall, 1997), p. 270 내용 일부 조정

그림 6.4

표적시장 선택
전략의 유형

전략이 있다. 예를 들어 미국 생활용품회사인 암앤해머는 베이킹소다라는 제품에 전문화하여 '식품재료시장', '탈취제 시장', '세척용품 시장' 등에 포장을 달리하여 제품을 출시하고 있다. 그리고 동일한 제품으로 다양한 해외시장을 개척하는 기업들도 제품 전문화 전략의 예라고 할 수 있다. 한편 보령 메디앙스는 유아를 대상으로 하는 시장에 전문화하여 '의류', '유모차', '이유용품', '세제' 등 다양한 제품을 출시하고 있다. 이러한 제품 전문화와 시장 전문화는 전문성을 활용해 시장을 확대한다는 강점은 있으나 특정 제품이나 시장에 의존한다는 점은 여전한 위험 요소이다.

셋째, 전체 세분시장에 모두 진출하면서, 전체 세분시장에 대해 동일한 마케팅믹스를 활용하는 비차별화(undifferentiated) 포괄 전략이 있다. 예를 들어 마이크로소프트는 전 세계 시장에 다양한 제품군을 출시하되 표준화된 마케팅 전략을 추진하고 있다. 이러한 전략은 표준화(standardization)와 대중 생산(mass production)에 기반을 둔 강점을 갖고 있다. 그런데 미국의 자동차 시대를 연 포드(Ford)의 T모델처럼 비차별화 전략은 경쟁에 취약한 약점을 갖고 있다. 비차별화 전략을 선택할거면 왜 시장세분화를 하는지 의구심이 들 수 있지만, 시장을 나눈 다음 이 전략이 갖는 강점에 주목할 필요가 있다면 이러한 전략을 선택할 수 있다.

넷째, 전체 세분시장에 진출하면서, 세분시장별 차별화된 마케팅믹스를 활용하는 차별화(differentiated) 포괄 전략이 있다. 예를 들어 대부분의 자동차 회사들은 자동차와 관련된 거의 모든 세분시장에 차별화된 제품, 가격, 유통, 촉진의 방식을 활용해 진출하고 있다. 차별화된 마케팅믹스를 활용해 고객 욕구을 보다 잘 충족시켜 줄 수 있다는 점은 비차별화 포괄 전략보다 낫지만 전체 세분시장을 대상으로 한다는 점에서 자원의 제약을 갖는 기업에서 활용하기는 어려운 전략이다.

(3) 단계별 표적시장 진출 계획 수립

자원이 풍족하지 않은 기업들은 초기에 복수의 시장에 진출하는 전략을 선택하기 어렵다. 따라서 특정 시장의 성공을 바탕으로 다른 세분시장들에 순차적 진입을 모색하는 전략이 바람직할 것이다. 예를 들어 이랜드는 초기 성공을 발판으로 '아동복', '시계 및 쥬얼리', '여성 캐주얼' 등에 순차적으로 진출하였다. 한편 다수의 세분시장에 진출할 장기 계획을 갖고 있는 기업들도 의도적으로 장기 계획을 감추고 순차적으로 시장에 진입하는 전략을 취하기도 한다. 이런 경우 경쟁사들은 해당 기업이 바로 다음 어떤 세분시장에 진출할 것인지 알 수 없게 된다. 예를 들어 펩시콜라는 코카콜라를 뛰어 넘기 위한 원대한 계획을 갖고 있었으나 먼저 '식료품시장'에 진출하고, '자판기 시장', '패스트푸드 시장' 등에 순차적으로 진출하였다.

전체 세분시장 포괄 전략을 추진하는 기업들도 한꺼번에 모든 세분시장에 진출하는 것이 매우 높은 위험을 안고 있는 의사결정이다. 그래서 특정 세분시장 성공 이후에 다른 세분시장으로 진출하거나 장기적으로 모든 세분시장에 진출하더라도 세분시장에 진입하는 시기는 순차석으로 결성하는 것이 바람직할 수 있는 것이다. 해외시장 진출을 모색하고 있는 기업들이 이러한 전략을 활용하기도 한다. 예를 들어 아모레는 프랑스, 미국, 중국에 순차적으로 진출하는 해외시장 공략 전략을 활용하였다.

포지셔닝

(1) 포지셔닝의 의의 및 정의

표적시장을 선택하고 나면 해당 표적시장의 소비자들에게 자사 제품을 어떻게 인식되게 할 것인가를 결정해야 한다. 포지셔닝(positioning)이란 표적시장 소비자의 마음 속에 자사 브랜드를 적절히 위치시키려는 적극적인 노력을 의미한다. 위치시킨다는 것은 소비자들의 마음속에 브랜드를 각인시키는 것을 의미한다. 이를 위해 기업은 소비자의 생각 속에 어떠한 위치가 바람직한 위치인지를 판단해야 한다. 소비자들은 구매 상황에서 '어떤 브랜드들'을 떠올리고 '이 브랜드가 저 브랜드보다 낫다'라고 생각하면 해당 제품을 구매할 가능성이 높다. 즉 좋은 위치는 독특해서 잘 떠오르고 다른 대안보다 뛰어나다는 인식을 의미한다. 이러한 의사결정에 활용하기 위해 소비자의 생각 속에 존재하는 여러 제품들의 상대적 위치를 도표에 표현한 것을 포지셔닝 맵(positioning map) 또는 지각도(perceptual map)라고 한다.

소비자들은 과거 경험이나 주변으로부터 얻은 정보를 통해 브랜드들을 떠올리고 브랜드의 특성과 강점에 대한 생각을 갖게 된다. 그리고 해당 제품군을 구매해야 할 때 이러한 기억을 떠올려 특정 제품이 낫겠다는 인식을 한다. 따라서 기업들은 자사의 브랜드가 소비자의 인식에서 유리한 위치를 점하기를 희망한다. 결국 소비자들에게 선택받기 위한 경쟁은 '제공물과 마케팅 활동에 대한 기업 간 경쟁'이라기보다는 '소비자들의 인식에서 유리한 위치를 점하려는 경쟁'이라고 할 수 있다. 어떤 기업의 제공물과 마케팅활동은 소비자들의 인식이라는 결과물로 마무리되기 때문이다. 따라서 최종 결과물인 인식 수준에서 방향성을 잡고 목표를 설정하는 것이 타당한 방식이다. 요약하면 기업이 소비자에게 선택받으려면 인식의 경쟁에서 이겨야 하고 이를 다루는 것이 포지셔닝인 것이다.

소비자들 마음속의 독특하고 경쟁력 있는 위치는 소비자들이 '왜 그 제품을 사야 하는지'에 대한 이유를 제시해 준다. 기업들은 포지셔닝을 통해 바람직한 위치를 결정하고 이를 심어주어야 한다. 포지셔닝을 통해 제시되는 기업의 매력적인 가치제안(value proposition)은 소비자들의 선택에 큰 영향을 미칠 것이다.

포지셔닝의 결과는 포지셔닝 기술서(positioning statement)에 담게 된다. 포지셔닝 기술서에는 소비자들의 행동을 유도할 동기부여 방향과 자사 제품의 경쟁우위를 부각시킬 수 있는 방향이 포함되어야 한다. 해당 제품군을 구매하고 싶게 만드는 동기부여만 있고 해당 제품의 경쟁우위가 없으면 경쟁자를 도와주는 포지셔닝 전략이 된다. 반면 동기부여는 없고 경쟁우위만 있다면 경쟁우위가 매출로 이어지지 못하는 포지셔닝 전략이 될 것이다. 즉 바람직한 포지셔닝은 표적시장의 본원적 수요를 촉발하고 그러한 수요가 해당 기업의 제품 선택으로 이어질 수 있도록 해야 한다.

동서식품 '카누(KANU)'는 Cafe 또는 Coffee와 '새로움'이라는 의미의 'New'가 합쳐진 브랜드 명으로, 새로운 카페, 새로운 커피를 의미한다. '카누'는 브랜드 명의 의미처럼, 커피전문점에서 에스프레소를 추출하는 방식으로 뽑은 커피를 그대로 냉동 건조한 후 커피 파우더에 미세하게 분쇄한 볶은 커피를 코팅한 제품으로, 물에 타기만 하면 바로 커피전문점 커피를 간편하고 쉽게 즐길 수 있는 '신개념 인스턴트 원두 커피'이다.

카누에는 커피의 맛을 결정짓는 황금비율로 일컬어지는 95 : 5 비율이 있다. 이 중 95는 카누의 인스턴트 커피 파우더를, 5는 미분쇄 원두의 함량을 의미한다. 에스프레소 추출 방식으로 추출한 커피액을 동결건조(FD공법: Freeze Drying)한 95%의 커피파우더가 진한 에스프레소의 맛과 향을 발현하고, 5%의 미분쇄 원두가 깊고 은은한 커피의 풍미를 내 조화롭게 만들어 주는 것이다.

2011년 10월 출시 이후 인스턴트 원두커피라는 새로운 카테고리로 국내 커피 시장 트렌드를 이끌어온 '카누'는 지난 5월 9일 중국 상하이에서 열린 2013 아시아 마케팅 효율성 페스티벌(Festival of Asian Marketing Effectiveness, FAME)에서 국내 브랜드의 마케팅 캠페인 최초로 음료 부문과 베스트 인사이트 부문에서 각각 최고상과 동상을 수상했다.

특히 '세상에서 가장 작은 카페'라는 마케팅 캠페인 메시지를 그대로 구현한 제품 패키지 및 소비자 커뮤니케이션 전략과 인스턴트 원두커피라는 새로운 제품 카테고리의 창출을 카누가 이끌었다는 점을 높이 평가받으며 아시아 최고의 음료로 자리매김했다.

**CASE 3
동서식품 카누의 포지셔닝**

인스턴트 원두커피 대표 제품으로 카누가 자리를 잡기까지는 적극적인 노력이 필요했다. 동서식품은 카누가 처음 사용한 '인스턴트 원두커피'라는 생소한 개념을 소비자에게 인지시키기 위해 발매 초기부터 소비자 체험에 초점을 맞춘 마케팅 캠페인을 집행했다. 출시 직후 소비자들이 카누를 직접 체험해볼 수 있도록 서울 강남구 신사동 가로수길과 부산 중구 광복로에 카누 팝업 스토어를 차례로 마련한 것이 소비자들의 자발적인 입소문을 타고 카누의 콘셉트를 알리는 데 큰 도움이 됐다.

이 밖에도 스키장과 오피스타운 등 다양한 장소에서 카누 시음회를 열어 카누를 체험해 볼 수 있는 기회를 마련함으로써 소비자들에게 큰 호응을 얻었다. 이렇게 카누의 제품력을 바탕으로 초기부터 소비자 접점의 다양한 활동을 실시한 결과, 지난 2012년 한해 동안만 2억 잔(아메리카노 1잔 기준) 판매를 돌파했고 2013년 상반기 4억 잔 판매를 기록해 명실공히 국내 인스턴트 원두커피 시장의 선두 입지를 확고히 하고 있다.

자료원: 동아일보 2013. 12. 9 수정 인용

(2) 고객지향적 포지셔닝의 체계 및 과정

1) 포지셔닝을 위한 경쟁의 정의

포지셔닝은 소비자의 관점으로부터 출발해야 한다. 포지셔닝 전략의 대상은 표적시장의 소비자이고 위치는 소비자의 생각 속에 있는 경쟁 브랜드에 대한 상대적 위치이다. 따라서 먼저 표적시장에 대한 명확한 정의와 경쟁의 본질에 대한 이해가 선행되어야 한다. 즉 위치를 설정할 소비자라는 캔버스의 특징을 파악하고 이러한 캔버스에 포함될 비교 대상을 결정해야 한다. 이를 '경쟁과 관련된 준거틀(competitive frame of reference)의 정의'라고 한다.

우선 포지셔닝을 위해 필요한 표적시장 소비자의 특징을 구체적으로 파악해야 한다. 현재 관련 제품 구매와 관련되어 어떤 모습을 보이고 있는지를 파악해야 한다. 또한 포지셔닝은 기업의 다양한 활동들이 소비자에게 어떻게 받아들여지고 의미부여되는지에 따라 성패가 결정된다. 따라서 의미 부여에 영향을 미치는 가치나 문화의 특성을 파악해야 한다.

다음으로 경쟁의 본질에 대해 고민해야 한다. 일반적으로 경쟁 대상이라고 하면 해당 산업 내의 주요 경쟁자를 떠올릴 수 있다. 그런데 기업이 판단하는 경쟁자와 고객들이 생각하는 경쟁자가 다를 수 있다. 고객들의 경쟁과 관련된 생각이 일반적인 산업구분을 따라야 할 필요는 없기 때문이다. 따라서 소비자의 인식에서 유사한 위치를 차지하고 있는 기업들이 우선적으로 고려해야 할 경쟁자이다. 예를 들어 소비자들이 가격대가 낮은 피자 중 어떤 것을 선택할까 고민하는 상황이라면 우리 회사처럼 가격대가 낮은 피자 브랜드들이 우리의 주된 경쟁자들인 것이다. 즉 소비자들이 전체 피자들을 어떤 카테고리로 나누어 생각하는지 제대로 알고 있어야 핵심적인 비교대상들을 선정할 수 있다.

심지어 경쟁자가 해당 산업 밖에 존재할 수도 있다. 예를 들어 배스킨라빈스의 경쟁자는 누구인지 생각해보자. 기업의 관점에서 보면 '나뚜르', '콜드스톤' 등을 경쟁자라고 생각할 수 있다. 그런데 소비자들이 주로 나뚜르와 배스킨라빈스 중 무엇을 선택할까를 고민하는 것이 아니라 후식으로 '파리바게트의 빵'과 '배스킨라빈스의 아이스크림' 중 무엇을 선택할까를 고민한다면 배스킨라빈스의 주된 경쟁자는 파리바게트가 된다. 즉 경쟁의 범위를 어떻게 판단하는지에 따라 포지셔닝의 비교 대상은 달라질 수 있다. 기업 관점에서 통상 경쟁자로 판단하는 대상과 소비자들이 생각하는 경쟁자라고 인식하는 대상 중 무엇을 따라야 할 것인가? 포지셔닝이 소비자의 마음 속에 위치를 잡는 것이기 때문에 소비자의 관점을 따르는 것이 당연히 옳다. 따라서 소비자들의 마음속에서는 어떤 식의 비교가 주로 이루어지는지를 파악해서 경쟁을 정의해야 할 것이다.

2) 유사점과 차별점의 검토

이렇듯 경쟁과 관련된 틀이 결정되었다면 소비자들에게 어떤 점을 부각시킬 것인지를 결정해야 한다. 일반적으로 포지셔닝은 경쟁사들과 다른 차이점을 부각시키는 것이라고 생각할 수 있다. 물론 틀린 말은 아니다. 그렇지만 차이점만을 선택하는 것만으로는 경쟁우위를 확보하지 못할 수 있다. 경쟁 브랜드가 포지셔닝의 포인트로 제시하고 있는 것이 해당 제품군의 핵심적인 속성이거나 매우 매력적인 속성일 경우를 가정해보자. 그렇다면 단순히 경쟁사와 다르다는 점만을 부각시키는 포지셔닝은 독특하기는 하나 경쟁우위를 제공해 주지 못할 수 있다. 예를 들어 어떤 기저귀 브랜드가 독특하게 '예쁜' 기저귀라는 점을 차이점으로 제시하는데 핵심 속성인 '흡수력'은 별로일 것 같아 보인다면 과연 소비자들에게 매력적으로 보이는 바람직한 포지셔닝이라 할 수 있겠는가?

따라서 포지셔닝에 있어 부각시킬 포인트를 결정할 때는 차별점뿐만 아니라 유사점에 대해 검토하는 과정이 필요하다. 포지셔닝에 있어 다른 경쟁 브랜드들도 갖고 있는 속성이나 혜택을 유사점(points-of-parity, POPs)이라고 한다. 여기에는 해당 제품군에 포함된 브랜드라면 기본적으로 갖추고 있어야 할 속성이나 혜택을 의미하는 필수적 유사점(necessary POPs)이 포함된다. 예를 들어 기저귀의 경우 '흡수력'과 같은 속성은 기저귀 제품군에 속한 어떤 브랜드라도 기본적으로 갖추어야 할 속성이라고 할 수 있다. 또한 유사점에는 경쟁 브랜드가 중점적으로 부각시키는 차별점으로, 경쟁사의 우위를 무력화시키기 위해 필요한 경쟁적 유사점(competitive POPs)도 포함된다. 경쟁사의 차별점이 표적시장 소비자들에게 매우 결정적인 것이라면 자사도 해당 속성이나 혜택을 갖고 있다는 것을 제시하는 것이 바람직할 것이다. 예를 들어 기저귀의 '사용 편리성'을 경쟁사에서 차별화 포인트로 삼고 있는데 이러한 속성이 소비자에게 매우 중요한 경우를 상상해보자. 그렇다면 우리 브랜드도 '사용 편리성'을 갖추고 있다는 점을 부각시킴으로써 경쟁사의 포지셔닝 상의 경쟁우위를 무력화시킬 수 있을 것이다.

한편 소비자들에게 중요하지만 경쟁브랜드들에게는 없는 자사 브랜드만의 독특한 속성이나 혜택을 차별점(point-of-differences, PODs)이라고 한다. 자사 브랜드가 다른 브랜드를 뛰어넘는 독특한 우위가 있다는 점을 포지셔닝에 담아야 한다. 예를 들어 자사 기저귀는 유아들의 피부가 짓무르지 않게 하는 '피부 보호'라는 측면에서 다른 브랜드 기저귀들과 차별점을 갖는다는 점을 부각시킬 수 있다. 이러한 차별점이 브랜드 이미지로 형성되기 위해서는 강력하고 호의적이며 독특한 연상을 형성할 수 있어야 한다.

3) 포지셔닝의 결정과 전달

포지셔닝에서 차별점뿐만 아니라 유사점도 중요하다는 주장을 접하면 다음과 같은 의문이 생길 수 있다. '실제 많은 기업들이 유사점은 언급하지 않고 차별점만 제시하지 않는가?' 그렇게 보일 수는 있다. 그렇지만 이는 유사점을 압도할 만한 우위를 제공하는 차별점이어서 굳이 유사하다는 측면을 담고 있지 않거나 유사하다는 측면을 담고 있지만 표현상 두드러지지 않는 데서 그 이유를 찾아볼 수 있다. 또 '그렇다면 포지셔닝에서 유사점과 차별점 모두를 잔뜩 늘어놓으라는 것인가?'라는 의문을 떠올릴 수 있다. 물론 최종적으로 결정된 포지셔닝에 유사점과 차별점이 모두 표현될 수도, 차별점만 표현될 수도 있다. 여기서 중요한 것은 어떠한 형태를 취하더라도 유사점과 차별점을 모두 검토해야 경쟁우위를 확보할 수 있다는 것이다.

실제 다른 제품들이 갖고 있는 장점들은 유사하게 갖고 있고 여기에 덧붙여 더 뛰어난 차별점을 갖고 있다고 주장하는 것은 매우 힘들다. 어쩌면 이것이 너무 힘들었기 때문에 어느 누구도 하지 못하고 있었던 것일 수도 있다. 따라서 다른 경쟁사들의 포지셔닝을 뛰어 넘는 포지셔닝을 제시하기 위해서는 소비자 인식의 상쇄(trade-off) 관계를 극복할 수 있어야 한다. 소비자 인식의 상쇄관계란 어떤 측면이 좋으면 다른 측면이 좋지 않을 것이라고 생각하는 소비자들의 인식 경향을 의미한다. 따라서 두 측면 모두 좋다고 소비자들에게 인식시키는 것이 매우 힘들다. 예를 들어 가격이 낮다는 강점을 부각시키면 품질은 좋지 않을 것이라고 인식한다. 강력한 효과를 갖는다는 점을 부각시키면 순하지 않을 것이라고 인식한다. 이용편리성과 품질, 맛과 저칼로리, 강함과 정교함 등의 인식에서도 상쇄관계가 존재한다.

이러한 상쇄관계를 극복하는 것은 매우 어려운 일이지만 만약 성공할 수 있다면 뚜렷한 경쟁우위를 확보할 수 있는 길이 된다. 따라서 몇몇 기업들은 이 상쇄관계를 극복하고자 시도하였다. 애플은 '이용하기 편리한 제품은 품질이 높지 않다'라는 인식을 불식시키고자 다음과 같은 논리를 들어 정면돌파를 모색했다. '다양한 기능을 갖는 등 품질은 높지만 소비자들이 이용하기 불편해 활용할 수 없다면 무슨 소용이 있는가?' 샴푸 브랜드 헤드앤숄더는 순해서 '헤드'에도 좋고 강한 세척력으로 비듬을 없애 '숄더'에도 좋은 제품이라는 포지셔닝을 추구했다. 이 기업은 소비자 인식의 상쇄관계를 극복하기 위해 '헤드'에 관한 프로그램과 '숄더'에 관한 프로그램을 구분해서 실시하는 방법을 사용

헤드 앤 숄더

했다고 한다.

간혹 이러한 상쇄관계를 극복할 수 있는 획기적인 아이디어나 기술이 출현하기도 한다. 예를 들어 암앤해머가 출시한 베이킹파우더 치약은 이러한 상쇄관계를 극복할 수 있었다. 청소 재료로 사용될 만큼 '강력한 효과'와 빵을 만들 때 사용되어 심지어 먹을 수 있는 '순함'이 동시에 부각될 수 있는 것이다.

기업이 구체적으로 포지셔닝에 포함시킬 포인트를 찾기 위해서 다음과 같은 측면들을 검토해 볼 수 있다.

첫째, 기업들은 일반적으로 제품의 '속성(attribute)'에서 포지셔닝의 포인트를 찾아볼 수 있다. 즉 특정 속성에 있어서 매우 뛰어나다는 점을 포지셔닝에 활용한다. 예를 들어 애플은 '디자인'이라는 속성에 있어 단순하고 사용자 친화적이라는 점을 포지셔닝 포인트로 지속적으로 활용하였다. 어떤 기업들이 '세계에서 가장 큰', '세계 최초로 통화 기능을 도입한' 등과 같은 속성을 포지셔닝에 부각시키고 있다.

둘째, '혜택(benefit)'도 포지셔닝에 많이 활용된다. 즉 자사 제품이 특정 혜택을 대표하는 제품이라는 인식을 심어주는 방식의 포지셔닝을 의미한다. 예를 들어 크록스는 '편하다'는 기능적 혜택을, 할리데이비슨은 '터프함'이라는 상징적 혜택을 포지셔닝의 포인트로 활용하고 있다.

셋째, 제품의 '사용자'를 포지셔닝의 포인트로 활용하기도 한다. 즉 특정 사용자 집단을 위한 제품이라는 포지셔닝을 활용하는 것이다. 예를 들어 미스터피자는 '여자'들을 위한 피자라는 포지셔닝으로 시장에 어필하였고, 팀버랜드는 '환경을 생각하는 소비자'들이 신는 신발로 지속적으로 포지셔닝하고 있다.

넷째, 특정 '제품군'에 속한다는 포인트를 부각시키는 방법도 활용되기도 한다. 즉 새로운 카테고리를 만들고 이 카테고리의 대표 제품이라는 인식을 심는 포지셔닝을 추구하는 것이다. 세븐업이 코카콜라에 대응하기 위해 추진했던 언콜라 캠페인(un-cola campaign)이 이러한 포지셔닝의 대표적인 예라고 할 수 있다. 세븐업은 '콜라와 다른 탄산음료'라는 콜라의 부정적인 측면을 뛰어넘는 새로운 카테고리를 만들고 이 카테고리의 대표 제품이라는 인식을 통해 엄청난 성공을 거두었다. 본 교재에서 소개하고 있는 동서식품 카누의 경우도 '신개념 인스턴트 원두커피'라는 새로운 제품군을 활용한 포지셔닝이라고 할 수 있다.

다섯째, '품질과 가격'도 포지셔닝의 포인트로 활용할 수 있다. 품질과 가격은 제품을 판단할 때 사용되는 가장 기본적인 두 가지 속성이라고 할 수 있다. 따라서 품질과 가격의 구성은 포지셔닝에서도 활발히 활용된다. 많은 기업들이 '고품질' 또는 '저가격'이라는 포지셔닝을 활용한다. 한편 가격 대비 품질의 형태로 포지셔닝 포인트를 부각시키기도 한다. 예를 들어 렉서스는 고품질을 지향하면서 가격대비 품질에 있어 벤츠나 BMW에 비해 우위에 있다는 점을 강조하는 포지셔닝을 추구한다.

　　포지셔닝에 활용할만한 유사점과 차별점의 후보 대안이 도출되었다면 이러한 포인트의 타당성에 대한 검토가 이루어져야 한다. 즉 기업들은 유사점과 차별점의 선택에 있어 다음과 같은 측면을 고려해야 한다. 첫째, 유사점과 차별점이 소비자의 관점에서 볼 때 타당한 것인지 검토해야 한다. 부각시킬 포인트는 소비자에게 중요하고 관련성이 높아야 하고, 포지셔닝이 독특하고 경쟁우위를 인식시킬 수 있어야 하며, 소비자들이 믿을 수 있는 것이어야 한다. 둘째, 유사점과 차별점이 기업의 관점에서 볼 때 타당한지 검토해야 한다. 즉 이러한 포지셔닝이 실현가능해야 하고, 소비자들에게 커뮤니케이션할 수 있어야 하며, 경쟁사들의 공격을 견뎌낼 수 있어야 할 것이다. 물론 이러한 측면을 모두 갖춘 이상적인 포지셔닝을 찾아내는 것은 매우 어렵고 어쩌면 현실적으로 불가능에 가까운 것일 수도 있다. 그렇지만 이러한 기준을 체크리스트로 활용하여 점검하는 것은 매우 의미있는 일이라 생각된다.

. . . .
토론사례

뽀로로

뽀로로는 애니메이션 '뽀롱뽀롱 뽀로로'에 등장하는 주인공이다.
뽀로로가 열광적인 반응을 얻은 이유를 설명하기란 쉽지 않다. EBS
에 불과 5분짜리 프로그램에 등장한 게 전부이기 때문이다. 하지만
뽀로로의 인기는 폭발적이다. 2003년 EBS에서 첫선을 보인 이 프
로그램은 지금까지도 확고하게 애니메이션 시청률 1위를 차지하고
있다. 2004년부터 프랑스 TF1에서 방영돼 무려 47%의 시청률을 기
록했다. 또 영국, 인도, 멕시코 등 세계 110여 개국에 수출됐다.

뽀로로
뽀로로는 웬만한 기업을 능가하는 성과를 내고 있다. 애니메이션
에서 파생된 캐릭터 상품이 특히 인기다. 뽀로로 캐릭터 상품은 일반 완구부터 '뽀로로와 친구
들 초코케익'(뚜레쥬르), '뽀로로 통장'(국민은행), '뽀로로 잉글리쉬'(대교)에 이르기까지 숱하게
많다. 라이선스 사업은 총 600여 가지나 된다. 상품의 누적 매출은 2003년부터 2009년까지
무려 8,297억 원(소매 가격 기준). 연 매출이 전년 대비 약 5배(491.8%)로 폭증한 2004년을 제외
하더라도, 2005년부터 2009년까지 뽀로로 제품 매출의 연평균 성장률은 54.0%(전년 대비)에
이른다.

한국콘텐츠진흥원이 뽀로로와 둘리, 딸기, 마시마로, 뿌까 등 국산 5개 캐릭터와 키티, 푸우
등 2개 외국 캐릭터의 브랜드 가치를 분석한 결과 뽀로로(8,519억 원)가 푸우(8,019억 원)를 제치
고 키티(9,010억 원)에 이어 2위에 올랐다. 푸우가 84세(1926년 탄생), 키티가 36세(1974년)인 반면
뽀로로가 7세에 그친다는 점을 감안하면 매우 고무적인 성과다.

뽀로로는 아이코닉스가 2001년부터 구상에 들어가 무려 3년의 치밀한 준비 끝에 세상에 나
왔다. 유아용 콘텐츠 산업은 사용자(user)와 구매자(buyer)가 다른 대표적인 상품이다. 뽀로로
는 사용자의 눈높이에 맞추면서도 구매자의 교육적인 욕구(needs)까지도 충족시켰다. 당시에
는 유아용 인형극인 '텔레토비'가 단연 인기였다. 아이코닉스의 최사장 역시 텔레토비에 푹 빠
져 있는 아들을 보고, 텔레토비처럼 2~5세 정도의 유아를 대상으로 하는 애니메이션을 만들
어보고 싶었다. 조사를 해보니 '유아용 애니메이션'이라는 시장이 의외로 무주공산이었다. 당
시 인기를 끌던 애니메이션은 '마시마로', '뿌까' 등으로 유아보다는 유치원생이나 초등학생을
대상으로 하고 있었다. 텔레토비는 유아를 대상으로 하기는 했지만, 인형극이었기 때문에 유
아의 눈높이에 걸맞은 상상력을 풍부하게 표현하기 어렵다는 근본적인 한계가 있었다.

　유아용 애니메이션이라는 차별화된 시장을 공략하는 만큼 표적 고객에 맞는 차별화된 전략이 필요했다. 먼저 아이코닉스는 짧은 시간 유아가 집중력을 발휘할 수 있는 시간이 기껏해야 7분 정도라는 연구 결과에 주목했다. 당시 애니메이션의 분량은 한 회당 최소 10분이었다. 하지만 아이코닉스는 이를 5분으로 줄였다. 특히 1, 2초에 불과한 시간 동안에 보여지는 캐릭터들의 동작에 대해서도 고심했다. 스토리도 스토리이지만, 동작 자체가 유아들에게 큰 흥미를 주기 때문이다. 유아들이 어떤 장면에서 좋아하는지 살피기 위해 제작팀은 바로 옆에서 아이들을 관찰했다. 아이들은 이런 우스꽝스러운 '슬랩스틱'에 열광했다. 캐릭터들의 머리도 일부러 크게 했다. 뽀로로는 '1.9등신'이다. 뽀로로는 머리가 크고 몸이 작은 가분수 형태로 유아들 자신과 흡사하다. 유아들의 눈에는 뽀로로가 더 친숙하다.

　또 캐릭터들이 유아들과 유사한 성격을 지니게 만들었다. 뽀로로는 신기한 물건을 발견하면 호기심이 발동해 하고 싶은 걸 꼭 하는 성격이다. 좌충우돌로 실수가 많지만, 마을을 활기차게 다닌다. 흔히 주위에서 볼 수 있는 친구들과 흡사한 친구들을 등장시켰다. 주인공은 뽀로로지만 각 회별로 때에 따라서는 다른 캐릭터가 사실상의 주인공이 되기도 한다.

　뽀로로는 특정 국가나 특정 문화권에서만 통하는 콘텐츠가 아닌 보편성을 지닌 콘텐츠가 되게 기획했다. 국내 애니메이션 시장만 바라보고 사업하면 규모가 턱없이 작기 때문이다. 초기부터 철저하게 해외 마케팅을 기획했다. 국내에 뽀로로 애니메이션은 2003년 11월 본격 방영됐지만, 그 이전인 2003년 7월 국제 애니메이션 축제인 프랑스 안시페스티벌에 먼저 출품됐다. 뽀로로는 여기서 방송용 애니메이션 부문에 노미네이션되는 성과까지 얻었다. 2003년 가을 MIPCOM에서 프랑스 TF1 채널에서 방송 판권을 사들인 뒤 1년 뒤에 뒤 국내 애니메이션으로는 처음으로 뽀로로가 유럽의 공중파를 탔다. 이후에도 브라질 '아니마 문디 페스티벌'과 이탈리아 '카툰스 온 더 베이' 등 쟁쟁한 국제 대회에서도 경쟁작으로 초청받았고, 결국 110여 개국에서 방영되기에 이르렀다. 특히 2003년 뽀로로 출시 초기 시큰둥한 반응을 보였던 디즈니 아시아채널도 입장을 바꿔 판권을 구입해 아시아 20개국에 한꺼번에 뽀로로가 방영되기도 했다.

　캐릭터를 구상할 때 처음부터 의도적으로 사람을 배제했다. 아이들이 동물을 좋아해서이기도 하지만, 무엇보다도 사람을 캐릭터로 하면 백인이든 흑인이든 아시아인이든 인종적인 냄새를 풍길 수밖에 없기 때문이다. 이와 함께 주인공 캐릭터 이름도 부르기 쉽게 정했다. 글을 못 읽는 유아를 대상으로 하기 때문에 글자 사용을 최대한 자제했지만, 부득이하게 필요할 때에는 한글이 아닌 영어를 썼다. 예를 들어 뽀로로가 읽는 책의 글자와 제목은 모두 영어다. 해외로 나가면서 그림을 수정할 때 비용이 만만치 않기 때문이다. 글로벌 분위기를 느낌을 주면

뽀로로 몰

서도 해외에 수출할 때 별도의 수정 작업을 거치지 않도록 했다. 글로벌화된 콘텐츠라는 점은 다른 부수적인 효과도 가져왔다.

유아용 콘텐츠는 사용자와 구매자가 다른 전형적인 사례다. 다시 말해 구매하는 부모와 해당 상품을 이용할 유아의 입맛을 모두 맞춰야 한다. 뽀로로는 이런 조건에 모두 부합했다. 당시 독점 방영하게 된 하나로텔레콤의 채널인 하나TV는 뽀로로의 영어 버전을 방영했다. 유아들에게 조기 영어 교육을 시키기 위해 뽀로로를 구매하는 부모가 적지 않았다. 스토리 라인 자체도 문제 해결 방식을 익히게 제작됐다. 캐릭터들이 단순히 웃고 즐기는 게 아니라 잘못했으면 미안하다고 사과할 줄 아는 캐릭터, 혹은 고마워하거나 화해할 줄 아는 캐릭터로 만들었다.

뽀로로는 7세로 글로벌 캐릭터인 헬로 키티, 푸우, 미키 마우스 등과 같은 글로벌 캐릭터와 어깨를 견줄 만한 장수 캐릭터로 판단하기에는 이르다. 뽀로로가 지금의 성과를 얼마나 오랫동안 유지하느냐가 뽀로로의 성공 여부를 가늠하는 잣대가 될 것이다. 이를 위해 브랜드 시리즈 전략(brand series strategy)이 필요하다. 변화하는 환경 속에서 유아들이 어떠한 것에 관심을 기울여가는지 면밀히 살펴볼 필요가 있다. 에피소드를 지속적으로 업데이트시켜 나가야 한다. 브랜드 액세서리 전략(brand accessory strategy)도 고려할 필요가 있다. 늘 새로운 자극물을 붙여나감으로써 지겹지 않게 해주는 효과가 있다. 또 액세서리 관련 상품의 출시로 매출 증대 효과를 동시에 꾀할 수 있기에 브랜드를 롱런시킬 수 있는 유용한 비즈니스 모델을 겸비한 브랜드 전략이다.

　　뽀로로 캐릭터 상품 관련 매출액은 2004년 전년 대비 491.8%로 폭증한 뒤 2005년 89.6%, 2006년 38.0%, 2007년 81.3%, 2008년 50.1%, 2009년 11.1%를 나타내고 있다. 2009년의 성장률이 낮지는 않지만, 그간의 성장률과 비교했을 때 비교적 정체 상태에 이른 것으로 보인다. 콘텐츠 산업의 수익 구조에서 라이선스 수익의 비중이 압도적으로 높은 점을 감안하면, 뽀로로는 현재 로열티 수입 확대의 돌파구를 찾아야 한다. 유력한 대안은 해외 시장이다. 지금도 해외에 애니메이션이 수출되고는 있지만, 해외에서 라이선스 매출이 본격적으로 발생하지 않고 있다. 부가 상품 수익을 올리려면 지속적인 콘텐츠 생산이 필수적이다. 국내에서 뽀로로 시즌 1, 2, 3가 지속적으로 방영된 것처럼 해외에서도 뽀로로 시리즈를 방영해 해외에서도 국내 못지않은 부가가치를 창출하는 게 과제다.

자료원: 동아비즈니스리뷰 2010. 5. 1 수정 인용

토론문제

01 애니메이션 산업과 관련된 시장세분화 변수에는 어떠한 것들이 있을까?

02 본 장에서 학습한 관련 내용을 활용하여 뽀로로의 표적시장 선정과 포지셔닝을 평가하시오.

03 미래 성장 돌파구를 마련해야 할 사례 당시 상황에서 뽀로로의 바람직한 STP 전략 변화방향을 제시하시오.

07

제품관리

07

제품관리

　학생 A는 스마트 워치의 알람 진동에 맞춰 일어나서 양치질과 샤워를 한 다음 시리얼과 우유로 아침식사를 간단히 끝낸다. 첫 수업에 늦지 않으려고 소요시간이 정확한 지하철을 타고 학교에 도착했는데 예상보다 빨리 도착해서 학교 앞 테이크 아웃 카페로 들어섰다. 늘 마시는 아이스 아메리카노 한 잔을 간편결제로 구매해서 도서관으로 향했고 새로운 교재를 온라인 서점에서 e-Book으로 구매한 다음 강의실로 향했다. 강의실에서는 실습용 PC를 이용해서 여러 문제들을 분석했는데, 눈이 피로해서 인공 눈물을 수시로 넣어야 했다. 수업이 끝난 후 스마트폰으로 토익시험을 신청한 다음 모바일 카드로 결제하였다. 수업시간에 계속 울려댔던 이메일과 메신저를 확인하였으며, 점심을 먹으러 학생 식당에 줄을 선채 모바일 게임 삼매경에 빠졌다. 집으로 돌아오는 길에는 안과에 들러 안구 건조증 치료를 받고 약국에서 처방약을 받았으며, 병원 옆 백화점에서 친구들을 만나 옷과 신발을 함께 산 후 1,000만 관객의 최신 영화를 봤다. 집으로 돌아오는 길에 편의점에서 구매한 삼각 김밥으로 저녁식사를 마친 A는 포밍 크림으로 세안을 하고 로션과 아이크림을 바른 다음 수분 보충제로 마무리를 하였다. 목 디스크 증상이 있어 최근에 새로 구매한 인체 공학 베개를 베고 잠을 청했다. 조금 전 거울에서 봤던 자기 머리를 떠올리고는 내일 오후에는 미용실에 들러 머리를 새로 하기로 마음을 먹었다. 잠든 A의 귀에는 무선 이어폰이 끼어져 있으며 옆에서는 밤새도록 가습기와 공기정화기가 돌아가고, 테블릿 PC에는 온라인 음원사이트에서 구매한 김광석의 노래가 구동되고 있었다.

본 장부터는 본격적으로 마케팅믹스(marketing mix) 요인들을 살펴본다. 마케팅믹스는 마케팅 목표 달성에 사용되는 다양한 수단들의 조합이라 할 수 있다. 이들 수단들을 몇 개 요인으로 분류하는가에 따라 6P, 7P 등으로 정의할 수 있으나, 일반적으로 4P를 마케팅믹스의 기본적인 구조로 활용하고 있다. 4P는 제품(product), 가격(price), 유통(place), 촉진(promotion) 요인으로 각각 구성되며, 마케팅 목표 달성을 위해 이들 4가지 요인들을 효과적으로 결합한 것을 마케팅믹스전략이라고 한다. 본 장에서는 이들 마케팅믹스 요인 중 제품에 대해 구체적으로 살펴본다.

도입사례는 평범한 대학생의 일상을 제품과 연관지어 기술하고 있다. 특별히 눈에 띄는 라이프스타일의 소비자가 아님에도 불구하고 대략 50여 개의 제품을 이용하는 하루 일과가 진행되고 있다. 개중에는 반드시 필요한 제품이 있는가 하면 없어도 불편함이 없는 제품도 있으며, 대체 가능한 제품이 있는가 하면 대체 불가능한 제품도 있다. 대학생에게는 사실상 필수품이지만 다른 직업이나 계층의 사람들에게는 여전히 낯설거나 이용이 쉽지 않은 제품도 있으며, 일상생활을 유지하는 데 필수적인 제품이면서도 공짜인 제품이 있는가 하면 예전엔 공짜로 사용했지만 지금은 가격을 지불해야 하는 제품도 있다. 그러나 어떠한 형태의 제품이건 평범한 소비자의 하루 일과는 제품으로 시작해서 제품으로 마무리된다.

소비자에게 있어 제품이란 무엇일까? 구체적으로 도입사례에 등장하는 대학생은 왜 그런 제품을 이용했을까? 제품의 어떤 기능이나 역할을 필요로 했던 것일까? 왜 하필 바로 그 제품을 선택했을까? 기업은 왜 그런 제품을 생산했을까? 다른 회사 제품들과는 어떻게 다를까? 기업들은 앞으로 어떤 제품을 무엇을 기준으로 생산해야 할까? 본 장에서는 이상과 같은 의문들에 답하기 위해 소비자의 관점에서 제품에 대한 전반적인 특징을 살펴본다.

제품의 이해

(1) 제품의 정의

도입사례와 같이 우리의 일상은 우리가 인식하지 못하는 동안에도 수없이 많은 제품들과 함께 이루어지고 있다. 우리가 제품을 구매하고 이용하는 이유는 특정한 문제를 해결하고 욕구를 충족시키기 위한 것이라 할 수 있다. 따라서 제품은 소비자가 문제 해결과 욕구 충족을 위해 구매하는 모든 것으로 정의할 수 있다. 과거에는 유형적인 제품과 무형적인 서비스로 구분하였으나, 기업 간 경쟁격화와 기술발전으로 거의 모든 제품과 서비스는 각각 유형적 요소와 무형적 요소를 모두 포함하게 되었다. 유형적 제품만으로는 차별화가 힘들어 무형적 요소에서 차별적 경쟁력을 확보하려 하거나, 반대로 무형적 서비스만으로는 차별화가 힘들어 유형적 단서 제공을 통해 차별화하려는 시도들이 이루어져 왔기 때문이다. 소비자들이 자동차를 구매할 때 A/S 요소를 고려하는 것이나, 학원을 선택할 때 내부시설이나 교통수단을 살펴보는 것 등이 좋은 예라 할 수 있다. 따라서 광의의 제품 개념에는 유형적 제품뿐 아니라 눈에 보이지 않는 서비스를 비롯해 기술, 장소, 지식, 사람 등이 모두 포함될 수 있다.

(2) 제품 가치

기업에서 생산하고 판매하는 것은 자동차이지만, 소비자들이 구매하는 것은 이동의 편리함과 안전함이다. 자동차의 크기를 중요하게 생각하는 우리나라 소비자들이라면 자존심과 체면을 구매하는 것일 수도 있다. 이처럼 제품은 특정 기능적 가치만을 제공하는 부품의 단순조합이 아니라 소비자가 원하는 정서적, 사회적 가치도 제공하는 복합적 제공물이다. 이러한 이유로 제품을 다양한 가치의 조합이라고 한다. 이들 가치 중 제품의 기능적 가치는 자동차의 이동 기능, 커피의 각성 기능, 레스토랑의 식사 기능 등과 같은 본원적(generic) 가치를 의미한다. 한편, "스타벅스"의 커피를 마셔야만 커피를 마신 것 같고, 기아 자동차를 구매해야지 마음이 놓이는 소비자라면 제품이 제공하는 정서적 가치를 추구한다고 할 수 있다. 나아가 "스타벅스" 커피

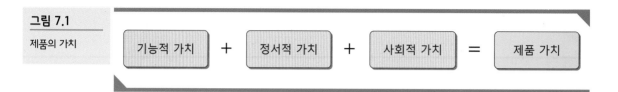

를 들고 다니는 자신의 모습을 통해 주변 사람들에게 자신이 커피문화를 즐길 줄 아는 현대적인 사람이라는 이미지를 보여주거나, 현대자동차 제네시스를 타고 다니면서 성공한 중년의 이미지를 가꾸고자 원한다면 제품이 제공하는 사회적 가치를 추구한다고도 할 수 있다. 이상의 제품 가치 유형들에 대해 소비자가 지각하는 가치수준은 모두 다를 수 있는 만큼, 소비자가 지각하는 주관적 가치수준을 높일 수 있는 다양한 방안들이 필요하다. 소비자가 지각하는 제품 가치를 제고한다는 것은 소비자의 제품 경험을 성공적으로 만들어 결과적으로는 제품을 성공으로 이끌어 감을 의미한다.

(3) 제품의 차원과 범위

제품은 제공하는 가치의 수준에 따라 [그림 7.2]와 같이 네 가지 범주로 개념화할 수 있으며, 이들 모든 범주를 갖춘 제품을 완전완비제품(the whole product)이라 한다. 먼저 가장 안쪽 영역인 본원적 제품(generic product) 영역은 제품의 가장 본질적인 기능이 제공되는 영역으로 자동차라면 이동 기능, 이온음료라면 수분보충 기능이 이에 해당한다. 기대제품(expected product) 영역은 본원적 제품의 가치를 높여주는 추가적인 제품 영역으로, 제공되지 않는다고 해서 제품의 본원적 기능 제공에 문제가 발생하지는 않지만, 많은 소비자들이 제공될 것이라고 믿는 제품 기능이다. 자동차의 에어컨이나 MP3 플레이어, 에어백 등이 이에 해당하며 제공되지 않을 경우 소비자 불만족의 원인이 되는 영역이기도 하다. 소비자 불만과 관련된 영역인 만큼 기대제품 영역에 해당하는 소비자 욕구는 정확하게 파악해서 충족시켜줄 필요가 있다. 확장제품(augmented product) 영역은 제공되지 않아도 소비자 불만이 없지만, 제공됨으로 인해 소비자가 감동받고 결과적으로 차별화 요소가 되는 영역이다. 1000cc 이하의 경차인데도 조수석은 물론 측면까지 에어백이 장착되어 있거나 노트북을 구매했더니 명품 노트북 가방을 함께 제공 받는 것 등이 이에 해당한다.

그림 7.2

제품의 범위

자료원: Kotler(2003)

　본원적 제품영역에서 시작된 제품 간 경쟁은 차별화 요소를 찾아 그 제품의 범위를 넓혀가면서 점차적으로 기대제품 영역으로 경쟁의 범위가 확대되었으며, 최근에는 확장제품 영역에서 소비자가 미처 갖지 못한 욕구까지 충족시켜 주려는 경쟁으로 확대되고 있다. 특히 확장제품 영역에서의 경쟁은 유형적 제품 영역보다는 무형적 서비스 영역에서 더 치열하게 나타나고 있는데, 자동차의 경우 자동차 구매 시 사전예약, 금융(할부, 카드), 자동차보험, 세금납부, 고객배송, 정기 무상점검, 중고차 회수 구매에 이르는 다양한 서비스를 함께 제공하고 있다. 제품범위의 제일 가장자리는 잠재제품(potential product) 영역으로 향후 관련 제품들과의 연결성, 호환성과 확장성을 제공하는 영역이다. USB가 대중화되기 직전에 출시되었던 많은 데스크탑 PC와 노트북에 당시까지는 소비자들에게 익숙하지 않았던 USB 슬롯들이 장착되어 있었던 것이나, 업그레이드된 게임프로그램을 인식할 수 있는 게임기 등이 이에 해당한다. 특히 하이테크 제품들의 경우 관련 제품들 간 연계 기능이 매우 많고, 기술발전 속도가 빠른 만큼 잠재제품 영역을 잘 찾아내고 여기서 차별적 고객가치를 제공해 주는 것이 매우 중요하다.

　한편 제품은 [그림 7.3]에 나와 있는 바와 같이 제공하는 가치의 형태에 따라 세 가지 수준으로도 구분할 수 있다. 먼저 가장 안쪽에 있는 핵심가치(core value)는 소

그림 7.3
제품의 수준

자료원: Kotler and Lee(2011)

비자의 본질적 욕구를 충족시켜 주는 영역이다. 앞서 살펴봤던 제품의 기능적 가치일 수도 있고, 정서적, 사회적 가치일 수도 있으며 이들 모두를 합한 것일 수도 있다. 따라서 소비자가 가지고 있는 가장 본질적인 욕구를 찾아낼 수 있을 때 비로소 제공 가능한 영역이라 할 수 있다. 실제제품(actual product)은 이러한 핵심가치를 실제로 소비자에게 전달하는 요소들의 집합으로 물리적 제품 자체를 구성하는 제품의 다양한 특징들이다. 디자인, 스타일, 무게, 크기, 색상, 패키지, 브랜드명, 로고, 레이블 등이 이에 해당하는데 준비한 핵심가치를 소비자에게 제대로 전달하기 위해서는 핵심가치의 수준을 충분히 나타낼 수 있는 매력적인 디자인, 패키지, 브랜드 등으로 표적 소비자에게 커뮤니케이션할 수 있어야 한다. 가장 바깥쪽의 확장제품(augmented product)은 핵심가치와 실제제품을 보완해서 이들의 가치를 더 높이는 영역으로 품질보증, 환불 및 교환보증, 배달 및 설치서비스, 할부서비스, 사용법 안내서비스 등이 이에 해당한다.

[4] 제품의 유형

제품은 구매목적이 무엇인지에 따라 소비재와 산업재로 나눌 수 있다. 소비재는 최종소비자가 자신이 소비할 목적으로 구매하는 제품을 의미하며, 산업재는 새로운 제품을 생산하거나 재판매를 목적으로 구매하는 제품을 일컫는다. 대개의 경우 소비재는 일반 개인소비자가, 산업재는 기업이 주요 구매자를 이루고 있다. 따라서 동일한 제품일지라도 구매 목적에 따라 소비재일 수도 산업재일 수도 있다.

1) 소비재(consumer products)

소비재는 제품을 구매하는 소비자의 구매행동에 따라 다시 네 가지 유형으로 분류할 수 있다. 편의품(convenience products)은 소비자들이 구매의사결정 과정에 최소한의 노력을 투입하는 제품으로, 음료수, 세제, 문구류, 양말 같은 자주 구매하고 대체로 가격이 저렴한 제품들이 이에 해당한다. 소비자들의 구매가 쉽게 이루어질 수 있도록 많은 유통경로를 통해 소비자 접근성을 높여야 하는 제품들이다. 선매품(shopping products)은 편의품보다 소비자들의 구매의사결정 과정이 길고 복잡한 제품으로 다양한 대안들의 비교에 충분한 시간과 노력을 투입하는 제품이다. 관광상품, 전자제품, 가구와 같이 수개월 또는 수년에 한 번씩 구매하는 제품으로, 일정 정도의 능력을 갖춘 소수의 제한된 유통경로를 통해 판매된다. 전문품(specialty products)은 구매에 충분한 시간과 노력을 기울이려는 특정 소비자 집단을 갖는 제품으로, 독특한 속성이나 차별적 브랜드 이미지를 갖는 고가의 제품들이나 명품 브랜드가 많다(자동차, 고급의류). 특히 전문품은 브랜드가 매우 중요한 역할을 하는 제품으로 브랜드 애호도(loyalty)가 높은 소비자들이 해당 브랜드 제품을 구매하기 위해 먼 거리를 이동하거나 오랫동안 기다리기도 하며, 다른 대안들과의 비교평가 과정을 거의 거치지 않는 경향이 크다. 따라서 소비자들의 구매 편의성을 높이기보다는 전문성을 갖춘 유통경로 활용이 필요한 제품이다. 미탐색품(unsought products)은 소비자들이 알지 못하거나 알더라도 구매의향이 매우 낮은 제품으로 출시 당시 매우 혁신적인 신제품이나 미래 대비 상품이 이에 해당한다. 매우 혁신적인 신제품은 소비자들 스스로도 인식하지 못한 욕구 또는 아직 생성되지 않은 욕구 충족을 목적으로 하는 만큼 소비자들의 구매동기가 높지 않으며, 생명보험이나 연금과 같은 미래보장 상품의 경우 미래의 불확실성만으로 현재 어려움을 감수해야 하는 동기부여가 되지 않는 경우라 할 수 있다. 따라서 미탐색품은 소비자들의 인지도 제고와 구매동기 활성화가 중요하며, 이를 위한 광고, 판매촉진 등의 적극적 커뮤니케이션 활동이 필요한 제품이다.

2) 산업재(industrial products)

특정 제품을 생산하는 데 필요한 원부자재와 각종 부품, 설비 등이 대표적인 산업재로 공산품뿐 아니라 각종 채소와 과일, 생선, 목재 등의 농·수·임산품과 시멘트, 원유 등과 같은 천연자원도 모두 포함된다. 주로 기업 간 거래가 많기 때문에 특정 제품의 브랜드나 광고활동 보다는 기업 간 거래이력, 제품품질, 가격수준, 생산지와 소비지와의 거리 등이 중요한 거래 기준이 된다. 자본재(capital items)는 주로 기업 고객의 생산활동을 지원하거나 직접 사용되는 제품들로 생산기계, 공구, 컴퓨터, 책상을 비롯 공장건물, 물류창고 등의 고정시설들을 모두 일컫는다. 소모품(supplies)은 산업재 중 편의품에 해당하는 제품들로 사무실에서 많이 사용하는 문구류나 복사용지, 공장에서 필요로 하는 세척제, 오일 등이 이에 해당한다. 이상의 산업재는 산업재 마케팅 또는 B2B(Business To Business) 마케팅에서 중요하게 다루는 제품 영역으로 본서의 제13장에서 자세하게 다루고 있다.

제품관리

(1) 제품의 구성요소

소비자들은 자신들이 가진 문제 해결을 위해 제품을 구매하며, 기능적 가치뿐 아니라 다양한 가치들을 기대하며 구매한다. 따라서 기업은 가장 효과적으로 표적 소비자의 욕구를 충족시켜 줄 수 있는 제품 기능과 품질, 브랜딩, 패키징과 레이블링, 제품지원 서비스에 이르는 다양한 구성요소들을 결정해야 한다.

1) 제품 기능과 품질

신제품은 경쟁 제품이나 기존 제품과는 다른 차별적인 기능이나 가치를 제공할 수 있어야 한다. 특정 제품이 가지는 고유하고 차별적인 기능이나 가치를 제품 특징이라고 하며, 소비자들의 구매동기를 불러일으킬 수 있을 만큼 크고 차별적일 때 비로소 소비자들이 인식하고 찾게 된다.

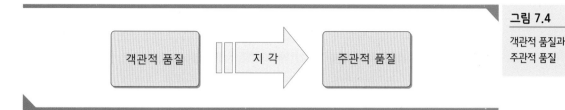

그림 7.4
객관적 품질과
주관적 품질

또한 기업은 제품의 결함을 없애 소비자들에게 약속한 기능을 안정적으로 제공해 줄 수 있어야 하는데, 이러한 역량은 제품의 품질수준으로 나타난다. 품질수준과 관련해서 중요한 것은 소비자가 지각하는 품질수준(perceived quality)으로, 이는 제품의 객관적 품질수준과는 다른 소비자가 평가하는 주관적 품질수준이다. 따라서 지각된 품질수준의 기초가 되는 객관적 품질수준의 관리도 중요하지만, 소비자가 실제 지각하는 주관적 품질수준도 잘 관리해야 한다. 특히 주관적 품질수준은 기업이 약속한 품질수준과의 비교를 통해 곧바로 소비자 만족수준에 영향을 미치기 때문에, 지킬 수 있는 수준에서 제품의 품질수준을 커뮤니케이션해야 한다. 제품의 품질수준은 포지셔닝 전략에서 중요한 속성 요소로 활용되고 있다. 고품질의 경쟁제품과 차별화한 중저가 품질의 제품 출시나 그 반대의 경우가 이에 해당하는 예들이다.

서비스품질에서는 서비스 결과에 대한 품질뿐 아니라 서비스가 전달되는 과정의 품질 또한 매우 중요한 품질요소로 관리될 필요가 있다. 많은 경우 서비스는 생산되는 과정과 소비되는 과정이 함께 일어나고 그러한 과정에서 서비스 제공자와 소비자 간의 상호작용이 필수적인 만큼 이러한 서비스 생산과 소비 과정상의 품질 역시 중요한 품질관리 대상이 된다. 미용실의 염색기술이나 병원의 치료능력뿐 아니라 염색하는 과정과 치료가 이루어지는 과정에서 소비자가 경험하는 미용사, 의사와의 대화, 눈 맞춤, 스킨십 등이 모두 중요한 품질요소로서 관리될 필요가 있다.

제품의 품질은 기업이 소비자에게 약속한 품질 또는 소비자가 기대하는 품질수준을 안정적으로 일관성 있게 유지, 제공할 필요가 있다. 제품 품질에 일관성이 떨어지게 되면 소비자의 위험지각을 높여 재구매나 반복구매를 방해한다. 특히 서비스의 경우 소비자 앞에서 서비스 생산자가 직접 서비스를 생산하는 경우가 많아 품질의 일관성을 갖추는 데 한계가 있다. 따라서 소비자 지각품질을 수시로 파악하고, 다양한 장비나 기구의 도움을 받아 최대한 일관성 있는 품질을 유지할 수 있도록 노력해야 한다.

2) 브랜딩

제품 구성요소 중 제품의 기능, 품질만큼 중요한 것이 브랜드이다. 브랜드는 자사 제품을 타사 제품과 구별할 수 있게 해주는 제품명, 로고, 색상, 멜로디, 디자인, 기호 또는 이들 모두의 결합을 의미한다. 즉 제품을 다양한 재료와 기능들의 조합이라고 한다면, 브랜드는 이러한 제품에 옷을 입힌 것이라 할 수 있다. 소비자들은 제품을 구매하는 과정에서 이러한 브랜드에 근거해서 제품을 평가하며, 브랜드에 의미를 부여하여 감정적 애착을 가지기도 하고, 브랜드를 사람처럼 인식하고 사람 간 관계처럼 브랜드와의 관계를 형성하기도 한다. 제품이 제공하는 정서적 가치, 사회적 가치는 많은 경우 해당 제품의 브랜드가 제공한다는 점에서 브랜드는 중요한 차별화 요소이다. 또한 제품수명주기가 점점 짧아지는 제품과 달리 브랜드의 수명주기는 매우 길거나 영원할 수 있다는 점에서 장기적으로 관리되어야 할 중요한 요소이다. 브랜드와 관련된 자세한 사항은 다음 장인 8장에서 다루고 있다.

3) 패키징과 레이블링

패키징(packaging)은 제품의 품질을 유지하고 내용물을 보호하며 유통과 이용상의 편의성을 높이기 위한 포장 작업을 의미한다. 따라서 제품특성과 유통과정의 요건에 따라 다양한 용기와 박스, 종이백 등이 패키징에 활용된다. 패키징은 촉진수단으로서도 중요한 역할을 수행하는데, 타사제품과 구별되는 고유한 단서를 제공하거나(예: 코카콜라의 곡선형 용기, 빙그레 바나나맛 우유의 항아리형 용기 등), 소비자가 선호하는 디자인을 통해 충동구매를 자극할 수 있고(예: 네스퀵 초코스틱 등 유아용품), 소비자들이 직접 들고 다니는 움직이는 광고판(종이백 등)의 기능도 수행한다.

패키징은 물류의 관점에서는 보관면적을 최소화하고, 하역과 보관이 용이해야 하며, 수송 중 제품 부식이나 파손, 환경오염을 방지할 수 있어야 한다. 따라서 패키징은 물류의 관점과 촉진의 관점을 함께 고려하는 균형적 시각이 필요하다. 뿐만 아니라 최근 들어 과잉, 과대포장으로 인한 개장의 어려움(wrap range), 포장의 재활용 또는 폐기처리 어려움 등이 소비자 안전과 환경을 위협하는 요인으로 대두되고 있다. 따라서 촉진과 물류 목적의 패키징이 소비자 불만과 환경오염의 원인이 되지 않도록 소비자 관점에서의 세심한 주의 또한 요구된다.

레이블링(labeling)은 제품의 포장이나 용기 위에 제품정보를 제시하는 것으로, 제품의 브랜드명, 사용법, 용량, 성분, 유통기한, 생산자 정보 등을 제공하는 작업이다. 셀프서비스를 기본으로 하는 대형 할인매장들이 많이 늘어나면서 제품관련 정보를 소비자에게 직접 제공하는 레이블링은 매우 중요한 촉진수단이 되고 있다. 특히 건강(식품, 의약품)과 안전(공구, 화학제품)에 관련된 제품이나 매장 내에서 구매의사결정이 이루어지는 제품들에서는 레이블링이 최후의 촉진 수단이자 포지셔닝 실행 도구 역할을 한다. 제품군별로 레이블에 포함되거나 제외되어야 할 내용들이 법과 규정으로 규제되고 있는데 관련 사항들의 준수로 소비자 구매의사결정을 적극적으로 지원할 수 있어야 한다. 2015년부터 담배 포장지에 '라이트(light), 마일드(mild), 순'과 같은 용어나 이를 연상할 수 있는 이미지 사용을 금지한 담배사업법이나 식품 내 나트륨 함량을 신호등 형식으로 알기 쉽게 제공하는 나트륨 신호등 표시제 법안이 그러한 예라 할 수 있다.

레이블링 사례

CASE 1

제품지원

삼성전자가 '2022 한국서비스품질지수(KS-SQI)'에서 전자제품 A/S 품질부문 1위를 차지했다. 삼성전자서비스는 서비스 품질 향상을 위해 임직원 가족들로 구성된 'CS 패널단'을 운영하고 있다. 서비스업에 이해도가 높은 임직원 가족 30여 명으로 구성된 CS 패널단은 프로세스, 인프라, 고객 케어 등 전반적인 영역에서 개선사항을 제언하여 고객 중심의 서비스 정책 수립에 기여하고 있다. 실제로 고객 응대 중 사용하는 용어도 CS 패널단의 의견을 반영해 고객 친화적으로 변경했다. 삼성전자서비스는 여름을 대비해 고객이

200   제품관리

에어컨을 편리하게 사용할 수 있도록 '에어컨 사전점검' 서비스도 적극 실시했다. 사전점검을 이용한 고객의 95% 이상이 여름에 AS를 신청하지 않고 시원하게 보냈기 때문이다. 엔지니어가 TV, 세탁기 등 출장서비스로 방문했을 때 에어컨을 추가로 무상 점검해주는 '플러스점검 서비스'도 집중적으로 진행했다. 고객이 어디서나 편리하게 휴대폰, 노트북 등을 점검받을 수 있도록 업계 최다 서비스 네트워크도 구축했다. 업계에서 유일하게 울릉도에 서비스센터를 운영하는 것을 비롯해 전국 178개 센터에서 차별화된 서비스를 제공한다. 서비스센터 방문이 어려운 오지에는 휴대폰 점검 장비가 탑재된 버스를 파견해주는 '찾아가는 서비스'를 시행하고, 고객이 원하는 장소에 방문해서 휴대폰을 점검해주는 '휴대폰 방문 서비스'도 운영 중이다.

자료원: 조선비즈 2022. 6. 30 수정 인용

4) 제품지원 서비스

유형적 제품의 대표적 차별화 수단이 제품지원 서비스이다. 제품지원 서비스는 제품의 본원적 기능을 지원하고 소비자의 제품이용 경험을 긍정적으로 만들어 주는 활동들로 제품배달, 설치, 교육, A/S, 보증, 상담 등이 있다. 제품 판매 후에 제공되는 이용방법 안내, A/S, 상담, 무상 수리 등은 소비자에게 제품이용과 관련된 긍정적 경험을 제공함으로써 소비자 애호도 제고와 긍정적 구전 확산을 견인한다. 최근에는 제품지원 서비스의 차별화 경쟁도 치열해져, 제품지원 서비스 자체가 별도의 브랜드화되는 사례도 등장하고 있다. 삼성전자나 LG전자의 제품배달, 설치, A/S 등이 그 예라 할 수 있다.

(2) 제품라인과 제품믹스

기업들은 대부분 여러 가지 제품을 생산, 출시한다. 한 기업이 생산, 출시하는 자사의 모든 제품 집합을 제품믹스(product mix)라 하고 이 중 특히 상호관련성이 높거나 유사한 제품들의 집합을 제품라인(product line)이라 한다.

1) 제품라인

동일한 제품라인 속의 제품들은 제품 성분이나 기능 등이 유사하거나 가격수준이 비슷하다. 또는 표적 소비자가 유사하거나 유통경로가 동일하다. 또한 우유라는 같은 제품라인 속에서도 저지방 우유, 무지방 우유, 고칼슘 우유, 맛있는 우유, 유기농 우유와 같이 많은 제품이 있는 것은 그만큼 우유에 대한 다양한 소비자 욕구가 있기 때문이다. 제품 성분, 품질, 가격 등에 대한 소비자 욕구는 다양하고 이질적인 만큼 욕구 충족에 필요한 다양한 제품 개발이 제품라인 형성으로 이어지는 것은 자연스러운 일이다. 제품라인은 전략적으로 구축, 운용하게 된다. 특정 제품 영역에 자사 제품을 다양하게 출시함으로써 해당 시장으로의 경쟁자 진입을 막거나 해당 제품영역에서 자사의 전문성 이미지 구축을 목적으로 할 수도 있다. 또한 유통매장 내 진열공간을 선점함으로써 소비자와의 접점을 확대하고, 자사 핵심 제품의 시장 내 지위를 여러 관련 제품들이 지원하는 효과 등을 추구할 수도 있다. 따라서 제품라인의 길이(제품라인 내 제품 개수) 결정은 전략적 관점이 필요하다. 제품의 개수가 많으면 자사 제품 간 자기잠

제품라인 사례

식(cannibalization) 현상이 일어나 신제품 개발에 투입된 비용 대비 매출효과가 전혀 나타나지 않을 수 있으며, 신제품이 기존 자사제품의 시장 내 지위를 흔들거나 자사의 다양한 제품들로 인한 소비자 혼선 등의 부작용 발생 가능성도 있다. 반면 제품 개수가 적으면 판매기회 상실로 매출증가가 어려울 수 있고, 경쟁제품들에 진입기회를 제공하여 경쟁강도가 세어질 수 있으며, 다양하고 이질적인 소비자 욕구를 충족시켜 주지 못함으로써 부정적 브랜드 이미지가 형성될 수도 있다. 따라서 제품라인의 길이는 자사의 목표, 가용자원, 제품 경쟁력, 기존 제품들의 시장 내 지위 등 자사의 역량뿐 아니라 소비자 욕구의 다양성과 변화 추세, 경쟁사 동향 등을 고려해 종합적으로 결정할 수 있어야 한다.

한편 제품라인 확장전략은 [그림 7.5]와 같은 세 가지 유형의 제품라인 확장을 통해 새로운 시장으로 진출하는 전략이다. 현재 제품라인의 가격대보다 높은 가격대 제품을 출시하는 상향 확장전략(upward stretching), 더 낮은 가격대 제품을 출시하는 하향 확장전략(downward stretching), 동시에 두 가격대의 제품을 출시하는 쌍방향 확장전략(two-way stretching) 등 세 가지 유형이다. 주로 소비자 욕구의 고도화, 자사의 기술발전 또는 불경기 등으로 인해 새로운 시장개척을 목적으로 확장전략을 사용한

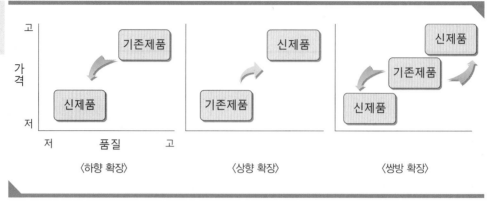

그림 7.5
제품라인 확장전략

다. 하지만 중저가 시장의 경쟁제품이 자사 제품이 있는 고가시장으로 새롭게 진입해 오거나, 자사 제품과 동일한 시장에 있던 경쟁제품이 새로운 가격대의 시장으로 진출 하는 경우, 또는 자사 제품 시장으로 막강한 경쟁제품의 진입이 예상되는 경우와 같이 경쟁기업, 경쟁제품의 시장이동에 대한 전략적 대응이 필요할 때 제품라인의 확장을 진행하는 경우가 빈번하다. 현대 자동차의 제네시스와 도요타의 렉서스는 상향 확장한 대표적 제품이며, 메르세데스-벤츠의 "벤츠 A클래스"와 현대자동차 "투싼"은 하향 확장한 제품들이다. 기아자동차는 2009년 준대형 승용차인 "K7"을 출시한 후 중형인 "K5", 대형인 "K9"을 연이어 출시하면서 쌍방향 확장을 추진한 바 있다.

제품라인 확장 시에는 다음과 같은 부작용이 발생할 수 있다. 상향 확장의 경우 자사의 기존 저가 브랜드 이미지가 고가의 신제품에 부정적 이미지를 줄 수 있으며, 고가시장에 있던 경쟁자가 중저가 시장으로 진입할 빌미를 제공할 수 있다. 현대자동 차와 도요타가 고가격의 "제네시스"와 "렉서스"를 출시할 때 중저가 이미지가 강했 던 자사의 기업브랜드 노출을 최소화했던 이유가 여기에 있다. 하향 확장의 경우에는 기존에 구축했던 자사 제품의 브랜드 이미지가 훼손될 수 있고 자사제품을 취급했던 유통경로의 반발로 판로가 막힐 수도 있다.

2) 제품믹스

제품믹스는 폭(width), 길이(length), 깊이(depth) 등 세 가지 축을 가진다. 제품믹 스의 폭은 제품믹스를 구성하고 있는 제품라인들의 개수를 뜻하며, 제품믹스의 길이 는 제품라인들을 구성하는 모든 품목 또는 브랜드들의 총 수, 제품믹스의 깊이는 제품라인 내 특정 품목 또는 브랜드가 보유하고 있는 제품의 수를 의미한다. 제품라인의 길이와 폭은 전체 제품믹스차원에서 산출할 수도 있고, 개별 제품라인이나 브랜드 차원에서도 산출할 수 있다. 이러한 세 가지 축을 기반으로 제품믹스를 설계하고 운용하는 것이 제품전략에 있어 가장 첫 번째 작업이다. 즉 혁신적인 개별제품들을 지속적으로 개발하는 것도 중요하지만, 전사적인 차원에서 제품믹스의 폭과 길이, 깊이를 전략적으로 관리하여 자사제품이 출시되는 시장영역은 최대화하고 중복되는 영역은 최소화하는 작업이 더 중요하다.

(3) 신제품 관리

1) 신제품 개념과 의의

　기업이 생산한 새로운 제품을 신제품이라고 하지만 많은 경우 신제품은 세상에 처음 나타나는 혁신적인 제품이기보다는 기존 제품을 보완하거나 응용한 제품, 기능을 개선한 제품, 모방한 제품들이 많다. 비록 세상에 처음 출시되는 혁신적인 제품이 아닐지라도 대부분의 신제품은 이를 생산한 기업과 소비자에게 중요한 의미를 갖는다. 기업에게는 기업의 지속가능성을 높이는 기본적인 요소이자 기업 내 활력의 원천이라는 긍정적 의미와 많은 투자비용이 소요되고 실패 위험이 매우 높다는 부정적 속성을 함께 갖고 있다. 소비자에게 신제품은 기존 제품들이 오랫동안 해결하지 못했던 문제들을 해결해 주고 새롭게 발생한 욕구를 충족시켜주며, 다양한 선택 기회를 제공해 주는 긍정적 측면과 더 많은 구매의사결정 노력과 학습을 요구하며 심한 경우 제품이용 습관과 생활양식까지도 바꾸어야 하는 부정적 측면을 동시에 갖는다.

2) 신제품의 성공과 실패

　신제품이 시장에서 성공할 가능성은 매우 낮다. 일반적으로 신제품 성공률은 대략 20% 이하로 보는데 의약품의 성공률은 1% 내외로 추정된다. 중소기업의 경우 '1승 9무 90패'로 100개 신제품 중 1개만 큰 성공을 거두고 9개는 겨우 손해를 면하며, 90개는 실패한다고 할 만큼 실패율이 높다. 이처럼 신제품의 실패율이 높은 이유는 무엇일까? 신제품 실패의 대표적 원인으로는 기능이나 디자인 등 제품 문제, 적정가격 설정 실패, 광고홍보 등 커뮤니케이션 미비와 포지셔닝 실패, 소비자 조사 실패, 시장규모나 성장속도 예측 실패, 경쟁사의 전략적 대응과 예상치 못한 대형 경쟁자의 진입, 유통경로와의 갈등, 경기 악화, 관련 법 규정의 변화 등을 꼽을 수 있다. 특히 제품의 연구개발기간이 길수록 제품 아이디어 개발 당시의 상황과 출시 시점의 상황이 크게 달라 신제품의 실패 가능성이 높아지는 등 예상치 못한 연구개발 지연이나 투자규모 증가 등도 중요한 실패요인 중의 하나다. 이는 신제품 성공을 위해서는 기업 내 특정 부서만의 역할로는 부족하며 연구개발부서부터 영업부서까지 전사적인 협업체제가 필수적임을 의미한다. 즉 소비자 욕구를 경쟁사보다 빨리, 정확하게 파악할 수 있는 마케팅조사 역량과 이를 제품화시킬 수 있는 연구개발 및 생산능력, 시장규모와 성장속도, 변화방향을 정확하게 파악할 수 있는 시장분석 역량, 신제품 개발을 전폭적으로 지지하고 리더십을 발휘해 주는 최고경영자의 지원 등이 종합적으로 필요하다.

신제품의 성공은 신제품 자체의 매출증가나 다른 마케팅 목표만으로 평가하지 않고 해당 신제품이 속한 제품라인 차원에서 평가할 필요가 있다. 이는 앞서 언급한 자기잠식 현상 때문으로 신제품 자체의 매출 증가분이 기존 자사제품의 매출 감소분과 동일하거나 더 적다면 이는 신제품 출시로 인해 자사 제품라인의 매출이 감소한 것으로 볼 수 있기 때문이다. 하지만 신제품 출시로 인한 자기잠식이나 당장의 매출 감소가 예상되더라도 장기적 관점에서 이익이 된다면 전략적으로 자기잠식을 추진하기도 한다. KT가 자사의 현금젖소(cash cow) 서비스였던 "집 전화" 매출을 심각하게 잠식할 것을 예상하면서도 저렴한 인터넷 전화를 출시한 경우나, 대한항공이 저가항공사인 "진에어"를 설립한 것이 이에 해당한다. 당장은 자기잠식을 일으키지만 자사 고객들을 유인하는 경쟁사들에 대응하여 자사의 고객을 지속적으로 유지하고자 전략적으로 인터넷 전화와 저가항공 서비스를 출시했다고 볼 수 있다.

3) 신제품 개발과정

신제품 개발은 체계적인 과정을 거쳐야 시장의 요구를 충족시키고 소비자의 문제를 적기에 해결해 줄 수 있으며, 시장 선점, 제품차별화, 개발비용의 절감 등을 도모함으로써 성공 가능성을 높일 수 있다. 일반적인 신제품 개발 절차는 아래와 같이 5단계로 구분할 수 있다.

① 아이디어 도출 및 선별

신제품 개발이 어려운 대표적 이유는 성공가능성이 높은 아이디어 발굴이 어렵다는 데 있다. 수백, 수천 개의 아이디어가 도출되어야 비로소 한두 가지의 상품화가 가능하다. 따라서 신제품 개발에 있어서는 다양한 아이디어를 광범위하게 수집하는 작업이 중요하다. 신제품 아이디어의 원천은 기업내부의 연구개발부서나 마케팅부서 뿐 아니라 영업사원, 매장, 상담센터 등의 소비자접점 부서를 비롯한 모든 부서가 포함되어야 한다. 소비자들도 매우 중요한 아이디어 원천으로, 소비자 대상 마케팅 조사를 통해 아이디어를 수집하거나 소비자와 공동으로 신제품 개발과정을 진행함으로써 소비자 관점에서의 신제품 아이디어를 도출할 수 있다(CASE 2 참고). 원자재나 부품 공급업체, 자사 제품을 판매해주는 유통기관들, 경쟁사 제품도 중요한 아이디어 원천이 된다. 최근에는 크라우드 소싱(crowd sourcing)과 같은 개방형 혁신(open innovation)을 추구하는 기업들이 많이 늘어나, 상시적으로 폭넓은 사람들을 통해 신제품 아이디어를 공급 받기도 한다. 수집된 다양한 아이디어들은 다시 실현 가능성, 수익성, 경쟁력, 기존 제품믹스와의 적합성 등을 기준으로 평가하여 가장 성공가능성이 높은 아이디어를 선별하게 되는데, 아이디어 선별 단계에서는 정밀한 분석평가보다 수많은 아이디어의 개수를 줄일 수 있는 단순한 방법들의 사용이 효과적이다.

"신라면보다 더 맵고 면은 꼬들꼬들하게, 고기와 계란을 더 넣어주세요."

농심이 최근 메타버스 플랫폼 '제페토'에서 소비자들에게 가장 큰 호응을 얻은 조합을 적용한 '신라면 제페토 큰사발'을 한정판으로 출시한다. 신라면보다 3배 매운맛과 풍부한 건더기가 특징인 신라면 제페토 큰사발은 오는 9일부터 전국 대형마트, 온라인몰 등에서 판매될 예정이다.

신라면 제페토 큰사발은 매운 정도를 나타내는 스코빌지수가 6000SHU로 기존 신라면 큰사발의 3배에 달한다. 또한 고기와 계란 건더기를 풍성하게 넣어 건더기 스프의 중량이 4.9g으로 기존(2.5g)의 약 2배에 이른다. 전자레인지 조리가 가능해 더욱 쫄깃하게 즐길 수 있다.

농심은 앞서 지난해 10월 12~31일 제페토 내에 신라면 분식점을 개설하고 소비자와 함께 신제품 콘셉트를 정하는 '천하제일 라면 끓이기 대회' 이벤트를 진행했다. 소비자가 가상의 주방에서 냄비를 집어 물을 받아 끓이고, 재료를 집어넣는 등 라면을 조리하는 모든 과정을 가상

CASE 2

신라면, 소비자들이 직접 참여해 만든다

현실에서 체험할 수 있도록 한 것이다. 조리를 마친 뒤엔 완성한 라면을 들고 식당으로 이동해 다른 소비자들이 만든 라면과 함께 비교해볼 수 있는 재미도 더했다. 이벤트 참여자들은 가상 공간에서 매운맛 강도와 면발의 쫄깃함, 건더기 스프의 종류와 양 등 각자 취향대로 완성된 신라면을 끓여보고 비교해보며 제품을 다양하게 체험했다. 이벤트 기간 중 총 40만명 이상의 소비자가 신라면 분식점에 방문했으며, 신라면보다 3배 매운맛에 면발은 꼬들꼬들하고 고기 건더기와 계란을 추가한 '고기·매콤·꼬들·계란' 조합이 가장 많은 선택을 받았다.

농심 관계자는 "컵라면을 즐겨 찾으며 새롭고 다양한 경험을 중시하는 1020세대와 친밀감을 높이기 위해 메타버스를 구축하고, 신제품을 개발해 실제 출시하는 소비자 참여형 이벤트를 기획하게 됐다"고 말했다.

자료원: 매일경제 2023. 1. 4

② 제품 콘셉트 개발 및 테스트

신제품 아이디어를 소비자들의 용어로 구체화시킨 것을 제품 콘셉트라 한다. 예를 들어 새로운 발톱 무좀약 아이디어가 "편리함"이라 한다면, 콘셉트는 "발톱을 갈아내고 수시로 발라야 하는 번거로움 없이, 발톱 위에 직접발라도 신속하게 침투하고, 하루 한 번만 발라도 24시간 약효가 지속되는 발톱 전용 무좀약"으로 나타낼 수 있다.

제품 콘셉트가 개발되면 표적 소비자들이나 유통업체를 대상으로 콘셉트 테스트를 실시한다. 하나의 제품 아이디어로 설계할 수 있는 제품 콘셉트는 여러 개일 수도 있는 만큼 다양한 제품 콘셉트 중 가장 성공 가능성이 높은 콘셉트를 선택하는 작업이 콘셉트 테스트다. 콘셉트 테스트에서는 제품 콘셉트를 문장으로 제시할 수도 있고 컴퓨터 등을 활용한 이미지나 모형물 제시를 통해 더 구체적인 평가를 유도할 수도 있다. 콘셉트 테스트를 통해 제품 콘셉트가 수정되거나 새로운 콘셉트로 확장될 수 있으며, 부정적 평가가 강한 콘셉트는 폐기될 수도 있다. 한편 신제품의 콘셉트에 대해서는 소비자들의 반응이 대체로 우호적이라는 점에서 다양한 소비자 평가 툴을 이용해 다면적인 평가를 할 필요가 있으며, 평가 결과 해석 시에도 주의를 기울일 필요가 있다. 또한 혁신적인 신제품의 경우 제품 콘셉트에 대한 소비자들의 경험과 이해가 부족해 부정적 평가를 하

풀케어

거나 과도하게 긍정적인 평가를 할 수도 있다는 점 또한 유의해야 한다.

③ 마케팅믹스 개발과 사업성 분석

제품 콘셉트가 선별되면 다음으로 가장 적합한 마케팅믹스를 개발하게 된다. 마케팅믹스는 기존 제품믹스와의 관계 속에서 설계를 해야 하는데 브랜드, 가격수준, 유통경로, 광고 및 촉진활동 등 시장 출시 초기의 마케팅 계획을 수립하는 것이다. 마케팅믹스가 개발되면 제품 출시에 예상되는 연구개발비, 생산비, 마케팅비 등에 대한 대략적인 비용규모, 수요규모, 매출추이, 손익분기점, 시장점유율 등이 파악 가능하며, 이를 바탕으로 사업성 분석을 실시할 수 있다. 이때 사업성 분석 결과가 부정적으로 나오면 제품개발을 중단할 수 있으며, 제품 콘셉트 조정이나 마케팅믹스 조정 등의 작업을 거쳐 다음 단계인 시제품 생산으로 넘어 갈 수도 있다.

④ 시제품 생산 및 시장 테스트

사업성 분석을 통과한 제품 콘셉트는 물리적 제품인 시제품으로 생산된다. 시제품 생산 이후 비로소 정확한 제품개발 비용의 산출이 가능하며 목표로 하는 기능이나 품질수준의 구현이 가능한지, 이용 상의 위험요소는 없는지 등에 대한 검토를 할 수 있다. 또한 검토결과를 바탕으로 마케팅믹스를 수정할 수도 있으며 사업성 분석을 구체적으로 다시 실시할 수도 있다.

생산된 시제품을 실제 시장상황에 노출하고 준비된 마케팅믹스를 적용해 보는데 이를 시장 테스트 또는 테스트 마케팅이라고 한다. 시장 테스트는 비록 제한된 범위지만 실제 시장상황에서 소비자들의 반응과 마케팅 프로그램의 실효성을 살펴봄으로써 향후 본격적인 출시전략 수립에 필요한 정보들을 수집할 수 있다. 소비기간이 짧고 구매횟수가 잦은 치약, 휴지 등의 편의품이나 비내구재 신제품은 시장 테스트가 더욱 중요한데, 출시 이후의 마케팅 비용이 지금까지의 개발비용보다 많고 또 지속적으로 마케팅 비용이 증가하기 때문이다. 따라서 비내구재 신제품은 테스트 마케팅에서 부정적 결과가 나올 경우 더 큰 손실을 방지하기 위해 출시를 연기하거나 포기할 수도 있다.

비내구재 시장 테스트에서 한 가지 유의해야 할 점은 편의품이 대부분인 비내구재의 경우 소비자들의 반복구매율을 파악할 수 있어야 한다는 점이다. 많은 경우 편의품에 대한 소비자들의 관여수준과 브랜드 애호도는 낮아 신제품을 다양성 추구 차원에서 구매하는 경향이 크다. 따라서 시장테스트에서 최초 판매율만을 기준으로 시장수요나 매출액 예측을 해서는 위험하며, 반복구매율까지 함께 고려할 수 있어야 한다.

자동차, 세탁기 등 내구재는 비내구재에 비해 시장테스트 과정의 중요성이 다소 떨어질 수 있다. 내구재의 경우 시장테스트 단계에 이르기 전에 이미 많은 투자와 주요 생산시스템이 구축된 반면 출시 이후부터 집행될 마케팅 비용은 상대적으로 적은 만큼 시장 테스트 결과에 따라 출시여부를 결정하는 경우는 많지 않다. 다만 시장 테스트를 통해 파악한 시장반응을 반영하여 출시전략을 수립하는 데 더 큰 의미를 둘 수 있다. 하지만 모든 신제품이 시장 테스트를 해야 하는 것은 아니다. 제품개발 및 출시비용이 기업규모에 비해 적게 들거나 경쟁사에게 노출되어 경쟁제품 개발의 기회를 줄 수 있을 때, 나아가 제품성공에 대한 확신이 있거나 신속한 시장출시가 신제품 성공의 필수요건일 때는 시장 테스트를 생략하고 출시시기를 앞당길 수 있다.

⑤ 출시

신제품을 시장에 본격적으로 공급하는 것을 출시 또는 상품화(commercialization)라고 한다. 특히 비내구재의 경우 출시 이후 소요되는 마케팅 비용이 개발비용보다 훨씬 많은 만큼 출시전략을 정교하게 수립할 필요가 있다. 출시와 관련한 가장 중요한 의사결정 중 하나는 출시 시기에 대한 것이다. 출시 시기는 시장 내 소비자들의 구매의향, 경쟁사의 제품개발 및 마케팅 전략, 신기술 발전 속도, 기술 표준화 전망, 계절성과 경기변동 등 다양한 요인들을 복합적으로 고려해 결정하게 된다. 이를 통해 시장 선발사업자로서 시장 선점을 노릴 수도 있고, 후발사업자로서 안정적 시장환경 활용을 목표로 할 수도 있다. 혁신적인 기술(breakthrough technology)을 사용한 하이테크 제품에서는 출시 시기가 특히 중요하다. 제품의 짧은 수명과 기술 표준이라는 중요한 변수가 있으며, 승자 독식 현상이 빈번히 발생하기 때문이다. 이에 대해서는 13장에서 자세히 다루고 있다.

한편, 시장이 글로벌화 됨에 따라 출시 지역 역시 출시 시기와 연계하여 중요한 의사결정 사항이 되고 있다. 전 세계에서 동시에 출시할 수 있을 만큼의 재무적 역량과 마케팅 역량을 가진 기업은 많지 않으며, 많은 경우 출시 대상 시장의 상황과 자사의 공급능력 등을 고려한 단계적 출시전략을 활용하고 있다. 애플사의 아이폰 시리즈

출시가 대표적인 단계적 출시전략의 사례라 할 수 있다.

(4) 제품수명주기와 전략

　제품이 출시되어서 매출이 늘어나고 높은 시장점유율을 유지하며 오랫동안 시장에서 수익을 발생시켜도 언젠가는 사람처럼 수명이 다해 시장에서 사라지게 된다. 신제품이 출시되고부터 철수할 때까지 발생시키는 매출액 추이를 그림으로 나타내면 [그림 7.6]과 같은데, 이를 제품수명주기(product life cycle, PLC)라 한다. 모든 제품이 수명주기를 따르는 것은 아니지만 많은 제품들에서 [그림 7.6]과 같은 수명주기 추세를 나타내고 있다. 제품수명주기의 길이는 매우 다양한데 일반적으로 제품 카테고리(예: 이동전화기)의 수명주기 길이는 매우 긴 반면, 개별 제품(예: 슬라이더 폰)의 길이는 상대적으로 짧으며, 브랜드(예: 갤럭시, 아이폰)의 수명주기 길이는 매우 다양하다고 할 수 있다.

1) 도입기(introduction)

　신제품이 시장에 막 출시된 시기로 소비자의 인지도가 매우 낮고, 중간상(도매상, 소매상)들의 취급의향도 낮아 매출은 미미한 반면, 인지도 제고를 위한 광고 등 커뮤니케이션 비용과 유통경로 구축 비용이 투입되는 단계이다. 따라서 순이익이 거의 없거나 손실이 발생하는 단계이며, 시장에 알려지고 다른 경쟁자들도 진입하는 성장기까지는 상당기간이 소요될 수 있다. 이런 이유로 도입기를 넘지 못하고 철수하는 제품들도 나올 수 있으며, 도입기 단축을 위한 기업들의 노력이 집중되기도 한다. 도입기의 마케팅믹스 전략은 다음과 같은 특징을 갖는다.

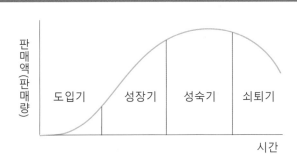

그림 7.6

제품수명 주기

① 제품

소비자들의 인지도가 낮은 탓에 제품에 대한 소비자들의 욕구 다양성이 떨어지고, 제품개선에 필요한 소비자들의 사용경험도 매우 부족해서 가장 기본적인 제품기능만 제공한다. 혁신 기술을 적용한 하이테크 신제품의 경우 소수의 혁신적인 소비자들이 긍정적으로 평가할 수 있는 킬러 애플리케이션(killer application)을 반드시 갖추고 있어야 한다.

② 가격

신제품의 출시가격은 다분히 전략적으로 설정되는 경우가 많은데, 대표적인 가격전략으로는 고가격(skimming pricing) 전략과 저가격을 이용한 침투전략(penetration strategies)이 있다. 고가격 전략은 빠른 시간 내 투자비 회수가 필요한 경우에 적정한 전략으로 이른 시간 안에 강력한 경쟁자의 진입이 예상되거나 제품수명주기가 짧은 제품일 경우 자주 사용된다. 또한 제품 포지셔닝이 고급시장에 맞춰져 있거나 고가격이 브랜드 이미지에 적합할 때, 표적 소비자들이 고가격 지불의향이 많을 때에도 적합한 가격전략이다. 다만 경쟁제품이 중저가 전략으로 차별화하여 진입할 때 이에 대한 대응이 어려울 수 있다는 한계가 있다. 저가격 전략은 가급적 짧은 시간 안에 소비자들의 이용경험을 확대하여 소비자 점유율(customer share)을 높이고 시장을 선점하려할 때 적합한 전략이다. 특히 경험곡선효과(experience curve effect)를 기대할 수 있고 가격경쟁력으로 경쟁사들의 진입을 막으려 할 때 효과적이다. 또한 제품수명주기가 길고 표적시장의 크기도 커 매출 창출의 기회가 많을 때 적합한 전략이다. 다만 출시 당시 제품가격은 향후 제품가격 인상 요인이 있을 때 준거가격(reference price)으로 작용을 하고, 저가격 이미지가 제품라인 상향 확장 시에 부정적 영향을 미칠 수 있다는 점은 충분히 고려해야 한다.

③ 유통

소비자들의 제품경험 확대를 위해서는 제품의 구매용이성을 높여야 하며, 이를 위해서는 신제품을 취급할 유통경로를 빨리 확대해야 한다. 하지만 대부분의 기업들은 자체 유통망을 구축할 여력이 없으며, 기존 거래관계에 있는 유통망에 자사의 신제품을 공급하는 것 또한 쉬운 일은 아니다. 중간상들 역시 회전율이 높고 수익이 많은 제품의 유통을 선호하지 검증되지 않고 인지도도 낮은 신제품을 선호하지 않기 때문이다. 인지도가 낮은 신제품일수록 소매점에서 벌어지는 판매촉진 활동이 소비자의 관심과 시험구매를 유도하는 데 결정적 영향을 미치는 만큼 도입기에 경쟁력 있고 우호적인 중간상의 확보는 매우 중요한 성공 요건이라 할 수 있다.

④ 촉진

인지도를 높일 수 있는 광고활동과 신제품을 경험할 수 있는 시용, 시식, 시승 등의 판매촉진 활동이 중요하다. 특히 초기 시장의 소비자 경험이 구전을 통해 주류시장으로 확산된다는 점에서 소비자들에게 긍정적 경험 기회를 제공하는 적극적인 판매촉진활동과 긍정적 구전이 확산될 수 있는 구전관리가 필요하다. 최근에는 많은 소비자들이 페이스북 등의 사회관계망 서비스(social network service, SNS)에 일상적으로 접속해서 다양한 커뮤니케이션을 진행하고 있다는 점에서, 페이스북 기업페이지 등 온라인 커뮤니티를 표적 소비자 그룹 내 자사 브랜드의 인지도를 높이고 긍정적 브랜드 이미지를 강화하는 효과적 경로로 활용해야 한다.

2) 성장기(growth)

출시 초기 소비자들의 반응이 좋으면 주류시장의 잠재 소비자들도 구매하기 시작하고, 이런 추세를 파악한 경쟁자들이 속속 유사한 제품을 출시하게 된다. 결국 이를 취급하는 중간상들도 빠르게 늘어나 중간상 간 판매경쟁도 격화되면서 시장 전체의 매출액이 갑자기 상승하게 되는 성장기로 접어들게 된다. 성장기에는 제품 자체(예: 스마트폰)에 대한 인지도 제고보다는 자사 브랜드(예: 갤럭시)의 이미지를 강화하고 애호도를 높이는 데 커뮤니케이션 초점을 맞춰야 한다. 또한 많은 경쟁자들이 등장하고 경쟁전선이 확대되기 때문에 자사 제품의 차별화 방안을 고민하기 시작해야 한다. 전체적으로는 경쟁이 시작되고 마케팅 비용도 여전히 많이 소요되지만 경쟁제품이 늘어나는 속도보다 매출 증가 속도가 빨라 진출 기업 상당수가 이익을 내는 단계로 볼 수 있다.

① 제품

초기 제품에 대한 소비자 평가가 나와 제품개선의 방향을 알 수 있고, 다양한 경쟁제품들의 등장으로 경쟁이 시작되기 때문에 제품의 기능, 성분, 품질, 용량 등에서 수정과 차별화가 필요한 단계이다. 후발 진입제품들이 선발 진입제품에 비해 기능적인 우월성을 더 많이 가지고 출시되며, 선발 진입제품들은 이에 대응하여 제품 차원의 바깥쪽(확장제품, 잠재제품)으로 제품영역을 점차 확장시켜 나가는 특징이 있다. 제품속성에서의 유형적 차별화에는 한계가 있기 때문으로 성장기에서는 A/S 등 서비스 영역이나 브랜드 등 고객인식 영역에서의 제품 차별화 노력이 효과적이다.

② 가격

도입기 가격전략이 대체로 유사하게 지속되는데, 후발 진입자들의 가격전략에 따라 수정이 필요할 수도 있다. 예를 들어 고가격 전략의 선발 진입제품과 달리 저가격 전략으로 진입한 후발 진입제품의 판매량이 늘고 기존 소비자들의 이동이 많다면, 고가격 전략을 수정하거나 하향 확장을 통해 중저가 제품을 추가 출시할 수도 있다. 또는 성장기 중반에 초기 표적 소비자들의 구매가 대부분 끝나는 경우 시장 확대를 위해 제품라인을 확장하거나 가격전략을 수정할 필요가 있다.

③ 유통

수요가 급증하면서 중간상들의 제품 취급의향이 높아지는 시기인 만큼 유통망을 최대한 확대하는 전략이 필요하다. 아직 높은 브랜드 애호도를 가진 제품은 없는 가운데 경쟁제품들은 지속적으로 출시돼 소매점의 매장은 비슷한 제품들로 가득 차게 된다. 특히 편의품 등 비내구재의 경우 소비자들의 다양성 추구성향이 증가하고 매장 내에서의 브랜드 선택이 많아지게 되는데, 이때 소비자의 구매결정을 자사에 유리하게 이끌어 주는 소매상들을 최대한 확보하는 것이 성장기 유통전략의 핵심이다.

④ 촉진

시장개발을 위해 신제품의 사용 기회 확대와 인지도 제고에 초점을 맞췄던 도입기와 달리 경쟁제품들의 등장과 수요가 증가하는 성장기에는 자사 브랜드에 대한 긍정적 이미지 구축을 중요한 커뮤니케이션 목표로 설정해야 한다. 또한 제품취급 중간상들도 급속도로 증가하기 때문에 경쟁력 있는 중간상 확보와 중간상의 적극적 판매활동을 유도할 수 있는 중간상 대상의 촉진활동(중간상 촉진)도 적극적으로 시행할 필요가 있다.

3) 성숙기(maturity)

매출액 증가가 둔화되면서 시장 전체의 매출액이 정체되는 시기를 성숙기라 한다. 다수의 소비자들의 구매가 종료되어 가는 시점이어서 신규 수요의 발생이 미미하거나 신규 수요와 이탈 수요의 규모가 비슷해져서 전체 시장의 매출규모가 변하지 않는 상태이다. 더 이상 성장하지 않는 정해진 시장규모를 가지고 많은 경쟁자들이 경쟁을 벌임에 따라 경쟁강도는 극심해지고 마케팅 비용은 매우 많이 소요되는 시기이다. 최근 기술발전의 속도가 매우 빠르고 소비자들의 욕구와 취향도 급변하는 관계로 많은 제품들에서 성숙기에 도달하는 시간이 짧아지고 성숙기의 길이는 길어지고 있다.

① 제품

매출 제고를 위해 새로운 시장을 개척하는 시장수정 전략을 수행할 수 있다. 이동전화서비스의 소비자가 영업사원 → 일반 직장인 → 대학생 → 주부 → 중고생 → 초등학생으로 점차 확대되면서 사실상 대부분의 사람들이 이동전화를 이용하고 있는 것이 좋은 예이다. 이를 위해 이동통신서비스사들은 대학생 대상의 Na, 중고생 대상의 "TTL, ting, Bigi", 주부와 젊은 여성 대상의 "Drama, CARA" 등 다양한 제품들을 출시해 왔다.

앞서 살펴봤던 제품라인 확장전략 역시 가격대를 기준으로 한 시장수정 전략의 한 유형으로 볼 수 있다. 한편으로는 제품 자체의 기능이나 품질개선, 용량이나 성분 변경, 디자인이나 포장을 변화시키는 제품수정 전략이 있다. 2007년에 출시된 아이폰은 이후 지속적인 기능개선과 디자인 변경을 통해 거의 매년 새로운 제품들을 출시해 왔는데, 아이폰 3G, 3GS, 4, 4S, 5, 5S, 6, 6S 등이 그 예들이다. 이용량 증대전략으로는 제품의 새로운 용도를 개발하여 이용량을 증가시킬 수도 있는데, 빵 만드는데 사용하던 베이킹 소다를 탈취제로 사용하도록 한 Arm & Hammer사의 사례가 대표적이다. 던킨 도너츠는 "Coffe & Donuts" 캠

Arm & Hammer

던킨도너츠

페인을 통해 도너츠 매출뿐 아니라 커피 매출액의 급상승을 가져 왔으며, 최근에는 "Eat and Drink All Day Dunkin" 콘셉트로 도너츠, 커피를 넘어 간단한 식사와 다양한 음료까지 판매하고 있다. 이동통신사의 주말요금 할인상품, 심야요금 할인상품처럼 소비자들의 절대적인 이용량 증대를 유도하기 위한 제품들도 출시할 수 있다.

② 가격

성숙기 제품전략인 시장수정 전략이나 이용량 증대전략은 가격전략과 관련이 높다. 특히 제품라인 확장전략의 경우 가격수준의 변화가 필요하고, 이용량 증대전략은 다양한 요금상품의 출시가 필요한 만큼 다양한 가격수준 제시가 필요한 제품전략들이다. 제품차별화가 어려운 성숙기 시장은 가격차별화에 대한 유혹이 많으며 실제로 성숙기 시장 경쟁의 대부분은 가격경쟁으로 이루어지고 있다. 하지만 가격인하는 경쟁 제품들의 가격인하를 부르는 가격경쟁의 악순환 구조로 이어질 가능성이 크기 때문에 가급적 지양해야 할 차별화 전략이다. 마케팅믹스 중 가격요소는 가장 단시간에 또한 직접적으로 기업의 수익성에 영향을 미칠 수 있음을 유의해야 한다. 특히 시장 수위 사업자의 경우 시장점유율이 가장 높아 가격인하로 인한 손실 폭도 가장 클 수 있는 만큼, 하위 사업자들의 가격인하 경쟁에 섣불리 휩쓸리지 말고 다양한 마케팅믹스의 수정을 통해 이를 극복해 나갈 필요가 있다.

③ 유통

한편으로는 부실한 중간상들의 정리를 통해 유통관리 비용을 절감하고, 다른 한편으로는 유능한 중간상들을 대상으로 중간상 촉진을 실시하여 경쟁력 있는 중간상들의 적극적인 지원을 이끌어 내야 한다. 더불어 시장수정 전략이 시행되는 경우를 비롯하여 표적 소비자들의 접근 용이성을 높일 수 있도록 세분시장별 맞춤형 유통경로의 개발도 진행할 필요가 있다. 예를 들어 20, 30대 소비자를 대상으로 하는 소셜커머스(social commerce), 전업주부를 대상으로 하는 TV 홈쇼핑, 암웨이 등 대규모 판매조직의 활용, 기업 간 유통망 제휴 등이 성숙기 시장의 유통차별화 방법으로 활용될 수 있다.

④ 촉진

제품 간 또는 기업 간 차별화 요소가 줄어들면서 직접적 혜택을 주는 판매촉진에 의해 기업 간 고객이동이 쉽게 일어난다. 하지만 많은 비용을 투입하여 타사로부터 탈환한 고객들 역시 자사로부터의 이탈 비율이 높다는 점에서 판매촉진을 통한 타사 고객 탈환은 효과적이지 못하다. 오히려 같은 비용으로 더 많은 자사고객들을 유지할 수 있는 판매촉진 활동이 더욱 효과적인 방법이다. 제품 간의 유형적 차별화는 힘든 상황이지만 브랜드를 통한 무형적 차별화는 상대적으로 용이하다는 점에서 광고활동은 브랜드 애호도를 강화할 수 있는 메시지 전달에 초점을 맞출 필요가 있다.

4) 쇠퇴기(decline)

시간이 흐르면 대부분의 제품은 매출이 줄어들어 더 이상의 도약이 힘들거나 지속적으로 낮은 수준의 매출규모에 머물게 되는데 이 시기를 쇠퇴기라 한다. 여러 가지 이유가 있지만 소비자들의 욕구변화와 기존 제품을 대체하는 신제품의 지속적인 등장이 주된 이유다. '삐삐'로 불렸던 페이저(pager)가 사라진 자리에 이동전화기의 대중화를 이루어낸 PCS 전화기가 등장하였고, 그 자리에 다시 3G 전화기, 4G 전화기, 스마트폰, LTE 스마트폰 등이 번갈아 자리를 차지해 왔다. 이외에도 많은 제품들이 소비자들이 알지 못하는 가운데 수명주기를 다하고 사라져 갔다. 하지만 모든 제품들이 쇠퇴기를 거쳐 시장에서 사라진 것은 아니다. 기존 시장에서의 리포지셔닝(repositioning) 또는 새로운 시장을 개척하여 수명주기를 다시 시작하거나, 브랜드 재활성화(revitalization)를 통해 새로운 성장기를 거치며 수명주기를 오랫동안 연장한 제품들도 있다. (주)빙그레는 국내시장에서 쇠퇴기에 접어들었던 자사 제품 '꽃게랑'을 러시아로 가져가 스낵시장 1위를 차지한 바 있으며, '메로나' 아이스크림은 브라질을 비롯한 30여 개 국가로, '바나나맛 우유'는 미국을 비롯한 10여 개 국가로 수출하여 현지 시장의 호평 속에서 수명주기를 다시 이어가고 있다.

① 제품

쇠퇴기 제품전략에는 다양한 선택 대안들이 있다. 앞서 살펴본 바와 같이 리포지셔닝을 통해 새로운 시장을 개척할 수도 있고, 재활성화를 통해 기존 시장에서의 수명주기를 확장해 나갈 수도 있다. 하지만 그럴만한 경쟁력이 없는 제품은 시장상황에 따라 두 가지 선택대안을 취할 수 있다. 먼저, 기존 경쟁자들이 많이 철수한 반면 시장 내 수요는 여전히 존재하고 있는 상황으로, 이때는 투입되는 비용은 최소화하면서 매출을 진작시키는 수확(harvest)전략이 적절하다. 반면 수요는 미미하거나 지속적으로 감소하는데 여전히 경쟁자들은 시장에 남아있는 경우, 또한 자사 제품의 경쟁력이 약한 경우에는 가급적 빠른 속도로 시장에서 철수(divest)할 필요가 있다. 시장철수는 해당 제품의 생산을 중단하는 방법과 해당 브랜드를 다른 기업에게 판매하는 방법이 있다. 다른 기업에 브랜드를 판매할 계획이 있다면 수확전략을 진행하면서 브랜드 자산가치는 유지할 수 있도록 최소한의 마케팅 활동은 진행할 필요가 있다.

② 가격

쇠퇴기 가격전략은 제품전략과 밀접하게 연결되어 있다. 즉 제품의 리포지셔닝 방향에 따라 가격수준을 높거나 낮게 가져갈 수 있는가 하면, 재활성화로 많은 마케팅비용이 소요될 경우 쇠퇴기일지라도 가격을 인상할 수 있다. 하지만 많은 경우 쇠퇴기의 가격전략은 저가격 전략으로 나타난다. 소비자들의 낮은 구매의향과 낮은 제품경쟁력을 낮은 가격으로 보완하려 하기 때문이다. 하지만 지나친 저가전략은 해당 제품을 생산한 기업의 브랜드이미지와 제품계열 내의 다른 제품이나 브랜드 이미지에 부정적 영향을 줄 수 있음에 유의해야 한다.

③ 유통

소비자들의 구매빈도가 줄어든 만큼 회전율이 상대적으로 높은 중간상들만 선택적으로 운용할 필요가 있다. 유통 및 물류비용이 점차적으로 원가경쟁력에 큰 부담이 되고 있다는 점에서 유통비용 절감은 필수적이다. 또한 소매점의 제한된 진열면적을 쇠퇴기 제품이 차지하여 도입기, 성장기에 있는 자사 제품의 판매기회가 상실되지 않도록 소매점의 진열전략까지 고려할 수 있어야 한다.

④ 촉진

쇠퇴기 제품에 대한 촉진활동은 최소 수준으로 유지할 필요가 있다. 물론 리포지셔닝이나 재활성화전략이 수행되는 경우는 적합한 광고활동 등 정상적인 촉진믹스가 이루어져야 하지만, 철수나 수확전략의 경우에는 사실상 촉진활동이 진행되지 않을 수 있다. 다만 자동차, 이동전화기 등의 내구재 제품은 기존 소비자들의 A/S에 대한 우려를 불식시키고, 준비된 후속제품의 사전안내(preannouncement) 효과를 위해서라도 적극적인 커뮤니케이션으로 제품 철수를 알릴 필요는 있다.

1991년 러시아 선원과 보따리상들을 통해 러시아에 수출을 시작한 팔도 '도시락'은 연평균 판매량 3억개, 누적 판매량 45억개에 달하는 등 러시아에서 '국민 식품'으로 통한다. 매서운 추위를 달랠 수 있는 먹거리로 인식된 데다 맛을 현지화해 치킨·버섯·새우 등 다양한 맛을 출시한 것이 적중했다는 평가다. 오리온 '초코파이'의 인기는 중국·동남아뿐 아니라 러시아에도 이어지고 있다. 경제 불황 속에서도 러시아 현지법인은 주력 제품의 지속적인 판매 증가에 힘입어

CASE 3

팔도 도시락 러시아에서 45억개 판매

매년 두 자릿수의 매출 성장률을 기록하고 있다. 러시아에서 연평균 10% 이상의 매출 성장을 기록 중인 롯데칠성음료는 '밀키스'와 '레쓰비'가 수출 1등 공신으로 꼽힌다. 지난해 러시아 매출은 180억원 수준이다. 밀키스는 러시아인들이 맛보지 못했던 우유가 들어간 탄산음료라는 점과 한국과 달리 딸기·메론 등 11가지 맛으로 선택의 폭을 넓힌 것이 주효했고, '국민 캔커피'인 레쓰비는 러시아의 추운 날씨에 온장고 지원 등의 마케팅이 시장 확대에 큰 효과를 봤다. 동서식품의 '프리마'도 추위를 달래기 위해 커피나 코코아에 프리마를 넣어 즐기는 러시아인들이 많아지면서 시베리아 및 서부 우랄지역까지 수출 확대에 나서고 있다.

자료원: 아시아 투데이 2018. 6. 21 수정 인용

⑤ 제품수명주기 이용한 전략수립 시 고려사항

이상에서 살펴 본 바와 같이 제품수명주기는 제품의 경쟁전략을 수립하는 데 매우 유용한 틀을 제공한다. 하지만 모든 제품이 항상 제품수명주기를 따르는 것은 아님을 이미 언급한 바 있다. 경쟁력이 약한 제품은 도입기에 사라질 수 있으며, 성장기에 진입해 성장기 수익만 창출하고 전략적으로 철수하는 제품도 있고, 쇠퇴기에 접어들어서도 리포지셔닝과 재활성화를 통해 수명을 연장하는 제품도 있다. 따라서 제품수명주기는 반드시 따라야 하는 법칙이 아니라 얼마든지 바꾸고 변형시킬 수 있는 마케팅 대상으로 바라볼 필요가 있다. 자사 제품이 현재 제품수명주기상의 어떤 곳에 위치하는지 파악하는 것부터가 제품수명주기를 활용하는 출발점이라 할 수 있다.

서비스와 서비스 마케팅

　식사 후 제공되는 무료 커피서비스나 매장 직원의 친절한 안내서비스 등은 부수적이고 제한적 의미의 서비스라 할 수 있다. 본 절에서 다루는 서비스는 이들처럼 유형적 제품판매에 추가되는 것뿐 아니라 순수하게 영리목적으로 판매되는 모든 형태의 행위나 혜택을 포함한다.

(1) 서비스 정의와 범위

　서비스는 소비자의 욕구충족을 위해 기업이 소비자와의 상호작용 과정에서 생산하는 모든 가치와 혜택을 의미한다. 또한 소비자가 가진 문제를 해결해 주는 무형적인 모든 활동으로도 정의할 수 있다. 따라서 앞서 언급한 바와 같이 유형적 제품판매와 연계되는 운반 및 설치서비스, After Service(A/S), 상담서비스, 보증 및 환불서비스 등을 포함하여 판매 대상인 의사의 진료서비스, 변호사의 법률서비스, 컨설턴트의 컨설팅서비스까지 모두 아우르는 개념이다. 특히 판매대상으로서의 서비스에 대한 사회적 수요가 증가하면서 전 세계적으로 서비스 산업이 빠른 속도로 성장하고 있으며, 많은 서비스 기업에서 고부가가치를 창출하고 있다.

(2) 서비스 특성과 마케팅 방안

　서비스는 마케팅전략을 수립할 때 반드시 고려해야 하는 다음과 같은 독특한 4가지 특징을 가지고 있다.

1) 무형성

　서비스는 소비자가 구매하거나 오감으로 경험하기 전에는 그 품질이나 편익 등 서비스가 제공하는 기능적 가치를 파악하기 어려운 무형적 특징을 가진다. 즉 의사의 진료를 받기 전이나 카센터에서 차 수리를 받아보기 전에는 해당 의사나 카센터의 서비스 역량에 대해 판단하기 힘들다. 이는 제품의 성분, 속도, 무게, 효과 등이 구체적으로 적시되어 있는 유형적 제품과는 다른 서비스만의 고유한 속성이다. 따라서 서비스가 가지는 이러한 정보 불확실성으로 인해 소비자들은 서비스 구매에 있어 위험을 높게 지각한다. 이를 해소하기 위해 다양한 정보를 찾는 노력을 하고, 그러한 정보단서에 근거해 서비스의 가치나 품질을 추정한다. 따라서 서비스 기업들은 서비스의 무형성으로 인한 소비자들의 지각된 위험 해소를 위해, 자신들의 서비스를 유형화시키고 품질 수준을 가늠할 수 있는 단서들을 충분히 제공해야 한다. 자동차 보험 가입자들이 긴급 출동서비스 이용 경험을 증언하는 광고, 컨설팅기업이 과거 자신들이 컨설팅한 대기업 리스트를 홈페이지에 게시하는 것, 자동차 정비 업소에 걸려 있는 정비 자격증이나 기능 올림픽 수상 기록 등은 모두 서비스 품질을 추정하는 데 도움을 주는 단서들에 해당한다.

2) 소멸성

유형적 제품은 생산시점과 소비시점의 차이를 해소하기 위해 재고라는 것을 가질 수 있다. 하지만 서비스는 저장성이 없어 재고를 가질 수가 없다. 이는 시장의 수요변동에 대처하기 어렵다는 것을 의미하는 것으로, 서비스 마케팅에서 중요하게 고려해야 하는 서비스 고유의 특징이다. 특정 기간에 1명의 변호사가 감당할 수 있는 사건의 수는 정해져 있는데 의뢰인들이 갑자기 많이 찾아오거나, 늘 한산하던 미용실에 손님이 유난히 많이 찾는 날에는 소비자들이 원하는 서비스를 제공하지 못할 뿐더러 제공받는 서비스의 품질수준도 나빠질 가능성이 높다. 따라서 서비스 마케터는 서비스 수요변동을 적극적으로 관리할 수 있어야 한다. 예를 들어 각종 워터파크의 비수기 요금할인, 영화관의 조조/심야할인 등은 공급역량의 효율적 활용과 미충족 수요의 수용을 위한 대표적인 수요분산 사례들이다. 탄력적인 공급역량 운용으로도 수요변동에 대처할 수도 있는데, 비행기 이착륙이 많은 시간대에만 시간선택제 직원들을 투입하고, 바쁜 식사시간에만 식당 아르바이트생을 추가 고용하는 것은 수요 피크타임에 대처하는 서비스 공급 사례들이다.

3) 비분리성

유형적인 제품은 생산시점과 구매시점, 소비시점이 다르고 그 시간적인 차이 역시 다양하다. 즉 1년 전에 생산한 제품을 1년이 지난 현재 구매하고 6개월이 더 지나서야 사용할 수도 있다. 하지만 서비스는 많은 경우 구매가 이루어진 후라야 생산과 소비가 이루어지고, 생산과 소비 시점 역시 동시에 발생하는 경우가 많다. 서비스는 생산과 소비가 분리될 수 없는 비분리성을 가진다. 이로 인해 서비스 생산 과정에는 소비자가 참여해야 하며, 서비스 생산자와 소비자 간의 긴밀한 상호작용이 이루어질 때 고품질의 서비스가 생산될 수 있다. 미용실에서 퍼머를 할 때는 미용사의 안내를 잘 따라야 하며, 강의시간에는 활발한 질문과 토론이 필요하고, 병원에서는 의사의 문진에 잘 응하고 지시하는 대로 검사를 잘 받아야 한다. 서비스 생산자와 소비자 간의 이러한 상호작용은 서비스가 가지는 매우 중요하고 차별적인 특징에 해당한다.

4) 이질성

동일한 미용사나 요리사도 매번 같은 수준의 퍼머나 음식 맛을 유지하기는 쉽지 않다. 동일한 선생님이 동일한 교과목을 강의하더라도 강의하는 분반에 따라서 또는 학기에 따라서 강의품질에 차이가 날 수도 있다. 이와 같이 동일한 서비스 제공자일지라도 서비스 품질이 일관되지 못하고 변동성이 나타나는 특징을 서비스의 이질성이라 한다. 기계가 생산하는 제품과 달리 사람이 직접 생산하기 때문에 발생하는 서비스 고유의 특징이다. 더불어 서비스생산은 소비자와의 상호작용이 중요한 만큼 소비자들의 협조 수준 역시 서비스 품질 수준에 중요한 변수로 작용하며, 서비스 제공 환경에 속해 있는 제3자에 의해서도 품질은 달라질 수 있다. 의사가 아무리 유능해도 환자가 제대로 응답을 하지 않거나, 진료실 내에서 소란을 피우는 아이가 있다면 의사의 진료서비스 품질은 나빠질 가능성이 높다. 서비스 기업들은 표준화된 고객응대 매뉴얼이나 서비스 생산법 등의 개발과 철저한 교육훈련, 서비스 제공자의 개인적 차이를 보정할 수 있는 물리적 시설(고성능 의료장비, 염도 측정기 등) 구축을 통해 서비스 품질의 일관성을 유지하는 노력을 기울일 필요가 있다.

. . . .
토론문제

01 제품 하나를 골라 "제품은 편익(benefit)의 묶음"이라는 말을 설명해보자.

02 제품 하나를 골라 제품의 4가지 영역(또는 차원)을 설명해보자.

03 제품믹스가 필요한 이유를 제품관리전략 차원에서 설명해보자.

04 제품수명주기별 특징과 핵심전략을 설명해보자.

05 제품과 달리 서비스만이 갖는 특징을 설명하고, 각 특징에 적합한 마케팅전략을 제시해 보자.

08

브랜드 관리

08

브랜드 관리

▌ 74년 만에 화장품 브랜드 1위가 바뀌다

아모레퍼시픽은 2020년도에 74년 만에 화장품업계 1위 자리를 LG생활건강에 내줬다. 2020년도 LG생활건강은 코로나19 여파에도 사상 최대 실적을 기록했다. 매출액 7조 8,445억 원, 영업이익 1조 2,209억 원으로 집계됐다. 반면 아모레퍼시픽그룹은 매출 4조 9,301억 원, 영업이익 1,507억 원을 기록했다. 두 기업의 성패는 중국 사업에서 갈렸다는 평가다. 2018년 사드(THAAD) 사태로 중국 한한령(한류금지령)이 시작됐다. 중국 시장에서 한국 기업은 직격탄을 맞았다. 당시 LG생활건강은 중국 내 더페이스샵 매장 130개를 철수시키고 온라인 전환에 박차를 가했다. 또 '후' '숨' '오휘' 등 프리미엄 브랜드를 국내외에서 강화했다. 그 결과, '후'는 국내 화장품 브랜드 최초

로 연 매출 2조 원을 돌파했다. 같은 시기 아모레퍼시픽은 오프라인 시장을 확대하고, 중저가 브랜드를 강화한 것이 결국 악수가 됐다. 뒤늦게 프리미엄 브랜드를 강화하고 온라인 판매 채널에 힘을 싣고 있으나 여의치가 않은 상황이다. 2021년 LG생활건강은 화장품 브랜드 포트폴리오 다각화에 주력할 전망이다. 새롭게 추가된 브랜드를 본격적으로 확장·강화해 아시아를 넘어 해외 시장까지 섭렵하겠다는 포부다. 아모레퍼시픽은 아마존, 세포라, 티몰, 쇼피 등 글로벌 이커머스를 통해 해외 시장 판로를 개척할 방침이다. 설화수가 쇼피 싱가포르와 말레이시아에, 이니스프리가 유럽 세포라에 입점한 것도 그 전략의 일환이다.

자료원: 일요신문, 2021. 4. 16 수정 인용

브랜드의 이해

둥근잎 꿩의 비름

칼잎 마삭

세뿔 석위

"둥근잎 꿩의 비름", "칼잎 마삭", "세뿔 석위". 이들 생소한 이름의 식물은 모두 우리나라에 서식하는 야생초들이다. 우리에게 생소한 야생초들조차 각각의 모습이나 특징을 잘 나타내고 다른 야생초들과 구별해 주는 이름을 가지고 있으며, 사람들은 그 이름을 들으면 꽃의 색상, 크기, 향기 등을 함께 연상하고 꽃과 관련된 경험을 떠올리게 된다. 브랜드(brand)란 이와 같은 것이다. 제품이 가지는 독특하고 차별적인 속성, 가치가 결합된 것으로 소비자들로 하여금 긍정적인 반응을 일으키게 하고 소비자와의 지속적 관계를 유지해 나가게 하는 핵심적인 역할을 한다. 본 장에서는 브랜드가 수행하는 구체적 역할을 살펴보고, 이를 바탕으로 브랜드 자산구조, 브랜드 확장전략, 브랜드 계층구조 등을 포함하는 전략적 브랜드 관리 방안을 살펴보도록 한다.

(1) 브랜드의 개념

브랜드란 특정 기업의 제품을 다른 기업의 것과 구별하기 위해 제품의 특징을 잘 나타내는 이름이나 로고, 디자인, 색상, 이미지 등을 결합한 것을 총칭하는 개념이다. 브랜드는 제품 개념과 구별할 필요가 있다. 제품은 각종 기능이나 성분의 조합이라고 정의할 수 있는 반면, 브랜드는 이러한 기능적 조합에 감성과 개성을 입힌 것으로 앞 장에서 살펴본 제품의 정서적, 사회적 가치를 제공한다. 사람은 동일하지만 어떤 옷을 입고 어떻게 화장을 하는지에 따라 전혀 다른 사람으로 보이는 것처럼 동일한 제품일지라도 어떤 브랜드로 소비자에게 인식되는지에 따라 전혀 다른 제품이 될 수 있기 때문이다. 예를 들어 우리가 자주 먹는 라면은 기름에 튀긴 유탕면과 갖은 양념이 들어있는 분말수프로 이루어진 제품을 의미하지만, 신라면, 진라면, 안성탕면은 각각

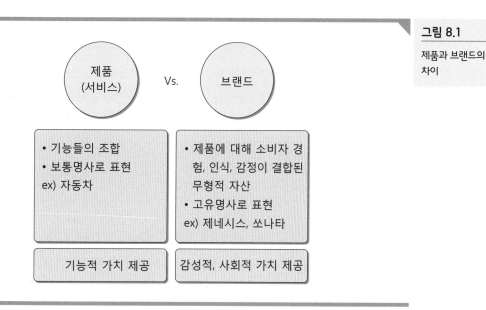

그림 8.1
제품과 브랜드의
차이

차별적인 이미지의 브랜드로 소비자들에게 기억되어 있다. 브랜드는 기업이 소비자에게 한 차별적 약속으로 소비자들은 해당 브랜드가 의미하는 내용들, 예를 들어 신뢰, 튼튼함, 건강함, 우아함, 혁신 등을 믿고 제품을 구매한다. 또한 브랜드는 기업이 만들어 시장에 내어 놓는 순간부터 기업의 공장이나 본사가 아니라 소비자의 마음속에 위치하게 된다. 기업이 소비자에게 한 약속이기 때문이다. 따라서 한 번 만들어진 브랜드는 기업의 소유가 아니라 소비자들의 것이며, 따라서 기업이 마음대로 없애거나 변화시키기 힘들다. 이는 브랜드에 대한 기업의 책임이 크다는 것과 이러한 브랜드의 구축과 관리가 매우 중요하고 어려운 마케팅 활동임을 의미한다.

(2) 브랜드의 역할

브랜드를 구축하고 관리하는 일이 매우 힘든 일임에도 불구하고 기업이 브랜드 관리에 많은 투자를 아끼지 않는 것은 브랜드가 수행하는 역할이 막중하기 때문이다. 잘 만들어진 브랜드는 짧은 수명주기를 가진 제품과 달리 수십 년 혹은 수백 년간 기업에 큰 성과를 창출해 준다. 1886년에 탄생한 "코카콜라"는 100년이 넘도록 존재하며 세계 최고의 브랜드로 군림하고 있다. 세계 최초로 물을 상품화한 "에비앙(evian)"

역시 1878년에 출시되어 지금은 전 세계 고급생수의 대표 브랜드로 자리매김하고 있다. 브랜드가 어떤 역할을 수행하기에 출시한 지 100년이 넘었는데도 여전히 시장에서 맹위를 떨치고 있고, 많은 기업들이 이런 브랜드를 꿈꾸며 브랜드 투자에 여념이 없는 것일까? 브랜드의 역할을 브랜드가 소비자와 기업에 제공하는 혜택 측면에서 살펴보면 다음과 같다.

1) 소비자 측면의 혜택

① 구매의사결정 시간 단축

소비자들은 제품을 구매할 때 제품의 성분, 용량, 디자인, 가격 등 다양한 속성을 기준으로 여러 제품들을 비교한다. 하지만 비교해야 할 제품들의 수가 점점 많아지면서 비교에 많은 시간이 소요되고 제품들 간 차이도 불분명해져 소비자들의 구매결정은 더욱 어려워지고 있다. 브랜드는 이런 상황에서 소비자들에게 명확하고 차별화된 제품정보를 제공한다. 즉 소비자들은 그간 이들 브랜드가 커뮤니케이션 해 온 해당 브랜드만의 차별적 특성이나 이미지 또는 각자의 해당 브랜드 경험을 기억 속에 축적하고 있다가 구매시점에 이들 정보를 결정적인 단서로 활용한다.

② 지각된 위험 해소

브랜드는 제품을 구매할 때 소비자들이 인식하는 다양한 불안감들, 즉 지각된 위험(perceived risk) 요소들을 해소하는 데 큰 역할을 한다. 특히 하이테크 신제품의 경우 처음 접하는 제품 개념과 기능, 이해하기 어려운 사용법 등으로 인해 소비자들은 제품구매를 앞두고 여러 가지 걱정과 불안을 느낄 수 있는데, 브랜드는 이런 상황에서 그간의 축적된 이미지와 연상정보로 소비자들에게 신뢰와 기대감을 심어주게 된다. 2014년은 세계에서 가장 얇은 태블릿 출시경쟁이 있었다. 사전예고(preannouncement)를 통해 흘러나온 제품 정보들에 대해 많은 소비자들은 기대를 감추지 않으면서도 더욱더 얇아질 태블릿과 관련하여 제품의 안정성, 파손 위험, 제한된 제품기능, 조기 단종 등을 염려하는 반응들 역시 매우 많았다. 하지만 2014년 10월 애플이 연필 굵기보다 얇은 "아이패드 에어2"를 출시하자 전 세계 소비자들의 반응은 과히 열광적이었다. 애플과 아이패드라는 브랜드가 있었기에 가능한 일이라 할 수 있다.

③ 개성표현과 정체성 유지

브랜드는 소비자들의 개성(personality)을 표현하는 도구로 사용되며, 소비자들의 정체성을 형성하고 유지시켜주는 역할을 수행한다. 사람마다 고유한 개성이 있듯이 브랜드 또한 고유한 특징을 가진다. 브랜드마다 가지는 이러한 고유한 특징을 사람의 개성에 견주어 브랜드 개성이라고 부른다. Jennifer Aaker는 브랜드 개성을 브랜드가 연상시키는 인간적 특성의 조합으로 정의하면서 능력(competence), 성실(sincerity), 우아(sophistication), 흥미(excitement), 강인(ruggedness)의 5개 차원의 브랜드 개성이 있음을 보고했다. 소비자들은 자신의 개성과 유사한 개성을 가진 브랜드 사용을 통해 자신을 표현하고 그 과정에서 심리적 안정을 느끼게 된다. 자신이 선호하는 사회적 이미지를 가지기 위해 그에 해당하는 개성의 브랜드를 이용함으로써 자신의 사회적 정체성을 구축하고 유지하려 한다. 주로 다른 사람들에게 이용 상황이 자주 노출되는 패션제품이나 자동차 등 과시형 제품군에서 유명 브랜드를 선호하는 것들이 예가 될 수 있다.

2) 기업측면의 혜택

① 차별화와 애호도 제고 수단

브랜드가 기업에 제공하는 첫 번째 혜택은 제품 차별화를 위한 효과적 수단이라는 데 있다. 기술발전으로 경쟁제품들 간 기능적 차이는 줄어들지만 브랜드가 제공하는 정서적, 사회적 가치는 여전히 제품 차별화 수단으로 효과적이기 때문이다. 앞서 살펴본 브랜드 개성이 대표적 예로 소비자들은 제품의 기능뿐 아니라 브랜드가 자신에게 제공하는 심리적 안정감, 사회적 자아 등도 중요하게 생각한다. 브랜드가 제공하는 이 같은 혜택이 클수록 소비자들의 브랜드 선호와 반복구매가 이루어지는 브랜드 애호도(loyalty, 충성도)가 증가할 것이며, 애호도가 높은 브랜드는 시장에 안정적 수요를 확보할 수 있을 뿐 아니라, 적은 마케팅 비용으로도 안정적 소비자 관계를 지속적으로 유지할 수 있다. 또한 애호도 높은 소비자들은 경쟁사의 마케팅으로 인한 이탈 가능성이 낮으며, 오히려 소비자들 사이에서 자사 브랜드에 대한 긍정적 구전을 창출하는 마케터(marketer) 역할을 수행한다.

② 브랜드 확장

소비자들이 긍정적으로 평가하고 좋은 성과를 내는 브랜드는 자사의 신제품 브대구백화점은 대형 백화점과의 경쟁 속에서 명품 브랜드 유지 및 유치에 어려움을 겪고 있다. 주력 점포인 대백프라자는 2년 후 문을 열 예정인 신세계백화점 동대구 복합환승센터와 상권이 겹쳐 명품 브랜드의 이탈 방지에 전력을 다하고 있다. 동대구 복합환승센터 개점이 임박하면 대백프라자의 명품 브랜드가 도미노처럼 이탈할 수 있기 때문이다. 명품 브랜드들이 시장규모에 맞춰 매장 수를 조절할 때 '빅3'에 비해 매출과 바잉파워가 뒤지는 대구백화점이 큰 타격을 받을 것으로 전망된다.

백화점의 명품 브랜드는 매출 비중이 클뿐 아니라 백화점의 수준을 결정한다는 점에서 중요하다. 백화점 업계가 명품 브랜드의 인테리어 비용을 부담하고 명품 브랜드에 낮은 수수료를 적용하는 것은 이런 이유 때문이다. 현대백

CASE 1

명품 브랜드 유지와 유치

화점 부산점은 2013년 루이뷔통, 샤넬, 에르메스의 철수로 이미지에 큰 타격을 입었고, 대백프라자는 2012년 까르띠에의 철수로 타격을 입었다. 당시 까르띠에는 루이뷔통, 구찌와 함께 이 백화점의 대표적인 명품 브랜드였다. 대백프라자는 버버리를 확장해 공간을 채웠지만, 이후에도 명품 브랜드 유지에 어려움을 겪었다.

빅3와의 '메인 이벤트'를 앞두고 대구백화점은 기존 브랜드 유지는 물론 신규 브랜드 유치에 사활을 걸고 있다. 전통적인 명품 브랜드에 올인하기 보다 새롭게 뜨는 브랜드 유치에도 힘을 기울일 계획이다. 빅3와의 정면대결로 '고래싸움에 새우등 터지는' 상황에 처해지는 대신 트렌드 변화에 따른 신규 브랜드 유치를 통한 생존을 모색하고 있는 것으로 분석된다.

자료원: 연합뉴스 2014. 7. 23 수정 인용

랜드로도 활용되어 신제품의 시장 출시를 지원하는 효과적 수단이 될 수 있다. 소비자들의 이용경험이 없어 불안하거나 품질에 확신이 없는 신제품을 소비자들이 잘 알고 있고 좋아하는 기존의 브랜드로 출시한다면 신제품에 대한 소비자들의 반응은 긍정적으로 나타날 가능성이 높다. 잘 만들어 둔 기존의 브랜드를 다른 제품에 그대로 이전해서 사용하는 이와 같은 방법을 브랜드 확장(brand extension)이라고 하는데 이

는 다음 절에서 자세히 다루고 있다.

③ 협상력 제고

잘 만들어진 브랜드는 백화점, 할인마트 등 중간상(도매상, 소매상)과의 거래협상에서 제품생산 기업의 협상력을 제고시켜준다. 소비자들이 선호하는 브랜드 유통은 유통기업에 있어 사실상 의무라고 할 수 있다. 소비자들이 자주 찾는 브랜드를 판매하지 않는 매장을 소비자들이 찾을리 없기 때문이다. 특히 원스톱 쇼핑(one stop shopping)이 일반화된 상황에서 주요 브랜드를 판매하지 않는 것은 해당 매장으로의 방문 자체를 꺼리게 해 다른 제품의 매출에까지 부정적 영향을 미칠 수 있다. 유통기업이 판매하거나 유통매장 내 입점해 있는 주요 브랜드들은 해당 유통기업의 브랜드 이미지를 긍정적으로 만드는 데도 중요한 역할을 수행한다. 따라서 강력한 브랜드를 보유한 제품생산 기업은 유통기업의 선택뿐 아니라 선택한 유통기업과의 거래협상(진열방식, 판매수수료율, 판매촉진 지원 등)에서도 유리한 위치에 설 수 있다.

④ 무형자산 가치

브랜드의 가치는 무형적 자산으로 평가받을 수 있는데 유형적 자산보다 더 큰 가치로 평가 받기도 한다. 브랜드의 무형자산 가치 평가는 주로 기업 간 인수합병(M&A)과정에서 이루어지는데, 질레트는 "로케트" 전지를 인수하며 "로케트"의 브랜드 가치를 660억 원으로 인정하였다. 한국존슨은 "에프킬라"의 브랜드 가치로 297억 원, 필립모리스사는 "Kraft" 인수가로 116억 달러, 하이트 진로는 "하이트", "맥스" 브랜드 구매에 1,786억 원, 네슬레는 "KitKat"(요크제과) 인수 시 브랜드 가격으로 45억 달러 등을 지불한 바 있다. 잘 만들어진 브랜드는 무형적 자산으로서 기업에 막대한 재정적 혜택도 제공해 줄 수 있다.

로케트 전지

잘 만들어진 브랜드란 어떤 브랜드일까? 아마도 소비자들에게 긍정적인 이미지로 기억되어 있다가 실제 구매를 해야 할 때에 제일 먼저 머릿속에 떠오르거나 차별적인 가치를 가진 것으로 인식되는 브랜드일 것이다. 즉 강력한 브랜드란 소비자들이 해당 브랜드에 대해 좋

에프킬라

표 8.1
브랜드가 제공하는
혜택

소비자 혜택	기업 혜택
구매의사결정 시간 단축	차별화와 애호도 제고
지각위험 해소	브랜드 확장 기회 창출
개성표현 수단	유통 협상력 제고
정체성 유지/강화 수단	무형자산 가치 제공

kraft

은 이미지를 가지고 있고 다른 브랜드들과는 분명하게
구분되는 차별적인 특징을 정확하게 기억하고 있는 브
랜드라 할 수 있다. 긍정적이고 차별적인 브랜드 이미지
와 늘 기억할 수 있는 높은 브랜드 인지도가 강력한 브
랜드의 조건에 해당한다. 다음 절에서는 이를 브랜드 자
산의 관점에서 설명하고 있다.

브랜드 관리

이름 없는 들풀과 야생화를 노래한 많은 시들이 있지만, 사실 이름이 없는 풀이
나 야생화는 드물다. 이름이 없다기보다는 이름을 모르는 들풀이나 야생화라는 표현
이 더 정확할 것이다. 브랜드 역시 많은 노력을 거쳐 시장에 출시되었지만 소비자들
이 모르는 가운데 존재하다 조용히 사라져가는 경우가 허다하다. 소비자들에게 브랜
드의 존재를 알리고 소비자의 긍정적 평가와 선택을 지속적으로 받기 위해서는 어떻
게 해야 할까? 우선 소비자들이 브랜드의 존재를 정확하게 알아야 하고 긍정적이고
도 차별적인 이미지로 분명하게 기억할 수 있어야 한다. 이 같은 브랜드를 브랜드 자
산(brand equity)이 많은 브랜드라고 하며, 브랜드 자산을 구축하고 운용하는 활동을
브랜드 관리라 한다.

(1) 브랜드 자산

브랜드 자산이란 브랜드가 있을 때의 제품가치와 브랜드가 없을 때의 제품가치 간 차이라고 할 수 있다. 브랜드가 있을 때의 제품가치가 크면 클수록 브랜드 자산도 크다고 할 수 있다. 제품 수명주기가 짧아지면서 단기성과 지향의 가격경쟁이 심화되고 있지만 강력한 브랜드 자산으로 차별적 가치를 보유한 제품에는 오히려 기회가 되는 환경이다. 이미 구축된 브랜드 자산은 추가적인 마케팅비용을 줄여 가격경쟁력을 높이고, 높은 브랜드 애호도로 지속적인 시장 확보와 수익창출을 가능하게 하기 때문이다. 수없이 많은 선택대안들로 정보과부하 상태인 소비자들에게 이미 경험을 통해 검증된 브랜드는 가장 믿을 수 있는 구매의사결정 단서다.

브랜드 자산을 나타내는 대표적 지표는 브랜드 애호도이다. 브랜드 애호도가 높다는 것은 현재뿐 아니라 미래에도 지속적으로 구매할 의향이 강하며, 자신뿐 아니라 다른 사람에게도 구매를 추천할 만큼 브랜드에 대한 신뢰가 높다는 것을 의미한다. 따라서 애호도가 높은 브랜드는 경쟁환경에 상대적으로 적은 영향을 받으며, 더 적은 마케팅 비용으로 신규고객 창출과 기존고객 유지를 할 수 있다. 하지만 강력한 브랜드 애호도 구축을 위해서는 장기적인 전망 속에서 지속적인 투자와 소비자 마음을 잘 살피는 섬세한 노력이 요구된다. 앞서 언급한 바와 같이 브랜드는 기업이 시장에 내어 놓는 순간부터 소비자 마음속에 자리하기 때문이다. 하지만 경쟁이 격화될수록 기업들은 불확실한 장기성과보다는 확실한 단기성과를 지향하는 판매촉진활동에 많은 마케팅 비용을 투입하는 경향이 있다. 또한 판매촉진활동의 대부분은 가격할인 효과를 가짐으로써 자연스럽게 가격경쟁을 촉발하게 되고, 이는 다시 장기적인 브랜드 전망보다는 단기적인 매출증대를 위해 또 다른 판매촉진활동으로 이어지는 악순환을 거듭한다. 결국 장기적 전망을 가지고 차별적 브랜드 자산을 구축하는 일은 점점 더 어려워지고 있다. 하지만 브랜드가 수행하는 막중한 역할을 고려할 때 차별적 브랜드 자산을 구축하는 것은 피할 수 없는 일인 만큼 기업들의 전략적 접근을 필요로 한다. 이를 위해 브랜드 자산 구축에 있어 핵심인 '고객관점의 브랜드 자산', 특히 브랜드 인지와 브랜드 이미지에 대해 살펴보면 다음과 같다.

1) 브랜드 인지도

브랜드 인지도가 높다는 것은 소비자들이 구매의사결정을 할 때 특정 브랜드를 기억 속에서 쉽게 떠올리거나 알아보는 것을 의미한다. 인지도가 높은 브랜드를 더 친숙하게 인식하고 그럴수록 해당 브랜드 제품의 구매 가능성이 높아진다는 점에서, 높은 브랜드 인지도는 강력한 브랜드 자산의 필수 요소라 할 수 있다. 브랜드 인지도는 크게 두 가지 유형으로 나눌 수 있는데, 소비자 스스로 자신의 기억 속에서 특정 브랜드와 관련된 정보를 찾아내는 브랜드 회상(recall)과 특정 브랜드에 노출되고서야 비로소 해당 브랜드를 기억하고 알아보는 브랜드 재인(recognition)이 있다. 배가 고플 때 특정 브랜드의 라면을 떠올리고 그 라면을 구매하는 것은 브랜드 회상이 작용을 한 것이고, 장을 보다가 눈에 띈 라면을 보고 TV나 신문에서 봤던 광고를 떠올리면서 구매하는 것은 브랜드 재인이 역할을 하는 것으로 설명할 수 있다.

일반적으로 브랜드 회상은 특별한 단서가 없이도 특정 욕구가 생겼을 때 해당 브랜드를 기억해내는 것으로 구매의사결정 과정의 전반부에서 중요한 역할을 수행하는 반면, 브랜드 재인은 브랜드와 관련된 단서를 보고서야 해당 브랜드를 알아보고 기억해 내는 것으로 구매시점에 중요한 역할을 수행한다. 따라서 브랜드 회상은 주로 구매시점 이전에 브랜드 선택이 이루어지는 서비스 영역에서 중요한 브랜드 인지 유형이며, 브랜드 재인은 구매시점에 브랜드 선택이 주로 이루어지는 생필품이나 제품들 간 차이가 없는 성숙기 제품군에서 중요한 브랜드 인지유형이라 할 수 있다.

따라서 브랜드 인지도를 높인다는 것은 브랜드 회상과 브랜드 재인 모두를 높인다는 것으로 이를 위해서는 제품과 표적 소비자에 따라 차별화된 커뮤니케이션을 필요로 한다.

먼저 소비자들의 브랜드 회상력을 높이기 위해서는 표적 소비자들에게 가급적 많은 브랜드 노출이 우선적으로 필요하며, 동시에 해당 제품범주에 대한 소비자 욕구와 해당 브랜드 간에 강한 연상관계를 만들 수 있는 커뮤니케이션 활동이 필요하다. 한 밤 출출할 때 생각나는 라면으로 또는 운동 후 갈증 날 때 적합한 음료수로 자사 라면이나 음료를 지속적으로 노출함으로써 소비자들이 이러한 상황에 처하게 될 때 자연스럽게 해당 브랜드를 떠올리게 하고 구매하게 하는 것이다. 즉 소비자의 특정 욕구가 활성화될 때 바로 연관되어 떠오르는 브랜드가 될 수 있도록 커뮤니케이션이 이루어질 때 브랜드 회상력을 높일 수 있다.

브랜드 재인을 높이기 위해서도 지속적인 브랜드 노출이 필요하며, 특히 시각적 단서를 충분히 제공할 수 있어야 한다. 브랜드 재인은 많은 경우 구매시점에 우연히 보게 되는 특정 브랜드의 패키지나 디자인, 색상, 로고, 광고 모델 등을 단서로 발생

그림 8.2
브랜드 인지의
구성

한다. 구매계획이 없었던 제품을 매장 진열대에서 우연히 보고 광고에서 봤던 기억이나 구매하는 것이나 계산을 위해 줄을 서 있다 계산대 옆에 진열되어 있는 제품이 눈에 띄어 구매하는 것은 브랜드 재인에 의한 사실상 충동구매라 할 수 있다. 따라서 브랜드 재인을 높이기 위해서는 시각적 단서를 강조하는 커뮤니케이션 활동과 더불어 중간상 촉진을 통해 매장 내에서 자사 브랜드 관련 단서들의 노출이 용이하도록 다양한 구매시점 촉진(point of purchase promotion)을 병행하는 것이 효과적이다.

2) 브랜드 이미지

강력한 브랜드 자산을 구축하기 위해서는 높은 브랜드 인지도만으로는 부족하다. 브랜드 인지도는 강력한 브랜드 자산의 필요조건일 뿐이다. 브랜드를 기억하면서 브랜드와 관련된 긍정적 이미지가 함께 떠올라야 구매시점에 최종 선택을 받을 수 있기 때문이다. 브랜드 이미지는 소비자가 특정 브랜드에 대해 가지고 있는 전반적인 인상이라 할 수 있다. 또한 전반적인 인상은 소비자가 브랜드를 직간접적으로 경험하면서 기억 속에 가지고 있는 브랜드의 혜택이나 속성, 태도를 비롯해 브랜드와 관련된 모든 연상의 집합이다. 따라서 브랜드 이미지란 소비자가 특정 브랜드에 대해 가지는 전체적인 인식으로 정의할 수 있다.

경쟁력 있는 브랜드 이미지 구축은 소비자 기억 속에 강하고 차별적이며 긍정적인 연상을 만들어 줄 때 가능하다. 따라서 기업은 목표로 하는 브랜드 이미지 개발을 위해 소비자들이 자사 브랜드에 대해 독특하고 호의적인 연상을 강하게 가질 수 있도록 브랜드명, 로고, 색상 등의 브랜드 구성요소들과 핵심가치를 잘 정의하고, 시장상황에 맞게 지속적으로 관리해 나갈 필요가 있다. 우리가 잘 아는 브랜드들 중에도 우리가 인식하지 못하는 사이에 브랜드 로고나 색상, 심볼 등을 바꿔가며, 시장 환경의 변화에 지속적으로 적응해 온 사례는 많다.

구체적인 브랜드 이미지 관리는 브랜드 이미지의 개발부터 실행, 통제의 과정을 브랜드 수명주기에 맞춰 진행함으로써 이루어진다. 브랜드 수명주기별 브랜드 이미지 관리는 브랜드 콘셉트 관리(brand concept management, BCM) 모델을 이용해 진행할 수 있다. 브랜드 콘셉트 관리 모델에서는 브랜드 이미지를 소비자가 가지고 있는 브랜드에 대한 전체적인 인상으로, 브랜드 콘셉트는 기업이 소비자의 기억 속에 심어 주려고 개발한 브랜드의 의미로 정의하고 있다. 따라서 브랜드 이미지는 브랜드에 대한 인식을 소비자의 관점에서, 브랜드 콘셉트는 기업의 관점에서 각각 정의하고 있다고 할 수 있다. 다만 기업이 개발하는 브랜드 콘셉트 역시 소비자 욕구에 기반해야 한다는 점은 분명하다. BCM모델을 제안한 Park 등(1986)은 브랜드 콘셉트 관리를 브랜드 콘셉트의 도입단계(introduction), 정교화단계(elaboration), 강화단계(fortification) 등 세 단계로 구분하여 제시하고 있다.

① 개발/도입 단계(introduction stage)

브랜드 콘셉트를 개발한 다음 소비자들이 쉽게 수용하고 기억할 수 있도록 커뮤니케이션하는 단계이다. 브랜드 콘셉트는 기능적 콘셉트, 상징적 콘셉트, 경험적 콘셉트 등 세 가지 유형으로 나누고 있으며, 각각 실용적 욕구, 표현(과시)적 욕구, 경험추구 욕구를 충족시키기 위한 콘셉트 유형들이다. 따라서 자사 브랜드가 목표로 하는 소비자 욕구가 어떤 것인지 찾아내고 이에 합당한 브랜드 콘셉트를 선택하는 것이 브랜드 콘셉트 관리의 시작이다.

표적 소비자들이 제품의 본질적 기능이나 품질, 용량 등을 중요하게 인식한다면 이를 충족시킬 수 있는 기능적 가치에 초점을 둔 기능적 브랜드 콘셉트를 개발해야 한다. 다른 사람들에게 보이는 자신의 이미지를 중요하게 생각하고 자신을 표현하려는 욕구가 많은 소비자들에게는 브랜드가 가지는 사회적 가치, 즉 상징적 콘셉트를 부각시킬 필요가 있다.

경험적 콘셉트는 소비자들이 제품사용을 통해 체험하고자 하는 감각, 감정을 구체적으로 제시함으로써 소비자들이 기대하고 구매결정을 하는 데 도움을 줄 수 있어야 한다. 제품과 소비자 특성에 따라 적용 가능한 브랜드 콘셉트는 이상에서 언급한 내용보다 더 다양할 수 있지만, 브랜드 콘셉트 도입단계에서는 표적 소비자의 욕구 충족이 가능한 콘셉트를 개발하고 이를 소비자 마음속에 정확하게 인식시키는 것이

그림 8.3

브랜드 로고
변천 사례

제일 중요하다. 특히 브랜드 콘셉트의 개발은 브랜드 커뮤니케이션의 방향인 포지셔
닝의 핵심요소이자 포지셔닝의 첫 단계인 만큼 신중한 접근을 필요로 한다.

② 정교화 단계(elaboration stage)

도입단계를 지난 브랜드 콘셉트는 지속적 콘셉트 유지와 강화를 위해 점검과 보
완이 필요하다. 이는 그 사이 경쟁제품과 브랜드들이 늘어나고 이로 인해 소비자들이
가진 제품 욕구나 브랜드 인식이 변했을 가능성이 높기 때문이다. 도입단계에서 성공
적으로 자리 잡은 브랜드 콘셉트를 유지는 하되, 시장 환경에 맞도록 브랜드 제공 가
치 수정이나 차별성 부각을 통한 브랜드 콘셉트의 정교화 작업이 필요하다. 새로운
기능이나 성분을 추가하여 제공 가치를 제고(예: 인사돌 플러스, 찌개용 두부/부침용 두
부)하거나 새로운 용도 개발(예: 아스피린의 심장병 예방, 식초를 이용한 과일 세척), 이용
자 범위 확대(예: 성인용 존슨 앤 존슨 크림) 등의 작업이 진행될 수 있다. 하지만 이 같
은 정교화 작업은 초기 브랜드 콘셉트를 완전히 새롭게 만드는 것이 아니라 환경에
적합하게 수정하는 개념적 확장임을 간과해서는 안 된다.

③ 강화 단계(fortification stage)

정교화 과정을 거쳐 경쟁력이 더 높아진 브랜드는 브랜드 확장을 통해 다른 신제
품들의 안정적 시장 진입과 정착을 지원하고, 기존의 브랜드 콘셉트는 더욱 정교화시
키는 작업이 이루어질 필요가 있다. 이 같은 브랜드 확장은 주로 기업브랜드나 패밀
리브랜드를 통해 이루어지는 만큼, 브랜드 확장에 필요한 사전 작업인 브랜드 콘셉트

의 단계별 관리 역시 기업브랜드와 패밀리브랜드에 집중되는 경향이 크다. 콘셉트 강화단계는 브랜드 확장이 주요 활동인 만큼 일관된 브랜드 콘셉트를 가지는 제품계열 완비가 중요하며, 이를 통해 기존 브랜드(모브랜드)의 콘셉트 강화도 목표로 할 수 있다.

(2) 브랜드 정체성과 브랜드 현저성

브랜드 정체성(identity)은 기업입장에서 표적 소비자들이 자사 브랜드에 대해 가져주기 바라는 브랜드 연상이나 이미지로 기업이 원하는 자사 브랜드의 모습으로 설명할 수 있다. 브랜드 정체성에는 크게 핵심 정체성과 확장 정체성이 있는데 핵심 정체성은 브랜드의 가장 핵심적이고 본질적인 가치로 시간과 장소에 따라 달라지지 않는 정체성을 의미한다. "스타벅스"의 경우 "인간의 정신에 영감을 불어넣고 더욱 풍요롭게 한다"는 미션(mission)을 가지고 집과 일하는 곳 외에 '제3의 장소'로 자신의 브랜드를 포지셔닝하고 있다. 즉 바쁘고 힘든 도시생활에서도 휴식과 여유를 즐길 수 있는 장소로 자신들의 브랜드 정체성을 가져가고 있다. 다음으로 확장 정체성은 핵심 정체성이 가진 추상성을 실제적인 요소들을 이용하여 구체화시키는 역할을 한다. 스타벅스의 확장 정체성은 제3의 장소라는 핵심 정체성을 일관성 있게 유지하기 위해 전 세계 매장에서 거의 동일한 메뉴와 맛, 서비스, 매장 분위기와 운영 원칙을 가지는 것으로 설명할 수 있다.

한편 구매시점에 소비자들의 마음속에 떠오르는 3~4개의 브랜드 집합을 고려 상표군(consideration set)이라 한다. 대부분의 제품군에서는 각 제품군을 대표하는 몇 개의 브랜드들이 있으며 대개는 이들 브랜드가 고려 상표군을 형성한다. 고려 상표군에 포함되지 않는 브랜드는 구매의사결정의 대상이 되지 않을 가능성이 큰 만큼, 소비자의 선택을 받기 위해서는 우선 고려 상표군에 포함될 수 있어야 한다. 이를 위해서는 강력한 브랜드 현저성(salience)이 필요하다. 브랜드 현저성은 앞서 살펴본 바와 같이 명확한 브랜드 콘셉트와 이에 적합한 브랜드명, 로고, 슬로건, 색상 등으로 구성되며, 이를 기반으로 강력하고 독특하며 긍정적인 브랜드 이미지를 구축할 때 비로소 강력한 현저성을 가질 수 있다. 나아가 고려 상표군 내에 진입한 이후에도 소비자의 최종선택을 받기 위한 경쟁은 치열하다. 일단 고려 상표군에 진입한 이후에는 소비자들이 원하는 혜택에 집중하여 자사 브랜드의 가치를 부각하는 작업이 필요하다. 따라서 소비자의 최종 선택을 받기 위해서는 고려 상표군에 들어가기 위한 브랜드 현저성 강화 활동이 우선적으로 필요하며, 이후 최종선택을 받는 데 필요한 브랜드 가치 차별화 전략을 수행하는 단계적 접근이 필요하다.

(3) 브랜드 확장

1) 브랜드 확장의 개념

브랜드 확장이란 자사의 특정 브랜드가 가지고 있는 브랜드 자산을 신제품에 그대로 이전시켜 신제품의 성공적 출시를 지원하는 활동을 의미한다. 이는 기존 브랜드명을 신제품의 브랜드명으로 활용하는 형태로 진행되는 경우가 많은데 이를 통해 기존 브랜드가 축적한 브랜드 인지도, 이미지, 애호도 등이 신제품으로 이전되어 신제품에 대한 소비자들의 반응을 출시 초기에 긍정적으로 이끌게 된다. "IVORY" 비누로 좋은 이미지를 구축한 "IVORY" 브랜드를 "IVORY Body Wash, IVORY Hair & Body, IVORY Liquid Hand Soap"처럼 신제품 브랜드로 활용한 경우가 대표적 사례라 할 수 있다. 따라서 브랜드 확장은 기존의 브랜드 자산을 활용하여 신제품의 성공적 시장진입과 안착을 지원하는 대표적인 브랜드 관리 방법이자, 제한된 자원을 가진 기업에 있어 매력적인 신제품 출시 수단이라 할 수 있다. 일반적으로 브랜드 확장에 사용된 기존 브랜드를 모브랜드(parent brand)라 하며, 특히 여러 제품으로 확장된 모브랜드를 패밀리브랜드(family brand)라고 한다.

2) 브랜드 확장의 유형

브랜드 확장은 확장되는 제품범주에 따라 다음과 같은 두 가지 유형으로 분류할 수 있다.

① 제품라인 확장(product line extension)

모브랜드와 동일한 제품범주의 신제품으로 브랜드 확장이 이루어지는 경우에 해당한다. 예를 들어 페리오 치약은 "페리오 브레쓰 쿨(breath cool), 페리오 캐비티 케어(cavity care), 페리오 키즈(kids)" 등과 같이 최초 제품과 성분이나 기능이 다르거나 사용자가 다른 치약제품으로 "페리오" 브랜드를 확장해서 사용하고 있다. 다만 동일한 모브랜드를 사용하는 제품들 간 차이는 브레쓰 쿨, 캐비티 케어, 키즈 등과 같은

그림 8.4

몽블랑의 제품
범주 확장 사례

브랜드 수식어를 활용해서 나타내고 있다. 라인확장을 하는 경우에는 제품범주가 동일하기 때문에 모브랜드에 대한 소비자의 긍정적 태도가 그대로 신제품에 이전될 가능성이 높은 반면, 신제품이 실패할 경우 모브랜드뿐 아니라 동일한 모브랜드를 사용하는 다른 확장제품들에까지 부정적 영향을 미칠 수 있다는 단점이 있다.

② 제품범주 확장(product category extension)

모브랜드와 다른 제품범주의 신제품으로 브랜드 확장을 하는 경우를 제품범주 확장이라 한다. 예를 들어 "몽블랑(MONTBLANC)"은 만년필에서 구축한 브랜드 자산을 시계, 쥬얼리, 지갑, 라이터 등 상이한 제품범주로 확장하여 고급스러운 제품이미지를 잘 전달하고 있다. 제품범주 확장은 기업브랜드에서 자주 나타나는데, 이는 기업이 성장하면서 다양한 업종으로 진출할 때 기존의 기업이미지를 활용하려는 의도 때문으로 해석된다. 대표적으로 롯데그룹은 모기업인 롯데제과로 시작하여 다양한 업종으로 진출하고 있는데, 특히 유통분야에서 롯데백화점, 롯데마트, 롯데슈퍼, 롯데홈쇼핑 등과 같이 모브랜드 롯데를 업태와 관계없이 확장하여 사용하고 있다.

3) 브랜드확장의 장단점

브랜드 확장은 기존의 브랜드자산을 활용하여 다른 제품의 경쟁력을 비용 효율적으로 높일 수 있다는 점에서 매력적인 제품전략이자 브랜드전략이다. 하지만 브랜드 확장 역시 좋은 성과를 기대할 수 있다는 이면에 다양한 위험요소를 가지고 있다. 브랜드 확장이 가지는 장점과 단점을 구체적으로 살펴보면 다음과 같다.

① 장점

브랜드 확장이 가지는 장점은 크게 신제품 측면과 모브랜드 측면에서 살펴볼 수 있다. 신제품 측면의 핵심 장점은 신제품의 성공적 시장진입에 효과적인 수단이 된다는 데 있다. 대부분의 신제품은 낮은 인지도와 새로움으로 인해 소비자들로부터 품질이나 성능 등에 대한 의심을 받아 시장 진입에 어려움을 겪는다. 이때 소비자들이 신뢰하고 긍정적 태도를 가진 브랜드는 소비자들이 인식하는 이 같은 위험요인들을 감소시켜 준다. 특히 사양과 기능이 복잡한 신제품이나 혁신기술이 적용된 하이테크 제품에 대한 소비자들의 위험인식이 크다는 점에서 이들 제품군에서의 브랜드 확장은 더 큰 효과를 창출 할 여지가 많다. 또한 제품의 인지도 제고와 긍정적 이미지 구축에 소요되는 비용을 대폭 줄일 수 있다는 점, 신제품 유통을 싫어하는 중간상들의 협조를 쉽게 이끌어 낼 수 있다는 점도 브랜드 확장이 가지는 신제품 측면의 이점이다.

모브랜드 측면의 장점은 모브랜드의 자산을 더욱 강화시켜 주는 데 있다. 신제품이 제공하는 혜택을 통해 모브랜드의 콘셉트나 이미지가 더욱 명확해지거나(주로 제품라인 확장의 경우) 또는 모브랜드의 의미가 더 넓어지는 효과(주로 제품범주 확장의 경우)를 거둘 수 있다. 뿐만 아니라 신제품이 성공할 경우 신제품에 대한 긍정적 소비자 태도가 모브랜드에 대한 긍정적 태도로 이어지고, 동일 모브랜드를 사용하는 다른 제품태도까지 긍정적으로 변화시키는 긍정적 파급효과(spillover effect)를 가져올 수 있다.

한편 모브랜드가 가진 친숙함과 안정감은 긍정적 소비자 태도의 기초를 이루지만 오랫동안 변화가 없으면 활력이 떨어진다는 평가를 받을 수도 있다. 따라서 모브랜드 역시 브랜드 콘셉트의 안정적 유지는 지속하되 생동감 있는 변화를 추진할 필요가 있는데, 이때 확장된 제품을 통해 모브랜드가 활력을 얻고 재활성화되는 효과를 얻을 수 있다. 또한 동일한 모브랜드를 사용하는 제품종류의 확대를 통해 중간상 매장에서의 진열효과를 증대할 수 있으며 모브랜드와 경쟁관계 브랜드들의 시장진입을 방지하는 선점효과도 거둘 수 있다.

② 단점

브랜드 확장에 따른 가장 큰 위험은 확장제품의 실패에 따른 모브랜드로의 부정적 파급효과이다. 2013년 기업어음(CP)을 무분별하게 발행하여 많은 피해자를 양산

표 8.2

브랜드 확장의
장단점

장점	단점
• 신제품에 대한 지각된 위험 감소 • 신제품 커뮤니케이션 비용 절감 • 모브랜드 재활성화 • 모브랜드 산하 다른 제품으로 긍정적 영향 전파 • 유통점 진열대 점유 효과 • 모브랜드 경쟁브랜드의 진입장벽	• 실패시 모브랜드로의 부정적 영향 전이 • 모브랜드 핵심 콘셉트와 정체성 혼란 • 모브랜드 내 특정 제품 사고발생 시 산하 전제 품으로 부정적 파급효과

했던 동양증권 사태는 재정적 연쇄효과뿐 아니라 기업이미지 측면에서도 동양매직, 동양시멘트, 동양 네트웍스 등 동양그룹 내 전 계열사에 부정적 영향을 미친 바 있다. 심지어 기업브랜드를 전면에 내세우지 않은 크라운 제과의 경우에도 2014년 유기농 웨하스에서 기준치 이상의 세균이 검출된 이후 크라운 제과에서 생산하는 대부분 제품의 매출하락은 물론 수십년 간 쌓아온 제과 브랜드로서 크라운이 가지는 브랜드 자산 가치에 치명적 악영향을 받기도 하였다. 또한 2008년 미국에서 발생한 "렉서스"의 급발진 사고가 도요타 전체 제품에 미친 부정적 영향이나, 2012년 프랜차이즈 음식점인 "채선당"가맹점에서의 소비자 폭행 사건이 전체 프랜차이즈 이미지와 다른 가맹점들의 매출에 미친 부정적 영향은 기업 내 브랜드들 간 부정적 파급효과의 예라 할 수 있다.

지나치게 빈번하거나 다양한 범주로의 브랜드 확장은 모브랜드의 콘셉트와 정체성에 대한 소비자들의 혼란을 가져와 모브랜드 자체의 자산 가치를 훼손할 수 있다. 특히 확장한 제품범주들 간 유사성이 낮고 그 종류가 많을수록 모브랜드가 속한 최초의 제품범주에서조차 모브랜드의 대표성은 낮아지게 되고, 모브랜드가 표방한 핵심 콘셉트는 흐려질 수밖에 없다. 이렇게 약해진 모브랜드의 핵심가치가 다시 확장된 브랜드들로 전파된다는 점에서 이는 매우 위험한 부작용이라 할 수 있다. 따라서 브랜드 확장은 모브랜드의 콘셉트를 유지할 수 있는 수준에서 확장 대상 제품의 범위, 수 등이 결정되어야 한다.

4) 브랜드 확장 시 고려사항

브랜드 확장전략의 핵심은 확장효과는 극대화하면서도 부작용은 최소화하는 데 있다. 이를 위해서는 강력한 모브랜드 자산이 구축되어 있어야 하며, 다른 제품들로의 확장 가능성도 충분히 가지고 있어야 한다. 모브랜드가 특정 제품범주를 대표하는 전형성이 강한 경우에는 모브랜드를 다른 제품범주로 확장하기 쉽지 않다. 짜파게티나 칠성은 각각 인스턴트 짜장면과 사이다를 대표하는 브랜드들로 이들 브랜드를 이용해 다른 라면이나 스낵 또는 콜라나 과일음료 등으로 브랜드를 확장하기에는 어려움이 있다.

다음으로 모브랜드 제품과 확장대상 제품 간에 유사성 또는 적합성이 높아야 한다. 이들 유사성은 여러 분야를 일컬을 수 있는데, 제품 기능 간 유사성이 될 수도 있고, 제품 간 보완성 또는 관련성 정도가 될 수도 있으며, 유사한 사용자나 사용상황이 될 수도 있다. 따라서 목표로 하는 소비자들의 제품욕구나 제품경험, 인식 등을 바탕으로 확장의 적합성 여부를 판단할 수 있어야 한다. 특히 모브랜드 제품범주와 확장대상 제품범주 간의 유사성은 쉽게 비교인식이 가능한 요소라는 점에서 중요한 기준이 될 수 있다. 예를 들어 간장제품 브랜드를 커피 브랜드로 확장한다거나 주유소 브랜드를 치킨 브랜드로 확장하는 경우는 매우 적합성이 낮은 브랜드 간 확장으로, 확장의 목적 달성보다는 확장으로 인한 신제품 실패와 모브랜드의 자산가치 훼손 가능성이 매우 높은 경우라 할 수 있다.

(4) 브랜드 계층구조

기업은 대개 하나 이상의 제품이나 제품군을 보유하고 있기 마련이며, 그런 만큼 보유 브랜드 수 또한 많을 수 있다. 성격이 상이한 다양한 제품을 보유하는 만큼 많은 브랜드를 보유하는 것은 자연스러운 일이지만 이는 마케팅자원의 효율적 활용과 소비자와의 커뮤니케이션에 문제를 일으킬 수 있다. 제한된 마케팅 자원으로 보유하고 있는 모든 브랜드들의 커뮤니케이션 활동을 하는 데는 한계가 있으며, 커뮤니케이션을 하더라도 자원의 분할 손으로 노출이 적은 브랜드들이 생길 수밖에 없다. 또한 다양한 브랜드를 보유하고 있을수록 조직의 구심점이 되는 주력 브랜드가 모호할 수 있으며, 자원배분을 둘러싼 부서 간 갈등이 심화될 수도 있다. 따라서 기업은 자사가 보유한 모든 브랜드들 간의 관계와 서열을 정하여 브랜드 위계구조를 갖추고 각 브랜드의 역할을 규정할 필요가 있다.

기업이 보유한 브랜드들 간의 위계구조를 브랜드 계층구조(brand hierarchy)라 하며, 이는 소비자와의 커뮤니케이션뿐 아니라 마케팅 자원의 할당과 역할분담의 기준이 된다. 브랜드 계층구조를 이루는 브랜드는 대개 기업브랜드(corporate brand), 패밀리브랜드(family brand), 개별브랜드(individual brand), 브랜드 수식어(brand modifier)로 구성된다. 1997년 미원에서 기업명을 변경한 주식회사 대상의 경우 대상이라는 기업브랜드와 별도로 식품통합 브랜드로서 "청정원"이라는 패밀리 브랜드를 가지고 있다. 또한 개별브랜드로 "카레여왕"이라는 브랜드가 있으며, "치킨카레, 구운 마늘 & 양파, 망고 & 바나나"와 같이 다양한 브랜드 수식어도 가지고 있다.

1) 기업브랜드(corporate brand)

브랜드 계층구조의 최상위에 위치하는 브랜드로 긍정적 기업이미지와 기업연상(association)이 중요한 브랜드 요소를 이루고 있다. 기업이미지와 기업연상은 학계에서나 실무적으로 크게 구분 없이 사용해 왔다. 하지만 기업이미지는 기업에 대해 소비자 등 이해관계자들이 가지는 전반적인 심상이라고 정의할 수 있으며, 기업연상은 이해관계자들이 가지는 기업에 대한 모든 지식 중 그 사람의 기억 속에서 활성화된 것으로 정의할 수 있다. 즉 기업이미지는 여러 정보의 총합으로 형성되는 전반적인 인상인 반면 기업연상은 구체적인 지식이 활성화된 결과이다. 따라서 엄밀히 따지면 기업이미지가 기업연상보다 큰 범위의 개념이라고 할 수 있다. 기업브랜드에서 이들 기업이미지와 연상이 중요한 이유는 소비자들이 기업과 관련된 정보를 이용하여 기업에 대한 태도형성뿐 아니라 제품의 품질을 평가하기 때문이다. 기업브랜드는 특히 신제품이나 복잡해서 평가가 어려운 제품인 경우 더 중요한 정보로 활용되는데, 이런 경우 소비자들은 제조기업과 관련되는 이미지나 연상정보를 바탕으로 제품을 평가하기 때문이다. 자사가 원하는 긍정적 기업이미지나 연상을 구축하기 위해서는 자사의 제품품질뿐 아니라, 자사의 모든 경영활동, 즉 광고, 유통, 가격변동과 같은 마케팅 활동은 물론이고, 연구개발, 사회적 책임활동, 노사관계, 인사정책, CEO 이미지에 이르는 모든 영역에서 기업의 일관성 있는 노력이 필요하다. 2010년 세계표준화기구(ISO)에서 기업의 사회적 책임활동(CSR)에 대한 표준인 ISO 26000을 발표하고, 기업의 사회적 책임에 대한 소비자들의 요구 또한 증가하면서 많은 기업들이 사회적 책임활동에 적극 나서고 있는데 이 또한 긍정적 기업이미지 구축

기업브랜드

패밀리브랜드

개별브랜드

청정원 순창   청정원 카레여왕   청정원 햇살담은

청정원 홍초   청정원 맛선생

그림 8.5

(주)대상의 브랜드 계층구조

과 연관하여 해석할 수 있다.

한편 기업브랜드는 개별 제품의 특성과 차별점 부각을 위해 구축되는 개별브랜드와 달리 자사의 창업정신, 비전, 생산하는 모든 제품의 공통특성, 사회적 관계 등을 모두 표현한다는 점에서 개별브랜드와 매우 상이한 역할과 특징을 갖는다. 이에 따라 기업브랜드 활용전략은 기업마다 매우 상이한 형태로 나타나고 있다. 기업브랜드가 가진 브랜드 자산이 강력하거나 자사 제품계열이 유사한 제품범주에 있는 경우는 기업브랜드를 많이 노출하는 전략을 선택하는 반면, 자사 제품들이 다양하고 상이한 제품범주를 이루고 있거나 신제품과 자사 기업브랜드 간의 포지셔닝 적합성이 낮은 경우는 기업브랜드 노출을 최소화하기도 한다. 하지만 기업브랜드 노출은 전략적 판단이 필요한 사안으로 이상과 같은 사유에도 불구하고 기업브랜드 노출을 달리 가져갈 수 있다.

스타벅스는 비싸도 잘 팔린다. 굿즈를 내놓을 때마다 매장에는 긴 줄이 늘어선다. 경쟁사들도 비슷한 상품을 쏟아내고 있지만 스타벅스를 따라잡은 곳은 아직까지 없다. 가성비를 따지지 않고 지갑을 열게 하는 것은 팬덤의 힘이다. 스타벅스 팬덤의 핵심은 올바른 방향성을 갖고 있는 브랜드를 선호하는 소비자들이다. '선한 영향력'이 핵심 경쟁력으로 떠오른 시대다. 스타벅스에서 ESG는 '보여주기'가 아닌 핵심가치다. 커피를 파는 것 만큼 환경적, 사회적 문제 해결에도 적극적이다. 유통업계에 따르면 스타벅스가 최근 발표했던 2025년까지의 지속가능성 중장기 전략은 환경·상생·채용에 초점이 맞춰져 있다. 스타벅스 코리아에는 ESG활동을 담당하는 특정부서가 있는 체제가 아니라 거의 모든 부서가 연간 사업계획에 ESG 항목을 적용하고 실행한다. 스타벅스 코리아는 전국 1,700여 개 매장에서 2만여 명이 넘는 파트너를 모두 직접 고용하고 있다. 전체 임직원의 10% 정도를 취업 취약 계층에서 채용하는 것을 목표로 하고 있다는 게 스타벅스 측 설명이다. 스타벅스의 장애인 파트너 고용율은 전체 임직원 대비 4%가 넘는

CASE 2
브랜드와 ESG

다. 지난 10년간 경력단절 여성의 재취업 지원 프로그램으로 복귀한 '리턴맘' 바리스타도 170여 명에 이른다. '동반 성장'도 스타벅스가 중요하게 여기는 가치다. 우선, 스타벅스는 우리 농산물을 원부재료로 하는 상생 음료를 개발해 카페업 소상공인과 협력하고 있다. 수익금 일부를 지역사회로 환원하는 '커뮤니티 스토어' 활동도 이어지고 있다. 1호점 대학로점을 시작으로 최근 경동시장 인근에 5호점 경동1960점을 열었다. 이들 매장에서는 고객이 구매하는 모든 품목당 300원의 기금을 적립한다. 이는 대학생 청년인재 양성 및 창업 프로그램, 장애 인식개선 활동, 경동시장 지역 상생 활동 등에 쓰인다. 최근 화두가 되는 탄소 배출량 감소를 위한 친환경 활동 경영도 강화하는 추세다. 특히 개인 다회용 컵 사용을 장려하고 있다. 스타벅스는 개인 컵을 사용하는 고객에게는 400원 할인 또는 에코별 적립 등의 혜택을 준다. 서스테이너블(지속가능) 브랜딩 전문가인 남윤주 에딧시티 프로젝트 대표는 "브랜드가 가진 독특한 세계관은 다양한 이해 관계자들과 관계에 영향을 끼쳐 결국 기업이 속한 생태계 자체를 변화하게 만든다"며 "결국 소비자는 개인이 속한 생태계에 다양한 방식으로 기여하는 기업과 브랜드의 지지자가 되어 핵심가치가 지속가능할 수 있는 환경을 함께 구축할 것"이라고 전망했다.

자료원: 세계비즈 2023. 1. 3 수정인용

기업브랜드를 많이 노출하는 경우는 기업브랜드의 긍정적 이미지나 연상 등 강력한 브랜드 자산이 개별브랜드로 전이되어 개별브랜드에 대한 소비자 태도를 긍정

적으로 만들 수 있을 뿐더러, 개별브랜드의 성공은 다시 기업브랜드 자산을 강화시키는 결과를 가져올 수 있다. 반면 기업브랜드와 개별브랜드 간의 적합성이 낮은 경우, 예를 들어 화학업체가 생산한 음료수에 기업브랜드를 많이 노출한다면 기업브랜드가 오히려 개별브랜드에 대한 소비자 평가에 부정적 영향을 미칠 수도 있다. 따라서 기업브랜드와 개별브랜드 간의 적합성이 낮은 경우에는 기업브랜드 노출을 줄일 필요가 있다. 또한 성공가능성이 불확실한 신제품인 경우에도 신제품의 실패로 인한 부정적 파급효과 차단을 위해 기업브랜드 노출을 줄이기도 한다. 이러한 기업브랜드 노출정도 또는 개별브랜드와의 관계 유형은 다음과 같이 세 가지 주요 유형으로 나눌 수 있다.

먼저 개별브랜드는 운용하지 않고 기업브랜드만을 운용하는 형태가 있다. 대표적으로 독일의 BMW사는 기업명인 BMW만을 사용하여 BMW1부터 BMW7까지의 BMW series나 BMW M, BMW i와 같은 브랜드를 운용하고 있다. 다음은 기업브랜드는 거의 내세우지 않고 개별브랜드만 부각시켜 운용하는 형태이다. 세계적 화학기업인 Unilever사나 국내의 CJ 제일제당(주)가 개별브랜드를 중심으로 브랜드를 관리하는 대표적 기업으로, 자사의 기업브랜드는 거의 노출하지 않은 채 "Dove, Vaseline, Lipton, POND's(이상 Unilever), 백설, 해찬들, 햇반 등(이상 CJ 제일제당(주))"의 개별브랜드(또는 패밀리브랜드)를 운용하고 있다. 끝으로 기업브랜드를 개별브랜드와 함께 나란히 사용하는 유형이 있는데, 현대자동차가 대표적인 기업으로 현대 그랜저, 현대 쏘나타, 현대 아반떼 등이 이에 해당한다.

2) 패밀리브랜드

우산브랜드(umbrella brand) 또는 패밀리브랜드(family brand)는 여러 제품에 공통적으로 적용되는 브랜드로 앞서 살펴본 청정원은 (주)대상의 제품들 중 식품분야 제품들의 패밀리브랜드이며, 삼성전자 "갤럭시"는 스마트폰, 태블릿, 스마트폰 손목시계 등에 공동으로 사용되는 패밀리브랜드라 할 수 있다. 패밀리브랜드는 삼성전자의 갤럭시 시리즈처럼 전략적으로 새롭게 만들어서 운용하는 경우도 있지만, 대개의 경우 성공한 개별브랜드가 브랜드 확장을 하고 브랜드 계층구조에서 승격하여 패밀리브랜드 지위를 가지는 경우가 많다. 앞서 살펴본 "청정원"이 패밀리 브랜드로 승격한 경우로 1996년 진육수 제품의 브랜드로 시작하여 1998년 패밀리브랜드로 승격되었다.

패밀리 브랜드는 주로 한 기업의 유사한 제품들이나 제품범주를 묶어 하나의 대표 브랜드로 운용하는 것을 말하는데, 이는 개별브랜드를 여러 개 운용할 때보다 브랜드 자산 구축비용이 적게 소요되고 커뮤니케이션 효과는 상대적으로 크다는 장점이 있다. 반면, 대표 브랜드 아래 묶인 개별제품들 중 특정 제품이 실패를 하거나 부정적 사고가 발생할 경우 대표 브랜드에 대한 부정적 영향을 거쳐 나머지 다른 모든 제품들에게도 그 영향이 파급된다는 단점도 있다.

이러한 패밀리브랜드는 기업의 제품이 늘어나고 다양해져 기업브랜드 하나로 유지하기 어렵거나 신제품이 나올 때 마다 개별브랜드를 구축할 수 없는 여건일 때 효과적인 브랜드전략이다. 소수의 제품만 다루거나 유사한 제품범주에서 여러 제품을 다룰 때는 기업브랜드만으로도 브랜드 유지가 가능했지만, 기업성장과 더불어 제품 특성이 상이하고 범주가 다른 제품들까지 취급하면서부터는 동일한 기업브랜드로 모든 제품의 브랜드 역할을 수행하기 어려워졌다. 따라서 성격이 상이한 특정 제품들은 이들을 대표하는 패밀리브랜드를 개발하여 기업브랜드 등 기존의 브랜드로부터 받을 수 있는 부정적 영향을 막고, 해당 제품들의 공통된 가치와 혜택을 표현하는 차별적인 커뮤니케이션을 수행하게 되었다.

3) 개별브랜드(individual brand)

하나의 제품이나 제품범주에 적용되는 브랜드를 개별브랜드라 한다. 특히 하나의 제품범주에 적용되는 개별브랜드의 경우 해당 제품범주 안에 다양한 모델과 사양을 가진 여러 제품이 있는 경우에도 동일한 브랜드를 사용한다. 삼성전자 에어컨의 개별브랜드인 "스마트에어컨" 용량과 기능에 따라 다양한 사양의 에어컨 제품들이 있지만 브랜드는 "스마트에어컨"을 공동으로 사용하고 있다. 따라서 같은 제품범주 내에 제품들의 수가 많아지거나 종류의 다양성이 늘어날 경우에는 개별브랜드와 패밀리브랜드 간에 구분이 모호해질 수도 있다. 그런 점에서 앞서 패밀리브랜드로 제시한 삼성전자의 "갤럭시" 역시 삼성전자의 스마트 미디어 제품범주에 적용한 개별브랜드로 볼 수도 있다.

이 같은 개별브랜드가 패밀리브랜드나 기업브랜드에 비해 가지는 가장 큰 장점은 해당 제품(범주)의 목표시장에 가장 적합한 차별적이고 구체적인 포지셔닝을 할 수 있다는 데 있다. 기업의 모든 제품과 기업이미지, 같이 묶여 있는 다른 제품들과의 공통속성까지 고려해야 하는 기업브랜드나 패밀리브랜드와는 달리 개별브랜드는 해

당 제품이나 제품범주만의 고유한 특성을 살릴 수 있고 경쟁환경에 따라 유동적인 커
뮤니케이션을 할 수 있다는 장점이 있다. 반면 기업브랜드나 패밀리브랜드가 축적한
강력한 브랜드 자산을 활용하지 못하기 때문에 막대한 커뮤니케이션 비용과 지속적
인 브랜드 유지관리 비용이 소요된다는 단점도 있다. 하지만 별도의 브랜드를 사용함
으로써 기업브랜드 등 다른 브랜드들과 주고받을 수 있는 부정적 파급효과를 미연에
방지할 수 있다는 점 역시 장점으로 꼽을 수 있다.

4) 브랜드 수식어(brand modifier)

브랜드 수식어란 개별브랜드 내 각각의 제품들을 구분하기 위해 개별브랜드 뒤
에 붙이는 수식어를 말한다. 위에서 살펴본 삼성전자의 "스마트에어컨"은 각 제품 사
양에 따라 삼성 스마트에어컨 뒤에 "클래식 사파이어, 하트다이아몬드, 딤플다이아
몬드, 김연아 스페셜 엣지" 등의 수식어가 따른다. 브랜드 수식어는 보통 제품의 사
양인 용량, 속도, 재료, 순서, 맛 등에서의 차이를 표기하여 동일 브랜드 내 각 제품이
가지는 상이한 속성이나 혜택을 나타낸다. 따라서 소비자들은 브랜드 수식어를 통해
특정 브랜드 내 다양한 제품들 간의 핵심적인 차이를 알 수 있으며, 기업은 다양한 제
품사양을 손쉽게 소비자들에게 커뮤니케이션할 수 있고 유통매장에서 자사제품 진열
공간을 늘이는 데 효과적으로 활용할 수 있다.

기업현장에서는 이상에서 살펴본 브랜드 계층구조와 맞지 않거나 비교하기 모호
한 경우도 많다. KT는 "olleh"라는 별도의 독립브랜드를 만들어 olleh TV, olleh 인터
넷 등과 같이 운용하고 있으며, Apple사는 "iPhone, iPad, iPod, iTunes"와 같이
i series를 통해 브랜드 일관성을 유지하고 있다. olleh는 KT 전체 서비스를 대표하는
대표브랜드의 지위를 가지고 사실상 기업브랜드의 역할을 수행하고 있다. 이는 기업
브랜드를 노출시키지 않음으로써 개별브랜드로부터의 부정적 파급효과를 방지하고,
기업브랜드가 가진 고착된 이미지 대신 새롭고 혁신적인 이미지를 창출하며, 개인/가
구용서비스의 패밀리브랜드로서 역할을 수행하는데 목적이 있다.

Apple사의 아이(i)는 Apple사의 스마트 기기를 대표하는 브랜드일 뿐 아니라 혁
신의 상징이자 스티브 잡스의 이미지를 그대로 간직한 브랜드이다. 아이(i) 역시 KT
의 olleh와 같은 Apple사 제품들의 대표브랜드 역할을 수행하고 있다. 하지만 2014
년에 출시한 스마트 워치(smart watch)는 시장에서 예상했던 아이(i) series의 "아이워
치(iwatch)" 대신 "스마트 워치(smart watch)"로 출시함으로써 아이(i)는 사실상 패밀

리브랜드의 역할도 수행하는 것으로 해석할 수 있다. 이는 스마트 워치가 스마트 기기이기보다는 시계의 본질적 기능에 초점을 맞췄다는 점에서 스마트 기기인 아이(i) series의 일관성 유지에 적합하지 않다고 판단했기 때문으로 해석된다. 이상과 같이 브랜드 계층구조는 정해져 있거나 정답이 있는 것이 아니라 기업마다 제품마다의 처해 있는 시장환경과 마케팅 전략에 따라 다양한 형태로 나타날 수 있다.

(5) 브랜드 재활성화

강력한 브랜드도 소비자들의 인식이 변하고 새롭고 신선한 경쟁브랜드들이 등장하면 진부하고 구태의연한 브랜드로 인식되고 소비자들이 싫증을 내는 단계로 접어들게 된다. 이러한 시기를 보통 브랜드 쇠퇴기라 하는데 과거의 브랜드 자산을 잃어가면서 점점 시장에서 잊혀져가는 시기가 될 수 있다. 하지만 브랜드는 제품과 달라 떨어진 생명력을 불어 넣는다면 과거와 같은 경쟁력을 다시 확보할 수 있다.

현대자동차의 "쏘나타"는 1985년에 출시되어 30여 년이 흐른 지금까지 현대자동차의 핵심 브랜드로 자리 잡고 있다. 그간 "아반떼, 에쿠스, 제네시스" 등 자사의 신규 브랜드들과 함께 다양한 경쟁 브랜드들이 등장하고 자동차에 대한 소비자들의 욕구도 급변하는 과정을 거쳐 왔지만, 현대자동차 "쏘나타"는 여전히 친근하면서도 언제나 새로운 모습으로 소비자들에게 다가오고 있다. 이는 "쏘나타"라는 브랜드가 그간 시장의 욕구에 적합한 많은 모델을 지속적으로 출시하고 그때마다 새로운 메시지로 소비자들에게 브랜드를 커뮤니케이션 해왔기 때문이라 할 수 있다. 이처럼 오래되어 쇠퇴해 가는 브랜드에 활력을 불어 넣어 브랜드 생명을 연장하거나 기존의 브랜드 자산을 지속적으로 활용할 수 있게 하는 것을 브랜드 재활성화(revitalization)라 한다.

CASE 3

브랜드와 캐릭터

브랜드를 대표하는 캐릭터의 영향력이 갈수록 커지는 추세다. 어린 아이들부터 어른들까지 펭귄 열풍을 불러일으킨 EBS 텔레비전 프로그램의 캐릭터 '펭수', 오프라인 매장의 굿즈부터, 금융, 게임까지 종횡무진 활약중인 '카카오프렌즈'의 동물 캐릭터들, 3D로 만든 하이트진로의 파란 '두꺼비' 캐릭터와 옛 마스코트를 재해석해서 선보인 오비맥주의 '랄라베어' 등 순식간에 기억해 낼 수 있는 캐릭터만 해도 무수

히 많다. 그리고 이렇게 캐릭터를 떠올리면 기업이나 제품, 해당 브랜드가 연상되는 것은 자연스러운 일이다. 변화하는 미디어 환경에 다양하게 활용할 수 있는 것도 장점이다. 캐릭터는 사람들의 기억속에 인상을 남기기도 하지만, 매출에 긍정적인 영향을 주기도 한다. 국민캐릭터로 자리매김한 '카카오프렌즈'는 연매출 1,000억원을 넘기며 승승장구 중이고, 카카오프렌즈가 그려진 체크카드는 젊은 층 공략에 성공했다. 카카오뱅크가 발행한 체크카등 5종 중 캐릭터 카드 비율은 무려 86%에 달한다. 하이트진로의 두꺼비 캐릭터는 '진로 이즈 백' 출시 3

년만에 10억병 판매를 달성하며 인기를 증명했다. 2021년에 스타벅스코리아의 전체 매출 1조 9,284억 중 10%에 달하는 2,000억원이 굿즈 판매에서 나왔다. 스타벅스의 마스코트 '세이렌' 캐릭터가 붙으면 같은 제품이라도 더 잘 팔린다는 말이 괜히 나온 것이 아니다. 한국콘텐츠진흥원은 2021년 관련 산업 규모는 20조원을 넘어설 것으로 추정했다. 캐릭터에 담긴 스토리와 세계관 등에 주목하는 소비자들의 콘텐츠 소비 취향도 긍정적인 신호다. 라우드소싱의 김승환 대표는 "캐릭터는 브랜드의 정체성을 담은 주요한 마케팅 수단으로 그 영향력이 계속해서 커지고 있다"며, "전 세대를 아우르는 공감의 공통분모로 오랫동안 사랑받을 수 있는 캐릭터의 개발과 연관된 스토리텔링이 가능한 실력있는 크리에이터들이 가장 중요하다"고 말했다.

자료원: 서울경제 2022. 10. 20 수정 인용

브랜드를 재활성화하기 위해서는 기본적으로 재활성화할 수 있는 브랜드 자산이 남아 있어야 한다. 앞서 살펴본 바와 같이 브랜드 자산을 이루는 핵심 요소는 브랜드 인지도와 브랜드 이미지이며 브랜드 재활성화는 이들 두 구성요소를 대상으로 이루어지기 때문이다. 이들 각각을 활용한 브랜드 재활성화 방안을 살펴보면 다음과 같다.

1) 브랜드 인지영역 확대

진부한 브랜드일수록 인지도 자체가 낮지는 않다. 문제는 오래된 브랜드의 경우 그간의 이용경험에 따라 특정 상황에서만 수요가 발생한다는 데 있다. 즉 인지의 강도가 문제가 아니라 인지되는 상황이 많지 않고 고착되어 있다는 점이다. 따라서 쇠퇴한 브랜드의 재활성화를 위해서는 브랜드가 인지되는 영역을 확대할 필요가 있다.

브랜드 인지영역의 확대는 브랜드가 사용될 수 있는 용도나 사용상황, 또는 새로운 사용자를 추가적으로 개발함으로써 이루어질 수 있다. 빵이나 쿠키를 만드는 원료였던 "베이킹 소다"를 탈취제 용도로 사용할 수 있도록 개발한 Arm & Hammer, 사용자를 중장년층에서 청년층으로 넓힌 "박카스"나 어린이에서 성인 여성으로 넓힌 "Johnson & Johnson의 베이비 크림" 등이 브랜드 사용 상황이나 사용자 변화를 통해 인지영역을 확대한 사례라 할 수 있다. 이 같은 접근방식으로 소비자들은 해당 브랜드를 사용할 수 있는 상황이나 사용자에 대한 새로운 이해를 할 수 있으며, 이를 통해 해당 브랜드를 새롭게 인식하게 된다.

2) 브랜드 이미지 변화

브랜드 이미지 변화는 브랜드 인지영역 확대보다 어렵고 조심스러운 방법으로 브랜드와 관련된 연상의 유형이나 연상 강도, 차별성 등에 변화를 주거나 아예 재포지셔닝(repositioning)을 하는 방법이 있다. 먼저 브랜드 연상에 변화를 주는 대표적 방법으로는 브랜드명, 로고, 심볼, 색상 등 다양한 브랜드 구성요소를 바꾸는 방법이 있다. 앞서 살펴본 "스타벅스"나 "청정원"은 브랜드 로고만 변화시켰지만, KB(국민은행), KT(한국통신), 포스코(포항제철) 등은 기업명부터 모든 브랜드 구성요소들을 바꾼 바 있다. 이들 기업은 모두 공기업 이미지에서 탈피하기 위해 글로벌 기준의 발음이 쉬운 기업명으로 바꾸면서 나머지 브랜드 요소들 또한 같은 차원에서 혁신적 변화를 꾀하였다. 이들 모두 노쇠한 자사 브랜드의 재활성화 차원에서 브랜드명이나 로고 등 브랜드 구성요소를 바꾼 것으로 볼 수 있다. 브랜드 재포지셔닝은 브랜드에 완전히 새로운 이미지를 부여하는 작업으로 소비자의 마음속에서 브랜드가 차지하고 있는 구태의연한 기존의 위치를 변화시켜 새롭고 신선한 브랜드로 거듭나게 하는 작업이다. 따라서 매우 효과적인 브랜드 재활성화 방법이라 할 수 있다. 하지만 브랜드 재포지셔닝은 오랜 기간 소비자 인식 속에 만들어진 브랜드 이미지를 바꾸는 작업인 만큼 실패 가능성과 이로 인한 부작용 또한 큰 재활성화 방법이다. 특히 새로운 표적 소비자를 대상으로 재포지셔닝할 경우에는 애호도 높은 기존 소비자들의 저항이나 이탈 가능성이 높으며, 충분한 커뮤니케이션이 이루어지지 않을 경우 표적 소비자들 또한 브랜드 인식이 약해 기존 시장의 손실과 신규시장 미형성이라는 실패를 동시에 가져올 위험이 크다.

. . . .
토론문제

01 "브랜드는 기업이 소비자에 한 약속이다"라는 말의 의미를 설명해보자.

02 브랜드가 수행하는 역할을 소비자와 기업 각각의 측면에서 설명해보자.

03 "고객관점의 브랜드 자산"을 구체적으로 설명해보자.

04 브랜드 확장전략 수행 시 반드시 유의해야 할 점을 기술해보자.

05 브랜드 재활성화전략이 필요한 경우를 사례를 들어 설명해보자.

09

가격관리

09

가격관리

▌ 대형마트의 반값 치킨

홈플러스에서 시작된 '반값 치킨' 경쟁이 확대되면서 치킨 가격 결정 구조에 대한 관심도 커지고 있다. 배달비까지 포함하면 프랜차이즈 치킨 가격이 3만원에 육박하는 상황에서 대형마트에선 6천~1만원 정도의 치킨을 선보이고 있다. 소비자들은 대형마트의 저렴한 치킨을 환영하는 입장이지만 프랜차이즈 치킨 가맹점에서는 불만의 목소리와 함께 현실적 고충도 토로하고 있다.

6천 990원짜리 '당당치킨'을 판매하는 홈플러스는 이 상품에 대해 자세한 원가 구조는 밝힐 수 없지만 "역마진 상품은 아니다"는 입장이다. 기존 인력과 시설, 매장을 이용하는 만큼 인건비, 임대료 등이 따로 들지 않고 닭도 대량 구매가 가능하기 때문이라는 설명이다.

대형마트 델리(즉석조리식품) 코너에서 판매하는 치킨과 프랜차이즈 전문점의 원가는 개념 자체가 다른 만큼 단순 비교는 어렵다. 대형마트의 델리코너에서는 치킨 외에도 새우튀김 등 다양한 품목을 판매한다. 튀김기 등은 다른 품목 제조에도 사용되는 만큼 원가에는 설비 비용이 따로 반영되지 않는다. 여기에다 기존 델리코너에서 근무하는 직원들이 치킨도 조리하기 때문에 인건비도 원가 계산에서 제외된다. 가장 중요한 재료인 닭 역시 대형

홈플러스의
당당치킨

마트는 '규모의 경제'를 활용한 대량 구매가 가능한데다 직접 매입하기 때문에 프랜차이즈처럼 납품 단계별 마진이 붙지 않는다. 닭만 별도로 운반하는 것이 아니라 매장별로 다른 제품이 들어갈 때 함께 움직이기 때문에 물류비용도 절감된다. 프랜차이즈 치킨과는 달리 절임무나 소스, 음료가 함께 제공되지 않아 이에 따른 비용도 아낄 수 있고 별도의 가맹비나 임대료, 배달비도 들지 않는다.

마케팅 비용에서도 차이가 난다. 프랜차이즈 치킨의 경우 유명 광고모델을 기용하고 이 비용이 최종 상품 가격에도 반영되지만, 마트 치킨은 별도 광고를 하지 않는다. 더욱이 대형마트로서는 치킨을 사러 왔다가 다른 상품도 함께 사는 효과도 기대할 수 있어 일종의 '미끼 상품' 역할도 한다.

이런 점을 고려해 볼 때 프랜차이즈 본사에 내는 비용과 가맹점 자체 인건비 등이 모두 반영되는 프랜차이즈 치킨과 대형마트 치킨은 원가 개념 자체가 다른 것으로 볼 수 있다. 프랜차이즈 치킨 업계 역시 자사의 상품과 대형마트의 치킨은 출발선부터 다르다고 설명한다. 한 치킨 전문점 관계자는 "마트 치킨에는 인건비, 임대료 등 매장 운영비용이 들어가지 않는다"며 "한마디로 마트니까 가능한 가격 구조"라고 강조했다. 또 다른 업체 관계자는 "프랜차이즈 치킨과 마트 치킨은 사실상 다른 제품이라고 봐야 한다"며 "프랜차이즈 치킨집이 쓰는 생닭은 '10호' 크기로 마트가 주로 쓰는 8, 9호 닭보다 크다"고 설명했다. 이어 "기름과 양념도 마트보다 프랜차이즈 제품의 품질이 좋다"며 "프랜차이즈 치킨과 마트 치킨의 품질 차이는 소비자들도 인정하는 부분"이라고 말했다.

치킨 가격 논쟁은 이번이 처음이 아니다. 롯데마트는 2010년 12월 5천원짜리 '통큰 치킨'을 내놔 소비자들의 호응을 얻었다. 그러나 당시 치킨 전문점 업주들의 반발이 거세지면서 일주일 만에 판매를 접었다. 판매는 중단됐지만, 당시에도 치킨 가격 원가에 대한 논쟁이 벌어졌다. 이후 대형마트 델리코너에서는 1만원 안팎 가격으로 치킨을 판매해 왔고, 롯데마트도 2019년 통큰 치킨을 재출시했다. 최근 먹거리 물가가 고공행진하는 상황에서 홈플러스가 6월 말에 6천 980원이라는 '파격적'인 가격을 제시하면서 다시 관심이 커지기 시작했다.

최근에는 홈플러스 '당당치킨' 열풍으로 대형마트 간 치킨 경쟁이 한창이다. 이마트의 '5분 치킨(9,880원)', '후라이드 치킨(5,980원)'을 비롯해 롯데마트에서 선보인 '한통 가득 치킨(8,800원)'이 대표적인 반값 치킨이다.

반값 치킨이 새로운 판매 제품이 아님에도 주목을 받는 데에는 여러 가지 이유가 있다. 우선 치솟는 물가 영향이 크다. 월급 빼고 다 오르는 상황에서 '서민음식'인 치킨 가격이 날로

이마트의
후라이드 치킨

비싸지자 소비자들 사이 반감이 생겼다. 더욱이 높아진 배달비 등으로 대형 프랜차이즈 업체에서 파는 치킨 1마리당 가격이 2만원을 훌쩍 넘어서자 그 반사이익을 대형마트 반값 치킨이 누렸다.

소비자들의 인식 변화도 한 몫을 했다. 과거 반값 치킨 하면 자영업자와 대형마트 간 대결구도로 '골목 상권'을 침해한다는 부정적인 인식이 컸다. 반면 최근에는 치킨 대형 프랜차이즈 업체와 대형마트 간 대결구도가 짜여졌다. 소비자들은 이같은 기업 간 경쟁에서 자연스럽게 가격은 더 저렴하면서 맛과 품질이 보장된 대형마트 반값치킨에 손을 들어줬다.

가뜩이나 치킨 값이 비싸다고 생각하는 소비자들에게 한 대형 치킨 프랜차이즈 업체 회장은 "치킨 가격은 2만원이 아닌 3만원은 돼야 한다"고 언급. 대형마트 반값치킨의 몸값을 더욱 높이고 말았다. 당시 해당 치킨 프랜차이즈 업체 회장은 자사 가맹점주를 옹호하는 와중에 이 같은 발언을 했다.

업계에서는 반값치킨이 과거와 마찬가지로 소비자들을 대형마트 매장으로 끌어들이기 위한 일종의 미끼상품이라는 사실을 부인하지 않는다. 다만 어느 때보다 가격에 민감한 소비자들에게 반값 치킨은 가성비 측면에서 충분히 어필하고 있다고 보고 있다. 대형마트 한 관계자는 "요즘은 미끼상품으로 업체들 간 고객을 뺏고 뺏는 시대는 아닌 것 같다"며 "소비자들부터 가성비를 굉장히 따지기 때문에 이 같은 수요를 충족만 한다면 반값치킨과 같은 상품은 계속 인기를 끌 것"이라고 말했다.

자료원: 매일경제 2022. 8. 19; 매일경제 2022. 10. 4 수정 인용

대형마트의 반값 치킨 사례에서 보는 바와 같이 가격에 대한 의사결정은 소비자의 입장에서 민감한 사안일 뿐 아니라, 기업의 매출과 이익에도 직결되는 사항이다. 기업은 자사의 제품 원가를 고려하여 이익을 낼 수 있는 수준에서 가격 의사결정을 해야 하고, 동시에 소비자 입장에서 인식하는 제품 가치나 공정성 등을 고려해야 하며, 경쟁사와 비교하여 가격 대비 품질을 높일 수 있는 가격 수준도 생각해야 한다.

본 장에서는 가격관리 전반에 관한 몇 가지 내용들을 먼저 살펴보고, 가격 의사결정의 세 가지 유형인 가격의 결정, 가격의 조정, 가격의 변경에 대해 순차적으로 논의하기로 한다.

가격관리 개요

(1) 가격의 의미와 중요성

1) 가격의 의미

소비자는 제품이나 서비스의 구매와 사용을 위해 대가를 지불해야 한다. 마트에서 식료품을 사고 백화점에서 의복을 구입하는 등 제품을 구매하거나, 대중교통이나 의사의 진료와 같은 서비스를 이용하는 경우에 소비자는 해당 제품 및 서비스의 가치에 상응하는 금전적 대가를 지불하는 것이다.

가격이란 위와 같이 대부분의 제품과 서비스를 소유하거나 사용하는 대가로 지불해야 하는 금전적 가치를 의미한다. 가격을 경제학적 관점에서 살펴보면, 재화와 서비스를 소유 및 사용하기 위해 지불해야 하는 화폐의 양으로 정의할 수 있고, 이것은 재화와 서비스의 가치를 화폐단위로 나타낸 것이다.

마케팅 관리자는 자사의 제품 및 서비스에 대한 가격을 설정하여 소비자에게 제시하여야 하는데, 가격 설정을 위해 해당 제품 및 서비스의 가치를 평가하고 판단하는 것은 다음과 같은 이유로 쉽지 않다.

첫째, 기업이 생각하는 가치의 수준과 소비자들이 생각하는 가치의 수준이 다를 수 있다. 예를 들어, 어떤 회사가 선풍기 신제품을 출시하면서 리모콘 기능을 추가하여 예전 제품보다 높은 가격을 설정하는 경우는, 기업이 신제품의 가치를 높게 평가한 것이다. 그러나 선풍기를 이용하는 소비자들이 신제품의 리모콘 기능을 새롭고 유용한 기능으로 판단하지 않는다면 소비자드들은 신제품의 가치를 기업이 생각하는 만큼 높게 평가하지 않을 것이다. 이 경우 기업과 소비자가 생각하는 신제품의 가치 수준이 다르기 때문에 가격을 설정하는 것은 쉽지 않다.

둘째, 동일한 제품에 대해 소비자들이 느끼는 가치는 소비자마다 다를 수 있다. 예를 들어, 스마트폰을 통해 인터넷 신문이나 동영상을 많이 이용하는 소비자들은 화면이 큰 스마트폰에 높은 가치를 부여하지만, 스마트폰을 주로 전화나 문자와 같은 연락 수단으로 사용하는 소비자들은 큰 화면에 높은 가치를 부여하지 않거나, 큰 화면이 유발하는 무게 때문에 더 낮은 가치를 부여할 수도 있다. 기업은 다양한 소비자들이 서로 다르게 인식하는 가치의 수준을 이해해야만 한다.

이상에서 살펴본 바와 같이 '제품이나 서비스의 가치'를 의미하는 가격을 설정하고 관리하는 것은, 마케터가 수행해야 하는 어려운 과제들 중 하나가 된다. 특히 서비스에 대한 가격 결정은 물리적인 제품과 다른 특성 때문에, 판매자와 소비자의 주관적 가치 평가를 토대로 이루어지는 경향이 높다는 점에서 더 어렵다고 할 수 있다. 가격결정의 어려움에도 불구하고 가격을 설정하고 관리하는 것은 기업의 중요한 마케팅의사결정 중 하나이기 때문에 많은 노력을 기울여야 한다. 그리고 이러한 가격결정의 노력은 기업과 소비자의 균형적인 관점에서 제품 및 서비스의 가치를 평가하는 것이라는 점을 간과하면 안 된다.

2) 가격의 중요성

가격은 기업의 마케팅믹스(제품, 가격, 유통, 촉진) 중 한 영역을 차지한다는 점에서 중요한 의사결정 영역이다. 가격의 중요성을 보다 구체적으로 살펴보면 다음과 같다.

첫째, 가격은 기업과 소비자 사이의 교환을 결정하는 중요한 기준이 된다. 소비자들은 기업의 제품 및 서비스가 제공하는 편익과 그러한 상품들의 가격을 비교하여 구매 여부를 결정한다. 개념적으로 보면 소비자가 제품이나 서비스로부터 느끼는 편익의 수준이, 제품 및 서비스의 가격보다 높다고 지각할 때 구매를 결정하고 교환이 이루어진다. 따라서 기업의 제품이나 서비스가 제공하는 편익의 크기를 고려한 적정한 가격이 설정되어야 판매가 이루어질 수 있으며, 이러한 점에서 가격에 대한 의사결정은 기업의 판매 및 수익 창출을 위한 핵심적인 부분이 된다. 앞에서 가격이란 "제품이나 서비스의 가치"를 의미하며, 이것은 "소비자가 부여하는 주관적인 가치평가"라는 것을 살펴보았다. 이러한 개념적 의미를 확장해보면, 소비자들은 제품 및 서비스가 제공하는 편익의 수준과 가격 수준에 대한 비교를 통해 구매 여부를 결정하게 된다는 것을 의미하게 되고, 이러한 측면은 "소비자 구매의사결정의 핵심적인 기준"으로서의 가격의 중요성이 된다.

둘째, 가격은 4가지의 마케팅믹스 중에서 기업의 수익(revenue)과 이익(profit)을 결정해 주는 변수이다. "이익＝수익－비용"이고 "수익＝단위당 가격×판매량"이기 때문에 제품과 서비스의 가격은 수익과 이익에 영향을 준다. 단순하게 생각하면 높은 가격에 제품을 판매하는 경우가 낮은 가격에 판매하는 경우보다 수익이 더 높다. 그러나 가격이 높아지면 소비자의 수요에 영향을 미쳐서 판매량이 줄어드는 효과가 있기 때문에 높은 가격에 판매하면 수익이 줄어들 수 있다. 요컨대, 고가격과 저가격을 설정하는 것이 전체 수익에 긍정적인이거나 부정적인 영향 모두로 나타날 수 있다. 그러나 한 가지 분명한 것은 마케터가 가격을 통해 기업의 수익에 직접적인 영향을 주기 때문에 수익에 긍정적인 영향을 줄 수 있는 가격을 결정하는 것이 중요하다. 물론 가격 이외의 다른 마케팅믹스도 판매량에 영향을 주고 이를 통해 수익에 영향을 미치지만, 가격만큼 직접적으로 수익에 영향을 주지는 못한다는 점에서 가격의 중요성을 강조할 수 있다.

셋째, 가격은 마케팅믹스 중에서 가장 단기간에 시장에 영향을 줄 수 있다. 마케팅믹스 프로그램 중 제품, 유통, 촉진의 영역은 새로운 내용을 반영하거나 기존의 내용을 바꾸는 데 많은 시간이 소요된다. 제품과 서비스에 새로운 기능을 추가한다든지, 기존의 유통망에 변화를 준다든지, 새로운 광고를 실행한다든지 하는 것들은 단기간에 적용이 어렵기 때문이다. 그러나 가격의 수준은 시장과 내부의 상황을 반영하여 조정할 수 있으며, 시장에 단기간에 반영하여 가격변동의 효과를 측정할 수 있다. 마케터에게는 가격이 마케팅믹스 중에서 가장 통제 가능성이 높다고 할 수 있다. 실제로 기업들은 소비자 니즈와 경쟁사 상황을 고려하여 가격을 조정하며, 기업 내부의 원가요인이 변화하는 경우에도 가격을 변동시키는 작업을 진행한다.

마케팅믹스 중 가격이 가지고 있는 위와 같은 중요성에도 불구하고, 우리나라 기업들의 가격 의사결정은 과학적이고 체계적이지 못한 경우가 많다. 가격을 "소비자의 제품 및 서비스에 대한 가치 평가"라는 관점에서 의사결정하기보다, 제품 및 서비스의 원가, 경제 전체의 물가 수준, 경쟁사의 가격 동향 등을 수동적으로 반영하기보다 적극적인 사고가 필요하다.

(2) 마케팅 전략과 가격 의사결정

모든 마케팅믹스에 관한 의사결정과 마찬가지로 가격 의사결정의 기반은 마케팅 전략에 대한 이해가 되어야 한다. 특히, 제품 포트폴리오상의 위치와 제품 포지셔닝의 위치는 가격 의사결정을 위한 중요한 지침으로 활용해야 한다.

1) 제품 포트폴리오상의 위치

사업 포트폴리오 혹은 제품 포트폴리오는 기업의 사업 및 제품 단위를 평가하고 각 사업 및 제품 단위에 대한 목표와 전략을 수립하여 자원을 배분하는 모형이다. 제품 포트폴리오 모형은 크게 시장매력도와 경쟁력에 따라 제품 및 사업 단위를 분석하는데, 대표적으로 BCG의 성장-점유 매트릭스와 시장매력도-사업경쟁력 모형을 살펴본 바 있다.

제품 포트폴리오 분석을 수행하고 나면 4가지 영역의 사업 및 제품에 대한 전략이 결정된다. BCG의 성장-점유 매트릭스를 기준으로 할 때, 스타 영역은 시장점유율 유지나 증대 전략을 선택하고, 현금 젖소 영역은 시장점유율 유지 전략을 선택하며, 물음표 영역은 시장점유율 증대 전략이나 수확 및 철수 전략을 선택적으로 사용할 수 있다. 마지막으로 개 영역의 제품들은 수확 및 철수 전략을 선택한다.

기업이 보유하고 있는 제품들에 대한 가격 의사결정은 제품 포트폴리오상의 위치와 전략 유형에 따라 이루어진다. [표 9.1]에는 성장-점유 매트릭스에 따른 전략 유

제품(사업) 위치	전략 유형	가격 결정
스타(stars)	유지(hold) 전략, 증대(build) 전략	시장점유율 유지 및 확대를 위한 가격
현금 젖소(cash cows)	유지(hold) 전략	시장점유율 유지를 위한 가격
물음표 (question marks)	증대(build) 전략, 수확(harvest) 전략, 철수(divest) 전략	시장 확대를 위한 가격
개(dogs)	수확(hold) 전략, 철수(divest) 전략	단기적 이익실현을 위한 가격

표 9.1
성장-점유 매트릭스에 따른 전략 유형과 가격 결정

형과 가격 결정 방향이 요약되어 있다.

스타 영역의 제품들은 시장점유율을 지속적으로 유지 및 확대하기 위한 가격 결정이 필요하다. 현금 젖소 제품들은 현재의 시장 점유율을 유지하기 위한 최소의 마케팅 비용으로 이익을 극대화할 수 있는 가격 결정이 요구된다. 물음표 영역 가운데 유망한 제품들은 장기적 관점에서의 지원이 필요하기 때문에, 단기적 손실을 감수하더라도 시장을 확대할 수 있는 가격 결정이 필요하다. 개 영역의 제품들이나 지원하지 않기로 한 물음표 영역의 제품들은 수확 전략에 따라 단기적 이익실현을 위한 가격 결정이 요구된다.

2) 제품 포지셔닝 위치

기업은 자사 제품이 경쟁 제품에 비해 차별적으로 지각될 수 있도록 포지셔닝 전략을 수립한다. 제품 포지셔닝의 위치는 표적 시장의 소비자들이 중요하게 생각하는 제품의 평가기준이나 속성들 관점에서 지각도를 작성했을 때, 자사와 경쟁사의 제품이 어디에 위치하고 있는가를 나타내는 것이다.

소비자들이 중요하게 생각하는 평가기준이자 제품 지각도를 구성하는 가장 기본적인 요소는 바로 품질과 가격이라고 할 수 있다. 품질과 가격을 기준으로 제품 지각도를 나타내면, 자사와 경쟁사의 제품에 대해 소비자가 지각하고 있는 품질과 가격의 수준과 위치를 알 수 있으며, 자사의 차별화된 제품 포지셔닝을 위해 필요한 품질과 가격의 수준도 설정할 수 있다. 이때 제품 포지셔닝의 현재 위치와, 포지셔닝 전략으로 새롭게 설정되는 위치의 가격 수준은, 현재와 미래의 가격 의사결정의 지침으로 사용한다.

예를 들어, 가격과 품질 차원으로 구성된 지각도를 [그림 9.1]과 같이 나타낼 수 있는데, 일반적인 제품들은 제품 지각도 상의 45도 선상에 위치하여, 품질이 좋아지면 가격도 좋아지는 특성을 가진다. 소비자들이 제품 지각도 상에서 선호하는 위치 즉, 가격과 품질의 수준은 다양하게 나타나기 때문에, 기업은 자사의 목표 고객들에게 경쟁사 제품에 비해 차별화된 가치를 제공할 수 있는 위치를 정하게 된다. 그리고 이러한 위치는 품질과 가격의 수준을 나타내기 때문에 가격 설정의 기준으로 고려해야 한다.

[그림 9.1]에서 제품 지각도상의 A 위치는 품질과 가격이 모두 높은 수준에 해당되며, 2015년 기준 스마트폰의 경우를 보면 삼성의 갤럭시S시리즈, 엘지전자의 G시리즈

그림 9.1

제품 지각도
(포지셔닝맵)

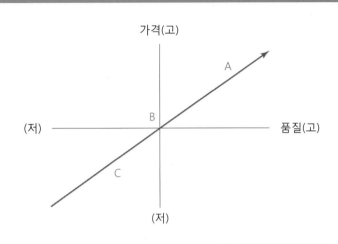

위에서 살펴본 바와 같이 제품 지각도 상의 현재 위치나 마케터가 목표로 하는 포지셔닝 위치는 가격 결정의 중요한 지침으로 고려하게 된다.

등이 높은 수준의 사양과 100만 원에 육박하는 출고가를 나타냈다. B 위치는 품질과 가격 모두 중간 수준의 제품들이며 삼성전자의 갤럭시A시리즈나 엘지전자의 G3비트 등이 보통 수준의 사양과 50만 원 내외의 가격을 제안하였다. 품질과 가격 모두 낮은 수준에 해당하는 C의 위치는 필수 기능을 중심으로 상대적으로 낮은 성능의 제품이며 20만 원대의 중국산 스마트폰 제품들이 여기에 해당되었다.

위에서 살펴본 바와 같이 제품 지각도 상의 현재 위치나 마케터가 목표로 하는 포지셔닝 위치는 가격 결정의 중요한 지침으로 고려하게 된다.

3) 제품 라인의 고려

스마트폰이 처음 나왔을 때, 시장에는 애플의 아이폰, 삼성전자의 갤럭시폰과 같은 고품질의 고가 제품만 존재하였다. 그러나 스마트폰 시장이 커지면서 다양한 소비자의 욕구를 만족시키기 위해서 전 세계의 휴대폰 기업들은 스마트폰 제품군 내에 다양한 종류의 제품들을 시장에 내놓게 되었다. 하나의 제품군에서 다양한 품목들을 취급하는 경우, 각 품목들은 표적 시장이 달라지고 이에 따라 가격이나 품질도 차이가 나게 된다. 그렇기 때문에 각 제품의 가격은 이러한 차이를 충분히 반영할 수 있도록 해야 한다.

[그림 9.2]에는 2015년 말 삼성전자의 스마트폰 제품 라인별 가격 수준이 나타나 있는데, 이러한 가격대의 차이는 글로벌 스마트폰 시장의 여러 가지 세분 시장 중 각

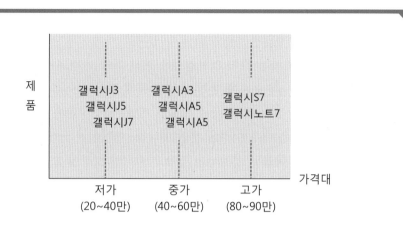

제품이 목표로 하는 세분 시장의 특성과 여기에 소구하기 위한 제품의 품질과 가격 수준을 반영한 것이다.

　제품의 가격을 결정할 때 제품 라인을 고려하는 것은 앞에서 살펴본 2) 제품의 포지셔닝 전략에서 제품의 위치를 고려하는 것과 유사한 측면이 있다. 제품의 포지셔닝 전략을 고려하는 것이 단일 제품을 기준으로 경쟁사 제품과의 차별적 위치를 고려하는 것이라면, 제품 라인의 포지셔닝 전략을 고려하는 것은 경쟁사 제품라인 혹은 자사 타 제품 라인과의 차별적 위치를 고려하는 것이다.

(3) 가격전략 목표와 가격 의사결정

　기업은 기업 전체의 목표, 사업부의 목표, 마케팅 목표 등 다양한 수준에서의 목표를 설정하고, 이를 달성하기 위한 노력을 기울인다. 이러한 목표들은 상호간에 목표의 위계와 연관 관계가 설정되는데, 기업의 목표는 사업부 목표에 영향을 주고, 사업부 목표는 마케팅 목표에 영향을 주며, 마케팅 목표는 다시 세부 목표인 가격 의사결정의 목표에 영향을 준다. 따라서 마케팅 목표 혹은 가격전략의 목표는 가격 의사결정 시 고려해야 하는 요인이 된다.

1) 단기이익 극대화
기업 경영의 목표는 장기적이고 지속적으로 이익을 극대화하는 것이다. 가격이라는 변수는 기업의 매출과 이익에 직접적으로 영향을 미치기 때문에, 단기적으로 이익을 극대화하기 위한 가격결정을 고려할 수 있다.

단기이익을 극대화하는 가격 의사결정은 여러 가지 가격 수준에 대한 수요와 비용을 추정하고, 개별 가격 수준에 대한 분석을 통해 가장 이익을 극대화시킬 수 있는 가격 수준을 선택하게 된다. 그러나 실제로는 개별 가격 수준에 대한 수요와 비용을 정확하게 추정하는 것은 매우 어려울 뿐만 아니라, 단기이익 극대화라는 목표가 마케팅 목표나 가격전략의 목표로 설정되는 경우 지속적인 성장에 도움이 되지 않는 단점이 있다.

2) 매출 또는 시장점유율 극대화

많은 기업들이 마케팅 목표로 설정하는 것이 매출액의 극대화나 시장점유율의 극대화이다. 예컨대 제품의 가격을 낮게 책정하여 제품을 출시하는 경우, 시장 초기에는 단기적으로 이익이 줄어들 수 있지만, 시간이 지남에 따라 판매량이 늘어나고 단위당 생산 비용은 낮아져, 장기적으로는 이익이 극대화될 수 있다. 저가격을 통한 시장 진입이 많은 판매량을 유발하는 것은 당연해 보이나, 시간이 지남에 따라 단위당 생산 비용이 낮아지는 것은 생산량이 늘어남에 따라 규모의 경제가 발생하고 생산 과정의 숙련도가 높아져 경험곡선 효과가 발생하기 때문이다.

[그림 9.3]에는 누적생산량이 증가함에 따라 단위당 원가가 점점 하락하는 경험 곡선이 나타나 있다. 저가격을 통한 시장점유율 증대를 추구하는 기업들은 대부분 경험곡선 효과를 이용한다. 그리고 이러한 가격 전략 목표에 부합하는 신제품 가격 전

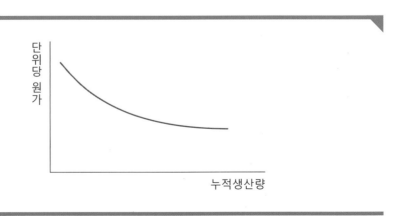

그림 9.3

경험곡선

략은 시장침투가격전략(market penetration pricing strategy)이다.

3) 제품개발 및 도입비용 조기회수

기업들이 신제품을 개발하여 시장에 출시하는 경우, 개발에서 출시까지는 많은 비용이 소요되며, 시장 출시 후 일정 기간 동안에는 경쟁 제품이 존재하지 않기 때문에 독점적 지위를 누릴 수 있다. 이러한 시장 상황에서는 시장 진입 초기에 높은 가격을 설정하여 빠르게 이익을 흡수함으로써, 신제품 개발과 출시에 소요된 비용을 보전할 수 있기 때문에 이때의 가격전략 목표는 바로 신제품 관련 비용의 조기회수가 된다.

시장에 혁신적인 신제품이 등장하는 경우 제품 가격이 높게 설정되어 초기에는 조기수용자들(early adopter)을 중심으로 한 고가격의 구매가 이루어지고, 시간이 지나면서 가격의 하락과 함께 수요와 판매가 다른 소비자들로 확산되는 현상을 보인다. 그리고 이러한 가격 전략 목표에 부합하는 신제품 가격 전략은 초기고가격전략(market skimming pricing)이다.

제품개발 및 도입비용 조기회수 목표는 시장 초기에 이익을 회수한다는 점에서 단기이익 극대화 목표와 유사한 측면이 있다. 단기이익 극대화 목표가 사업부 및 해당 제품의 이익 전체를 고려하는 것이라면, 제품 개발 및 도입비용 조기회수 목표는 단기적으로 회수해야 하는 이익의 수준이 신제품 개발 및 도입 비용으로 구체화되어 있다는 차이가 있다.

CASE 1
신차 토레스의 가성비를 강조한 가격결정

쌍용자동차의 새로운 중형 스포츠유틸리티차(SUV) 토레스가 역대 최대 사전계약 실적을 올렸다. 쌍용차는 지난 13일 사전계약에 들어간 토레스의 첫날 사전계약 대수가 1만 2,000대를 넘어섰다고 15일 밝혔다. 이 수치는 쌍용차가 출시한 신차 사전계약 물량 가운데 역대 최고치다. 쌍용차의 기존 사전계약 첫날 역대 실적은 2005년 10월 출시한 액티언의 3,031대였다. 이어 2001년 렉스턴 1870대, 2017년 G4 렉스턴 1,254대 등이었다.

토레스는 T5 모델이 2,690만~2,740만원, T7 모델이 2,990만~3,040만원에 나온다. 준중형 SUV 가격대로 예상보다 저렴하게 나온다. 당초 동생인 준중형 SUV 코란도가 2,253만~2,903만원, 형님인 대형 SUV 렉스턴이 3,717만~5,018만원이라는 점을 감안하면 3,000만원대 초중반대에 나올 것이라고 예상됐다.

경쟁차종으로 삼은 중형 SUV인 기아 쏘렌토와 현대차 싼타페의 경우 2.5 가솔린 터보 모델 기준으로 각각 2,958만~3,944만원, 싼타페가 3,156만~3,881만원에 판매된다. 토레스는 뛰어난 가성비를 보유한 것으로 평가받고 있으며, 저렴한 가격을 이용하여 경쟁 차종의 수요를 흡수할 것으로 기대되고 있다.

쌍용자동차의 신차 토레스

자료원: 매일경제 2022. 6. 13; 중앙일보 2022. 6. 15 수정 인용

2

가격 의사결정을 위한 고려사항

(1) 제품의 원가구조

1) 제품 원가의 종류

제품의 원가 수준은 가격 결정의 하한선으로 고려해야 한다. 단위당 원가보다 판매가격이 더 낮다면 제품을 판매할수록 손실이 발생하기 때문이다. 제품의 원가는 크게 두 가지 영역으로 구분할 수 있다. 하나는 제품의 판매량이 증가에 비례해 증가하는 변동비(variable cost)이다. 제품의 재료비, 노무비 등은 생산 및 판매량에 비례하기 때문에 변동비에 해당된다. 공장의 임대료, 본사 직원들의 월급 등은 생산량이나 판매량에 상관없이 고정적으로 발생하는데 이를 고정비(fixed cost)라고 한다.

마케팅 및 가격관리 담당자들은 제품의 원가구조를 이해하고 있어야 한다. 제품의 원가구조를 정화하게 이해하기 위해서는 기업의 재무제표와 회사 내부의 관리회계 자료들을 확보하여 관리해야 한다. 이러한 자료들은 사업 및 제품에 대한 이해뿐 아니라, 가격 결정에 활용하는 손익분기점 분석을 위해서도 필요하다.

리 손익분기점 분석

손익분기점 분석이란 주어진 고정비와 변동비를 고려하여 순이익이 +로 발생하는 수준의 판매량과 가격 수준을 검토해보는 방법이다. 손익분기점이란 수익과 비용이 일치하여 순이익이 0이 되는 판매량을 말하며 다음과 같은 공식으로 구할 수 있다.

$$손익분기점(판매량) = 고정비 \div (가격 - 단위당 변동비)$$

[그림 9.4]를 보면 주어진 고정비와 변동비 수준, 가격의 수준을 통해 이익이 0으로 되는 판매량(매출) 수준을 손익분기점으로 표시하고 있다. 예를 들어 단위당 변동비가 600원, 고정비가 1,000,000원이며, 이익이 0이 되는 손익분기점 판매량이 5,000개로 추정된다면, 제품 가격은 800원이 되어야 한다.

$$5,000개 = 1,000,000원 \div (X - 600원), \qquad X = 800원$$

제품 가격을 먼저 800원으로 설정하여 필요한 손익분기점 판매량을 5,000개로 확인해 볼 수도 있다. 그러나 손익분기점 분석에서 검토하는 손익분기점 판매량(매출액)과 가격 수준은 기업의 입장에서 실현하고자 하는 매출과 가격 수준을 의미할 뿐이지, 실제로 시장의 소비자들이 그 가격에서 그 판매량만큼 구매한다는 것은 아니기 때문에 추가적인 분석을 통해 그 가능성을 검토해야 한다. 추가적인 분석 과정에서 알

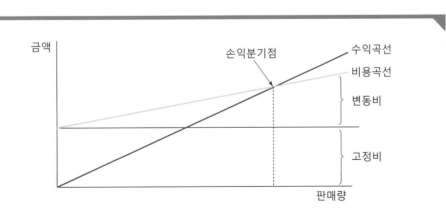

그림 9.4

손익분기점 분석

아낸 정보를 바탕으로 제품 가격의 수준이나 목표 매출액을 변경하고 조정해야 한다.

(2) 시장과 소비자의 반응

1) 수요의 가격탄력성

시장의 소비자들이 주어진 가격에 어떻게 반응할 것인가를 알아보기 위해서는 '수요곡선'과 '수요의 가격탄력성'의 개념을 파악해야 한다. 수요곡선이란 주어진 가격 수준에서 소비자들의 수요량(구매량)이 어떻게 달라지는가를 나타내는 곡선이다. 수요의 가격탄력성이란 가격이 변화할 때 수요가 변화하는 정도를 나타내는 개념으로, 다음의 수식으로 표현된다.

수요의 가격탄력성 = 수요의 변화율(%) ÷ 가격의 변화율(%)
= (수요 변화치 ÷ 원래 수요) ÷ (가격 변화치 ÷ 원래 가격)

[그림 9.5]에는 두 가지 형태의 수요 곡선이 나타나는데, (A)곡선은 (B)곡선에 비해 가격의 증감에 따른 수요 변동이 작기 때문에 (A)제품의 수요의 가격탄력성이 (B)제품의 수요의 가격탄력성보다 낮다는 것을 알 수 있다.

대개의 경우 가격이 높아지면 수요가 감소하기 때문에 수요의 가격탄력성은 음(−)의 값을 갖게 된다. 수요의 가격탄력성이 양(+)으로 나타나는 경우, 즉 가격이 높아지면 오히려 수요와 판매량이 증가하는 경우가 있는데, 이러한 경우는 가격이 품질의 척도로 인식되어져 소비자가 고가격 제품을 고품질 제품으로 인지할 때 발생할 수 있다.

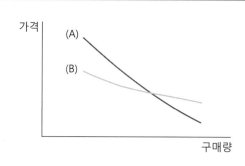

그림 9.5

수요곡선

수요의 가격탄력성을 알고 있다면 가격의 인상과 인하가 매출액에 어떠한 영향을 줄 것인가를 예측할 수 있다. 수요의 가격탄력성(E)이 낮은 경우, 즉 $-1<E<0$인 경우 제품 가격을 인상하여도 수요의 감소가 상대적으로 적게 나타나 가격과 판매량을 곱한 매출액은 증가하게 된다. 예컨대, 제품의 가격을 5% 인상하여 수요가 3% 감소하면 수요의 가격탄력성은 $-3/5$이고, 소비자의 가격 민감도가 낮기 때문에 가격을 인상해도 기업의 매출액은 증가한다.

수요의 가격탄력성이 높은 경우, 즉 $E<-1$인 경우에는 제품 가격 인상으로 인한 판매량 감소가 상대적으로 크게 나타나 매출액은 감소하게 된다. 예컨대, 제품 가격이 4% 인상하여 수요가 8% 감소하는 경우의 가격탄력성은 -2이고, 소비자 가격 민감도는 높은 편이기 때문에 가격을 인상할 경우 전체 매출액은 감소할 것이다.

제품에 대한 수요의 가격탄력성은 매출과 가격에 대한 과거의 자료들을 분석하거나, 실험을 통해 소비자들의 가격대별 구매의도를 물어봄으로써 계산할 수 있다. 미국 시장의 경우 자동차 수요의 가격탄력성은 -1에서 -2.2 사이이며, 커피의 경우 -5.3 정도라고 알려져 있다.

2) 제품수명주기와 가격탄력성

제품의 수요에 대한 가격탄력성은 고정된 것이 아니라 시간이 지남에 따라 변한다. 일반적으로 새로운 제품의 도입기와 성장기에는 수요의 가격탄력성이 점점 낮아져 성숙기에는 가장 낮은 값을 가지고, 쇠퇴기에는 다시 가격탄력성이 증가한다.

[그림 9.6]은 Simon의 실증연구 결과 중 세제와 약품에 대한 수명주기 단계별 가

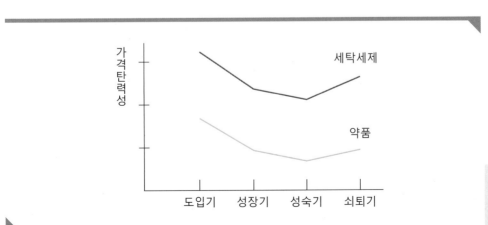

그림 9.6

제품수명주기에 따른 가격탄력성

격탄력성의 변화를 보여주고 있다. 도입기에는 가격탄력성이 높기 때문에 저가격으로 시장에 진입함으로써 높은 수요와 판매량을 창출하여 시장점유율을 확보할 수 있다. 성숙기에는 가격탄력성이 제일 낮기 때문에 가격경쟁의 효과가 낮으므로, 상표 차별화와 같은 비가격경쟁이 필요하다.

이와 같이 제품수명주기에 따라 제품의 가격탄력성이 달라지는 것을 가격 의사결정에 고려하면 보다 효율적이고 효과적인 가격 결정을 할 수 있다.

(3) 경쟁 제품의 가격

1) 경쟁 구조의 이해

시장의 경쟁 구조는 [표 9.2]에 제시된 바와 같이 완전경쟁, 독점적 경쟁, 과점, 독점 시장으로 구분할 수 있다. 현실에서는 완전경쟁 시장이 존재하기 어려우며, 순수한 독점 시장도 드물기 때문에 마케팅 관리와 가격 의사결정과 관련해서는 네 가지 시장의 경쟁 구조 중 독점적 경쟁시장과 과점 시장의 특성을 이해할 필요가 있다.

독점적 경쟁시장은 시장 내에 여러 가지 제품이 경쟁하고 있지만, 특정 세분 시장에서는 한 제품이 차별화를 통해 주도적 지위를 누리고 있는 시장이다. 독특한 제품이나 광고를 통해 경쟁 제품과의 차별화에 성공한 제품은 고가격 설정을 통한 이익 극대화 등의 독점적 지위를 누릴 수 있다. 예를 들어, 청바지 시장에서의 게스, 백화점 시장에서의 노드스트롬은 개별 시장에서의 경쟁 제품들은 존재하지만 차별화를

	완전경쟁 시장	독점적경쟁 시장	과점 시장	독점 시장
기업의 수	무수히 많다.	다수의 기업	소수의 기업	1개
시장지배력	전혀 없다.	약함	강함	매우 강함
가격설정능력	없다.	있다.		
상품의 동질성	동질적	차별화된 상품	동질 또는 이질	동질적
진입의 자유	매우 자유로움	자유로움	진입 제한	진입장벽 강함
비가격 경쟁	없음(오직 가격 경쟁만 존재)	비가격 경쟁	가장 치열한 비가격 경쟁	홍보성 광고
시장의 예	농산물, 주식 등 (완벽한 경우는 없음)	패션, 백화점 등	정유, 통신 등	철도, 전력 등

표 9.2
시장의 종류와 특성

통해 시장을 장악하고 있다.

과점 시장은 한 시장에서 소수의 경쟁자들이 시장의 파이를 나누어 가지는 상황이다. 과점 시장은 보통 높은 투자비, 독점적 자원과 노하우 등을 필요로 하는 시장의 특성 때문에, 새로운 기업들이 자유롭게 시장에 진입하기 어려운 상황에서 발생한다. 과점 시장에서는 기업들이 서로 비슷한 제품을 공급하면서 가격 수준도 비슷하다. 한 기업이 제품 가격을 인하하면 가격을 인하한 회사제품으로 소비자 이동이 발생하기 때문에, 경쟁사들도 제품 가격을 인하하게 된다. 국내 이동 통신 서비스 시장의 3사는 서비스의 품질과 가격 수준이 비슷하게 유지되는데, 이는 과점 시장의 이러한 특성 때문이다.

2) 경쟁사의 가격 분석

경쟁사의 가격을 파악하고 경쟁사의 가격 변화에 대응하는 방법은 전술한 시장 구조에 따라 달라진다. 독점적경쟁 시장에서는 자사 제품이 경쟁사와 차별화되어 있지 않은 경우 경쟁사들의 가격 수준 동향을 모니터링하며 적절히 대응해야 하지만, 자사 제품이 차별화되어 있는 경우에는 일일이 경쟁사의 가격 변화에 대응할 필요가 없다. 과점 시장에서는 제품 차별화가 어렵기 때문에 경쟁사의 가격 수준에 즉각적인 대응이 필요하다. 즉각적인 가격 인하가 어려운 상황이라면 부대 서비스를 강화하여 자사 고객들이 경쟁사로 이탈하는 것을 최소화하며 시간을 벌거나, 고객들이 느끼는 가격 대비 편익 수준을 경쟁사와 비슷한 수준으로 맞추어야 한다.

경쟁사의 가격을 고려할 때 주의할 점은 경쟁사와 경쟁 제품의 범위를 너무 좁게 생각하지 말아야 한다는 것이다. 서울과 부산을 왕복하는 고속버스는 다른 고속버스 회사들의 요금뿐 아니라, 서울과 부산 사이의 철도 요금, 항공사 요금을 모두 고려해야 한다. 소비자 입장에서는 고속버스 서비스와 철도 서비스를 구분하는 것이 아니라, 서울에서 부산에 가는 교통수단 전체를 대안으로 생각하고 가격과 편익을 고려하기 때문이다. 디지털 카메라의 경우 다른 디지털 카메라의 가격뿐 아니라 디지털 카메라 기능을 보유하고 있는 스마트폰의 가격을 고려해야 한다. 소비자 입장에서 카메라를 이용하는 기능은 두 제품 모두 제공하고 있어서 소비자의 비교 대상이 될 수 있기 때문이다.

3

가격의 결정

(1) 원가 중심 가격결정

1) 원가가산 가격결정

원가가산 가격결정 방법이란 제품의 단위당 원가에 일정비율의 마진을 더해 판매 가격을 결정하는 방법이다. 원가 구조와 예상 판매량이 다음과 같다고 하자.

고정비: 1,000,000원
단위당 변동비: 600원
예상 판매량: 10,000개

판매가 대비 마진율을 20%로 설정하는 경우, 원가가산 가격결정 방법에 의한 가격은 다음과 같은 절차에 의해 875원으로 결정된다.

$$단위당 \ 원가 = 단위당 \ 변동비 + (고정비 \div 예상판매량)$$
$$= 600원 + (1,000,000원 \div 10,000개)$$
$$= 700원$$
$$판매가 = 단위당 \ 원가 \div (1 - 마진율) = 700원 \div (1 - 0.2) = 875원$$

원가가산 가격결정 방법은 기업이 원가에 대한 자료들을 보유하고 있고, 산업에서 관행적으로 생각하는 마진율이 존재하기 때문에 비교적 쉽게 사용할 수 있다. 위에서 살펴본 가격결정은 생산자 입장에서 결정된 것이기 때문에, 소비자에게 최종적으로 전달되는 가격은 생산자 입장의 판매가격에, 도매상의 마진과 소매상의 마진 등 유통 단계에 존재하는 중간상들의 마진들이 더해진다.

2) 목표이익 가격결정

목표이익 가격결정 방법은 앞에서 살펴본 손익분기점 분석을 이용하는 것으로,

목표이익을 실현하는 수준에서 제품의 가격을 결정하는 방법이다. 손익분기점 분석을 이용한 목표이익 가격결정 공식은 다음과 같다.

$$목표\ 판매량 = (고정비 + 목표이익) \div (가격 - 단위당\ 변동비)$$

위 공식에서 목표 판매량과 목표이익이 정해지면 가격을 결정할 수 있는데, 예를 들어 기업의 목표 판매량이 10,000개, 목표이익은 2,000,000원이며, 단위당 변동비는 600원, 고정비는 1,000,000원이라고 할 때, 가격은 다음과 같이 결정된다.

$$10,000개 = (1,000,000원 + 2,000,000원) \div (X - 600원)$$
$$X = 900원$$

[그림 9.7]은 앞서 살펴본 손익분기점 분석을 이용한 목표이익 가격결정을 보여주고 있다.

목표이익 가격결정 방법에서는 목표이익을 실현하는 데 필요한 가격과 매출 수준을 살펴볼 수 있는데, 목표판매량을 달성할 수 있을 지는 알 수 없다. 그렇기 때문에 소비자와 수요의 관점에서 추가적인 분석을 통해 여러 가지 가능성을 검토해 보아야 한다는 것을 손익분기점 분석에서 살펴본 바 있다. 추가 분석 과정에서 목표이익을 수정하거나, 제품 가격을 낮추어 예상되는 판매량을 결정한 후, 이에 따른 목표이익을 결정할 필요도 있다.

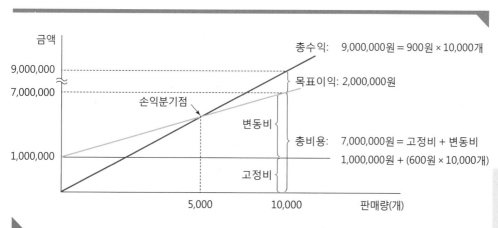

그림 9.7
목표이익 가격결정

(2) 소비자 중심 가격결정

1) 지각된 가치기준 가격결정

지각된 가치기준 가격결정 방법이란 소비자들이 해당 제품에 대해 지각하는 가치의 수준에 맞게 가격을 결정하는 방법이다. 제품은 소비자들에게 편익을 제공하고 소비자들은 해당 편익에 대해서 주관적인 가치를 부여한다. 소비자가 해당 제품의 편익과 가치를 높게 평가한다면 원가에 상관없이 높은 가격을 책정하더라도 소비자의 구매를 유도할 수 있을 것이다. 명품의 경우에는 해당 제품의 원가 수준을 훨씬 상회하는 비싼 가격에도 판매가 이루어진다. 이는 해당 명품에 대한 소비자들의 지각된 가치 수준이 높아 소비자들이 그 정도의 가격을 지불하기 때문이다.

지각된 가치기준 가격결정 방법은 기업에게 도전으로 작용할 수도 있다. 기업들이 원가 중심으로 가격을 설정하여 소비자들이 지각하는 가치 이상으로 가격을 설정하는 경우에는 판매가 저조할 것이다. 판매량을 늘리기 위해 소비자들이 지각하는 가치의 수준보다 낮게 가격을 설정하면 판매량은 늘어날 수 있지만 단위당 수익과 전체 수익이 낮아질 수 있다.

지각된 가치기준 가격결정은 소비자들의 지각된 가치를 어떻게 측정할 것인가가 매우 중요하다. 객관적 근거를 바탕으로 한 적정한 가치의 계산이 지각된 가치기준 가격결정의 정확성과 시장에서의 예상된 반응을 담보할 수 있기 때문이다.

2) 지각된 가치의 측정

고객의 지각된 가치를 측정하는 방법에는 여러 가지가 있다. 소비재의 경우에는 설문조사에서 직접적으로 질문하거나, 컨조인트 분석을 활용하여 측정할 수 있다. 해당 제품과 비교가 될 수 있고 소비자들이 잘 알고 있는 준거상품을 선정하고, 해당 제품이 준거상품에 비해 추가적으로 제공할 수 있는 편익을 제시하여 소비자들의 지각된 가치를 측정할 수 있다. 산업재의 경우에는 베타 테스트를 통해 지각된 가치를 측정할 수 있는데, 이것은 해당 제품의 잠재 구매자들에게 아직 시장에 출시되지 않은 신상품을 일정 기간 동안 사용해보게 하고 그들의 반응을 조사하는 것이다.

지각된 가치의 측정과 관련하여 유보가격(reserved price), 준거가격(reference price), 최저수용가격(lowest acceptable price)의 개념을 이해해야 한다. 유보가격이란 소비자가 해당 제품에 대해 지불할 용의가 있는 최대가격을 의미한다. 준거가격이란 소비자가 비교 기준으로 삼는 다른 대표 상품의 가격 혹은 적정하다고 판단하는 수준의 가격을 말한다. 마지막으로 최저수용가격이란 해당 제품의 품질을 의심하지 않는

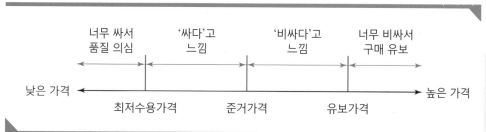

너무 싸서 품질 의심 / '싸다'고 느낌 / '비싸다'고 느낌 / 너무 비싸서 구매 유보

낮은 가격 ← 최저수용가격 / 준거가격 / 유보가격 → 높은 가격

그림 9.8
최저수용가격, 준거가격, 유보가격

수준에서 가장 낮은 수준의 가격을 의미한다. [그림 9.8]은 유보가격, 준거가격, 최저수용가격의 개념을 소비자의 인식과 비교하여 설명하고 있다.

　제품의 가격이 소비자들의 유보가격보다 높다면 소비자들은 비싸다고 인식하여 구매하지 않을 것이다. 최저수용가격보다 낮다면 가격은 싸다고 인식하지만 품질에 의심을 가져서 구매하지 않는다. 결국 소비자의 구매를 유도하는 가격의 폭은 최저수용가격과 유보가격 사이에 존재하며, 제품 가격이 준거가격보다 높다면 비싸다고 인식하고, 그것보다 낮다면 싸다고 인식하게 된다.

바바요(babayo) 서비스 론칭

CASE 2
고객 데이터를 분석한 가격 결정

이블, 웹, 모바일을 잇는 콘텐츠 선순환 구조를 완성한다는 계획이다.

　넷플릭스 등 다른 OTT와 다르게 바바요는 무료로 제공된다. IHQ는 추후 고객 데이터를 분석해 인기 콘텐츠를 중심으로 콘텐츠 건별 결제 시스템을 도입할 예정이다. 오는 8월부터 일부 콘텐츠에 대해 1천원 이하의 저렴한 가격으로 가격을 매기고, 제작사와 수익을 나눌 예정이다.

　정혜전 IHQ 모바일부문 상무는 "고객 데이터를 분석해 월 구독료에 대한 선호도가 높으면 구독모델로 전환하는 방안도 생각하고 있다"며 "만약 구독모델로 변경하더라도 저렴한 가격으로 가져갈 예정"이라고 말했다.

　박종진 IHQ 총괄사장은 3일 오후 서울 중구 롯데호텔에서 신규 모바일 온라인동영상서비스(OTT)인 '바바요(babayo)'를 공개하였다. IHQ는 4개의 케이블TV 채널인 IHQ, IHQ드라마, IHQ쇼, 샌드박스+와 200여만 명의 유튜브 채널 구독자를 보유하고 있다. 이번 바바요 론칭을 통해 케

자료원: 지디넷코리아 2022. 5. 3 수정 인용

(3) 경쟁중심 가격결정

1) 저가격 정책

경쟁 제품보다 낮게 가격을 책정하면 판매량과 시장 점유율을 높일 수 있다. 특히 후발주자들은 낮은 가격을 통해 소비자들의 선택을 받으려고 노력한다. 소비자들은 제품의 품질이 동일한 경우에는 일반적으로 더 낮은 가격을 선호하기 때문에 저가격 정책을 구사하면 시장 점유율을 높일 수 있다.

2) 고가격 정책

시장 내에서의 브랜드 파워가 높은 경우에는 비슷한 품질이라 하더라도 상대적으로 높은 가격을 책정할 수 있다. 소비자들은 가격이 높을수록 그 제품의 품질을 높게 인식(가격-품질 연상)하기 때문에 비슷한 품질의 제품을 고가격으로 설정하면 소비자들은 해당 제품의 품질을 높게 지각하는 경향이 있다.

3) 경쟁자와 비슷한 가격 정책

앞서 살펴본 과점시장 하에서의 가격결정의 경우 한 회사의 가격 인하가 소비자의 이동에 영향을 주기 때문에, 과점시장의 기업들은 경쟁사 제품의 가격동향을 주시하면서 그들과 비슷한 가격 수준을 유지하는 정책을 펼친다.

4) 경쟁 입찰에 따른 가격결정

B2B 시장에서 제품이나 서비스의 가격은 경쟁입찰에 의해 결정되는 경우가 많다. 경쟁 입찰이란 2개 이상의 기업들이 조직체 구매자들에게 제공하는 제품이나 서비스의 가격을 제시하고, 더 낮은 가격을 제시한 기업이 해당 제품이나 서비스를 납품할 수 있게 되는 것이다.

경쟁 입찰에서의 가격결정은 경쟁사보다 더 낮은 가격을 제시하는 것이 거래여부를 결정하기 때문에 경쟁사의 가격을 예측하고 이에 대해 대응한다는 점에서 경쟁중심의 가격결정이라고 할 수 있다.

4

가격의 조정

　　원가, 수요 및 소비자, 경쟁의 관점에서 대략적인 가격 수준과 범위를 결정하고 구체적인 최종 가격을 결정하고 집행하는 과정에서 추가적으로 가격의 조정이 이루어지기도 한다. 소비자의 심리를 고려한 조정, 판매촉진을 위한 조정, 가격 차별화를 위한 조정, 제품 결합을 통한 조정 등이 그것이다.

(1) 소비자의 심리를 고려한 조정

1) 단수가격결정(odd-pricing)

　　단수가격결정은 현재 사용하는 화폐단위 이하로 제품 가격을 책정하여 소비자들이 실제 가격보다 더 저렴하게 가격을 지각하도록 하는 방법이다. 예를 들어 200,000원과 199,000원은 가격 차이가 크지 않지만, 소비자들은 각각 20만 원대와 10만 원대로 가격을 인식한다. 또한 이러한 가격결정 방법은 소비자들에게 제품가격이 정확한 계산에 의해 책정되었다는 인식을 심어주는 효과도 있다.

　　단수가격결정은 소비자들의 심리를 고려하여 가격을 책정하는 한 가지 방법으로 실제 가격 차이는 크지 않으면서도 소비자들의 구매를 유도하는 데 사용된다.

2) 관습가격(customary price)

　　관습가격이란 소비자들이 오랜 기간 동안 일정 금액으로 구매해 왔기 때문에 특정 제품은 어느 정도의 수준이라고 여기는 가격을 의미한다. 소비자들이 자주 구매하는 껌, 라면, 아이스크림과 같은 제품들은 가격이 인상되는 경우 소비자들의 심리적 저항을 유발하기 때문에 쉽게 가격을 인상하기 어렵다.

　　관습가격에 해당하는 제품들은 원가상승요인이 발생하더라도 쉽게 가격을 올리지 못한다. 조금만 가격을 올려도 소비자들이 쉽게 알아차리고 구매량을 조절하거나 불만을 가질 수 있기 때문이다. 이 경우에 기업들은 가격을 높이는 대신 해당 제품의 양을 줄임으로써 원가 상승에 대응하기도 한다. 관습가격을 가지고 있는 제품의 가격이 변동되는 것보다, 제품의 양을 변화시키는 것이 소비자들의 부정적 반응을 줄일 수 있기 때문이다.

(2) 판매촉진을 위한 조정

판매촉진(sales promotion)이란 기업이 단기적으로 소비자들의 구매를 증대시키기 위해 사용하는 다양한 수단을 의미한다. 판매촉진 수단 중 하나가 가격을 이용하는 것인데, 소비자 대상의 가격할인과 중간상 대상의 가격할인으로 나눌 수 있다.

1) 소비자 대상 가격할인

소비자를 대상으로 한 가격할인은 세일(bargain sale), 유인가격(loss leader), 수량할인(quantity discount), 계절할인(seasonal discount), 보상판매(trade-in allowance) 등이다.

세일은 점포에서 일정기간 동안 정가보다 낮은 가격으로 제품을 판매하는 것으로 백화점의 정기바겐세일이 대표적이다. 세일이 너무 자주 실시되어 세일을 하지 않는 기간에는 소비자들이 제품을 구매하지 않고 세일 때까지 구매를 미루거나, 정상가격의 타당성이나 제품 품질에 대해 의심할 수 있기 때문에 주의해서 사용해야 한다.

유인가격은 점포에서 특정 제품을 매우 낮은 가격으로 판매함으로써 소비자들의 방문을 유도하는 것이다. 유인가격은 해당 제품의 판매에서는 손실(loss)이 발생할 수 있으나, 방문한 고객들이 다른 제품을 구매하는 것을 유도(lead)하기 때문에 전체적인 매출을 늘릴 수 있다.

수량할인이란 소비자들이 한 번에 많은 양의 제품을 구매하는 경우 가격을 할인해 주는 것이다. 계절할인은 계절성이 존재하는 제품을 비수기에 구매하는 고객들에게 할인해 주는 것이다. 수량할인과 계절할인은 최종 소비자뿐 아니라 유통 단계의 중간상들에게도 똑같이 적용되는 가격할인 방식이다. 보상판매란 소비자가 제품을 구매하면서 특정 조건에 부합하는 중고품을 가져오는 경우 가격을 할인해 주는 것이다.

2) 중간상 대상 가격할인

제조업체 입장에서는 유통 단계의 중간상들이 자사 제품을 많이 취급해 주어야 최종 소비자들에 대한 판매를 증가시킬 수 있다. 판매촉진을 위해 중간상을 대상으로 다양한 가격할인을 한다. 수량할인과 계절할인은 소비자뿐 아니라 중간상 들에게도 같은 방식으로 적용된다. 여기서는 현금할인(cash discount), 거래할인(trade discount), 촉진공제(promotional allowance)를 살펴본다.

현금할인이란 중간상이 거래 대금을 현금으로 지급하는 경우 가격을 할인해 주는 것이다. 기업 간 거래에서는 어음 등을 이용한 외상거래가 많이 이루어지는데, 제조업체 입장에서는 제품 공급 후 대금을 받을 때까지 부담될 수 있다. 따라서 중간상이 제품을 현금으로 구매하거나 대금 지급을 일찍 하는 경우에 제품의 공급가격을 할인해 준다.

거래할인이란 중간상이 제조업체의 업무를 일부 대신하여 수행한 경우 제품 공급 가격의 일부를 할인해 주는 것이다. 예컨대, 중간상이 유통 과정에서 제품의 보관, 제품의 판매를 위한 적극적인 노력을 기울인 경우 그에 대한 대가로 비용을 지급해 주거나, 공급 가격을 할인해준다.

촉진공제란 중간상이 제조업체를 위해 해당 지역의 광고와 판촉활동을 수행한 경우, 이에 대한 보상으로 제품 공급 가격의 일부를 할인해주는 것이다. 촉진공제는 중간상의 마케팅 노력에 대해 보상한다는 점에서 전술한 거래할인과 비슷한 특성이 있다.

(3) 가격 차별화를 위한 조정

기업은 대상 고객, 판매 시점, 거래 조건 등 여러 가지 기준에 따라 동일한 제품과 서비스에 대한 가격을 다르게 적용할 수 있는데 이를 가격 차별화라고 한다.

1) 고객 기준 가격 차별화

기업들은 자사 제품을 지속적으로 구매해주는 충성도 높은 고객들에게 다양한 혜택을 제공하는데, 그러한 혜택의 하나가 가격 할인이다. 백화점에서 우수 고객들에게 할인 혜택을 제공하거나, 신용카드 회사에서 전월 이용 실적이 높은 고객들에게 할인 혜택을 제공하는 경우가 대표적이다. 일반 고객들은 할인 혜택을 제공받지 못하거나 우량 고객들보다 더 낮은 할인폭을 적용받기 때문에, 고객별로 가격은 차별화되는 것이다.

많은 제품과 서비스에서 적용되고 있는 학생 할인도 고객 기준 가격 차별화의 예이다. 학생들은 교통요금, 영화관 입장료 등을 일반인보다 할인 받는 경우가 있고, 컴퓨터 제품을 신학기에 할인 가격으로 구매할 수도 있는데, 이 역시 대상 고객을 기준으로 가격을 차별화하는 경우이다.

2) 판매 시점에 따른 가격 차별화

영화관을 이용하는 경우 이른 아침과 밤 늦은 시간에는 입장료를 할인받을 수 있다. 여행 관련 상품들, 예컨대 항공사, 호텔, 콘도 등은 여행의 성수기와 비수기에 따라 서로 다른 가격을 적용한다. 이렇게 서비스 산업에서는 고객의 이용이 집중되는 시기와 한가한 시기를 구분하여 서로 다른 가격을 적용하는 경우가 많다.

에어컨과 같은 계절용품의 경우에도 시점에 따라 가격이 달라진다. 성수기인 여름에는 정상가격 혹은 고가격을 설정하지만, 비수기인 겨울에는 저렴하게 판매한다. 에어컨의 경우 겨울에 예약판매를 하는 것이 일반화되었다.

3) 거래 조건에 따른 가격 차별화

같은 제품을 한 번에 많이 구매하는 경우 가격 할인을 해 주는 경우가 있는데, 이를 수량할인이라고 한다는 것을 앞서 살펴본 바 있다. 이는 판매촉진 목적의 가격 할인일 수도 있지만, 거래 조건에 따른 가격 차별화이기도 하다. 대형마트들은 제조업체들로부터 한꺼번에 많은 양의 제품을 구매하기 때문에 낮은 가격으로 구매할 수 있다.

서비스 산업에서 이용 계약을 장기로 하는 경우에는 더 많은 할인을 받을 수 있다. 자동차 렌트, 호텔 투숙 등이 대표적이며, 통신사들의 약정할인도 장기 계약을 거래 조건으로 하는 가격 차별화의 예로 볼 수 있다.

CASE 3

실시간으로 이루어지는 가격 책정과 조정

AI 스타트업 치즈에이드(대표 이웅기)는 이달 초 서울시 용산에 AI 알고리즘으로 실시간 가격을 책정해주는 무인매장 '프라이스랩(PRICE LAB)'을 열었다. AI 알고리즘이 물건값을 실시간으로 매기는 무인매장은 국내 처음이다.

치즈에이드는 AI 기술을 활용해 오프라인 소매점 운영에 차별화를 꾀했다. 치즈에이드는 AI 프라이스랩(PRICE)라는 가격 책정 모델을 매장에 구현했다. 프라이스랩 AI 알고리즘은 공공데이터, 소비 데이터, 제품 정보를 합쳐 가격을 정한다. 이를 위해 치즈에이드는 '동적 가격 책정 모델'을 개발했다. 알고리즘이 해당 데이터를 자동 분석해 가격을 제시하는 모델이다. 고객은 '가시광 통신 전자가격표시기'를 통해 가격 정보를 실시간으로 볼 수

치즈에이드의 무인매장 프라이스랩(PRICE LAB)

용한다. 해당 데이터를 치즈에이드가 자체적으로 모은 제품·고객 데이터에 합쳐 알고리즘에 반영한다. 고객은 휴대폰으로 애플리케이션 '프라이스랩'을 다운받은 뒤 매장을 이용할 수 있다. 결제도 앱으로 한다. 치즈에이드는 앱 결제 내역으로 알아낸 구매자 나이와 성별에 따른 고객 데이터도 알고리즘에 포함한다.

치즈에이드 측은 AI 알고리즘 모델로 고객·점주·환경 모두 '윈윈'할 수 있다는 입장이다. 우선 고객은 최적화된 가격으로 물품을 구매할 수 있다. 점주는 판매 기한을 넘겨 버려지는 재고를 줄일 수 있어 운영비를 절감할 수 있다. 버려지는 재고가 주는 것은 환경에도 도움이 된다.

있다.

치즈에이드는 국가가 지원하는 공공데이터로 요일·시간대별 지역 유동인구수, 주변 소상공인 판매 아이템, 날씨, 유통기한 데이터 등을 활

자료원: AI타임즈 2022. 9. 21 수정 인용

(4) 제품 결합을 위한 조정

1) 가격 계열화(price lining)

가격 계열화는 제품의 품질 수준에 따라 가격대를 구분하고, 그 가격대 내에서 개별 제품들의 가격을 결정하는 것이다. 기업은 가격 계열화를 통해 다양한 세분 시장의 고객들을 커버할 수 있고, 소비자들은 자신이 원하는 품질과 가격대의 제품을 구매할 수 있다.

가격 계열화는 다양한 제품에 적용되고 있다. 남성 정장의 경우 한 회사에서 고가, 중가, 저가 계열의 브랜드와 제품들을 모두 제공하고 있으며(LG패션의 마에스트로와 타운젠트 등), 휴대폰 제조업체들도 최근에 저가폰과 고가폰을 구분하여 생산 및 판매하고 있다(삼성전자의 갤럭시 노트와 갤럭시W 등).

2) 묶음 가격(bundled price)

묶음 가격이란 여러 가지의 제품과 서비스들을 묶어서 하나의 가격으로 제시하는 것으로, 제품과 서비스를 개별적으로 판매하는 것보다 저렴한 가격에 판매한다.

최근 국내의 통신회사들은 초고속 인터넷과 집전화, 휴대폰, IPTV 등을 묶은 다양한 결합상품을 판매하고 있는데, 개별 서비스에 각각 가입하는 경우보다 결합상품을 구매하는 가격을 싸게 제공하고 있다.

묶음 가격은 개별적으로는 잘 팔리지 않는 제품을 다른 제품과 묶어서 판매함으로써 재고를 처분하는 경우에도 활용할 수 있고, 주력 제품에 대한 매출을 증대시키기 위한 수단으로도 활용할 수 있다. 또한 개별 제품들의 경쟁력이 약한 경우 소비자들이 선호할 만한 적정한 제품들을 조합하여 낮은 가격에 제시함으로써 구매를 유도할 수 있다.

3) 2부제 가격(two-part price)

2부제 가격이란 기본 요금과 사용에 따른 요금으로 나누어서 가격을 책정하는 방식이다. 놀이공원을 이용하는 경우 입장료를 내고 공원 안에서 놀이기구를 탈 때마다 이용 요금을 부가하는 경우가 이에 해당한다. 최근의 통신사의 휴대폰 요금제는 요금제별로 통화 가능 시간과 무선데이터 사용량이 정해져 있고, 기본 사용량을 초과하면 추가 요금을 부과하고 있는데 이것도 2부제 가격의 한 유형이라고 하겠다.

2부제 가격은 낮은 기본 요금을 통해 안정적인 매출을 실현하고, 추가적인 이용 요금을 통해 매출과 이익을 극대화할 수 있다.

신제품 가격결정전략과 가격의 변경

기업은 신제품을 개발하여 시장에 출시하고, 시제품수명주기에 따른 마케팅 활동을 수행한다. 제품수명주기에 따른 가격 결정 중 첫 번째 단계는 신제품에 대한 가격 결정이고, 이후에는 시장의 상황을 반영한 가격 변경을 수행한다.

(1) 신제품 가격결정 전략

신제품에 대한 가격 전략은 가격 의사결정 중 가장 중요한 부분이다. 새로운 시장에서의 성공은 제품의 차별화된 편익과 적정한 가격 수준이 직접적인 영향을 미치기 때문이다. 신제품에 대한 가격결정 전략은 시장침투가격 전략과 초기고가격 전략으로 구분할 수 있다.

1) 시장침투가격(market penetration pricing) 전략

시장침투가격 전략은 신제품을 빠르게 시장에 진입시키고 확장시키기 위해 시장 출시 가격을 낮게 설정하는 전략이다. 소비자들이 해당 제품에 대한 가격 민감도가 높은 경우에 가격 경쟁력을 바탕으로 한 시장 확대에 효과적이다. 그러나 시장 진입 초기에 낮은 가격 때문에 발생하는 이익감소를 감수해야 하며, 경쟁사가 빠른 대응을 할 경우에는 상대적으로 시장침투의 효과가 떨어질 수 있다.

시장침투가격 전략은 판매량과 생산량이 증대함에 따라 제품 단위당 원가가 하락하는 경우, 즉 규모의 경제와 경험곡선 효과가 존재하는 경우에 사용하는 것이 적절하다. 초기의 저가격 설정으로 인한 이익의 감소를 시간이 지나면서 원가 경쟁력과 판매량 증대를 통해 보전할 수 있기 때문이다.

2) 초기고가격(market skimming pricing) 전략

초기고가격 전략은 시장 진입 초기에 많은 이익을 실현하기 위해 시장 출시 가격을 높게 설정하는 전략이다. 초기에는 가격 민감도가 낮은 소비자층을 대상으로 높은 가격을 책정하지만, 시간이 지남에 따라 가격을 내림으로써 가격 민감도가 높은 일반 소비자층을 공략하며 시장 점유율과 이익을 증가시킨다. 초기고가격 전략은 가격이 높을수록 품질이 높다고 인식되는 제품에 활용하거나, 신제품에 대한 수요가 높아 높은 가격에도 구매하려는 소비자의 규모가 상당할 때 효과를 볼 수 있다.

초기고가격 전략은 혁신적인 하이테크 신상품이 시장에 출시되었을 때 조기 수용자(early adopter)를 고가격으로 먼저 공략하고, 신상품이 시장에 확산되는 과정에서 일반 소비자들을 대상으로 가격을 내리는 경우에도 적용된다. 혁신적인 신상품의 경우 출시 초기에는 경쟁 제품이 없기 때문에 고가격에도 불구하고 일시적인 독점적 지위를 누릴 수 있기 때문이다.

(2) 가격의 변경

신제품 출시 후 제품의 수명주기에 따른 시장의 특성을 반영하여 가격을 변경

할 수 있다. 또한 원가 측면, 수요 측면, 경쟁 측면의 변화도 가격 변경을 유발할 수 있다.

1) 가격 인하

시장의 경쟁이 심한 경우 판매량과 시장점유율을 유지하기 위해서 가격을 인하한다. 경쟁이 치열한 상황에서 소비자들의 선택을 받기 위해서는 제품의 편익이나 가격의 경쟁력을 갖추어야 하는데 가격은 단기간에 변경이 가능하기 때문이다.

기업은 경쟁 요인이 아니더라도 시장의 수요를 키울 필요가 있다고 판단할 때 가격을 인하하여 판매량을 늘릴 수 있다. 또한 특정 제품이 과잉생산에 직면하여 많은 재고를 처리할 필요가 있을 때에도 가격 인하를 단행한다.

2) 가격 인상

제품의 원가가 상승하는 경우 가격 인상을 고려한다. 제품의 주요 부품이나 원자재의 가격 변동이 완제품의 가격에 영향을 주기 때문이다. 보통 원가 상승에 의한 가격 인상은 특정 기업의 제품만 이루어지는 것이 아니라, 다른 회사의 제품들도 함께 이루어지는 경우가 많다. 가격 경쟁력을 위해 원가를 무시하면 이익에 문제가 되기 때문이다.

가격의 인상은 소비자들의 심리적 저항과 불만을 초래할 수 있기 때문에, 제품의 가격은 유지하면서 해당 제품의 원가를 관리하기도 한다. 대표적인 예가 제품의 크기와 양을 미세하게 줄이거나, 제품의 원재료를 보다 싼 원재료로 대체하는 것이다.

3) 가격 대응

과점의 시장 상황에서는 소수의 기업들이 비슷한 제품을 제공하며 시장을 나누어 가지기 때문에, 선도적인 기업들이 가격 변화를 주도하면 기업들이 비슷한 수준으로 가격을 변화시킨다. 경쟁사가 가격을 인하하면 자사의 고객들을 지키기 위해 즉각적인 가격 인하가 필요하고, 경쟁사가 가격을 인상하면 경쟁사가 누리게 되는 이익 증대 효과를 자사도 누리기 위해 가격을 인상할 필요가 있다. 과점 시장에서는 기업들의 제품 가격이 비슷한 수준으로 유지되는 특징이 있으며, 이것은 경쟁 기업들이 서로의 가격 변화에 비슷한 방향으로 대응하기 때문이다.

시장의 선도 기업들은 신제품 출시 초기에는 경쟁 제품이 없는 경우 높은 가격을 설정하여 이익을 극대화하다가, 경쟁사가 진입하는 시점에는 가격을 인하하여 기존 시장에서의 브랜드 명성과 가격 경쟁력을 모두 확보하기도 한다. 이 경우, 선도 기업들의 경쟁 우위가 더 높아지기 때문에 후발 기업들의 시장이 잠식될 수 있다.

토론사례

e.l.f. 뷰티

세계적으로 물가가 치솟는 상황에서 미국 화장품 기업이 저가 제품만 가격을 올리지 않는 전략으로 성공을 거두고 있다고 미국 일간 월스트리트저널(WSJ)이 20일(현지시간) 보도했다.

보도에 따르면 미국 캘리포니아주 오클랜드에 본사를 둔 'e.l.f. 뷰티'는 생산비 상승 압박 속에서도 3달러(약 4천 200원)짜리 립스틱 가격을 올리지 않고 있다.

e.l.f. 뷰티의 립스틱 제품

이 업체는 중국에 공장을 운영하면서 립스틱뿐만 아니라 속눈썹 봉, 마스카라 등 저렴한 베스트셀러의 값은 인상하지 않고 있다.

타랑 아민 e.l.f. 뷰티 최고경영자(CEO)는 WSJ에 "우리는 제품 중 3분의 1은 (가격에) 손대지 않고 있다"고 말했다. 이어 "가격을 낮게 책정하면 새로운 구매자가 모인다"며 "경제적으로 어려운 사람이 우리 업체를 선택하기를 바란다"고 덧붙였다.

저가 제품은 가격을 조금만 올려도 고객을 경쟁사에 빼앗길 수 있다는 점을 고려해 주머니 사정이 여의치 않은 사람을 겨냥한 '가격 유지' 정책을 고수하고 있다는 것이다. 이와 관련해 스콧 릭 미시간대 교수는 "부유하지 않은 소비자는 저가 상품의 가격이 오르는 것에 너그럽지 않다"고 짚었다.

반면 이 업체는 스킨케어와 같은 고가 상품은 가격을 인상하거나 신제품을 출시해 매상을 올리고 있다. 전반적으로 업체 출시가는 10% 가까이 올랐다. 업체의 연간 수익은 4억 달러(약 5천 583억원)에 이르고, 주가는 지난해보다 50% 이상 상승했다.

이처럼 저가 상품의 가격을 올리지 않는 전략은 미국의 다른 기업들도 활용하고 있다고 WSJ은 전했다. 예컨대 유통업체 코스트코는 인기 상품인 핫도그와 탄산음료 세트 가격을 1.5 달러(약 2천 100원)로 유지하고 있다.

애나 리줄 뱅크오브아메리카 애널리스트는 e.l.f. 뷰티가 저가 제품과 고급 상품의 가격 정책을 달리하는 데 대해 "많은 경쟁사와 매우 다르다"며 "여러 가지 독특한 일을 하고 있고, 덕분에 유리한 위치를 점했다"고 평가했다.

자료원: 매일경제 2022. 9. 21 수정 인용

토론문제

01 'e.l.f. 뷰티'가 생산비 상승의 압박 속에서도 자사의 저렴한 베스트셀러 제품의 가격을 올리지 않고 있는 이유는 무엇인가?

02 'e.l.f. 뷰티'는 물가가 치솟고 생산비가 상승하는 상황에서 어떠한 가격 정책을 통해 수익을 달성하고 있는가?

03 제품 원가가 상승하는 상황에서 제품의 가격을 올리지 않고 취할 수 대응 방안은 어떤 것들이 있는가?

10

유통관리

10

유통관리

┃ 김영철 씨의 '스마트'한 구매기

서울에서 혼자 자취하고 있는 직장생활 1년차 김영철 씨는 7월의 어느 날 더위를 식혀줄 선풍기 1대와 아침 식사 대신 먹을 사과 10개가 필요했다. 대형마트의 마진이 50%에 육박한다는 뉴스를 접한 터라 대형마트 대신 생산자로부터 직거래하기로 결심하고 선풍기 제조기업과 사과 농장을 알아보기 시작했다.

일단 선풍기 제조기업 가운데 인지도가 있는 업체들과 해당 업체들의 가성비 좋은 모델명을 작성한 후 여름휴가 기간을 이용해 업체를 방문할 계획을 세웠다. 제일 먼저 영등포구에 위치한 S社를 방문해 선풍기를 구매하려 했으나, 보안요원은 S社 건물 진입을 막았다. 인터넷을 검색해 보니, S社의 선풍기 제조 공장이 충청남도 천안에 위치하고 있었다. 천안공장에 가기 위해 지하철 1호선을 타고 OO역에 내려 천안공장행 버스를 10여 분 기다린 후 버스를 타고 40여 분을 가서 공장 근처에 도착했다. 공장 경비실에 사정사정하고 우여곡절 끝에 선풍기 판매 담당자를 겨우 만나 본격적으로 가격협상에 돌입하려 했으나 담당자는 "저희 회사에 관심 가져 주셔서 감사합니다. 죄송하지만, 저희 회사는 저희와 거래하는 도매상과 소매상을 보호하기 위해 개별 소비자에게 제품을 판매하지 않습니다. 소매상을 통해 저희 제품을 구입해 주시면 감사하겠습니다"라는 답을 했다. 도매상과 소매상들이 차지하는 마진을 생각하면 생산자와 소비자가 직거래하는 것이 양쪽 모두에게 이익이라고 설득하였으나 담당자는 연신 울리는 휴대전화 핑계를 대며 "부장님이 찾으셔서 들어가 봐야겠습니다. 앞으로도 많은 성원 부탁드립니다. 조심해서 들어가십시오."라는 정중한 답을 하고 돌아섰다. 김영철 씨는 S社 담당자의 경직된 사고 때문에 S社가 더 성장할 수 없다는 사실에 안타까워하며 버스와 지하철을 이용해 서울로 돌아오며 남은 휴가 기간 동안 다른 선풍기 업체를 방문할 계획을 수립하기 시작했다.

김영철 씨는 휴가 기간 동안 믿을 만한 사과 농장 리스트를 작성했다. 여름휴가 기간이 끝나고 찾아온 첫 주말을 이용해 대표적인 사과 산지인 경상북도 영천에 있는 사과 농장에 방문하기로 했다. 지하철로 집에서 고속버스터미널까지 1시간, 고속버스터미널에서 30분을 기다린 끝에 고속버스로 3시간 50분을 달려 영천시외버스터미널에 도착했다. 터미널에서 사과 농장까지는 대중교통이 없어서 택시로 50분을 달려 사과 농장에 도착했다. 농장 주인에게 정중히 인사한 후 사과 판매를 제안하자 농장 주인은 사과나무를 가리키며 "아직 수확하려면 2개월은 기다려야 하는데 어쩌죠? 작년 수확한 것은 도매상들이 매입해 가서 여긴 없어요. 여기까지 힘들게 왔는데, 근처 복숭아 농장에서 복숭아라도 사 가시죠?"라고 제안했다. 김영철 씨는 복숭아 알레르기가 있다고 답한 후 콜택시를 불러 타고 영천터미널로 향했다. 택시 안에서 참외의 주산지인 경상북도 성주도 영천과 마찬가지로 경북이라는 사실이 떠올라 성주의 참외 농가에 가서 참외를 사기로 마음먹었다. 터미널 직원에게 성주 가는 차편을 묻자 직원은 "영천터미널에서 성주 가는 차편은 없고요, 대구동부정류장에 가는 시외버스를 탄 후 지하철이나 시내버스로 대구서부정류장으로 이동해서 성주행 시외버스를 타야 해요"라고 친절하게 설명해 주었다. 김영철 씨는 서너 시간 뒤면 신선한 참외를 저렴하게 구매할 수 있다는 희망을 안고 대구동부정류장행 시외버스를 기다렸다. 대구서부정류장에 도착했을 때는 이미 시외버스가 끊겨서 여관에서 숙박하고 이튿날 참외 농가에 갈 수 있었다. 농가 주인은 김영철 씨에게 9~11kg 1박스(中과 38~47개들이, 2만 9천원)를 추천했으나 혼자 사는 김영철 씨는 중(中)과 5개를 요구했다. 주인은 수확한 참외는 전부 박스 포장한 상태라서 낱개 판매는 힘드니 제일 저렴하고 양도 적은 4~6kg 1박스(中과 17~24개들이, 1만 7천원)를 권했다. 많은 양은 필요가 없는데다 무거운 참외 박스를 들고 가기도 만만치 않았지만 힘들게 온 만큼 4~6kg 1박스를 구입하기로 하고 신용카드를 제시했으나 주인은 카드결재가 불가능하다며 현금을 요구했다. 현금이 5천원 밖에 없다고 하자 주인은 상품성이 적어 박스 포장하지 않은 낙과 10개를 5천원에 가져가라고 했고 김영철 씨는 이를 받아들였다. 참외가 무거웠지만 신선한 참외를 저렴하게 구매했다는 생각에 서울에 돌아가는 여정이 힘들지 않았다.

김영철 씨의 '스마트'한 직거래를 살펴봤다. 김영철 씨가 자가용을 이용했다면 이동에 드는 시간이 줄긴 했겠지만 역시 만만치 않은 여정이었을 것이다. 프랑스산 와인과 칠레산 와인을 비교하고 구매하기 위해 프랑스와 칠레행 비행기를 타거나, 북유럽 스타일 침대를 구매하기 위해 북유럽에 가서 구매한 후 침대를 실은 배를 타고 귀국하는 것보다는 수고가 덜해 다행이지만 스마트할 것 같던 직거래가 생각만큼 스마트한지 의문이다.

　최근에는 인터넷을 통한 정보탐색 및 제품 구매가 쉬워져서 김영철 씨처럼 구매하는 소비자가 없겠지만, 소비자들이 인터넷을 통해 편하게 구매할 수 있는 것 역시 소비자 눈에 보이지 않는 곳에서 다양한 중간상들이 유통기능을 담당하기 때문이다.

　본 장에서는 유통경로가 무엇이고 다양한 중간상들이 어떠한 유통기능을 담당하는지 살펴보겠다. 또한 생산자 입장에서 표적 고객들이 기업의 제품을 쉽게 구매하도록 하기 위해 유통경로를 어떻게 설계하고 관리해야 하는지 알아보겠다. 마지막으로 최근 급성장하고 있는 온라인마케팅과 모바일마케팅에 대해 살펴보겠다.

유통경로의 이해

소비재 마케팅에서 유통경로는 가치전달 네트워크의 전방거래에 해당하기 때문에 가치전달 네트워크를 소개한 후 유통경로를 설명하도록 하겠다.

(1) 가치전달 네트워크

기업은 고객의 욕구를 충족시킬 수 있는 제품을 생산하기 위해 원자재와 부품을 공급받아 제품을 생산하고 이 제품을 고객에게 제공한다. 이때 고객이 원하는 제품을 생산하는 과정을 가치창출(value creation)이라 하고, 가치창출에 필요한 원자재와 부품을 공급받는 과정이 후방거래, 창출된 가치를 고객에게 전달하는 과정이 전방거래 혹은 가치전달(value delivery)이다. 가치창출과 가치전달에 관여하는 원자재와 부품 공급업체, 제조기업, 중간상, 고객의 집합체를 가치전달 네트워크(value delivering network)라고 한다. 일반적으로 가치전달 네트워크의 후방거래는 산업재 마케팅의 영역이고 전방거래인 유통경로는 소비재 마케팅의 영역에 해당한다(⇒ 산업재 마케팅은 "13장 (1) 중소기업의 마케팅" 참고).

기업의 경쟁력은 개별 기업의 경쟁력에 국한되기보다 기업이 속한 가치전달 네트워크가 얼마나 효과적으로 가치를 창출하고 전달하느냐에 달렸다. 예를 들어, 현대자동차는 자사의 가치전달 네트워크의 경쟁력 강화를 위하여 현대차의 자동차 생산능력 향상에 노력할 뿐 아니라 자사의 가치전달 네트워크의 경쟁력 강화를 위해 다양한 노력을 한다. 이를테면, 부품 공급업체 엔지니어들을 현대차 연구소에 초청하여 자동차 설계에 공동 참여토록 하고, 부품 공급업체의 제조공정 품질관리를 지원하는 등 공급업체와 긴밀하게 협력하고 있다.

또한 완성차를 지역출하 센터 및 수출 선적항으로 수송하는 현대글로비스, 현대차를 판매하는 소매상(현대차의 대리점과 직영점)과도 긴밀한 협조를 하고 있다. 가치전달 네트워크 구성원간 협조가 잘 이루어져

야 고품질 부품을 적시에 저렴한 가격으로 공급받아서 품질 좋은 자동차를 생산할 수 있고, 이 자동차를 고객이 원하는 시기에 원하는 장소로 저렴한 비용으로 전달할 수 있다.

(2) 유통경로의 정의와 기능

유통(distribution)은 제품을 다양한 유통경로를 통해 표적 고객에게 제공하는 활동이고, 유통경로(distribution channel, marketing channel)는 제품을 생산자로부터 고객(개인 소비자 혹은 기업)에게 전달하는 과정 혹은 전달 과정에 참여하는 구성원의 집합체를 의미한다. 한마디로 유통이란 생산자와 소비자를 연결하는 '파이프라인'인 유통경로를 설계하고 관리하는 활동이다.

유통경로에 참여하는 중간상(도매상과 소매상)들은 생산자가 창조한 사용가치에 효용(시간효용, 장소효용, 소유효용, 형태효용)을 더함으로써 교환가치를 창조한다([그림 10.1] 참고). 교환가치를 창조하기 위하여 유통경로상의 중간상들은 다양한 유통기능을 담당하고, 유통기능은 크게 거래기능, 물적유통기능, 조성기능으로 나뉜다.

1) 거래기능

소유권의 이전과 관련된 기능으로 구매기능과 판매기능이 있다. 구매기능은 생산자와 도매상으로부터 제품을 구입하는 기능이고, 판매기능은 잠재고객을 대상으로 벌이는 촉진, 거래, 계약 체결 기능이다.

2) 물적유통기능(물류기능)

제품의 시간적·공간적 이전과 관련 있는 기능으로 수송기능과 보관기능이 있

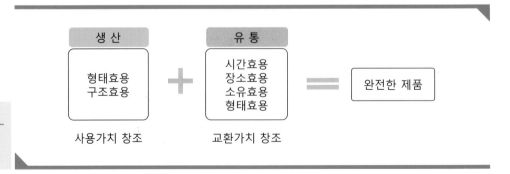

그림 10.1
유통경로의 교환
가치 창조

다. 수송기능은 생산지와 소비지의 차이를 해소함으로써 장소효용을 창출하는 기능
이다. 보관기능은 생산시기와 소비시기의 차이를 해소함으로써 시간효용을 창출하는
기능이다(⇒ '(3) 물적유통관리' 참고).

3) 조성기능

　거래기능과 물적유통기능이 원활히 이루어질 수 있도록 돕는 기능으로 표준화기
능, 정보제공기능, 위험부담기능, 금융기능이 있다. 표준화기능은 제품을 품질, 가격,
크기 등을 따라 규격화하여 거래 및 물적 유통이 원활하도록 하는 기능이다. 정보제
공기능은 제품 정보를 소비자에게 제공하고 예상 판매량과 소비자 정보를 생산자에
게 제공하는 기능이다. 위험부담기능은 재고 유지 때문에 발생할 수 있는 제품 진부
화의 위험을 부담하는 기능이며, 금융기능은 소비자 및 생산자에게 소비자금이나 생
산자금을 빌려줌으로써 거래를 원활하게 하는 기능이다.

(3) 중간상의 필요성

　생산자는 자사의 제품을 직접 판매하기보다 다양한 형태의 중간상을 통해 판매
하는 경우가 많다. 중간상을 이용하면 생산자와 소비자가 추가 비용을 지불해야 하는
데도 중간상을 이용하는 이유는 무엇일까?

　도입사례에서 살펴본 것처럼 김영철 씨가 믿을 만한 선풍기 제조기업과 사과 농
장을 탐색하고, 이들 생산자를 방문해서 생산자와 협상해서 구입하고, 구입한 제품을
집으로 이동하기 위해 적지 않은 시간과 비용이 든다. 선풍기의 생산 시기와 사과의
추수 시기가 김영철 씨의 구매 시점과 다르면 거래가 이루어지기 쉽지 않고, 참외의
경우처럼 생산자가 판매하고자 하는 수량과 소비자가 원하는 수량을 맞추는 것도 어
렵다.

　선풍기를 대량 생산하는 S社 역시 자사의 선풍기를 구매할 소비자를 탐색하고,
협상하고 거래를 성사시키는 데도 노력이 필요하고, 소비자들이 원하는 시점에 원하
는 장소로 소비자가 원하는 수량만큼 선풍기를 전달하는 데도 상당한 시간과 비용이
든다.

　반면 중간상(도매상과 소매상)이 존재하면, 생산자는 도매상과 소매상에게 자사
제품을 판매하면 되고, 대형마트와 같은 소매상이 생산자와 도매상으로부터 제품(선

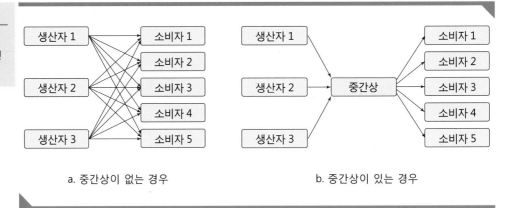

생산자 1
생산자 2
생산자 3

소비자 1
소비자 2
소비자 3
소비자 4
소비자 5

a. 중간상이 없는 경우

생산자 1
생산자 2
생산자 3

중간상

소비자 1
소비자 2
소비자 3
소비자 4
소비자 5

b. 중간상이 있는 경우

풍기, 사과, 참외)을 구매한 후 보관해서 전시하면, 소비자는 대형마트에 가서 다양한 제품 가운데 자신에게 맞는 제품을 원하는 수량만큼(선풍기 1개, 사과 10개, 참외 5개) 원하는 결재 형태(신용, 현금 결재)로 구입하고, 경우에 따라 배송까지 요구할 수 있다. 이를 정리하면, 중간상은 생산자와 소비자 사이에서 생산 시점과 구매 시점의 불일치를 해결하고(시간 효용), 생산 장소와 구매 장소의 불일치를 해소하며(장소 효용), 생산자에서 소비자로 소유권이 이전될 때까지 소유권을 보유함으로써 재정적 부담과 상품 진부화의 위험을 떠안으며(소유 효용), 생산자가 판매하기 원하는 제품의 양·형태와 소비자가 구매하기 원하는 제품의 양·형태의 불일치를 해결한다(형태 효용). 또한 중간상의 유통기능 덕분에 소비자와 생산자의 정보탐색, 협상, 거래 비용이 감소하고, 소비자와 생산자는 원하는 제품을 원하는 수량만큼 믿고 거래할 수 있다.

또한, 중간상으로 인해 두 가지 차원에서 거래효율성이 증가한다. 첫째, [그림 10.2]에서 보는 것처럼 생산자와 소비자 사이의 거래횟수가 감소한다. 선풍기 생산업체 세 곳이 개별 소비자 다섯 명과 직접거래하면 총 15번(=3×5)의 거래가 필요하다. 하지만 중간상이 개입하면 거래횟수는 8번(=3+5)이 된다. 국내 소비자의 수가 수천만이고 생산자도 수백만에 이른다는 점을 고려하면 중간상의 존재로 인한 거래 횟수 감소 효과는 막대할 것이다. 둘째, 중간상과의 거래가 반복되면 거래와 관련된 세부사항(제품의 수량, 수송 방법과 시기, 대금 결재 방법과 시기 등)을 매번 협상할 필요가 없을 뿐 아니라 학습효과도 발생하기 때문에 거래 비용이 감소한다.

(4) 중간상의 유형

중간상은 크게 도매상과 소매상으로 나뉜다.

1) 도매상

도매상(wholesaler)은 생산자나 또 다른 도매상으로부터 제품을 구입해서 다른 도매상이나 소매상에게 재판매하는 중간상이다. 도매상은 생산자와 소매상 사이의 장소·시간·형태의 불일치를 해결하는 역할을 한다. 생산자와 소매상 사이에서 다양한 유통기능을 담당해서 유통경로의 효율성을 높인다. 도매상의 유형에는 생산자가 소유하고 운영하는 생산자 도매상, 생산자 혹은 소매상으로부터 독립된 사업체인 상인 도매상과 대리 도매상이 있다.

① 생산자 도매상

생산자가 소유하고 운영하는 도매상이다. 원활한 판촉과 재고관리를 위해 생산자가 운영하는 판매지점이나 판매사무소가 대표적인 생산자 도매상이다.

② 상인 도매상

생산자 혹은 소매상으로부터 독립된 사업체로 자신이 취급하는 제품의 소유권을 갖는다. 유통기능을 모두 수행하는 완전서비스 도매상과 일부만을 수행하는 한정서비스 도매상으로 나뉜다.

③ 대리 도매상

생산자 혹은 소매상으로부터 독립된 사업체로 자신이 취급하는 제품의 소유권을 갖지 않는다. 거래를 촉진하는 역할을 하며 거래 성사의 대가로 수수료를 받는다. 판매자와 구매자의 매매가 원활히 이루어지도록 중개하는 브로커, 생산자를 위하여 일하는 판매 대리인, 구매자를 위하여 일하는 구매 대리인으로 나뉜다.

2) 소매상

소매상(retailer)은 생산자나 도매상으로부터 제품을 구입해서 최종소비자에게 판매하는 중간상이다. 소매상은 생산과 소비 사이의 장소·시간·형태의 불일치를 해결하는 역할을 한다. 제품이 생산자로부터 소비자에게 전달되는 과정에서 다양한 유통기능을 수행함으로써 경로효율성을 향상시킨다. 즉, 소매상은 자신의 고객이 원하는 제품을 생산자 혹은 도매상으로부터 구매·수송·보관·전시하고, 제품 및 판매 정보를 고객에게 제공하며, 고객에게 제품을 (신용)판매하고, 고객서비스(배달·설치·사용법 교육, A/S)를 제공한다. 소매상은 점포 유무에 따라 크게 점포소매상과 무점포 소매상으로 나뉜다. 최근 온라인 쇼핑과 모바일 쇼핑이 급성장하면서 오프라인 유통 업체들은 옴니채널(Omni-channel)과 O2O(Online to Offline, 온라인과 오프라인의 결합)를 강화하고 있어 소매 업태별 경계가 모호해지고 있다(⇒ 'CASE 3: 옴니채널' 참고).

① 점포소매상

점포소매상은 오프라인 점포에서 제품을 판매하는 소매상으로 제품 구색의 폭과 깊이, 서비스 수준, 가격에 따라 전문점, 백화점, 할인점(대형마트), 상설할인매장, 슈퍼마켓, 편의점 등으로 나뉜다.

- 전문점(specialty store): 의류, 전자제품, 가구 등 특정 제품군을 전문으로 취급하는 소매점으로 제품 계열의 폭은 좁지만 해당 계열의 깊이는 깊다. 전자제품 전문점인 롯데하이마트, 신발 전문점인 ABC마트를 예로 들 수 있다.
- 백화점(department store): 의류, 가구, 전자제품, 생활용품, 식료품 등 매우 다양한 제품군을 취급할 뿐 아니라 한 제품 계열에서 다양한 제품을 판매한다는 점에서 제품 구색의 폭이 넓고 계열의 깊이도 깊다. 소비자가 다양한 제품을 한 곳에서 구매하는 원스톱 쇼핑이 가능하고 고품질의 제품과 높은 경로서비스를 제공받을 수 있지만 가격이 비싸다.
- 할인점(discount store, 대형마트): 백화점보다 제품 계열의 폭 및 깊이는 부족하지만 다양한 제품군을 취급하며 제품을 저렴하게 판매한다. 미국의 Wall-Mart를 비롯한 전통적인 할인점들은 원가 절감을 위해 임대료가 저렴한 지역에 인테리어 비용을 최소화한 매장을 세우고, 셀프서비스를 통해 인건비를 절감하며, 대량 구매 대량 판매 정책을 펼친다. 국내의 경우 1993년 이마트 창동점을 시작으로 미국 할인점을 모델로 한 가격경쟁 중심의 1세대 창고형 대형마트가 등장한 이래 문화센터와 푸드코트를 비롯한 고객 서비스를 증대한 2세대를 거쳐 체험형 매장을 강화한 3세대로 진화하고 있다. 국내에서는 할인점을 '대형마트' 혹은 '마트'라고 부르기도 한다.

- 오프프라이스 소매점(off price retailer): 의류, 생활용품 등 다양한 제품을 염가로 판매하는 소매점으로, 제조기업 상설할인매장(factory outlet), 독립 오프프라이스 소매점, 창고클럽(warehouse club) 등이 있다. 제조기업 상설할인매장은 제조기업이 소유하고 운영한다. 가산디지털단지 아웃렛처럼 여러 제조기업의 매장이 한곳에 집결해서 제조기업 상설할인몰을 형성하기도 한다. 독립 오프프라이스 소매점은 대형 소매기업 혹은 독립 사업가가 운영하는데 마리오아웃렛, 롯데프리미엄아웃렛, 신세계프리미엄아웃렛을 예로 들 수 있다. 창고클럽은 규모가 큰 창고형 점포에서 소수의 제품을 매우 저렴하게 판매한다. 초기에는 Costco와 같은 회원제 창고클럽이 대표적이었으나 이마트 트레이 더스처럼 비회원제로 운영하는 매장도 등장했다. 국내에서는 '창고형 할인매장'이라는 이름으로 주로 불리고 있다.

이마트 트레이더스

- 슈퍼마켓: 식료품, 생활용품을 주로 취급하며 셀프서비스로 운용하는 저마진의 염가판매 소매점이다. 슈퍼마켓은 이름에서 드러나듯 비교적 큰 규모의 소매점을 의미하지만 국내에서는 규모와 상관없이 (작은 규모의 구멍가게에도) 슈퍼마켓이라는 이름을 사용하는 소매점이 다수 존재한다.

- 편의점(convenience store, CVS): 접근성이 높은 지역(유동인구가 많은 지역 및 주택 밀집 지역)에 위치하며 365일 24시간 영업하는 소규모 소매점이다. 재고회전이 빠른 편의품과 식음료 등 한정된 제품 계열을 판매한다. 할인점이나 슈퍼마켓 등 경쟁 소매업태보다 비싸지만 공간적·시간적 접근성이 높다는 장점 때문에 급성장했다. 경쟁이 치열해지면서 다양한 서비스(택배, 공공요금 수납, ATM) 접목, 숍인숍 매장 도입, 베이커리와 원두커피 판매, PB 제품 도입, 가격할인 등 경쟁력 확보를 위한 변화를 추구하고 있다.

② 무점포소매상

무점포소매상에는 방문판매, 자동판매기, 통신판매 등이 있다.

- 방문판매: 영업사원이 직접 소비자를 찾아가 제품을 설명하고 판매하는 방식

으로 화장품, 야쿠르트, 생활용품, 학습지 등이 대표적인 제품이다.

- 자동판매기: 고객이 접근하기 좋은 곳에 자동판매기를 설치해서 식음료, 화장지, 서적 등의 편의품을 판매한다. 장소 임대 비용, 기계 유지비, 관리 비용 등이 제품 원가에 추가되기 때문에 경쟁 소매업태보다 비싸지만 시간적·공간적 접근성이 높다는 장점이 있다.
- 통신판매: 우편, 전화, TV, 인터넷, 스마트폰 등의 통신 수단을 사용하여 제품 정보를 알리고 판매하는 방식이다. 통신 수단의 발전과 함께 진화하였는데 통신 수단에 따라 우편판매(direct mail), 텔레마케팅, 텔레비전 마케팅, 온라인마케팅, 모바일마케팅 등으로 나뉘기도 한다. 우편판매는 19세기 후반 미국에서 등장하였으며 우편으로 고객에게 카탈로그를 발송하면 고객이 우편, 전화, 팩스로 제품을 주문하는 판매방식이다. 텔레마케팅은 표적 고객에게 전화를 걸어 제품 정보를 알리고 주문받는 방식으로, 근래에는 통신서비스(이동통신, 인터넷), 보험, 신문 등의 판매에 사용되고 있다. 텔레비전 마케팅은 텔레비전을 통한 판매로 직접반응광고를 이용하는 방식과 홈쇼핑채널을 이용하는 방식으로 나누어진다. 직접반응광고를 이용하는 방식은 케이블 TV에서 광고를 통해 제품 정보와 주문전화번호를 내보내면 시청자가 해당 전화로 제품을 주문하는 방식이다. 홈쇼핑채널을 이용하는 방식은 홈쇼핑채널에서 제품을 소개하면 시청자가 전화로 주문하는 방식이다. 인터넷을 이용한 온라인 마케팅과 무선인터넷(스마트폰)을 통한 모바일 마케팅에 대해서는 "3. 온라인·모바일 마케팅"에서 살펴보도록 하겠다.

통신판매는 생산자 입장에서는 중간 유통 단계를 생략하고 표적 고객에게 접근할 수 있다는 장점이 있으며(예: 생산자가 도매상과 소매상을 모두 거치는 대신 홈쇼핑 채널을 통해 바로 고객에게 판매), 소매점 입장에서는 매장 운영비를 절감할 수 있다는 장점이 있다. 소비자 입장에서는 편한 곳에서 제품의 정보를 검색하고 주문하면 원하는 곳으로 배달된다는 장점이 있다.

(5) 유통경로의 유형

유통경로의 구조는 제품의 특성, 소비자의 특성, 생산자의 특성과 목표에 따라 다양하다. 마케터는 자신의 회사 및 제품에 가장 적합한 유통경로의 구조를 선택하고 운영하게 된다.

1) 전통적 유통경로

소비재의 전통적 유통경로는 [그림 10.3]에 나오는 것처럼 크게 네 가지 유형으로 나누어진다. 유형1은 직접 유통경로(direct marketing channel, 혹은 '직접 마케팅경로')로 중간상을 거치지 않고 생산자가 직접 소비자에게 판매하는 경우다. 코웨이, 한국야쿠르트 등이 방문판매나 인터넷을 통해 소비자에게 제품을 직접 판매하는 방식을 사용한다.

유형2~4는 하나 이상의 중간상이 개입하는 간접 유통경로(indirect marketing channel, 혹은 '간접 마케팅경로')다. 유형2는 생산자와 소비자 사이에 소매상이 개입하는 경우로 가전제품 업체나 가구업체가 대리점을 통해 소비자에게 제품을 판매하는 것을 예로 들 수 있다.

유형3은 생산자와 소비자 사이에 도매상과 소매상이 개입하는 경우로 식품, 생활용품, 의약품을 비롯한 대다수 소비재 생산자는 이러한 유통경로를 이용한다.

유형4는 생산자와 소비자 사이에 여러 유형의 도매상과 소매상이 개입하는 경우로 육류나 농산물의 경우 대형도매상에서 중간도매상을 거쳐 소규모 소매업자들에게 제품을 공급한다.

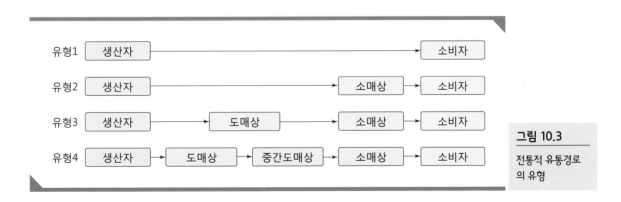

그림 10.3
전통적 유통경로의 유형

2) 복수유통경로 시스템

복수유통경로 시스템(multichannel distribution system)이란 생산자가 하나의 세분시장 혹은 여러 세분시장 고객에게 제품을 팔기 위해 둘 이상의 유통경로를 이용하는 것이다. 하나의 유통경로를 이용하던 과거와 달리 요즘 대부분의 생산자는 다양한 고객에게 도달하기 위해 여러 경로를 이용하고 있다. [그림 10.4]에 제시된 것처럼, 삼성전자는 삼성온라인스토어를 통해 소비자 세분시장 1에 직접 판매할 뿐 아니라, 대리점, 백화점 같은 소매상을 통해 소비자 세분시장 2에 판매하기도 한다. 총판과 딜러를 거쳐 기업고객 세분시장 1에게 판매하기도 하고, 자사의 영업사원을 활용하여 기업고객 세분시장 2에게 직접 판매하기도 한다. 아모레퍼시픽도 '화장품 아줌마'로 불리던 여성 판매원을 통한 방문판매뿐만 아니라, 백화점, 마트, 면세점, 로드샵, 온라인, 홈쇼핑 등 다양한 유통경로를 활용하는 복수유통경로 시스템을 운영하고 있다.

　　복수유통경로를 이용할 경우 더 다양한 세분시장 고객에게 판매할 수 있다는 장점이 있지만 경로갈등이 발생할 수 있다는 단점이 있다(⇒ 경로갈등에 대해서는 '2) 경로갈등 관리'에서 살펴볼 것이다).

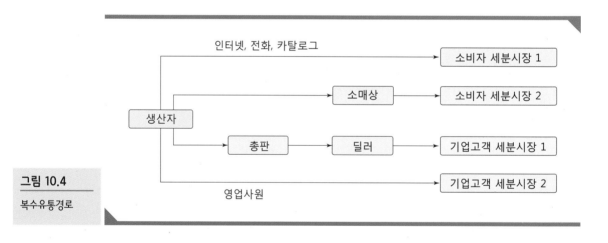

그림 10.4
복수유통경로

3) 수직적 마케팅시스템

　　전통적 유통경로에 참여하는 경로구성원들은 서로 독립적인 조직이기 때문에 경로 전체의 목표보다 각자의 목표를 우선시하게 되고, 이 과정에서 갈등이 발생하기도 한다. 이러한 문제를 해결하기 위하여 하나의 경로구성원이 유통경로조직을 계열화한 수직적 마케팅시스템(vertical marketing system, VMS)이 등장하였다. VMS에서는 본부가 유통경로 전체의 목표 달성을 위한 계획 수립, 역할 분담, 갈등 관리, 통제를 담당한다.

　　VMS는 나머지 경로구성원에 대한 본부의 소유권이나 관리의 정도에 따라 기업

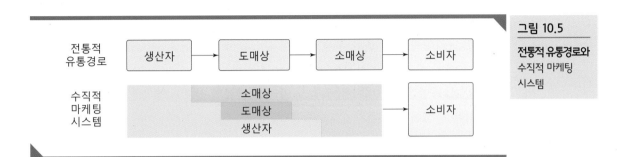

그림 10.5
전통적 유통경로와
수직적 마케팅
시스템

형 VMS, 계약형 VMS, 관리형 VMS로 나뉜다. 수직적 통합의 정도가 약한 관리형보다 수직적 통합의 정도가 강한 기업형 VMS로 갈수록 경로구성원에 대한 통제력이 증가하고 의사결정이 빠르다는 장점이 있는 반면 많은 투자가 필요하다는 위험 부담이 있다.

① 기업형 VMS

한 경로구성원이 다른 경로구성원을 100% 소유하거나 주식을 획득함으로써 영향력을 행사하는 형태다. 제조기업이 도매상과 소매상을 소유하는 전방통합(forward integration)과 소매상이 (도매상과) 제조기업을 소유하는 후방통합(backward integration)으로 나뉜다. Zara, 유니클로와 같은 SPA브랜드들은 제조기업이 자체 유통망을 통하여 판매하는 전방통합의 예이다(⇒ 기업형 VMS는 2장에서 '성장전략'의 하나인 '통합적 성장전략'에 해당).

② 계약형 VMS

경로구성원들이 서로의 역할에 대한 합의 내용을 계약하고 계약을 이행하는 형태로 프랜차이즈 시스템이 대표적인 계약형 VMS이다. 프랜차이즈 본부는 가맹점에게 프랜차이즈 패키지(상호, 상표, 노하우, 재료, 서비스 등)를 제공하고, 가맹점은 본부에게 가입금, 보증금, 매

롯데리아

출액에 따른 로열티(royalty)를 지불한다. 국내에서는 1979년 롯데리아를 시작으로 맥도널드, 파리바게트, 브랜드 주유소(SK주유소, GS주유소, 현대오일뱅크) 등 여러 형태의 프랜차이즈가 등장했다. 본부는 투자비를 최소화하면서 시장을 확장할 수 있다는 장점이 있고, 가맹점은 소비자들에게 잘 알려진 본사의 상호와 검증된 노하우를 활용할 수 있다는 장점이 있다.

③ 관리형 VMS

소유권이나 계약에 의해 공식적으로 다른 경로구성원을 관리하는 것이 아니라 규모나 명성과 같은 영향력이 큰 경로구성원이 다른 구성원을 비공식적으로 관리하기 때문에 수직적 통합의 정도가 가장 낮은 형태의 VMS이다. 예를 들어 유통업체들은 라면 시장 1위 업체인 농심이나 소주 시장 1위 업체인 하이트진로의 라면과 소주를 확보하고자 노력하기 때문에 농심이나 하이트진로는 유통업체들에 대한 영향력이 크다. 따라서 농심이나 하이트진로는 유통업체들과의 진열공간, 판촉 등에 관한 협상과 협상의 이행 시 자사에 유리한 조건을 관철시킬 수 있다.

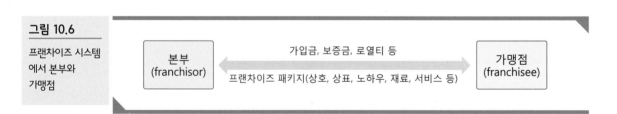

그림 10.6
프랜차이즈 시스템에서 본부와 가맹점

본부 (franchisor) ↔ 가맹점 (franchisee)
가입금, 보증금, 로열티 등
프랜차이즈 패키지(상호, 상표, 노하우, 재료, 서비스 등)

2

유통경로 관리

유통경로 관리란 생산자가 마케팅 목표를 달성하기 위해 자신의 표적 고객에게 제품을 전달하는 유통경로를 설계하고 운영하는 일련의 과정이다. 쉽게 말해 다양한 중간상과 효과적으로 협력해 자사 제품을 표적 고객에게 전달하는 활동이 유통경로 관리다.

(1) 유통경로의 설계

유통경로의 설계란 생산자가 자신의 제품을 유통시킬 유통경로의 구조(유통경로 길이, 중간상의 수, 경로구성원 등)를 결정하는 것이다. 생산자는 이미 존재하는 유통경로를 변경하기 위하여 유통경로를 재설계하기도 하고 새롭게 유통경로를 구축하기 위하여 유통경로를 설계하기도 한다. 생산자의 마케터는 경로서비스에 대한 표적 고객의 욕구 수준을 파악한 후, 어떤 유통경로가 표적 고객에게 가장 잘 접근할 수 있고 표적 고객이 원하는 경로서비스 수준을 충족시키며 생산자에게 유리한지 평가하여 유통경로의 구조를 결정한다.

1) 표적 고객의 욕구 수준

유통경로 설계의 첫 단계는 표적 고객이 원하는 경로서비스 수준을 파악하는 것이다. 경로서비스에는 공간적 편의성(locational convenience), 대기시간, 제품 구색(product variety), 구매량 등이 있다.

① 공간적 편의성

판매 장소가 표적 고객에게 공간적으로 가깝고 접근하기 편한 곳에 위치하는 것을 의미한다. 공간적 편의성에 대한 욕구가 높은 고객을 위해서는 공간적으로 가까운 편의점, 교통 및 주차가 편리한 백화점이나 대형마트와 같은 소매상을 통해 제품을 공급해야 한다. 온라인과 모바일 쇼핑, 홈쇼핑 역시 공간적 편의성에 대한 고객의 욕구를 충족시킬 수 있다.

② 대기시간

주문한 제품을 받을 때까지 소요되는 시간을 의미한다. 대기시간 단축을 원하는 고객을 위해서는 고객이 원하는 제품을 점포에서 재고로 보유하고 있어야 주문 즉시 제공할 수 있다. 재고로 보유하고 있지 못할 때는 최단 시간에 전달 가능한 배송 시스템을 이용함으로써 대기시간을 최소화해야 한다.

③ 제품 구색의 다양성

고객이 원하는 다양한 제품을 보유하는 것을 의미한다. 일반적으로 고객들은 다양한 제품을 보유해서 제품 비교가 용이한 점포에서 원스톱 쇼핑을 하기 원한다. 표적 고객이 구색의 다양성을 원한다면 이를 충족시킬 수 있는 점포를 선택하여 제품을 유통시켜야 한다.

④ 구매량

고객이 구매하고자 하는 제품의 양을 의미한다. 생산자와 중간상은 대량 판매를 원하지만 일반적인 소비자는 소량 구매를 원한다. 소량 구매에 대한 소비자의 욕구를 충족시키기 위해서 소매상은 생산자 혹은 중간상으로부터 대량 구매한 제품을 소량 포장으로 바꾸는 비용과 노력을 들여야 한다.

경로서비스에 대한 고객의 욕구 수준이 높으면 이러한 욕구를 생산자가 직접 충족시키기 힘들기 때문에 유통경로상에 여러 중간상을 포함시켜서 중간상이 고객이 원하는 수준의 경로서비스를 제공하도록 해야 한다. 유통경로상에 여러 중간상이 참여해서 고객이 요구하는 서비스를 제공하게 되면 유통비용이 증가하고 제품 가격에 유통비용 증가분이 반영되면 판매 가격이 상승한다. 공간적 편의성을 높이기 위해 백화점이나 편의점을 통해 판매하면 입점 비용 및 판매 수수료가 증가한다. 대기시간을 단축하기 위해서는 재고 비용과 신속 배송 비용이 증가한다. 따라서 높은 수준의 경로서비스를 원하는 고객과 가격에 민감한 고객 각각을 대상으로 별도의 유통경로를 설계할 필요가 있다. 예를 들어, 의류업체는 높은 수준의 경로서비스를 원하는 고객을 대상으로는 백화점을 이용하는 반면, 낮은 수준의 경로서비스를 원하는 고객을 대상으로는 제조기업 상설할인매장이나 창고클럽을 이용할 수 있다.

2) 유통경로길이의 결정

마케터는 마케팅 목표를 달성하기 위하여 유통경로상에 어떤 유형의 중간상을 포함시킬지 결정하는데 이러한 결정을 유통경로길이의 결정이라고 한다. 중간상이 개입하지 않는 직접 유통경로와 다양한 중간상이 참여하는 간접 유통경로가 있다(⇒ '(5) 유통경로의 유형' 참고). 일반적으로 직접 유통경로는 생산자가 모든 유통기능을 직접 수행하기 때문에 생산자가 원하는 형태의 마케팅 활동을 수행할 수 있다는 장점이 있는 반면 직접 마케팅 활동을 수행하기 위해 투자해야 하는 비용이 크다는 단점이 있다. 간접 유통경로는 유통기능의 일부 혹은 전부를 중간상에게 위임하기 때문에 초기 투자비용을 줄일 수 있으나 중간상의 마케팅 활동에 대한 통제가 쉽지 않다.

유통경로길이를 결정할 때 고려해야 하는 요인으로 고객 욕구, 기업 특성, 시장 특성, 제품 특성, 경제성, 통제력이 있다.

① 표적 고객의 욕구 수준

경로서비스에 대한 표적 고객의 욕구 수준이 높으면 직접 유통경로보다 간접 유통경로가 효과적이다. 제품 구색의 다양성을 원하는 고객은 필요한 제품들을 한 소매점에서 구매하고 싶어 하기 때문에 백화점과 대형마트처럼 다양한 구색을 갖춘 소매점을 통한 판매가 효과적이다. 공간적 편의성에 대한 고객의 욕구 수준이 높을 때도 입지가 좋은 소매상을 통한 판매가 효과적이다.

② 기업 특성

자금력과 영업사원이 충분하여 직접 판매할 능력이 있는 기업에게는 직접 유통경로가 효과적이다. 아모레퍼시픽이 복수유통경로를 채택하고 있지만 자사의 강력한 영업사원망을 활용한 방문판매는 아모레퍼시픽에게 여전히 경쟁력 있는 유통경로다. 애플 역시 강력한 자금력과 브랜드 파워를 바탕으로 애플 직영점을 운영하고 있다.

③ 시장 특성

기업 고객이 밀집되어 있고 대량 구매하며 기술적 지원이 필요할 때는 직접 유통경로가 효과적이고, 분산된 다수의 소비자들이 소량 구매하고 기술적 지원이 불필요할 경우에는 간접 유통경로가 효과적이다.

④ 제품 특성

제품의 부패가능성이나 복잡성도 경로길이 선택시 고려해야 한다. 생선이나 꽃처럼 부패나 훼손 가능성이 높은 제품의 경우 고객에게 가장 빨리 전달할 수 있는 중간상들을 유통경로상에 포함시켜야 한다. 항공기, 첨단 장비처럼 복잡한 제품의 경우 제품에 대한 설명과 유지보수가 중요할 뿐 아니라 고객이 한정되어 있기 때문에 직접 유통경로를 선택하는 편이 유리하다.

⑤ 경제성

[그림 10.7]에 제시된 것처럼 직접 유통경로를 사용하면 자체 영업망을 확보하기

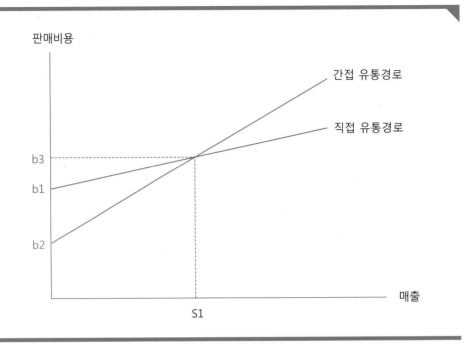

그림 10.7

유통경로 길이에 따른 매출과 판매비용

위한 고정비(b1)가 간접 유통경로를 사용할 때의 고정비(b2)보다 크지만, 간접 유통경로를 사용하면 매출 증가에 따라 중간상에게 제공하는 커미션의 증가 속도가 빠르게 증가한다. 매출이 S1보다 적을 때는 간접유통경로를 선택하는 편이 유리하고 매출이 S1보다 클 때는 직접유통경로를 선택하는 편이 유리하다.

⑥ 통제력

직접 유통경로에서는 생산자가 모든 마케팅 활동을 선택하고 실행하지만 간접 유통경로에서는 중간상이 마케팅 활동의 일부 혹은 전부를 선택하고 실행한다. 그런데 중간상들은 자신의 이익을 극대화하는 것을 우선시하기 때문에 유통경로 전체의 목표 달성을 위하여 중간상의 마케팅 활동을 통제하기가 쉽지 않다. 이러한 문제를 해결하기 위하여 다양한 형태의 수직적 마케팅시스템(VMS)이 등장하였다("(5) 유통경로의 유형"에서 '3) 수직적 마케팅시스템' 참고).

3) 중간상의 수

유통경로의 길이가 결정되고 나면 각 유통단계별로 얼마나 많은 수의 중간상을 포함시킬지를 결정한다. 유통단계별로 포함할 중간상의 수를 결정하는 것을 경로 커버리지 전략이라고도 한다. 중간상의 수가 증가하면 경로 커버리지(coverage)는 넓어지지만 중간상에 대한 생산자의 통제(control)와 지원(support)은 약해진다. 중간상의 수가 감소하면 경로 커버리지는 좁아지지만 중간상에 대한 생산자의 통제와 지원은 강해진다. 경로 커버리지 전략에는 집중적(intensive) 유통, 전속적(exclusive) 유통, 선택적(selective) 유통이 있다. 생산자는 자사 제품의 특성, 경로서비스에 대한 표적 고객의 욕구 수준, 중간상에 대한 통제 필요성을 고려하여 경로 커버리지 전략을 선택한다.

① 집중적 유통 전략

각 유통단계별로 최대한 많은 중간상을 사용하여 경로 커버리지를 최대화하는 전략이다. 과자, 음료수, 치약과 같은 편의품을 살 때 소비자들은 큰 노력을 기울이지 않는다. 방문한 소매점에 자신이 원하는 편의품(예, 음료수)이 없으면 그 제품이 입고되기를 기다리거나 다른 편의점으로 가는 대신 다른 제품을 구매하는 편이다. 편의품의 생산자는 편의성과 신속한 구매가 가능하도록 집중적 유통 전략을 사용함으로써 소비자들이 언제 어디서나 생산자의 제품을 쉽게 구매할 수 있도록 해야 한다. 하지만 집중적 유통 전략은 많은 중간상을 관리하기 위한 영업사원이 필요하다. 중간상들은 한 제품군에서 어떤 상표가 팔리는지는 크게 중요하지 않기 때문에 중간상들이 자사 제품을 적극적으로 판매하도록 동기부여하기 어렵고 중간상들에 대한 통제가 쉽지 않다.

② 전속적 유통 전략

지역별로 하나의 중간상에게 자사 제품의 독점판매권을 주는 전략이다. 자동차나 고급 의류와 같은 전문품 구매시 소비자들은 정보탐색, 대안평가, 구매에 많은 시간과 노력을 기울인다. 고가 가방을 구매하기 전에 적극적으로 정보탐색과 대안 평가를 하고, 원하는 가방을 직접 살펴보거나 구입하기 위해 멀리 있는 쇼핑몰을 방문하거나 원하는 가방의 출시를 수개월 동안 기다리기도 한다. 루이뷔통 같은 고급 패션업체는 접근성에 최우선 순위를 두는 대신 자사 브랜드 이미지에 적합한 소수의 고급 백화점이나 고급 매장을 선택하고 이들의 취급 제품, 가격, 서비스, 촉진, 인테리어에 강한 통제력을 발휘함으로써 브랜드 이미지를 유지한다. 독점판매권을 부여 받은 소

	집중적 유통	전속적 유통	선택적 유통
전략	가능한 많은 중간상 사용	지역별로 하나의 중간상에게 유통의 독점권 부여	지역별로 소수의 중간상 통해 유통
통제력	낮음	매우 높음	제한적
제품유형	편의품 (과자, 음료수, 세제, 치약 등)	전문품 (자동차, 고급 의류, 고급 가방 등)	선매품 (가전제품, 캐주얼의류, 운동화)

표 10.1 경로 커버리지 전략의 유형

매상들이 높은 마진을 얻을 수 있기 때문에 판매를 위해 많은 노력을 기울인다는 장점이 있지만, 접근성이 떨어지기 때문에 생산자 입장에서는 판매 기회를 상실한다는 단점이 있다.

③ 선택적 유통 전략

지역별로 소수의 중간상에게 자사 제품의 판매를 허락하는 유통 전략으로 집중적 유통 전략과 선택적 유통 전략의 중간에 해당한다. 가전제품, 캐주얼의류와 같은 선매품 구매시 소비자들은 다양한 구색을 갖추어서 대안평가가 용이한 소매점에 가서 충분한 시간과 노력을 기울여 대안을 평가하고 구매한다. 선매품 생산자는 어느 정도의 접근성과 통제력을 확보하기 위하여 자사의 이미지에 부합하고 제품의 구색을 갖춘 소수의 중간상을 선택한다. 중간상과 우호적 관계를 형성하고 다양한 인센티브를 제공함으로써 중간상이 자사 제품을 적극적으로 판매하도록 해야 한다.

4) 경로구성원 선정

유통경로의 길이와 중간상의 수를 선택한 후에 경로구성원으로 활동할 중간상을 선정한다. 선정 기준으로는 판매능력(영업사원의 규모와 질), 제품 믹스(중간상이 취급하는 제품과 자사 제품의 적합성), 고객 특성(중간상의 고객이 자사 고객의 유사성), 협력 의지, 신용능력(대금 지불 능력), 재무 상태, 명성, 입지 등이 있다.

(2) 유통경로의 운영

유통경로의 설계가 완료되었다고 해서 유통경로가 원활하게 운영되는 것은 아니다. 경로구성원들은 상호독립적인 기관이기 때문에 유통경로 공동의 목표 대신 각자의 이익을 최대화하는 과정에서 유통 경로구성원간 갈등이 발생하기 쉽다. 생산자 혹은 경로 리더는 경로구성원들이 공동의 목표를 달성하기 위해 상호 협력하도록 경로구성원의 동기부여, 경로갈등 관리, 경로구성원의 평가 및 피드백을 해야 한다.

1) 동기부여

생산자가 중간상을 동기부여하기 위해서는 중간상의 입장에 대한 이해가 필요하다. 생산자는 중간상이 자사의 제품 판매에 최선을 다하기를 바라지만, 중간상은 자신의 이익 최대화를 위해 자신의 고객이 원하는 제품이나 수익성이 좋은 제품을 판매한다. 생산자는 중간상의 이런 입장을 이해하고 이를 충족시키는 마케팅믹스 전략을 펼쳐야 중간상의 적극적인 협조를 유도할 수 있다.

중간상을 동기부여하는 수단으로 보상적 파워와 강압적 파워가 있다. 보상적 파워란 협조하는 중간상에게 적절한 지원(예: 높은 마진, 진열 지원, 광고비 지원, 판촉물 제공 등)을 제공함으로써 동기부여하는 것이다. 강압적 파워는 협조하지 않는 중간상에게 경제적 불이익(예: 적절한 지원 미제공, 거래 단절)을 제공해서 중간상의 협조를 유도하는 것이다.

2) 경로갈등 관리

유통경로 구성원들은 경로 전체의 목표 달성을 위해 협력하기도 하지만 각자의 이익을 우선시하는 과정에서 유통경로 구성원 간 경로갈등(channel conflict 혹은 '유통갈등')이 발생한다. 경로갈등에는 수평적 갈등(horizontal conflict)과 수직적 갈등(vertical conflict)이 있다. 수평적 갈등은 유통경로의 동일 단계에 있는 구성원 사이에서 발생하는 갈등이다. 도매상과 도매상간 갈등, 소매상과 소매상 간 갈등이 여기에 해당한다. 동일 고객을 유치하기 위해 마트나 백화점 간 펼쳐지는 과당경쟁도 수평적 갈등의 예이다.

수직적 갈등은 유통경로의 서로 다른 단계에 있는 구성원 사이에서 발생하는 갈등으로 제조업자와 도매상 혹은 소매상간의 갈등, 도매상과 소매상간의 갈등이 여기 해당한다. 구성원 간 추구하는 목표가 다르거나 커뮤니케이션이 충분하지 않을 때 발생한다.

온라인마케팅이 등장한 초창기에 모전자회사가 자사 홈페이지를 통해 자사 제품을 소비자에게 직접 판매하자 대리점들이 강하게 반발했다. 제조업체가 홈페이지를 통한 직접판매를 통해 매출 및 수익 향상을 도모하자 대리점들은 대리점의 매출 감소를 우려해 홈페이지를 통한 판매에 반대한 것이다. 경로갈등을 해결하기 위해, 이 회사는 자사 홈페이지에서 판매하는 제품의 가격을 대리점 소매가격보다 비싸게 올림으로써 대리점과의 갈등을 무마했고 이후 홈페이지에서는 판매 대신 제품 정보 제공에 집중했다. 제조업체가 직접 혹은 자회사를 통해 온라인 쇼핑몰을 운영할 경우 수직적 갈등이 발생하기 쉬운데, 이를 예방하기 위해 이들 온라인 쇼핑몰에서는 자사 제품을 취급하는 소매상의 가격과 같거나 비싸게 판매하는 경우가 많다.

유통경로의 경로구성원들은 상호 독립적인 기관들이기 때문에 유통경로 내에서 갈등은 발생하기 마련이며 경로구성원들이 공동의 목표 달성을 위해 경로 리더를 중심으로 경로갈등을 지혜롭게 해결하면 유통경로의 효율성이 향상되기도 한다.

3) 경로구성원 평가 및 피드백

생산자는 성과기준에 따라 중간상의 성과를 정기적으로 평가하고 평가 결과를 반영한다. 성과기준으로 판매수량, 재고수준, 제품 배송 시간, 고객 서비스, 파손품·손실품 처리, 제조사의 판촉에 대한 협조 수준 등을 사용한다. 성과가 높은 중간상에게는 적절한 보상을 제공하고 성과가 낮은 경로구성원에게는 적절한 보상(지도, 교육, 동기부여 등) 및 처벌(계약 해지 등)을 하게 된다.

CASE 1

물류기업 'CJ대한통운'

CJ대한통운은 1930년 11월 15일에 설립된 국내 최초의 물류 기업으로 2011년 CJ그룹에 편입되었고 2013년 CJ GLS와 합병하였다. 주요 사업은 CL(Contract Logistics, 계약물류), 택배, 글로벌사업 등이고 매출구성은 글로벌 43%, 택배 30%, CL사업부문 22%를 차지한다.

CL 사업

CL 사업부문은 육상 수송과 창고(warehousing) 보관으로 나뉜다. 육상 수송 사업은 화물차, 덤프트럭, 트랙터 등 1만여 대의 장비를 보유하고 있고 일반화물 3만 5천톤, 컨테이너 1,000TEU의 일괄 수송 능력을 갖추고 있다. 원자재, 완제품(자동차, 조선 포함), 정책물자(비료, 양곡, 무연탄 등), 발전설비, 플랜트 등 전 산업군에 걸친 화물을 수송하고 있다. 창고 보관 사업은 국내 최대 규모의 복합물류터미널과 창고를 운영하고 있다. CJ대한통운 복합물류터미널은 수도권, 영남권, 호남권, 중부권 각 지역별 교통 요지에 자리하고 있어서 지역간 효과적인 배송이 가능하다. 배송센터, 화물취급장 등 다양한 물류시설을 갖추고 있어 상하차, 보관, 조립가공 등 물류 전 영역의 효율성을 증대시키고 있다. 또한 전국 각지에 총면적 15만 평에 이르는 일반창고, 위험물창고, 냉장냉동창고, 유통가공창고 등 130여 창고를 보유하고 있다. 각 창고는 화물 특성에 맞춘 창고관리 시스템(WMS), RF 시스템, 저온창고 온도 모니터링 시스템 등 최적화한 창고 시설과 첨단 기술을 갖추어 입고에서 보관, 출하까지 안정된 서비스를 제공한다.

택배 사업

CJ대한통운의 택배 사업은 국내 시장점유율 1위(49%)이다. 메가허브 곤지암을 포함한 14개 허브터미널과 269개의 서브터미널, 3,000여 개의 취급점을 연결하는 Hub&Spoke System을 구축하고 있다. Hub&Spoke System에서 제품의 이동 경로는 아래 그림에 나오는 것처럼 택배직원이 개인, 기업, 취급점을 방문하여 수송장을 작성·부착하고 상품을 인수해서 중계터미널

(집화터미널)을 거쳐 허브터미널에 보낸다. 허브터미널에서 집결된 제품을 분류 작업 후 목적지별 중계터미널(배달터미널)로 보내면 중계터미널에서 제품을 분류한 후 택배직원을 통해 고객에게 인계하고 인수 확인을 받는다.

CJ대한통운은 업계에서 유일하게 인력과 장비를 직영체제로 운영함으로써 높은 신뢰도와 안정적인 서비스를 제공하고, 24시간 택배를 보낼 수 있는 '편의점택배'(GS25, CU, buy the way), 국내 어느 곳이든 5시간 안에 택배를 받을 수 있는 '항공택배' 등의 차별화된 서비스를 제공하고 있다.

메가허브 곤지암은 건축연면적 30만m²(축구장 40개 넓이), 보관창고 11만m²(축구장 15개 넓이), 화물처리용 컨베이어밸트의 길이가 43km로 시설과 분류능력 면에서 아시아 최대 규모다. 로봇, 사물인터넷(IoT), 빅데이터 등 융복합기술을 적용하여 1일 처리 물량 172만 상자(12시간 기준)에 달한다.

집화	집화터미널(TML)	상품이동(1차)	허브터미널	상품이동(2차)	배달터미널(TML)	배달
09시~20시	18시~20시 30분		20시~6시		07시~20시	

자료원: CJ대한통운 홈페이지, 와이즈에프엔 수정 인용

(3) 물적유통관리(물류관리)

　　유통과 혼동하는 개념으로 물적유통(physical distribution or logistics, 물류)이 있다. 물류란 생산자로부터 소비자에게 제품을 물리적으로 보관하고 전달하는 과정인 반면, 유통은 거래기능, 물류기능, 조성기능을 모두 포괄한다는 점에서 유통이 물류의 상위 개념이라고 볼 수 있다. 한 소비자가 현대자동차(생산자) 대리점(중간상)에서 그랜저에 대한 설명을 듣고 현대캐피탈의 할부 프로그램을 이용해 그랜저 구매 계약을 체결한 후 지역출하센터에 방문해서 그랜저를 인수했다고 하자. 현대차가 자신이 생산한 그랜저를 중간상(대리점)을 통해 소비자에게 판매하는 활동 전체가 유통이라면, 현대차 공장에서 생산된 그랜저를 현대글로비스(물류업체)의 트럭이 지역출하센터로 수송하고 출하센터에서 그랜저를 보관하는 활동이 물류에 해당한다. 물류기업에는 페덱스, DHL, 현대글로비스, 한진, CJ대한통운 등이 있다.

1) 물류의 개념

　　물류란 원자재, 부품, 완제품, 관련 정보를 생산지에서 소비지까지 전달하는 활동 전체를 의미한다. [그림 10.8]에 제시된 것처럼 물류는 조달물류(inbound logistics), 생산물류, 판매물류(outbound logistics)로 나뉘는데, 본서에서는 완제품이 유통업체를

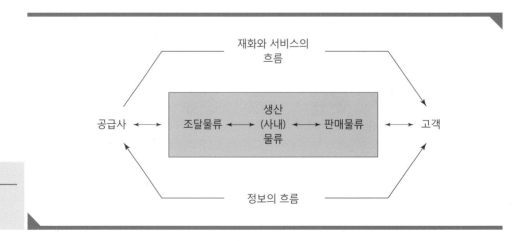

그림 10.8

물류의 영역
(안광호 등)

거쳐 소비자에게 전달되는 활동인 판매물류를 중심으로 설명하고자 한다.

고객의 욕구를 충족시킬 수 있는 제품이 생산되어도 소비자가 원하는 장소에서 원하는 시간에 이 제품을 구입할 수 없으면 소용이 없다. 판매물류 중심으로 물류를 재정의하면, 물류란 고객이 원하는 제품을 원하는 양만큼 적합한 시간과 장소에 최소비용으로 전달함으로써 고객의 제품 구매가 가능하도록 하는 활동이다.

2) 물류관리

물류관리의 목표는 최소한의 물류비용으로 물류서비스를 극대화하는 것이 아니라 최소한의 물류비용으로 적절한 수준의 물류서비스를 제공하는 것이다. 왜냐하면 물류서비스 수준과 물류비용은 상쇄되기(trade-off) 때문이다. '(1) 유통경로의 설계'에서 경로서비스에 대한 고객의 높은 욕구 수준을 충족시키기 위해서는 유통비용이 증가하는 것처럼 물류서비스 수준이 높아지면 물류비용이 증가하고 물류비용을 줄이면 물류서비스가 악화된다. 대기시간을 단축하기 위해서는 고객이 방문한 점포에서 고객이 원하는 제품을 재고로 보유하거나 고객의 주문 즉시 신속한 수송수단을 통해 제품을 배송해야 하지만 물류비용 상승이라는 문제가 발생한다. 반대로 물류비용 감소를 위해 재고수준을 낮게 유지하면 판매기회를 상실하고 수송비 절감을 위해 저렴한 수송수단을 사용하면 인도 시점이 늦어져 고객의 대기시간이 증가한다. 따라서 표적 고객이 원하는 물류서비스 수준을 파악하고 이를 최소 비용으로 충족시킬 수 있도록 물류 시스템을 설계하고 운영해야 한다.

3) 물류의 의사결정

물류의 주요 활동에는 주문처리, 창고관리, 재고관리, 수송관리가 있으며 물류 담당자는 이러한 활동들을 어떻게 수행할지에 대한 의사결정을 해야 한다.

① 주문처리(order processing)

고객의 주문 접수 후 제품이 인도될 때까지 걸리는 시간을 주문처리 시간이라 하는데, 주문처리 시간을 단축시키면 고객의 만족도를 높일 수 있지만 물류비용이 증가한다.

② 창고(warehousing)관리

생산시기와 소비시기의 불일치를 해결하기 위해 제품이 판매될 때까지 제품을 보관해야 한다. 기업은 필요한 창고의 유형, 수, 입지를 결정해야 한다. 고객과의 공간적 접근성이 높은 여러 지역에 창고를 분산 설치하면 고객의 주문에 신속히 대응할 수 있으나 물류비용이 상승한다. 창고의 유형에는 제품의 장기간 보관에 주로 이용되는 저장창고(storage warehouse)와 이동을 위해 단기간 보관하는 물류센터(distribution center)가 있다. 특히 물류센터는 고객의 주문에 신속하고 효과적으로 대응할 수 있도록 설계된 대규모 자동화 창고로서 스캐너와 컴퓨터가 주문을 접수 하고 리프트트럭과 로봇을 사용하여 제품을 취급한다. 미국 월마트의 물류센터 가운데는 100만m² 이상의 규모에 17km가 넘는 컨베이어벨트에서 1천여 명의 직원 이 근무하는 물류센터도 있다.

③ 재고관리

재고가 적으면 고객이 원하는 제품을 제때 공급하지 못해 판매 기회를 상실하고, 재고가 많으면 재고유지비가 늘고 재고상품의 진부화가 발생한다. 따라서 기업은 적정 수준의 재고 유지를 위해 노력한다. 도요타가 도입한 JIT(just-in-time) 시스템은 생산 시점에 맞춰 원자재 및 부품의 공급이 이루어지거나 판매시점에 완제품을 입고함으로써 재고 수준을 최적화시키는 방법으로 각광받았다. JIT 시스템이 효율적으로 이루어지기 위해서는 정확한 수요 예측, 신속한 배달, 공급업체의 희생이 요구된다. 코로나로 인해 물류대란이 발생하면서, JIT의 효율성에 대한 문제제기가 있었고, 물류대란 발생에 대비하기 위해 적정 재고수준이 상승하기도 했다. 최근 RFID와 같은 전자태그 혹은 스마트 태그를 제품에 부착함으로써 공급망에서 제품의 위치를 정확히 파악하고 이를 바탕으로 제품의 신속한 주문 및 효율적인 물류관리가 가능해졌다.

④ 수송관리

제품을 수송하는 대표적인 수단으로 트럭, 철도, 해운, 항공, 파이프라인이 있다. 수송수단을 결정할 때는 제품 특성, 신속성 등을 고려해야 한다. 항공은 가장 비싸지만 고가이고 부피가 작은 제품의 신속한 장거리 수송에 적합하다. 해운은 부피가 크고 저렴한 제품의 장거리 수송에 주로 쓰이며 시간이 오래 걸리는 대신 비용이 저렴하다. 트럭과 철도는 항공과 해운의 중간 정도 되는 수송에 사용되고, 파이프라인은 석유, 천연가스 등에 특화된 수송 수단이다.

쿠팡의 '로켓배송'(고객 주문 후 24시간 안에 배송)이 가능하게 된 것은 쿠팡이 대규모 물류센터, 배송캠프, 트럭, 쿠팡맨 등 물류의 직영화에 막대한 비용을 투자했기 때문이다. 유통업체인 쿠팡이 물류를 직영화함으로써 신속하고 신뢰할 만한 배송이 가능해지면서 물류서비스 수준은 상승했으나 물류비용은 증가할 수밖에 없었다.

온라인 · 모바일 마케팅

온라인쇼핑 전성시대. 1996년 6월 국내 온라인쇼핑몰 1호인 인터파크가 문을 열면서 시작된 온라인쇼핑은 인터넷과 스마트폰의 보급을 기반으로 급성장하였다. 통계청에 따르면 국내 온라인쇼핑 거래액은 2001년 3조 3천억 원에서 2015년 53조 9천 억원, 2021년 187조 원으로 성장하였다. 소매판매액 중 온라인쇼핑 거래 액 비중은 2015년 14.6%에서 2021년 48%로 높아졌고, 50%를 목전에 두고 있다.

온라인쇼핑 가운데 PC를 통한 인터넷 쇼핑을 제외하고 스마트폰을 비롯한 모바일 단말기를 통한 쇼핑인 모바일쇼핑 거래액은 2013년 6조 6천억 원에서 2015년 24조 5천억 원, 2021년 135조 5천억 원으로 성장하였다. 온라인쇼핑에서 모바일쇼핑의 거래액 비중은 2013년 17.0%에서 2015년 45.4% 2021년 72.4%로 급증하였다.

CASE 2
온라인·모바일 쇼핑 전성시대

자료원: 통계청; 중앙일보 2016. 6. 23; 엽합인포맥스 2022. 11. 1 수정 인용

온라인 마케팅 혹은 인터넷 마케팅이란 인터넷을 통해 제품을 판매하거나 커뮤니케이션하는 활동을 말한다. 온라인 마케팅은 PC를 통해 인터넷을 사용하는 마케팅과 스마트폰과 같은 무선 단말기를 통해 무선 인터넷을 사용하는 마케팅 모두를 포함하는 개념이고, 모바일 마케팅은 스마트폰과 같은 무선 단말기를 통해 무선 인터넷을 사용하는 마케팅만을 의미한다.

(1) 온라인 마케팅(인터넷 마케팅)

온라인 마케팅의 성장 배경을 이해하기 위해서는 초고속 인터넷의 보급과 더불어 기업 입장에서 온라인 마케팅의 장점 소비자 입장에서 온라인 쇼핑의 장점을 살펴볼 필요가 있다. 기업 입장에서 온라인 마케팅은 점포 혹은 오프라인 공간에서 이루어지는 마케팅에 비해 시간과 공간의 제약을 덜 받으며 저렴한 비용으로 정보를 전달하고 제품을 판매할 수 있다. TV, 라디오, 신문, 잡지 등 전통적인 매체보다 쌍방향(interactive) 커뮤니케이션이 가능하기 때문에 제품이나 광고에 대한 개별 고객의 반응을 실시간으로 파악하고 고객 개개인에게 개별화된 마케팅을 할 수 있다.

소비자 입장에서 온라인 쇼핑의 장점은 비용, 편리성, 구색, 커뮤니케이션의 용이성 등이다. 온라인 쇼핑은 구매 가격 및 탐색 비용이 저렴하고, 오프라인 매장을 방문하는 번거로움 없이 언제 어디서든 편리하게 다양한 제품을 비교하고 구매할 수 있으며, 판매자 혹은 다른 소비자와의 커뮤니케이션이 용이하다.

커뮤니케이션 활동보다 제품 판매 활동에 초점을 맞춘 유통의 관점에서 온라인 마케팅을 바라보면, 온라인 마케팅은 점포가 없는 '무점포 소매상' 가운데 인터넷이라는 통신 수단을 사용하는 '통신판매'의 한 종류에 해당한다. 생산자는 자사 제품을 온라인에서 직접 판매하기도 하고 제3자가 운영하는 인터넷 쇼핑몰을 통해 판매하기도 한다. 생산자가 온라인을 통해 직접 판매하게 되면 기존의 중간상인 대리점, 소매점, 영업사원이 매출에 타격을 입을 가능성이 있어서 경로갈등이 발생하게 된다(⇒ '2) 경로갈등 관리' 참고). 이러한 갈등을 해결하기 위해서는 유통경로 기능, 표적시장, 고객가치를 차별화해야 한다.

유통경로 기능의 차별화는 단순 주문·접수 업무는 인터넷 유통채널 중심으로 하고 고부가가치 업무는 영업사원이 담당하는 것을 말한다. 표적시장 차별화는 기존 시장은 기존 유통경로를 이용하는 대신 새로운 시장 공략에 인터넷 유통채널을 활용하는 것이다. 예를 들어, 국내 시장은 기존 오프라인 경로를 활용하는 반면, 해외 시장 개척에 인터넷을 활용하거나, 기존 고객인 중장년층을 대상으로는 오프라인 경로를 이용하고 새로운 고객인 젊은층 공략에는 인터넷을 활용하는 것이다. 고객가치 차별화는 온라인과 오프라인 경로 각각이 제공하는 고객가치를 달리하는 전략이다. 예를 들어 오프 라인에서는 프리미엄 제품을 판매하고 온라인에서는 중저가 제품을 판매하거나, 온라인에서는 제품과 판매처 정보 제공이나 사후관리만 제공하고 판매는 오프라인에서만 하는 것이다.

(2) 모바일 마케팅

스마트폰의 보급으로 무선인터넷을 통해 커뮤니케이션하고 제품을 판매하는 모바일 마케팅이 활성화되고 있다. 전자는 모바일을 통해 기존 고객 및 잠재 고객과 커뮤니케이션하는 것이라면 후자는 모바일을 통해 유통경로를 구축하고 제품을 판매하는 활동이다.

PC를 통한 인터넷 환경이 오프라인 환경의 시간적·공간적 제약을 극복한 측면이 있지만 지정된 장소에서 PC를 사용해야 인터넷에 접속할 수 있다는 한계가 있다. 반면 스마트폰을 통한 모바일 인터넷은 스마트폰만 있으면 언제 어디서든 모바일 인터넷을 이용할 수 있다는 점에서 PC를 통한 인터넷 환경의 시간적 공간적 제약을 극복할 수 있다. 따라서 모바일 마케팅은 고객이 어디에 있든 스마트폰을 이용하고 있다면 고객에게 커뮤니케이션하고 제품을 판매할 수 있다.

인터넷과 스마트폰의 보급을 통한 온라인 마케팅과 모바일 마케팅의 확산은 생산자, 인터넷 쇼핑몰, 경쟁 업태(점포소매상, TV 홈쇼핑 등 무점포소매상)에게 기회 혹은 위기 요인이 될 수 있다. 점포소매상의 대응 전략은 크게 오프라인 강화 전략, 온라인으로 오프라인 지원 전략, 온오프라인 병행 전략이 있다. 오프라인 강화 전략은 온라인 쇼핑몰과 가격 경쟁을 벌이기보다 온라인에서 제공하기 어려운 레저, 오락 기능을 강화하고 체험형 매장을 확대하는 것으로 대형마트, 복합쇼핑몰, 교보문고 등이 이러한 전략을 사용하여 차별화하고 있다. 온라인으로 오프라인 지원 전략은 점포소매상의 홈페이지를 통한 판매에 초점을 맞추기보다 홈페이지를 통해서는 제품 정보 제공을 비롯한 커뮤니케이션, 고객 정보에 기반한 고객 분석, 사후관리에 초점을 맞추는 전략이다. 온오프라인 병행 전략(옴니채널 전략)은 온라인과 오프라인 각각의 장점을 살려 활용하는 전략이다. 정보제공에서부터 주문, 배송, 반품, 사후관리에 이르기까지 구매 관련 전 과정을 온오프라인 어디서든 가능하도록 하는 전략이다. 점포소매상인 현대백화점과 롯데백화점이 온라인 쇼핑몰인 '더현대닷컴'과 '엘롯데'를 운영하는 것을 예로 들 수 있다.

점포소매상들이 온오프라인 마케팅을 병행할 뿐 아니라 온라인업체가 체험형 오프라인 매장을 오픈하는 등 온라인업체들이 오프라인 점포를 내면서 점포소매상과 무점포소매상 경계가 모호해지고 있다. 'CASE 3 옴니 채널'을 읽어 보고 환경변화가 낳은 위기를 피하고 기회를 살릴 방법을 고민해 보자.

CASE 3
옴니채널

유통업계가 '옴니채널' 강화에 나서고 있다. 저성장 시대가 고착화되고 온라인 쇼핑과 모바일 쇼핑이 급성장하면서 오프라인 유통업체들은 옴니채널(Omni-channel)과 O2O(Online to Offline, 온라인과 오프라인의 결합)를 강화하고 있고, 온라인 업체 역시 온라인의 한계를 극복하기 위하여 오프라인 체험 매장을 오픈하고 있다. 오프라인에서 제품을 살펴본 뒤 온 라인에서 구매하는 '쇼루밍', 온라인에서 제품을 탐색한 뒤 오프라인에서 구매하는 '역쇼루밍' 현상이 빈번해지면서 유통업 체들은 온·오프라인의 장점을 극대화한 연계 서비스를 강화하고 있다.

롯데그룹은 유통 계열사를 전부 엮는 옴니채널화를 시작했다. 온라인 유통의 성장과 온·오프라인 혼용 구매 고객 비율이 증가하는 상황에서 옴니채널 구축을 통한 온-오프라인 유통 연계에 앞장서고 있다. 옴니채널 구축의 일환으로 '스마트픽' 서비스를 시작했는데, 스마트픽은 롯데그룹 계열사인 세븐일레븐의 4,200여 점포에서 롯데닷컴, 엘 롯데 등 롯데 계열 온라인몰에서 구매한 제품을 원하는 시간에 수령할 수 있는 서비스다. 스마트픽 서비스 지원 점포를 확대하고 롯데홈 쇼핑과 롯데하이마트몰로 대상 온라인몰도 확대함으로써 롯데 유통사들을 같은 상품·가격· 배송 시스템으로 묶어 나갈 계획이다.

헬스&뷰티(H&B) 스토어 시장의 CJ올리브영은 2018년 온·오프라인 통합 '옴니채널' 전략을 도입하였다. 소비자들이 온라인과 오프라인 어디에서든 편하게 상품을 구매하고 교환할 수 있는 시스템을 구축한 것이다. '오늘드림' 서비스는 온라인몰에서 구매한 상품을 인근 매장에서 오토바이로 당일 배송하는 서비스다. 온라인 매출 비중이 25%까지 증가한 데는 '오늘드림' 서비스의 역할이 컸다는 평가가 나온다.

자료원: 서울경제 2015. 11. 9; 아시아경제 2016. 7. 27; 중앙일보 2016. 3. 15; 중앙일보 2016. 5. 16; 헤럴드경제 2016. 7. 27; 이코노믹 리뷰 2020. 2. 17; 한국경제 2021. 12. 14 수정 인용

. . . .
토론문제

01 국내 제조업체의 제품 하나를 골라서 해당 제품의 유통경로를 설계하시오.

02 경로갈등 사례를 조사한 후 갈등 해결 방안을 제안하시오.

03 국내의 점포소매상과 온라인 쇼핑몰을 하나씩 골라서 옴니채널 전략을 각각 제안하시오.

11

촉진관리 I

11

촉진관리 1

▌ 2022 카타르 월드컵 마케팅

2022 카타르 월드컵에 맞춰 현대차그룹은 탄소중립 캠페인을 비롯한 글로벌 마케팅을 진행하였고 가전 업계도 월드컵을 테마로 현지 마케팅을 강화하였다.

현대차와 기아는 국제축구연맹(FIFA)의 공식 파트너사 중 유일한 한국 기업으로, 현대차는 1999년, 기아는 2007년부터 각각 FIFA의 공식 후원사로 활동하고 있는데, 이번 카타르 월드컵에서 현대차는 지속가능성 파트너라는 새로운 역할을 맡았고, 탄소중립 캠페인 '세기의 골(Goal of the Century)'을 진행하였다.

현대차는 616대의 차량을 카타르 월드컵 공식 운영 차량으로 제공했는데 그중 236대는 아이오닉5, 제네시스 G80 전동화 모델, GV70 전동화 모델, 쏘나타 HEV(하이브리드), 코나 HEV, 투싼 HEV, 전기버스 일렉시티 등 친환경차다. 월드컵 공식 운영 차량으로 친환경차가 사용되는 것은 이번이 처음이었다고 한다.

현대차는 FIFA와 함께 '세기의 골' 캠페인의 일환으로 카타르 도하에 건축한 특별 전시관을 개관하기도 했다. 현대차는 FIFA와 함께 '역사를 만든 골'이라는 주제로 전용면적 562㎡(약 170평) 규모의 FIFA 박물관을 건축했는데, FIFA 박물관에는 2022 월드컵 본선에 진출한 32개 참가국 유니폼과 역대 월드컵 트로피 등 월드컵의 과거와 현재를 한눈에 볼 수 있는 다양한 축구 관련 소품 등이 전시되었고, 경기장을 둘러싼 광고판에는 현대차의 전기차 아이오닉5와 아이오닉6 광고가 전개되었다. 기아 역시 EV6 GT-라인, 쏘렌토 플러그인하이브리드 등 80대의 친환경차를 포함해 승용차 297대, 버스 70대 등 총 367대의 차량을 후원하였다.

대형 스포츠 이벤트를 맞아 가전 업계도 분주하게 움직였다.

삼성전자는 중동 지역에서 처음 열리는 월드컵 특수를 최대한 활용하고자 카타르 현지에 소비자 체험공간을 대폭 확대하였다. 시내 곳곳에 20여

개의 체험공간을 새로 열었으며, 부유층 밀집 지역인 카타라 문화마을에 프리미엄 매장을 오픈하였다. 프리미엄 매장에선 146형 더 월과 네오 QLED 8K 등 75형 이상 초대형 프리미엄 TV와 다양한 비스포크 가전, 최신 갤럭시 스마트폰을 체험할 수 있고, 스마트홈 플랫폼 '스마트싱스' 연동을 통한 홈 라이프 서비스와 55형 초대형 게이밍 모니터 오디세이 아크를 활용한 게이밍 경험도 즐길 수 있었으며 1:1 고객 전담 프로그램도 운영하였다.

삼성전자는 중동 월드컵 독점 중계권을 가진 '바인 스포츠'와 협업, 중동 전 지역에서 삼성전자 최신 제품을 구매하면 중계방송을 시청할 수 있는 'TOD' 앱 구독권을 제공하는 특별 프로모션을 실시하였다.

삼성전자는 월드컵 주경기장에 인접한 프리미엄 쇼핑몰 '벤덤 몰'에서 대형 갤럭시 체험 공간을 월드컵 개막 전부터 운영하였으며, 이와 함께 총 36개국 월드컵 진출국의 국기 문양을 모티브로 내세운 갤럭시Z폴드4와 갤럭시Z플립4, 갤럭시 버즈2 프로, 더 프리스타일 케이스 등 다양한 액세서리를 제작하기도 하였다.

위의 사례에서 보는 바와 같이, 기업은 자신의 제품을 알리고, 긍정적 이미지를 형성하며, 소비자의 구매를 유도하기 위해 다양한 촉진수단을 활용하고 있다. 특히, 전 세계인들의 관심이 집중되는 월드컵이나 올림픽 등 국제스포츠 행사에 다양한 방법을 통해 적극적으로 참여하는 것은 물론, 소비자들의 일상생활 속에서 자신들의 제품이 표적고객들에게 노출되고 기억에 남을 수 있도록 노력하고 있다.

자료원: 매일경제신문 2022. 11. 18; 조선일보 2022. 11. 27; 한국경제신문 2022. 11. 27. 수정 인용

서론

[1] 촉진믹스

기업의 촉진믹스(promotion mix) 또는 마케팅 커뮤니케이션 믹스(marketing communications mix)는 기업이 소비자의 관심을 끌고 고객가치를 효과적으로 전달하며 고객관계를 형성하기 위해 사용하는 광고, PR, 인적판매, 판매촉진과 직접마케팅과 같은 수단의 조합이다. 각각의 수단들은 고객과 커뮤니케이션하기 위해 개별적인 촉진수단들을 가지고 있다. 예를 들어 광고에는 방송, 인쇄물, 온라인, 모바일, 옥외광고 등의 수단이 있고, 판매촉진에는 할인, 쿠폰, 전시 등의 수단이 있고, 인적판매에는 제품소개, 트레이드 쇼, 인센티브 프로그램 등이 있다. PR의 수단으로는 보도자료, 스폰서십, 이벤트 등의 수단이 있으며, 직접마케팅에는 광고용 우편물, 카탈로그, 소셜 미디어, 모바일 마케팅 등의 수단이 있다.

마케팅 커뮤니케이션은 위와 같은 특정한 촉진믹스 수단들 이외에 제품 디자인, 가격, 포장, 매장 등을 통해서도 이루어진다. 따라서 촉진믹스가 기업의 가장 중요한 커뮤니케이션 활동이긴 하지만, 제품, 가격, 유통 등 나머지 마케팅믹스의 요소들 역시 커뮤니케이션 수단으로 사용되고 있다.

[2] 통합적 마케팅커뮤니케이션

표준화된 제품을 대량생산하여 소비자들에게 대량으로 판매하던 시기에는 대중매체를 활용하는 커뮤니케이션 전략이 일반적이었다. 기업들은 TV, 신문, 잡지와 같은 대중매체 광고에 많은 비용을 들였고 단 하나의 광고를 수많은 고객들에게 전달하는 방식을 사용하였다. 그러나 최근 마케팅커뮤니케이션 상황이 변하면서 새로운 커뮤니케이션 모델이 등장하게 된다.

1) 새로운 마케팅커뮤니케이션 모델
최근의 마케팅커뮤니케이션 상황이 변화하게 된 데에는 다음과 같은 요인이 작용하였다. 첫째, 소비자들이 변화하고 있다. 디지털과 무선 기술이 발전한 요즘에는 소비자들의 정보수준이 높아졌고 커뮤니케이션에 대한 자율적 권한이 강화되었다. 소비자들은 더 이상 기업이 제공하는 정보에 의존하지 않고, 인터넷이나 소셜 미디어 등을 활용하여 자신들만의 정보를 찾는다. 소비자들은 다른 소비자들과 쉽게 연결되어 브랜드 정보를 교환하고 자신들만의 브랜드 메시지나 경험을 만들고 공유한다. 둘째, 마케팅 전략이 변화하고 있다. 대량판매시장(mass markets)이 세분화됨에 따라 마케터들도 대량판매방식의 대량 마케팅(mass marketing)에서 벗어나고 있다. 마케터들은 최소한으로 작게 정의된 시장의 고객들과 긴밀한 관계를 형성하기 위해 집중적인 마케팅 프로그램을 개발하고 있다. 셋째, 디지털 기술의 발전으로 기업과 고객들이 커뮤니케이션하는 방식이 변화하고 있다. 디지털 시대를 맞아 스마트폰, 태블릿, 위성방송, 케이블방송, 브랜드 웹사이트, 이메일, 블로그, 소셜 미디어, 온라인 커뮤니티, 모바일 웹 등 새로운 정보통신 수단들이 등장하고 있다. 이러한 수단들의 등장과 발전은 마케팅커뮤니케이션에도 커다란 영향을 미치고 있다. 대량 마케팅이 대중매체 커뮤니케이션 시대를 가져왔다면, 디지털과 소셜 미디어는 더욱 선별되고 사회적이며 관계지향적인 마케팅커뮤니케이션 모델의 탄생을 가져오고 있다.

TV, 신문, 잡지 등 전통적인 대중매체들이 여전히 중요한 위치를 차지하고 있지만 지배적 영향력은 감소하고 있다. 전통적인 매체들이 차지하고 있던 자리를 개별화되고 상호작용적인 콘텐츠로 작은 규모의 고객과 커뮤니케이션하는 매체들이 차지하고 있다. 새로운 매체들로는 특성화된 케이블 채널, 온라인 광고, 인터넷 카탈로그, 이메일, 문자메시지, 블로그, 모바일 쿠폰, 소셜 미디어(트위터, 페이스북, 카카오톡)가 있다. 새로운 마케팅커뮤니케이션 시대에는 대량 메시지를 고객에게 일방향으로 전달하는 과거의 방식보다는, 새로운 미디어를 활용하여 작은 규모의 소비자들과 상호작용하는 관계지향적 방식으로 접근할 수 있다.

새로운 디지털 미디어의 등장에도 불구하고 많은 기업들은 여전히 촉진 예산의 상당 부분을 전통적인 대중매체에 할당하고 있다. 따라서 전통적인 매체와 새롭게 나타난 매체들을 통합하여 고객들과 관계를 형성하며, 브랜드 메시지를 전달하고 고객들의 브랜드 경험을 향상시킬 수 있도록 하는 것이 중요하다.

2) 통합적 마케팅커뮤니케이션
많은 기업들은 통합적 마케팅커뮤니케이션 개념을 도입하고 있다. 통합적 마케팅커뮤니케이션(integrated marketing communication, IMC)이란 기업의 커뮤니케이션 경로들을 통합하고 조정하여 명확하고 일관성 있게 기업과 제품에 대한 설득력 있는 메시지를 전달하는 것을 말한다. 기업은 통합적 마케팅커뮤니케이션을 통해 기업과 제품에 대한 정보를 다양한 접점에서 만나는 고객들에게 긍정적이고 일관된 메시지를 전달하고 고객들이 기업의 다양한 메시지와 이미지를 하나로 연결할 수 있게 한다. 기업의 TV광고와 인쇄광고는 일관된 브랜드 이미지를 전달하고 이메일과 인적 판매를 통한 커뮤니케이션, PR 자료와 홈페이지, 온라인과 소셜 미디어, 모바일 마케팅의 내용도 일관성을 갖게 된다.

3) 커뮤니케이션 프로세스

효과적으로 고객과 커뮤니케이션하기 위해서 마케팅 담당자는 커뮤니케이션이 어떻게 작동하는지 이해해야 한다. 커뮤니케이션은 9개 요소로 구성되어 있는데 이 중 발신자와 수신자가 가장 중요한 부분이다. 다음으로 중요한 커뮤니케이션 요소는 메시지와 미디어가 있고 부호화, 해석, 반응, 피드백 네 가지 중요한 커뮤니케이션 기능이 있다. 마지막으로 시스템상의 노이즈가 있다. 발신자(sender)는 다른 당사자에게 메시지를 보내는 주체이고, 수신자(receiver)는 발신자가 보낸 메시지를 받는 대상이다. 메시지(message)는 발신자가 전달하고자 하는 상징들의 집합이며 미디어(media)는 발신자로부터 수신자에게 메시지가 전달되는 커뮤니케이션 경로를 말한다. 부호화(encoding)는 발신자가 전달하고자 하는 생각을 상징적 형태로 표현하는 것이며, 해석(decoding)은 발신자에 의해 부호화된 상징에 수신자가 의미를 부여하는 과정이다. 반응(response)은 메시지에 노출된 수신자가 보이는 반작용이며 피드백(feedback)은 발신자에게 전달된 수신자의 반응이다. 노이즈(noise)는 커뮤니케이션 과정에서 의도하지 않게 발생한 잡음 또는 왜곡으로, 발신자의 메시지와는 다른 메시지를 수신자가 받게 되는 결과를 낳을 수 있다.

메시지가 효과적으로 전달되기 위해서는 발신자의 부호화 과정이 수신자의 해석 과정과 맞물려 있어야 한다. 수신자에게 익숙한 단어와 상징으로 구성되고 수신자와 발신자가 공유할 수 있는 경험이 많을수록 메시지가 효과적으로 전달될 수 있다.

성공적으로 커뮤니케이션하기 위해서는 첫째, 메시지가 전달되는 수신자가 누구이고 수신자로부터 어떤 반응이 나오기를 원하는지 발신자 스스로 알고 있어야 한다. 둘째, 수신자가 어떻게 해독하는지를 고려하여 메시지를 부호화할 수 있어야 한다.

셋째, 수신자에게 도달할 수 있는 미디어를 통해 메시지를 보내야 하고 수신자의 메시지에 대한 반응을 평가할 수 있도록 피드백 경로를 개발해야 한다. 넷째, 최근의 상호작용적 미디어 환경에서 기업은 커뮤니케이션 과정에서 입장을 바꿔서 대응할 준비를 하여야 한다. 기업은 소비자가 보내는 메시지의 수신자가 될 수도 있기 때문이다.

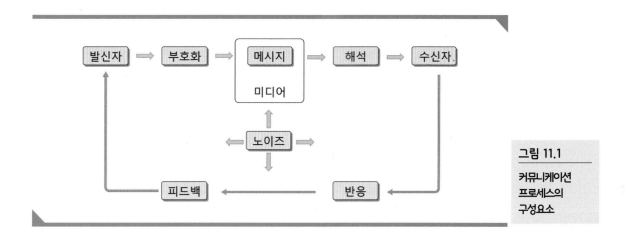

그림 11.1

커뮤니케이션
프로세스의
구성요소

4) 효과적인 마케팅커뮤니케이션의 개발

효과적인 마케팅커뮤니케이션을 개발하기 위해 표적 청중의 식별, 커뮤니케이션 목표의 결정, 메시지의 설계, 메시지를 전달할 미디어의 선택, 메시지 원천의 선택, 피드백의 수집 등 여섯 단계가 필요하다.

① 표적 청중의 식별

표적 청중은 구매의사결정을 내리거나 의사결정에 영향을 미치는 현재의 고객 또는 잠재적인 고객이 될 수 있다. 표적 청중이 누구인지에 따라 무엇을 말하고, 어떻게 말하고, 언제 말하고, 어디서 말하고, 누가 말할지에 대한 결정이 달라진다.

② 커뮤니케이션 목표의 결정

표적 청중을 결정한 후에는 그들로부터 기대하는 반응이 무엇인지 결정해야 한다. 물론 마케팅 담당자는 대부분 구매반응을 기대하지만, 구매는 길게 이어지는 구매의사결정의 최종적인 결과로 볼 수 있다. 따라서 표적 청중이 의사결정단계 중 어느 단계에 있고 어느 단계로 이동해야 하는지를 알아야 한다. 표적 청중은 소비자가 구매를 할 때 일반적으로 거치게 되는 여섯 단계의 구매자준비단계(buyer-readiness stages) 중 한 단계에 있게 된다. 구매자준비단계는 인지(awareness), 지식(knowledge), 애호(liking), 선호(preference), 확신(conviction), 구매(purchase)로 구성된다.

표적 청중은 제품에 대해 전혀 모르거나 이름만을 겨우 알거나 제품의 몇 가지 특징만 알고 있을 수 있다. 마케팅 담당자는 우선 인지와 지식을 형성해야 한다. 표적 청중이 제품에 대해 알고 있다면, 이들이 제품에 대해 강력한 느낌을 갖는 단계로 움직이도록 해야 한다. 즉, 제품에 대해 우호적인 느낌을 갖는 애호, 경쟁브랜드보다 더 좋아하게 되는 선호, 그 제품이 최고의 제품이라고 믿게 되는 확신의 단계로 나아가도록 해야 한다. 마지막으로 표적 청중이 제품에 대해 확신은 있지만 구매 단계까지는 이르지 못한 경우 이들을 최종 단계로 이끌어야 한다. 이를 위해 망설이는 소비자들에게 특별할인가격이나 무료업그레이드를 제시하거나 홈페이지나 소셜 미디어에 다른 소비자들의 긍정적인 평가와 리뷰를 보여주는 방법을 사용할 수 있다.

③ 메시지의 설계

표적 청중들로부터 어떤 반응이 나오기를 원하는지가 결정되면, 효과적인 메시지 개발을 시작한다. 메시지는 청중들의 주의(attention)를 얻고, 관심(interest)을 유지하며, 욕구(desire)를 불러일으켜 행동(action)을 유도하여야 한다(AIDA 모델). 메시지를 개발할 때에는 무엇을 말할지(메시지의 내용)와 어떻게 말할지(메시지의 구조와 형식)를 결정해야 한다.

메시지의 내용

마케팅 담당자는 청중들로부터 기대하는 반응을 얻기 위한 소구방식을 알고 있어야 한다. 메시지의 소구방식에는 세 가지가 있다. 첫째, 이성적 소구(rational appeal)는 청중들의 개인적 이익과 관련이 있다. 이성적 소구에서는 제품이 기대하는 편익을 가져다줄 수 있다는 것을 보여준다. 제품의 품질, 경제성, 가치, 성능을 보여주는 메시지가 이에 해당된다. 둘째, 감정적 소구(emotional appeal)는 구매를 일으킬 수 있도록 긍정적 또는 부정적 감정을 자극하는 것이다. 사랑, 기쁨, 유머, 공포, 죄책감 등 다양한 감정적 소구가 사용된다. 소비자들은 종종 생각보다 느낌이 앞서고, 설득은 기본적으로 감정적인 과정이기 때문에, 감정적 소구를 통해 브랜드에 대해 더 많은 주의를 끌 수 있고 더 높은 신뢰감을 형성할 수 있다. 셋째, 도덕적 소구(moral appeal)는 무엇이 옳고 적절한가에 대한 청중들의 판단과 관련있다. 도덕적 소구를 통해 사람들로 하여금 깨끗한 환경을 보호하고 사회적 약자를 돕는 등의 공익활동에 참여하도록 촉구하기도 한다.

메시지의 구조

마케팅 담당자는 메시지의 구조와 관련된 세 가지 이슈에 대한 결정을 해야 한다. 첫째, 메시지의 결론을 메시지에 포함시킬 것인가 아니면 청중들에게 맡길 것인가를 결정해야 한다. 결론을 메시지에 포함시키는 것보다는 청중들에게 질문을 하거나 구매자들 스스로 결론에 도달하도록 맡겨두는 것이 효과적이다. 둘째, 강력한 주장을 메시지 중 어디에 둘 것인가를 결정해야 한다. 첫 부분에 강력한 주장을 하는 것은 주의를 끌 수는 있지만 결론이 맥 빠지게 될 수도 있다. 셋째, 일면적 주장(one-sided argument), 즉 제품의 장점만을 말하는 주장을 할 것인가 양면적 주장(two-sided argument), 즉 제품의 장점을 내세우지만 단점도 인정하는 주장을 할 것인가를 결정해야 한다. 일면적 주장이 판매 설명회에서 더욱 효과적인 것으로 알려져 있지만, 양면적 주장은 제품에 대한 신뢰성을 높여주고 경쟁제품의 공격에 구매자들이 설득당하지 않도록 하는 효과가 있다.

메시지의 형식

마케팅 담당자는 메시지와 미디어에 따라 효과적인 메시지의 형식을 결정해야 한다. 인쇄광고에서는 제목, 원고, 삽화, 색상 등을 결정해야 하는데, 주의를 끌기 위해 눈길을 사로잡는 그림과 제목, 독특한 구성, 메시지의 크기와 위치, 색상, 형태, 움직임 등에서 참신함과 대조라는 방법을 사용한다. 메시지가 TV나 영상을 통해 전달된다면 움직임과 속도, 음향 등을 모두 고려해야 한다. 메시지가 제품 자체 또는 포장으로 전달된다면 촉감, 향기, 색상, 크기, 형태 등을 주의 깊게 결정해야 한다.

④ 메시지를 전달할 미디어의 선택

커뮤니케이션 경로는 크게 인적(personal) 경로와 비인적(nonpersonal) 경로 두 가지가 있다.

인적 커뮤니케이션 경로(personal communication channel)

인적 커뮤니케이션 경로에서는 둘 이상의 사람들이 직접적으로 의사소통하는 방법으로 서로 얼굴을 보거나 전화를 통해 또는 메일이나 이메일을 사용하거나 문자메시지 등의 방법을 사용하여 직접적으로 커뮤니케이션한다. 인적 커뮤니케이션 경로 중 일부가 기업에 의해서 통제되는 경우가 있기는 하지만, 제품에 대한 인적 커뮤니케이션의 대부분은 기업의 통제를 벗어나 있다. 이러한 경로는 소비자운동가나 블로거들과 같은 독립적 전문가들로 구성되기도 하고 직접적으로 또는 소셜 미디어를 이용하여 구매자에게 커뮤니케이션하는 이웃이나 친구, 가족 또는 다른 소비자들로 구성되기도 한다. 후자의 경로가 가지고 있는 구전영향력(word-of-mouth influence)은 상당히 크다.

기업들은 기업에 유리한 방향으로 인적 커뮤니케이션 경로를 움직일 수 있는 방안을 찾고 있다. 의견선도자들에게 유리한 조건으로 제품을 제공하거나, 제품에 대한 정보를 제공하고, 신제품 사용(trial)기회를 줌으로써 이들에게 영향을 미치고 있다. 버즈마케팅(buzz marketing)은 의견선도자들을 육성하고 그들이 제품에 대한 정보를 커뮤니티의 다른 사람들에게 퍼트리도록 하는 방법이다.

비인적 커뮤니케이션 경로(nonpersonal communication channel)

비인적 커뮤니케이션 경로는 인간적 접촉이나 피드백이 없이 메시지를 전달하는 경로를 말한다. 여기에는 신문, 잡지, 다이렉트 메일 같은 인쇄 미디어(print media)와 TV나 라디오 같은 방송 미디어, 광고판, 간판, 포스터 등의 디스플레이 미디어(display media), 이메일과 기업의 홈페이지 같은 온라인 미디어 등이 있다. 비인적 커뮤니케이션은 직접적인 구매자에게 영향을 미치기도 하고 구매자들의 인적 커뮤니케이션을 통해 간적접으로 구매자에게 영향을 미치기도 한다.

⑤ 메시지 전달자의 선택

인적 또는 비인적 커뮤니케이션에서 표적 청중들이 메시지를 전달하는 사람들을 어떻게 보는가에 따라 메시지의 영향력이 다르게 나타난다. 신뢰도가 높은 메시지 전달자가 전달하는 메시지일수록 설득력이 높다. 식품회사들이 의사, 치과의사 또는 다른 헬스케어 전문가들이 자신들의 환자 또는 고객들에게 특정 제품을 추천하도록 이들에게 촉진활동을 벌이는 것도 이런 이유 때문이다. 표적 청중이 선호하는 유명 운동선수, 배우, 뮤지션, 만화 캐릭터들을 고용하여 메시지를 전달하는 것은 이들에 대한 호감과 이들의 인지도를 활용하기 위해서다.

⑥ 피드백의 수집

메시지를 전달한 후 메시지가 표적 청중에 미치는 효과를 조사해야 한다. 이 조사를 위해 표적 청중들에게 다음과 같은 질문을 할 수 있다. '메시지의 내용을 기억하는가', '메시지를 몇 번 보았는가', '회상할 수 있는 것은 무엇인가', '메시지의 내용에 대해 어떻게 느꼈는가', '기업과 브랜드에 대한 과거와 현재의 태도는 어떻게 달라졌는가'. 또한 메시지가 청중들의 행동에 어떻게 영향을 미쳤는지 알아보기 위해 얼마나 많은 사람들이 제품을 구매했는지, 제품에 대해 다른 사람들에게 말했는지, 점포를 방문했는지를 조사한다.

5) 촉진예산과 촉진믹스의 결정

① 촉진예산

촉진예산을 결정하는 방법에는 지출가능 예산법(affordable method), 매출액비율 예산법(the percentage-of-sales method), 경쟁자 동일 예산법(the competitive-parity method), 목표-과업 예산법(the objective-and-task method)이 있다.

지출가능 예산법은 기업이 지출할 수 있는 범위 내에서 촉진예산을 설정하는 방법으로 전체 수입에서 운영비와 자본비용을 빼고 남은 자금의 일부를 촉진에 할당하는 방법이다. 이 방법은 촉진이 매출에 미치는 영향을 고려하지 않는다는 문제점이 있다.

매출액비율 예산법은 현재 또는 예상 매출액의 일정 비율 또는 단위당 판매가격의 일정 비율을 촉진예산으로 설정하는 방법이다. 이 방법은 적용하기 쉽고 촉진 지출과 판매가격, 단위당 이익의 관계를 명확히 파악할 수 있는 장점이 있지만, 매출을 촉진의 결과가 아닌 원인으로 파악하고 있다는 문제점이 있다.

경쟁자 동일 예산법은 경쟁자의 촉진예산과 동일한 수준으로 촉진예산을 설정하는 방법이다.

목표-과업 예산법은 촉진을 통해 달성하고자 하는 목표를 기반으로 촉진예산을 설정하는 방법이다. 이 방법에서는 촉진목표를 정의하고, 그 목표를 달성하기 위해 필요한 과업을 정의하고, 이 과업을 달성하는데 필요한 비용을 산출한 후 그 비용들을 합산하는 방식이다. 이 방법은 지출된 비용과 촉진결과의 관계를 명확히 설명할 수 있다는 장점이 있지만, 특정 목표를 달성하기 위해 수행해야 할 과업을 찾는 데 어려움이 있을 수 있다.

② 촉진수단의 특징

통합적 마케팅커뮤니케이션은 촉진수단들을 신중하게 조합하여 조화로운 촉진 믹스로 통합하여야 한다. 이때 촉진믹스를 구성하는 각 촉진수단들의 다음과 같은 특징을 고려해야 한다.

광고(advertising)

광고는 넓은 지역에 흩어져 있는 많은 사람들에게 반복해서 메시지를 전달할 수 있다. 광고는 예술적인 시각효과, 인쇄물, 음향, 색상 등을 활용하여 제품을 생생하게 표현할 수 있는 장점이 있다. 그러나 전통적인 대중매체를 통한 광고는 청중들에게 일방향적으로 전달되고 고객의 개별적인 욕구를 직접 반영하지 못한다는 단점이 있다.

판매촉진(sales promotion)

판매촉진은 제품 판매를 늘리기 위해 사용하는 쿠폰, 경연대회, 할인행사 등 다양한 동기부여 수단들을 지칭한다. 판매촉진을 통해 소비자는 제품에 관심을 갖게 되고 구매동기가 증가한다. 하지만, 판매촉진은 효과가 단기적이어서 장기적인 브랜드 선호를 형성하는 효과는 광고나 인적판매에 미치지 못한다.

인적판매(personal selling)

인적판매는 잠재고객의 선호와 확신을 형성하고 구매행동을 유발시키는 가장 효과적인 수단이다. 인적판매에서는 판매자와 구매자 사이의 인간적인 교류가 필수적인데 이를 통해 구매자의 니즈를 파악하고 그에 맞춰 메시지를 조정할 수 있다. 인적판매는 비용과 시간의 부담이 크다는 단점이 있다.

PR(public relations)

뉴스기사, 스폰서십, 이벤트 등의 PR은 광고보다 현실감이 있고 믿을 수 있다는 특징이 있다. PR은 광고나 판매원을 기피하는 가망고객들에게도 판매지향적인 커뮤니케이션이 아닌 뉴스나 이벤트의 형식으로 메시지를 전달할 수 있다.

다이렉트 또는 디지털 마케팅(direct and digital marketing)

다이렉트 메일, 카탈로그, 전화마케팅부터 온라인, 모바일, 소셜 미디어까지 다양한 형태의 다이렉트 또는 디지털 마케팅은 기존의 마케팅보다 표적집단에 초점을 맞춘다는 특징이 있다. 또한 다이렉트 마케팅은 소비자에게 개별화되어 있고 즉각적으로 반응할 수 있다는 특징이 있으며, 상호작용적 특성 때문에 소비자와 대화형식으로 커뮤니케이션할 수 있다.

③ 촉진믹스전략(promotion mix strategies)

촉진믹스전략에는 기본적으로 푸시촉진(push promotion)과 풀촉진(pull promotion) 두 가지 전략이 있다. 푸시전략(push strategy)은 최종소비자가 자사 제품을 구매하도록 유통 경로를 통해 자사제품을 밀어 넣는 것을 말한다. 생산자는 유통경로 구성원들이 자사 제품을 취급하고 최종소비자들에게 자사 제품에 대한 촉진활동(인적판매, 광고, 판촉 등)을 벌이도록 유통경로 구성원들을 대상으로 마케팅활동(인적판매, 전통적인 촉진활동)을 한다. 풀전략(pull strategy)은 최종소비자들이 제품을 구매하도록 최종소비자들을 대상으로 마케팅활동을 펼치는데 주로 광고, 소비자대상 판매촉진, 다이렉트 또는 디지털 마케팅을 사용한다. 풀전략에서는 소비자들이 유통경로에 자사제품을 요구하고, 유통경로 구성원은 생산자로부터 해당 제품을 구입하게 된다.

④ 촉진믹스의 통합

기업 전체의 커뮤니케이션 전략에 따라 기업의 메시지가 전달될 수 있도록 다양한 촉진믹스 요소들을 통합적으로 관리해야 한다. 분산되고 분리된 촉진활동은 마케팅 커뮤니케이션 효과를 약화시키고 포지셔닝에 혼란을 초래할 수 있다. 반면에, 통합된 촉진믹스는 기업의 모든 촉진노력의 효과를 극대화시킬 수 있다.

광고

광고의 효과와 효율을 높이기 위해 마케팅 담당자는 광고를 개발하고 실행하기에 앞서 다음 네 가지 사항에 대한 의사결정을 내려야 한다. 광고 목표의 설정, 광고예산의 설정, 광고전략의 개발(메시지와 미디어의 결정), 광고 캠페인의 평가.

표 11.1

광고목표

광고목표	예 시
정보제공적 광고	고객가치 전달, 브랜드 이미지 형성, 신제품 소개, 작동원리 설명, 새로운 용도 제안, 가격변화 공지, 오류정보 수정
설득적 광고	브랜드 선호 형성, 브랜드 전환 유도, 제품에 대한 고객의 인지변화, 즉각적 구매 촉구, 브랜드 커뮤니티 형성
상기형 광고	고객관계 유지, 구매의 필요성 상기, 구매장소 상기, 비수기에 브랜드 기억유지

(1) 광고목표

광고목표는 표적시장, 포지셔닝, 마케팅믹스에 대한 결정에 기반해 설정되어야 한다. 전반적인 차원에서의 광고목표는 표적 고객에게 고객가치를 커뮤니케이션함으로써 고객을 참여시키고 고객관계를 형성하는 것이다. 구체적으로 광고목표는 특정 시기에 특정 표적 고객에게 기업이 원하는 메시지를 커뮤니케이션하는 것이다. 광고목표는 알리는 것, 설득하는 것, 생각나게 하는 것으로 분류할 수 있다. 광고목표의 사례가 [표 11.1]에 제시되어 있다.

정보제공적 광고(informative advertising)는 새로운 제품 카테고리를 소개할 때 많이 사용되며 광고의 목표는 1차적 수요를 형성하는 것이다. HDTV가 처음 시장에 나왔을 때, 생산자들은 소비자들에게 HDTV의 선명한 화질과 커다란 화면이라는 장점을 알리는 데 주력했다. 설득적 광고(persuasive advertising)는 경쟁이 치열해질 때 그 중요성이 커지며 광고의 목표는 선택적 수요를 형성하는 것이다. HDTV가 시장에서 자리 잡았을 때, 삼성전자는 자신들의 제품이 가격 대비 최상의 품질을 제공할 수 있다고 소비자들을 설득했다. 설득적 광고 중 일부는 자신의 브랜드와 다른 브랜드들을 직접적 또는 간접적으로 비교하는 비교광고(comparative advertising) 또는 공격적 광고(attack advertising)의 형태를 띠기도 한다. 상기형 광고(reminder advertising)는 제품이 성숙기에 접어들었을 때 중요성을 갖으며 광고의 목표는 고객관계를 유지하고 소비자들이 자사 제품을 망각하지 않도록 하는 것이다.

(2) 광고예산

광고목표를 설정한 후 이 목표를 달성하는 데 필요한 광고예산을 책정해야 한다. 촉진예산을 설정하는 일반적인 방법에 대해서는 이미 살펴보았는데, 광고예산을 설정할 때 고려해야 할 요인들로는 다음과 같은 것이 있다. 첫째, 광고예산은 그 제품이 제품수명주기상 어느 단계에 있는지에 따라 달라진다. 도입기의 신제품은 소비자들의 인지를 형성하고 시용(trial)을 유도하기 위해 매출액 대비 상대적으로 큰 규모의 예산을 설정한다. 반면 성숙기의 제품은 매출액 대비 낮은 규모의 예산을 설정한다. 둘째, 시장점유율에 따라 필요한 광고 규모가 달라진다. 시장을 새롭게 형성하려고 하거나 경쟁자로부터 시장점유율을 뺏어오려고 하는 경우에는 단순히 시장점유율을 유지하려고 하는 경우보다 많은 광고지출이 필요하다. 또한 시장점유율이 낮은 브랜드의 경우에는 매출액 대비 광고지출이 더 높게 나타난다. 셋째, 시장 내 경쟁이 치열하고 광고 환경이 복잡할 경우 광고비 지출이 늘어날 수 있다. 마지막으로, 제품 간 차별화가 크지 않은 경우 브랜드 차별화를 위해 광고 예산을 늘릴 필요가 있다.

(3) 광고전략의 개발

광고예산을 책정한 후에는 정해진 예산으로 광고목표를 달성하기 위한 광고전략을 개발해야 한다. 광고전략은 광고메시지의 개발과 광고 미디어의 선택이라는 두 가지 요소로 구성된다.

1) 광고메시지의 개발
① 메시지와 콘텐츠 전략

메시지 전략은 기업의 포지셔닝과 고객가치창출 전략에 기반해야 하고 효과적인 메시지를 개발하기 위해서는 광고의 소구(advertising appeal)로 사용될 수 있는 고객편익(customer benefit)을 찾는 데서 시작해야 한다. 광고의 소구는 다음 세 가지 특성을 가지고 있어야 한다. 첫째, 의미가 있어야 한다. 소비자가 제품에 대해 더욱 매력적이고 흥미롭게 느낄 수 있도록 편익을 강조해야 한다. 둘째, 믿을 수 있어야 한다. 약속한 편익을 제품이나 서비스를 통해 제대로 전달받을 것이라고 소비자들이 믿을 수 있어야 한다. 셋째, 독특해야 한다. 자신의 제품이 경쟁제품과 비교할 때 어떤 점이 좋은지를 말할 수 있어야 한다.

② 메시지 실행방식

메시지는 다음과 같은 다양한 실행방식으로 제시된다. '생활의 단면(slice of life)'은 보통 사람들이 일상생활 속에서 제품을 사용하는 모습을 보여주는 방식이다. '라이프스타일(lifestyle)'은 제품이 특정한 라이프스타일과 어떻게 잘 어울리는지를 보여주는 방식이다. '무드 또는 이미지(mood or image)'는 제품이나 서비스에 대해 아름다움, 사랑, 평온, 자부심 등의 무드 또는 이미지를 만들어 내는 방식이다. '전문기술(technical expertise)'은 기업의 제조기술의 전문성을 보여주는 방식이다. '과학적 증거(scientific evidence)'는 제품이 다른 제품보다 좋다는 과학적 증거나 연구를 보여주는 방식이다. '증언 또는 지지(testimonial or endorsement)'는 신뢰도와 호감도가 높은 사람들을 등장시켜 제품을 지지하도록 하는 방식이다. 마케팅 담당자는 광고목표 달성에 적합한 메시지 실행방식을 선정해야 한다.

③ 소비자 창출 콘텐츠(consumer-generated content)

많은 기업들은 디지털과 소셜 미디어 기술 덕분에, 소비자들로부터 마케팅 콘텐츠, 메시지 아이디어, 심지어는 실제 광고까지도 받아서 활용하고 있다. 기업은 소비자들이 이러한 콘텐츠를 기업에 제안할 수 있는 다양한 행사를 마련하고 있는데, 소비자 창출 콘텐츠를 통해 고객들은 일상생활 속에서 특정 브랜드에 대한 관여도를 높이고 경험을 공유할 수 있게 된다.

2) 광고미디어의 선택

광고미디어 선택의 주요 단계는 첫째, 도달범위, 도달빈도, 영향력, 참여수준의 결정, 둘째, 주요 미디어 유형의 선택, 셋째, 특정 미디어 수단의 선택, 넷째, 미디어 시기의 결정이다.

① 도달범위, 도달빈도, 영향력, 참여수준의 결정

도달범위(reach)는 전체 표적시장 구성원 중 특정 기간 동안 광고 캠페인에 노출된 사람들의 비율을 말한다. 도달빈도(frequency)는 표적시장의 평균적인 사람이 광고 메시지에 몇 번이나 노출되었는지를 말한다. 영향력(impact)이란 미디어를 통한 메시지 노출을 정성적으로 측정한 가치를 말한다. 예를 들어 동일한 메시지라도 어느 잡지에 실렸느냐에 따라 신뢰도는 달라지고 TV나 인터넷을 통한 메시지는 라디오를 통한 메시지보다 강력한 영향력을 가질 수 있다. 참여수준(engage)은 소비자들에게 단순히 메시지를 전달하는 것이 아니라 소비자들을 적극적으로 참여하게 만드는 정도를 말한다. 얼마나 많은 사람들에게 메시지가 도달되었는가보다 광고의 내용이 청중들과 얼마나 관련되어 있는지가 더 중요하다고 할 수 있다. 참여수준이 높은 소비자들은 광고 메시지에 따라 행동하고 다른 사람들과 그 내용을 공유하게 될 가능성이 높다.

② 주요 미디어 유형의 선택

주요 미디어 유형은 TV, 디지털 또는 소셜 미디어, 신문, 다이렉트 메일, 잡지, 라디오, 옥외광고 등이다. 각각의 미디어들은 장점과 단점을 가지고 있다. 마케팅 담당자는 표적 고객에게 광고메시지를 효율적이고 효과적으로 전달할 수 있는 미디어를 선택해야 한다. 이를 위해 각 미디어의 영향력, 메시지 유효성, 비용을 고려해야 하는데, 이것은 어떤 미디어 하나를 이용하는 문제가 아니라 여러 미디어를 선택하고 믹스를 구성하여 통합적 마케팅커뮤니케이션 캠페인으로 조화를 이루도록 해야 한다.

오랜 기간 동안 TV와 신문, 잡지 등이 전국적 광고시장의 미디어 믹스를 주도해 왔지만, 매스미디어의 비용이 상승하고 청중들이 감소하며 새로운 디지털과 소셜 미디어들이 출현하면서, 표적 고객에게 도달하기 위한 새로운 방법들이 모색되고 있다. 주요 미디어 유형의 장단점이 [표 11.2]에 제시되어 있다.

③ 특정 미디어 수단의 선택

마케팅 담당자는 주요 미디어 유형 내에서 특정 미디어 수단을 선택해야 한다. TV 수단에는 〈KBS뉴스〉, 〈무한도전〉을 포함할 수 있고, 온라인 또는 모바일 수단에는 〈카카오톡〉, 〈Facebook〉, 〈YouTube〉를 포함할 수 있다. 각 미디어를 통해 '1,000명의 표적 청중에게 도달하기 위한 비용'을 계산하고 비교하여 가장 낮은 비용을 보인 미디어를 선택한다. 예를 들어 X라는 잡지의 한 면에 광고를 게재하는 비용이 1,000만원이고, 그 잡지의 구독자가 100,000명이라고 하면, X잡지의 '1,000명의 표적 청중에게 도달하기 위한 비용'은 100,000원이 된다. Y라는 잡지에는 동일한 광

표 11.2

주요 미디어 유형의
장단점

미디어	장점	단점
TV	– 대량마케팅의 도달범위가 넓다 – 노출 단가가 낮다 – 시각/청각/움직임 등으로 감각에 호소할 수 있다	– 절대적 비용이 높다 – 미디어 내 치열한 경쟁 – 청중을 선택할 수 없다 – 노출시간이 짧다
디지털/ 소셜 미디어	– 청중을 선택할 수 있다 – 저렴한 비용 – 즉각성	– 낮은 영향력 – 내용과 노출에 대한 통제권이 청중에게 있다
신문	– 유연성 – 적시성 – 지역시장에 도달하기 적합하다 – 넓은 수용성 – 높은 신뢰성	– 수명이 짧다 – 저품질 – 여러 사람이 돌려가며 볼 가능성이 낮다
다이렉트 메일	– 유연성 – 개별화가 가능하다 – 미디어 내에서는 경쟁자를 배제할 수 있다	– 노출단가가 높다 – 정크메일의 나쁜 이미지

잡지	– 지역적/인구통계학적으로 청중을 선택할
	  수 있다
	– 신뢰성과 위신
	– 고품질
	– 수명이 길고 여러 사람이 돌려가며 읽을
	  수 있다
		– 고비용
		– 발행주기가 길다

라디오	– 지역적 수용가능성이 높다 – 지역적/인구통계학적으로 청중을 선택할 수 있다 – 저렴한 비용	– 소리만 가능 – 매체에 집중하는 정도가 낮다 – 청중들이 분산되어 있다
옥외광고	– 유연성 – 반복노출 가능성이 높다 – 저렴한 비용 – 메시지 경쟁정도가 낮다 – 위치를 선택할 수 있다	– 청중 선택 가능성이 없다 – 표현에 제약

고의 게재비용이 1,500만원이고 구독자가 200,000명이라면 Y잡지의 '1,000명의 표적 청중에게 도달하기 위한 비용'은 75,000원이 된다. 마케팅 담당자는 이 경우 Y잡지라는 미디어 수단을 선택할 가능성이 높다.

④ 미디어 시기의 결정

마케팅 담당자는 또한 1년이라는 기간에 걸쳐 어떤 스케줄에 따라 광고를 집행할지를 결정해야 한다. 겨울용 아웃도어와 같이 12월에 매출이 최대로 증가했다가 3월이 되면 하락하는 제품의 경우, 기업들은 계절적 패턴에 따르거나, 계절적 패턴과 반대로 하거나, 또는 1년 내내 동일한 수준으로 광고를 내보낼 수 있다.

마케팅 담당자는 광고의 패턴을 결정해야 하는데, 지속형(continuity)은 주어진 기간 동안 광고를 균등하게 집행하는 것을 말한다. 이에 반해 파동형(pulsing)은 주어진 기간 동안 광고를 균등하지 않게 집행하는 것을 말한다. 52개의 광고를 1년 동안 매주 하나씩 내보낼 수도 있고 몇 번에 걸쳐 집중적으로 내보낼 수도 있다.

(4) 광고효과의 평가

"광고에 적절한 비용을 지출했는지 어떻게 알 수 있는가?", "광고비의 지출을 통해 기업이 얻게 되는 것은 무엇인가"와 같은 질문을 마케팅 담당자가 받게 될 수 있다. 마케팅 담당자는 광고효과를 정기적으로 평가하는데 여기에는 커뮤니케이션 효과와 매출 및 수익효과의 두 가지 유형이 있다. 광고의 커뮤니케이션 효과의 측정을 통해 광고가 메시지를 얼마나 잘 전달했는지를 알 수 있다. 광고가 집행되기 전에 마케팅 담당자는 광고를 소비자에게 보여주고 광고에 대한 선호도, 메시지의 회상정도, 광고로 인한 태도의 변화 등을 측정한다. 광고가 집행되고 난 후에 광고가 소비자의 회상, 인지, 관여, 지식, 선호에 어떤 영향을 미쳤는지 측정한다. 매출 및 수익효과는 커뮤니케이션 효과보다 측정하기가 어렵다. 매출 및 수익은 광고 이외에 제품특징, 가격, 구매가능여부 경쟁사, 경기 등 많은 요인으로부터 영향을 받기 때문이다. 광고의 매출 및 수익효과는 과거에 지출되었던 광고비용과 과거의 매출 및 수익을 비교하는 방법으로 측정할 수 있다. 또한 실험을 통해서도 측정할 수 있는데, 광고비 지출을 여러 수준으로 변화시키고 그에 따른 매출과 수익의 변화를 측정하는 방법이다.

삼성전자 비스포크 인덕션과 농심 라면의 협업으로 제작된 '라면덕션' 광고 영상이 뜨거운 반응을 얻으며 공개 유튜브 누적 조회수 1,300만 회를 돌파하였다. '라면덕션' 광고는 감각적인 화이트 디자인에 스마트한 조리 기능까지 갖춘 비스포크 인덕션과 라면명가 농심이 만나 누구나 라면을 더욱 간편하면서도 맛있게 즐길 방법을 소개하기 위해 기획된 것이다.

이번 광고는 '히말라야 물끄리나'라는 가상의 공간 속 라면 하나만을 위해 탄생한 비밀 연구소에서 삼성전자와 농심이 특급 프로젝트를 통해 놀라운 라면 조리 기술을 발명했다는 재치 있는 컨셉을 담고 있다.

비스포크 인덕션만의 차별화된 성능을 쉽고 재미있는 설명으로 충실히 풀어낸 부분 또한 인상적이라는 반응이다. 특히, '최고의 라면 요리를 만드는 인덕션'을 지향하며 삼성전자와 농심

CASE 1
삼성전자의
비스포크 광고

의 연구진이 공동 개발한 '스캔쿡 간편조리'는 찬물에 면과 스프 등 모든 재료를 한 번에 넣고 비스포크 인덕션으로 끓이기만 하면 집에서도 한강라면의 쫄깃함을 맛볼 수 있다고 하여 큰 화제가 되었다.

이 밖에 삼성전자의 비스포크 광고는 자신만의 확고한 취향과 라이프스타일을 가진 다양한 비스포크 오너들의 모습을 위트있게 담아내 주목받고 있는데, 특히 비스포크 냉장고 광고는 핵심 기능과 최근 트렌드와 취향들을 조화롭게 연결해 소비자들의 높은 공감을 받으며 유튜브에서 2000만뷰에 가까운 조회수를 기록하였다. 삼성전자의 '비스포크 오리지널 시리즈' 캠페인은 '2022 대한민국광고대상'에서 TV영상 부문, 인쇄부문, 크래프트 부문 등 3개 부문에서 대상을 수상하기도 하였다.

자료원: 한국경제TV 2022. 9. 1; 매일경제신문 2022. 11. 28 수정 인용

3

PR(Public Relations)

(1) PR정의

PR이란 기업의 고객과 기타 공중(public)의 행동, 의견, 태도에 영향을 미치기 위한 기업의 체계적인 노력을 말한다. 기업은 기업을 둘러싼 지역사회와 사회단체를 포함한 대중들에게 긍정적인 이미지를 형성하고 유지하기 위하여 노력하고 있으며, 비우호적인 루머와 사건들을 관리하고 대중매체와도 우호적인 관계를 유지하고자 한다. 기업과 공중 사이에 호의적 관계가 형성되고 유지되기 위해서는 장기간에 걸친 노력과 둘 사이의 상호이해가 필요하다.

기업은 PR을 통해 기업과 제품을 촉진할 수 있으며 소비자, 투자자, 미디어, 지역사회와 좋은 관계를 유지할 수 있다. PR은 다른 촉진수단이 할 수 없는 방식으로 기업과 제품에 대한 신뢰와 생생함을 개발하여 전달할 수 있으며 광고의 유효성을 높이는 데도 도움이 된다.

(2) PR의 역할

PR은 광고보다 저렴한 비용으로 공중들의 인지도에 강력한 영향을 미칠 수 있다. 기업이 PR을 할 경우에는 미디어에 비용을 지불하지 않는다. 기업이 흥미로운 스토리와 이벤트를 개발할 경우 여러 미디어들이 그것들을 찾아내서 소개하게 되는데, 이것은 많은 비용이 들어가는 광고에 필적할 만한 효과를 낼 수 있다. 또한 PR은 소비자들로 하여금 스토리의 일부가 되도록 하고 다른 사람들에게 스토리를 전하게 하는 효과도 가지고 있다.

(3) PR 수단

1) 대중매체관계/홍보(media relations/publicity)

홍보는 제품이나 서비스에 대한 뉴스를 대중 매체를 통해 내보냄으로써 이에 대한 수요를 자극하는 것인데 언론보도나 회견, 이벤트 등의 방법이 사용된다. 대중매체와의 관계가 긍정적이면 언론을 통한 보도가 활발히 이루어지며 긍정적이고 우호적인 홍보가 가능해진다. 홍보는 대중 매체를 활용한다는 점에서는 광고와 동일하지만, 기업이 매체 비용을 지불하지 않으며 간접적이고 공정한 방법으로 기업이나 제품에 대해 소개한다는 점에서 더 큰 영향력을 미칠 수 있다.

2) 간행물 발행

기업은 PR의 중요한 수단의 하나로 종업원들에 대한 뉴스레터, 재무보고서, 소비자 잡지, 각종 브로슈어, 보도자료 등 다양한 간행물을 발행하고 있다.

3) 로비

로비의 목적은 단체의 장이나 입법기관, 공무원들과 우호적인 관계를 형성하고 유지하는 것이다.

4) 스폰서십

스폰서십은 기업이 다른 조직이나 개인을 재정적으로 지원하거나 기타 자원이나 서비스를 제공하고 이를 통해 기업에 유리한 것을 얻는 사업적 관계를 말한다. TV 프로그램이나 예술분야 또는 스포츠(행사, 팀, 선수 개인)를 지원하는 것이 스폰서십의 전형적인 형태이다.

5) 이벤트 관리

컨퍼런스나 축제와 같은 이벤트를 무대에 올리는 것을 말한다. 1회성으로 끝나는 경우도 있고 정기적으로 개최되는 경우도 있다. 신제품이 출시되었을 때 내부적으로 발표하는 행사가 있을 수 있고 외부적 행사가 있을 수 있는데, 외부적 이벤트의 경우 우호적인 매스컴의 관심과 광범위한 언론보도를 이끌어 낼 수 있다.

6) 위기관리

예측하지 못했던 사건을 잘 처리하는 것도 PR의 중요한 측면이다. 이를 피해대책(damage limitation)이라고 하며 야기되는 피해를 최소화하려는 조치를 말한다. 제품 결함에 따른 리콜, 선박의 기름유출과 같이 환경에 대규모 피해를 주는 재해, 기업 임원 또는 관계자의 스캔들 등의 사건이 발생했을 경우 피해와 부정적 파급효과를 최소화하려는 노력이 포함된다.

우리나라를 대표하는 20개 교향악단이 함께한 '한화와 함께하는 2022 교향악축제'가 24일 과천시립교향악단의 공연을 끝으로 성황리에 막을 내렸다.

2022년으로 34회째를 맞는 아시아 최고, 최대의 오케스트라 페스티벌인 '한화와 함께하는 교향악축제'는 2022년 4월 2일부터 24일까지 서울 예술의전당에서 진행됐다. 2일 부천필하모닉 오케스트라의 개막공연을 시작으로 24일 과천시립교향악단의 폐막공연까지 국내외 최정상급의 지휘자 20명과 최고의 실력을 갖춘 22명의 협연자들이 수준 높은 클래식 선율을 선사했다.

교향악축제는 1989년 예술의전당 음악당 개관 1주년을 기념하여 시작된 이후 2022년으로 34회째를 맞았다. 클래식 관계자뿐 아니라 일반 대중을 아우르는 음악계 최대의 행사로 명실상부 대한민국을 넘어 아시아의 대표 클래식 축제로서의 입지와 위상을 굳건히 하고 있다. 또한 전국의 교향악단이 모여 연주 기량을 선보이는 무대이기도 하다.

한화와 교향악축제의 인연은 20여 년 전으로 거슬러 올라간다. 외환위기 여파로 기업들이 후원을 꺼리면서 교향악축제가 중단될 수도 있는 상황에서 한화가 후원을 자처하고 나선 것이다. 이후 한화는 2000년부터 23년째 지속적으로 후원을 이어오고 있다.

한화는 클래식 인재를 육성하기 위해 국내 시·도립 교향악단을 비롯해 중견 연주자부터 젊고 실력 있는 차세대 음악인들에게 예술의전당에서 공연할 수 있는 기회를 제공하고 있다. 고품격 공연의 기회를 통해 국내 연주단체와 협연음악인들의 실력 향상을 도모하고 음악 인재 양성에 기여하겠다는 목

CASE 2

한화와
함께 하는
교향악축제

적이다.

한화가 후원을 시작한 2000년부터 올해 공연까지 총 394개의 교향악단과 444명의 협연자가 교향악축제 무대에 올랐으며, 1143곡이 연주되고, 55만명이 넘는 관객들이 한화와 함께하는 교향악축제를 관람했다.

교향악축제는 문화소외계층 초청행사도 함께 진행하고 있다. '한화와 함께하는 클래식 수학여행'이라는 테마로 1박 2일 일정으로 진행되는 이 행사는 인터넷 사연 공모를 통해 선정된 오지 분교 어린이들과 인솔교사들을 초청해 교향악축제 관람과 63빌딩 수족관 등 문화 체험 기회를 제공하고 있다. 2007년 230명을 시작으로 총 1,796명이 문화 혜택을 받았다.

클래식 후원 대부분이 일회성이거나 단기 후원인 점을 고려할 때, 23년간 이어져 오고 있는 한화의 교향악축제 후원은 예술단체와 기업의 모범적 상생협력 모델로 23년이라는 기간 자체만으로도 상당한 의미가 있다는 평가를 받고 있다.

한화와 함께하는 교향악축제는 클래식 대중화에도 큰 기여를 하고 있다. 공연 티켓 가격은 1~5만원으로, 일반 오케스트라 공연의 절반 수준이다. 예술의전당의 뛰어난 기획력, 출연진들의 재능기부형 참여, 그리고 한화의 지속적인 후원이 함께 어우러진 결과라고 할 수 있다.

자료원: 디지틀조선TV 2022. 04. 25; 매일경제 2019. 11. 20 수정 인용

. . . .
토론사례

숏폼 마케팅

지난 2020년 가수 지코의 '아무노래 챌린지'를 시작으로 각종 챌린지가 크게 유행하며, 숏폼 콘텐츠 플랫폼 틱톡이 새삼 주목받았다. 문자 그대로 '짧은 영상'을 의미하는 숏폼(Short-Form)은 보통 평균 15초에서 최대 10분을 넘기지 않는 콘텐츠로 정의된다. 틱톡은 영상 제작과 공유가 쉽고, 빨리 유행한다는 특성 덕분에 출시 초기 MZ 세대(밀레니얼+Z 세대 · 1981~2010년생)를 중심으로 인기를 얻었지만, 코로나19 당시 콘텐츠 소비가 급증하는 가운데 전 세대의 사랑을 받는 콘텐츠로 부상했다. 대중의 사랑을 받는 숏폼의 인기는 기업들의 이목을 끌었다. '콘텐츠 공룡'인 메타(옛 페이스북)와 구글(유튜브)은 잇달아 인스타그램 · 페이스북 릴스, 유튜브 쇼츠 등 숏폼 서비스를 내놓았고, 이 사업을 미래 먹거리로 낙점했다. 또 이용자가 곧 소비자인 숏폼 플랫폼의 광고 · 홍보 효과를 주목한 많은 기업이 숏폼 마케팅에 적극 나서고 있다.

중국 바이트댄스가 출시한 틱톡은 15초에서 10분짜리 짧은 영상을 제작하고 공유하는 플랫폼 애플리케이션(앱)이다. 2016년 중국, 2017년 해외 서비스를 시작한 틱톡은 무서운 성장세를 보여주고 있다. 글로벌 시장조사기관 '센서타워'와 앱 데이터 분석 업체 '데이터닷에이아이(옛 앱애니)'에 따르면, 틱톡은 지난해 전 세계 비(非)게임 앱 매출, 다운로드 수에서 각각 1위를 차지했다. 2022년 1분기에도 애플 앱스토어와 구글 플레이스토어 통합 다운로드 수 35억 회를 기록, 전 세계 앱 중 1위를 차지하고 있다.

틱톡의 성장 배경에는 '숏폼 콘텐츠'의 인기가 있다. 숏폼 콘텐츠는 TV보다 모바일, 글보다 영상이나 이미지, 영상 중에서도 긴 것보다는 짧은 것을 선호하는 특성을 지닌 MZ 세대를 중심으로 각광받고 있다. 실제로 시장조사 업체 메조미디어의 '2020 숏폼 콘텐츠 트렌드' 보고서에 따르면, 10대의 동영상 1회 시청 시간은 평균 15.5분, 20대는 15.0분으로, 40대 50대(19.6

분·20.9분)에 비해 짧았다.

글로벌 기업의 움직임에서도 숏폼 콘텐츠 인기를 확인할 수 있다. 틱톡의 인기가 치솟자 숏폼 플랫폼 시장 경쟁에 불이 붙었다. 인스타그램(메타)·유튜브(구글)·넷플릭스·네이버 등 '콘텐츠 공룡'으로 불리는 글로벌 대형 플랫폼들이 잇달아 숏폼 서비스를 선보였다. 메타는 2020년 인스타그램 '릴스'에 이어 2022년 2월 페이스북 릴스를 전 세계에 출시했고, 2021년엔 유튜브가 '쇼츠'를, 네이버가 관계사 '라인'을 통해 숏폼 플랫폼 '라인 붐(Voom)'을 내놨다.

기업들도 쉽고 빠르게 영상을 제작, 확산할 수 있는 숏폼 콘텐츠의 성장세와 파급력을 주목하는 모양새다. 스마트폰과 숏폼 플랫폼만 있다면 누구나 쉽게 영상을 만들어 빠르게, 널리 공유할 수 있고, 소비자 반응도 즉각 확인할 수 있다. 즉, 기업 입장에서는 효율적인 광고·마케팅 집행이 가능하다는 것이다. 이에 현대자동차, 삼성, 구찌, 버버리, 휴고 보스, 쉐보레, 네이버웹툰, 데브시스터즈 등 국내외 많은 기업이 숏폼 마케팅에 나서고 있다. '광고스럽지 않은' 짧은 영상 광고를 전개하거나, 숏폼 크리에이터, 인기 셀럽 등과 함께 소비자 참여를 유도하는 '챌린지'를 진행하는 등 방식도 다양하다.

시장조사업체 데이터에이아이에 따르면 틱톡은 1분기에 전 세계 SNS 중 월평균 사용 시간 1위(23.6시간)를 기록했다. 유튜브(23.2시간), 페이스북(19.4시간) 등을 제쳤다. 국내에서도 마찬가지다. 지난달 국내 10대 사용자를 표본 조사한 결과 틱톡의 총 사용 시간은 19.4억 분으로 카카오톡(18.6억 분), 네이버(11.4억 분) 등을 앞질렀다.

최근엔 신종 숏폼 SNS도 경쟁에 가세했다. 프랑스의 '비리얼'이 대표적이다. 하루에 한 번 알람이 울리면 2분 안에 영상을 올리고 친구들끼리 공유하는 방식이다. 일상의 모습을 진솔하게 올릴 수 있다는 점이 입소문을 타면서 애플 앱스토어에서 2,000만 회 이상의 다운로드 건수를 기록했다. 전자 상거래업체 아마존도 숏폼을 통해 제품을 설명하는 서비스를 개발하고 있는 것으로 알려졌다.

숏폼 경쟁은 더욱 치열해질 전망이다. 인터넷 기업의 주요 수익원인 광고주들이 숏폼으로 옮겨가고 있어서다. 비즈니스인사이더에 따르면 올해 틱톡의 광고 매출은 116억 4,000만 달러를 기록하며 지난해(38억 8,000만 달러) 대비 200% 증가할 전망이다. 반면 2분기 메타플랫폼의 광고 매출은 전년 동기 대비 14% 감소했다. 업계 관계자는 "틱톡 등 쇼트폼에 10~20대가 몰리면서 광고주들의 주목도가 높아지고 있다"고 말했다.

국내 플랫폼 기업들도 숏폼 경쟁력 강화 방안을 고민하고 있다. 네이버는 숏폼 편집기인 '블로그 모먼트'를 서비스 중이다. 몇 번의 터치만으로 짧은 동영상을 올릴 수 있는 게 장점으로 꼽힌다. 카카오는 최근 포털사이트 다음을 개편하며 '오늘의 숏' 메뉴를 넣었다. 뉴스, 경제·재테크, 정보기술(IT), 건강·푸드, 연예, 스포츠 등 분야별 파트너사 117곳이 제공하는 숏폼 영상을 볼 수 있다.

자료원: 조선비즈 2022. 06. 13; 한국경제신문 2022. 08. 25 수정 인용

토론문제

01 숏폼 컨텐츠는 앞으로 어떻게 발전하고 변화할 것인지 전망해보고, 그에 대응한 마케팅 전략의 방향은 무엇인지 설명하시오.

02 새롭게 등장한 숏폼 컨텐츠 처럼, 앞으로 새롭게 나타날 것으로 예상되는 컨텐츠의 형식과 내용은 어떤 것들이 있을지, 그리고 그에 대응한 마케팅 전략의 방향은 무엇일지 논의하시오.

12

촉진관리 2

12

촉진관리 2

▌ 스타벅스 e프리퀀시

　　스타벅스커피 코리아는 매년 여름과 크리스마스 시즌에 매장 방문 고객을 위한 'e프리퀀시' 행사를 실시해오고 있는데, 2021년에도 7월 12일까지 여름 e프리퀀시 이벤트를 진행하였다. 행사기간 미션 음료 3잔을 포함한 총 17잔의 제조 음료를 구매해 e프리퀀시를 완성한 스타벅스 회원 대상으로 사은품을 증정하는 행사다. 매번 품절 대란을 빚는 스타벅스 굿즈라 소비자들의 눈길이 쏠렸다. 2021년의 사은품은 보냉 기능을 갖춘 '서머 데이 쿨러'와 블루투스 스피커 기능의 '서머 나이트 싱잉 랜턴' 등 총 5종이다.

　　2021년에는 오프라인 대기 시간을 줄이기 위해 '모바일 예약 시스템'을 도입한 동시에 스타벅스는 1인당 기간별 예약 개수를 제한하기로 하고, 굿즈를 관계사인 SSG닷컴에서 5월 13일부터 판매하기로 하였다. 여기에 더해 행사 기간에 매장 오프라인 음료 주문을 1인 1회 최대 20잔으로 제한하기도 했는데, 이는 2020년 '레디백 대란' 당시 고객들이 굿즈를 받기 위해 대량으로 음료를 주문한 사례의 재현을 막기 위한 것으로 풀이되었다. 실제 지난해 서울 여의도동 소재 한 스타벅스 매장에서는 당시 행사상품인 레디백을 받기 위해 한 고객이 제조음료 300잔을 주문한 사례가 있었는데, 당시 그 고객은 레디백 17개와 음료 한 잔만 갖고 매장을 떠나 두고두고 회자되기도 하였다.

　　스타벅스가 도입한 모바일 예약제는 앱(운영프로그램)에서만 굿즈를 예약하는 동시에 한 ID당 첫 예약 포함 7일간 최대 5개까지 사은품을 받을 수 있도록 한 것이다. 기존에는 고객이 매장을 방문해 원하는 사은품을 선택하고 수령하는 방식이었지만, 이를 모바일 예약 방식으로 전환한 것이다. 고객은 앱에서 원하는 아이템과 수령일, 수령 매장을 선택한 후 수령일에 수령 매장을 방문해 모바일 예약증 바코드를 보여주면 된다. 신종 코로나바이러스 감염증(코로나19) 등을 고려해 모바일 예약 시스템 도입으로 매장 대기 시간을 최소화한다는 차원이다. 덕분에 사은품 수령을 위해 매장마다 줄을 서는 행렬은 지난해보다 덜한 것으로 보인다. 대신 SNS에서는 지난해 레디백 대란에 대한 우려로 매장 개점과 함께 음료를 주문하고 수령했다는 인증글이 줄을 이었다. 한 누리꾼은 "지난해에는 새벽 3시부터 줄 서서 레디백 받느라 고생했는데 올해는 예약 방문수령이라 편리했다"고 전했다.

스타벅스가 2020년 여름 e프리퀀시 이벤트로 진행한 굿즈인 서머 레디백은 중고거래 플랫폼에서 10만원대에 거래되기도 하였다. 한편, 신세계그룹 온라인몰 쓱닷컴에서 판매한 스타벅스 'e-프리퀀시' 상품이 품절 사태를 빚었는데, 한때 제품을 구매하려는 소비자가 한꺼번에 몰리면서 접속 장애까지 발생했다. 쓱닷컴에 따르면, 오전 10시부터 스타벅스 'e-프리퀀시' 상품 판매를 시작했는데, 판매가 시작된 직후부터 쓱닷컴 어플리케이션(앱)과 홈페이지가 마비되는 사태가 발생했다. 11시가 넘어서야 시스템은 점차 정상화됐지만 곧 전 제품의 판매 물량이 동났다.

쓱닷컴에서 판매한 스타벅스 여름 e-프리퀀시 상품은 총 5종이다. '서머 데이 쿨러(오션 블루)', '서머 나이트 싱잉 랜턴(크림 그레이)', '서머 데이 폴딩 카트' 2종(서머그린, 오션 블루), 서머 데이 스티커 등이다. '서머 데이 폴딩 카트'는 온라인 판매 전용 상품으로, 쓱닷컴에서만 2만 9,000원에 판매한다. 특히 '서머 데이 쿨러'와 '서머 나이트 싱잉 랜턴'은 스타벅스 오프라인

매장에서 증정하는 제품과는 다른 색상으로 제작했다. 오프라인 매장에서는 '서머 데이 쿨러'
는 서머 그린, 서머 핑크 2종으로, '서머 나이트 싱잉 랜턴'은 콜드 블랙, 민트 블루, 캔디 핑
크 3종으로 선보였다. 쓱닷컴에서 판매하는 각 제품의 가격은 3만 7,000원이다. 이는 오프라
인 매장에서 17잔의 미션 음료(프리퀀시 적립을 위해 필수로 마셔야 하는 음료)를 구매하는 데 드
는 비용(5~6만원대)보다 저렴하다. 이에 상대적으로 저렴하게 굿즈 상품을 구매하려는 소비자
가 쓱닷컴으로 몰린 것으로 보인다.

자료원: 한국경제신문 2021. 5. 12; 조선비즈 2021. 5. 13 수정 인용

판매촉진

(1) 판매촉진의 의의 및 특성

기업의 촉진관리 활동은 다양한 프로그램들이 조화롭게 이루어져 포지셔닝 전략을 구현할 수 있어야 한다. 장기적 관점의 프로그램도 필요하지만 단기적이고 효과가 뚜렷한 프로그램도 필요하다. 많은 기업들이 단기적인 측면의 촉진관리 방안으로 판매촉진을 주로 고려하고 있다. 판매촉진(sales promotion)이란 제조업자가 소비자의 구매를 유도하거나 유통경로 구성원들의 판매를 독려하기 위해 사용하는 제반 인센티브를 의미한다. 판매촉진의 가장 뚜렷한 특징은 촉진관리 수단 중에서 즉각적인 행동 유발에 초점이 맞추어졌다는 점이다. 즉 가시적인 매출 증대 효과를 단기적으로 뚜렷하게 가져올 수 있는 수단이라고 할 수 있다. 예를 들어 일시적인 가격 할인이라는 판매촉진 수단을 활용하면 즉각적인 매출증가로 이어질 가능성이 매우 높다. 심지어 백화점의 세일 기간에는 고객들이 몰려 주변에 극심한 교통정체를 유발하기도 한다.

일반적으로 판매촉진은 특정 제품이나 서비스에 의해 제공되는 기본적인 효익에 추가되는 인센티브라고 할 수 있다. 이는 소비자의 제품이나 서비스에 대한 지각된 가치, 지각된 가격에 일시적인 변화를 가져 옴으로써 효과를 거두게 된다. 평상시와 다르게 추가적으로 사은품을 주거나 일시적인 혜택으로 인해 보다 저렴하게 구입할 기회가 생겼다는 점은 소비자들에게 매우 매력적으로 다가오게 된다.

판매촉진은 다양한 유형이 존재하고 각 유형마다 독특한 특징이 있지만, 다음과 같은 강점을 갖는다.

첫째, 즉각적인 구매 촉진 효과가 있다. 소비자들에게 직접적인 혜택을 제공하여 실제 구매행동을 촉발하는 방아쇠와 같은 역할을 수행함으로써 즉각적인 매출 증대 효과를 얻을 수 있다. 예를 들어 기한이 정해진 워터파크 입장권 할인 쿠폰을 받게 되거나 주변 마트의 세일 행사가 있으면 소비자들은 즉각적인 반응을 보일 가능성이 높다.

둘째, 소비자들과 유통경로 구성원들의 관심을 신속하고 광범위하게 유도할 수

있다. 신제품 출시 후 단기간에 소비자들의 관심을 끌고 싶은 경우 판매촉진을 우선
적으로 고려할 수 있다. 예를 들어 표적 소비자들이 많이 모이는 곳에서 샘플이나 쿠
폰을 제공하거나 대대적인 경품 행사를 하면 단기간에 인지도를 끌어 올리고 시용
(trial)을 유도할 수 있다. 판매원들이나 중간상과 같은 유통경로 구성원들의 관심을
신속하게 끌어 올리는 데에도 판매촉진은 효과적인 수단이다. 예를 들어 가장 매출을
많이 올린 판매원에게 수상을 하는 방식이나 중간상들의 점포에 판매 도우미를 파견
하면 관심을 높일 수 있다.

셋째, 경쟁사의 공격을 빠르게 무력화시킬 수 있다. 시장점유율을 제고하기 위한
경쟁사의 공격적 전략에 신속하게 대응하지 못하면 경쟁사가 시장을 선점할 수 있다.
따라서 경쟁사 전략에 대한 장기적인 대응 전략뿐만 아니라 단기적이고 신속한 대응
프로그램도 모색해야 한다. 판매촉진은 이중 단기적인 대응 프로그램으로 활용하기
에 적합한 특성을 갖고 있다. 예를 들어 경쟁사가 공격적인 광고를 시행할 경우 대응
광고를 추진하기에 앞서 경쟁사 전략의 예봉을 꺾기 위해 샘플, 쿠폰, 가격할인 등 효
과가 신속한 프로그램으로 대응할 수 있다.

넷째, 판매촉진의 특정 유형을 활용하면 소비자의 시용구매 활성화, 반복구매 제
고, 고객 데이터베이스 구축 등의 효과를 볼 수 있다. 물론 판매촉진은 구매 행동에
영향을 미치는 인센티브의 성격을 갖는 다양한 유형들로 구성되어 있기 때문에 각 유
형의 주된 효과는 상이하다. 그런데 시용구매를 활성화하는 데에는 '샘플'이나 '잠재
고객들에게 배포된 쿠폰'만큼 효과적인 방식을 찾기 힘들다. 그리고 반복구매를 제고
하려는 경우 '로열티 프로그램'이나 '기존고객들에게 배포된 쿠폰'은 우선적으로 활
용할 만한 프로그램이다. 또한 '경품과 콘테스트'는 브랜드 인지도 제고뿐만 아니라
잠재고객 데이터베이스를 보다 신속하게 확보할 수 있는 효과적인 수단이다. 예를
들어 자동차 회사의 시승 이벤트에 참여하기 위해 지원한 고객들의 정보는 정보활
용 관련 동의를 확보하기만 한다면 양질의 데이터베이스가 될 수 있다.

판매촉진은 다음과 같은 한계나 문제점을 갖고 있다.

첫째, 판매촉진이 해당 브랜드를 지속적으로 구매하는 근본적인 이유를 제공해
주지는 못한다. 앞서 언급한 바와 같이 판매촉진은 소비자들의 구매를 촉발하는 성격
을 갖지만, 제품 자체가 뚜렷한 우위를 갖지 못한다면 근본적인 해결책이 될 수는 없
다. 전반적인 마케팅 활동이 적절하게 이루어지지 못하고 있다면 판매촉진의 매출 증
대 효과는 일시적일 수밖에 없다. 심지어 임시방편이었던 판매촉진 활동의 효과를 걷

어내면 소비자 반응은 심각한 수준이라는 점을 확인할 수도 있다. 즉 판매촉진의 광범위한 활용으로 마케팅 활동의 근본적인 문제점이 드러나지 않게 되어 대책 수립의 타이밍을 놓칠 수도 있다. 증상만을 빠르게 치유하는 약이 단기적으로는 매력적인 대안일 수 있지만 근본적인 병의 원인을 간과하게 만들 수도 있다.

둘째, 소비자의 준거 가격이 변화하거나 브랜드 이미지가 손상될 수 있다. 판매촉진을 지나치게 빈번하게 시행하거나 이를 주된 촉진관리 방식으로 활용하면 기업에게 장기적으로 부정적인 결과를 초래할 수 있다. 빈번하게 가격할인 행사를 하면 할인된 가격 자체가 준거 가격으로 굳어질 가능성이 있다. 그리고 추가적인 인센티브가 일상적인 것으로 인식되면 정상가보다 낮은 가격이 타당한 가격이라고 인식될 수 있다. 또한 구매 촉진을 위한 인센티브 제공을 주로 하는 브랜드가 고급스러운 이미지를 갖는 것은 쉽지 않다.

(2) 판매촉진의 유형

판매촉진의 유형은 누구를 대상으로 하는지에 따라 소비자 대상 판매촉진과 유통경로 구성원 대상 판매촉진으로 나누어 볼 수 있다. 소비자 대상 판매촉진은 소비자들이 해당 브랜드를 구매하려는 최종적인 수요에 영향을 주기 때문에 유통경로 관점에서 풀(pull) 전략의 성격을 갖고 있다. 반면 유통경로 구성원 대상 판매촉진은 유통경로 구성원들이 해당 브랜드를 보다 적극적으로 취급하도록 하여 매출 증대를 모색하기 때문에 푸쉬(push) 전략의 성격을 갖고 있다.

1) 소비자 대상 판매촉진
① 샘플

샘플이란 소비자의 시용을 촉진하기 위해 실제 크기나 시용 크기의 제품을 제공하는 것을 의미한다. 매장이나 목표 소비자들이 많이 모이는 곳에서 나누어 주는 방법, 관련 제품의 패키지 겉이나 속에 첨부하는 방법 등이 주로 활용된다. 이 외에도 우편이나 잡지를 활용해서 배포하는 방법, 디지털화가 가능한 제품은 인터넷을 통해 배포하는 방법 등이 있다.

샘플을 활용할 때에는 무작정 배포할 것이 아니라 표적시장 소비자들을 정교하게 선정하고, 표적시장의 특성을 잘 활용해서 효과적인 방식을 선택하는 것이 필요하다. 가급적이면 참신한 배포 방식을 활용하여 표적 소비자들의 주의를 끌고 효율적으로 전달해야 한다.

샘플 활용이 적합한 경우는 해당 제품이 다른 제품들보다 뚜렷한 우위 요소를 갖고 있는 경우로 제한해야 한다. 시용을 통해 뚜렷한 강점을 확인할 수 없다면 샘플은 자원 낭비가 될 가능성이 높다. 샘플은 제품의 우위 요소를 광고만으로 커뮤니케이션하기 곤란한 경우에 활용된다. 직접 써보지 않으면 제품의 좋은 점을 확인하기 어려울 경우 샘플은 이를 알릴 수 있는 바람직한 수단이 된다. 샘플이 효과적인 촉진 수단이 되기 위해서는 시용을 단기간에 광범위하게 사용하는 것이 바람직하다. 이를 감당할 수 있는 자원이 충분하지 못하면 효과성이 떨어질 수 있다.

샘플 활용은 잘 기획되지 못하면 비용은 많이 들지만 충분한 수의 표적 소비자들에게 전달되지 않을 수 있다. 그리고 정상적인 유통경로로 전달되지 않을 수 있어 취급상의 문제로 제품이 손상되거나 소비자의 잘못된 사용의 문제가 발생할 가능성이 있다. 또한 소비자들에게 샘플을 효과적으로 전달할 수 있는 지리적 세분화가 어려운 경우에는 활용하기 어렵다는 한계를 갖고 있다.

② 쿠폰

쿠폰은 소비자들이 자발적으로 이용할 수 있는 표식을 제공하고 이 표식의 소지자에게 가격 할인 등의 혜택을 제공하는 것을 의미한다. 쿠폰은 해당 제품을 이용해 보지 않은 소비자들에게 시용을 장려하기도 하고, 해당 제품을 이용하고 있는 소비자들이 반복적으로 구매하거나 구매빈도를 높이는 효과를 갖는다. 또한 쿠폰은 가격 차별화를 정당화할 수 있는 수단으로 활용된다. 즉 가격에 민감한 소비자들은 쿠폰을 자발적으로 이용하면 가격 할인을 받을 수 있어서 지불의향 가격이 원래 가격보다 낮았던 소비자들도 쿠폰을 통해 구입할 수 있다. 한편 쿠폰을 이용하지 않아 원래 가격에 제품을 구매하는 소비자들도 쿠폰 이용자들이 낮은 가격에 제품을 구매하는 데 크게 불만을 제기하지 않는다. 왜냐하면 쿠폰을 이용하면 보다 낮은 가격으로 구입할 수 있는데 그렇게 하지 않아 가격 할인을 받지 못한 것이므로 부당한 차별이라고 생각하지 않을 가능성이 높다. 이렇듯 가격 차별화의 정당성을 부여할 수 있다는 점 때문에 가격 차별화를 통해 수익을 극대화하려는 기업들에게는 매우 유용한 수단으로 활용된다.

쿠폰의 유형에는 우편, 신문, 잡지, 인터넷 등의 매체를 활용하여 배포되는 쿠폰,

해당 제품이나 관련된 제품의 패키지 안이나 밖에 첨부되어 배포되는 쿠폰, 점포 내 매대나 결제 장소에서 배포되는 쿠폰 등이 있다.

③ 프리미엄

프리미엄이란 소비자의 구매 행동을 촉진하기 위해 제공되는 선물 형태의 판매 촉진 수단을 의미한다. 예를 들면 크리스마스에 어떤 베이커리에서는 케이크를 구매하면 구매한 모든 고객들에게 장갑이나 목도리를 선물로 제공한다. 소비자 입장에서는 이왕이면 선물을 주는 베이커리에서 케이크를 구매해야겠다고 생각할 수 있다. 심지어 그 장갑이나 목도리가 너무 갖고 싶어 그 베이커리의 케이크를 구매하기도 한다. CASE 1에 언급한 맥도날드의 경우 소비자에게 어필하는 '해피밀 장난감'이라는 프리미엄을 통해 매출 증대 효과를 거두었다고 해석할 수 있다. 물론 '해피밀 대란'의 부정적인 측면에 대한 윤리적인 검토가 필요하겠지만, 프리미엄이 갖는 매출 증대 효과를 단적으로 보여준 사례다.

프리미엄의 유형에는 제품 패키지의 겉이나 속에 첨부하는 방식, 구매 증거를 제시하면 우편으로 송부해주는 방식, 소비자가 비용을 일부 부담하는 방식 등이 있다. 일반적으로 프리미엄은 특정 제품을 특정 기준 이상 구입한 고객들에게 무료로 선물을 제공하는 형태를 취한다. 아이들 과자 봉지에 포함된 장난감은 특정 기간 동안 그 기업이 비용을 부담하여 무료로 제공한다. 그런데 소비자 비용부담 프리미엄은 보다 고가이고 양질의 프리미엄을 소비자가 일부 비용을 부담하는 방식을 취한다. 예를 들어 어떤 기업은 아동 용품을 일정량 이상 구입한 고객들을 대상으로 일부 비용을 부담하면 해당 브랜드가 새겨진 양질의 아동용 시계를 선물로 제공한다. 이러한 방식은 소비자가 일부 비용을 부담하지만 해당 브랜드의 고급스러운 이미지를 해치지 않는다는 장점이 있다. 따라서 프리미엄의 구체적인 유형을 선택할 때 달성하려고 하는 구체적인 목표를 고려해야 할 것이다. 그리고 프리미엄 아이템이 해당 브랜드의 이미지에 부합하는지, 표적시장 고객들에게 적합한 것인지 등을 검토해야 한다.

④ 가격할인

가격할인은 가장 일반적인 판매촉진 수단의 하나로, 일시적으로 가격을 할인해서 구매를 촉진하는 방식이다. 우리나라에서는 흔히 '세일'이라고 불리는 방식이다. 소비자들의 즉각적인 반응을 유발해 단기간에 매출을 증가시킬 수 있다. 기존 고객들이 보다 많은 수량을 구매하게 유도할 수 있고, 반복적인 구매를 유도하는 효과를 갖는다. 이 방식은 시행이 용이하기 때문에 많은 기업들이 활용하는 대표적인 판매촉진 수단이지만 기업의 이윤 감소를 초래하고 브랜드 이미지를 훼손할 가능성이 높다는 한계를 갖고 있다. 또한 소비자의 준거 가격이 낮아지거나 소비자가 다음 가격 할인을 예상하여 구매를 지연하는 부작용을 초래하기도 한다.

⑤ 경품과 콘테스트

단기간에 브랜드 인지도를 높이기 위해 이벤트를 통한 경품과 콘테스트라는 판매촉진 수단을 활용할 수 있다. 이 두 가지 방식은 기업이 주관하는 이벤트에 참여하도록 하는 방식이라는 공통점이 있다. 경품은 보상을 얻는 소비자가 단지 운에 의해 결정되고, 콘테스트는 주어진 문제를 보다 잘 해결한 소비자에게 보상이 제공된다는 차이점이 존재한다. 일반적으로 비용이 적게 들고 시행하기가 용이한 추첨 방식이 많이 활용된다. 또한 이러한 이벤트에 참여한 소비자들이 이벤트 참여를 위해 작성한 내용들은 향후 마케팅 활동에 중요한 잠재고객 데이터베이스로 활용될 수 있다.

⑥ 로열티 프로그램

로열티 프로그램이란 소비자의 반복 구매에 대해 보상을 제공하는 것을 말한다. 예를 들어 대부분의 항공사들은 '마일리지 프로그램'이라는 명칭으로, 자사를 이용한 고객들의 이용 실적을 마일리지 형태로 적립하고 향후 좌석 승급이나 보너스 항공권 발급 등에 사용할 수 있게 한다. 이러한 방식은 고객과의 지속적인 관계 구축에 기여할 수 있어 많은 업체들이 활용하고 있는 판매촉진 수단이다. 고객 입장에서는 본인의 이용실적이 쌓여 미래에 해당 포인트를 사용할 수 있는 업체를 우선적으로 고려할 가능성이 높다. 로열티 프로그램으로 인한 보너스라는 보상을 경험한 고객들은 향후 해당 업체를 이용하는 행동을 계속할 가능성이 높다. 이동통신사를 바꾸면 그간 쌓아 놓은 포인트가 사라져버리는 것을 우려해 기존 통신사를 계속 이용하는 고객들도 많다.

2) 유통경로 구성원 대상 판매촉진

중간상(도매상과 소매상)을 비롯한 유통경로 구성원들에게 제공하는 판매촉진이다. 중간상 대상 판매촉진의 목적은 중간상들이 자사 제품을 취급하고, 좋은 선반에 더 많이 진열하고, 중간상의 광고물에 자사 제품을 더 많이 광고함으로써 자사 제품을 더 많이 판매하도록 동기부여하는 것이다. 이러한 목적을 달성하기 위하여 다음과 같은 판촉방법을 사용한다.

① 가격 할인

대량 구매 혹은 대량 판매 실적에 따라 가격을 할인해 주거나 무료 제품을 제공하는 방법이다. 생산자가 중간상을 동기부여하는 가장 효과적인 방법이지만 자주 일정한 패턴으로 사용할 경우 중간상은 가격 할인을 극대화하는 방식으로 주문을 하게 되기 때문에 패턴의 변화 및 다른 판촉과의 적절한 조합이 필요하다.

② 지원금(allowance)

중간상의 판촉 활동 비용 일부를 보전해 주거나, 매장에서 특별 진열을 하거나 좋은 진열공간에 진열할 경우 금전적으로 보조해주는 방법이다. 예를 들어 마트에서 자체적으로 쿠폰 행사를 벌이면 제품 가격의 일정 비율을 지원해 주는 경우이다. 신제품은 소매상 입장에서 판매되지 않을 위험부담이 크기 때문에 생산자는 신제품이 좋은 진열공간을 차지하도록 소매상에게 지원금을 제공한다.

③ 판매원 교육 및 파견

생산자는 자사 제품의 매출 증대를 위하여 중간상의 판매원에게 다양한 교육 훈련 프로그램을 제공함으로써 판매 노하우를 전수하고 동기부여한다. 또한 유통업체 매장에 판매 도우미를 파견하여 매장 내 마케팅활동을 지원한다.

④ 프리미엄

중간상들을 대상으로 선물을 제공하는 방법으로, 예를 들어 주류회사들이 음식점이나 주점에 메뉴판, 술잔, 냉장고 등을 제공한다.

⑤ 협력 광고(cooperative advertising)

생산자의 제품을 소매상의 광고물에 실을 경우 광고 비용의 일부를 생산자가 지불하고 소매상의 광고물 제작을 지원하는 방법이다. 광고물 제작 지원 방식으로는 인쇄물, 방송, 인터넷 등 여러 매체에 적합한 자사 제품의 광고물을 소매상에게 제공하는 것이다.

(3) 판매촉진 프로그램 설계시 고려사항

첫째, 표적시장 고객들이 누구인지, 어떠한 특성을 갖고 있는지 고려해야 한다. 촉진관리 전략을 수립하고 구체적인 프로그램을 기획할 때 구체적인 표적시장의 성격을 고려해야 한다. 이와 마찬가지로 판매촉진 프로그램을 설계할 때에도 표적시장에 대한 이해가 전제되어야 할 것이다. 예를 들어 표적시장 고객들에게 가격과 관련된 인센티브가 얼마나 어필할 수 있을지 충분히 검토해 보아야 한다.

둘째, 판매촉진을 통해 달성하고자 하는 목표를 분명하게 정의해야 한다. 앞서 살펴본 바와 같이 판매촉진은 유형별로 예상되는 주된 효과가 존재한다. 따라서 어떠한 측면의 효과를 주된 목표로 삼을 것이지 구체적으로 고민해야 하고, 목표 달성에 적합한 구체적인 판매촉진 프로그램의 형태를 결정해야 한다.

셋째, 다른 촉진관리 수단과의 결합을 통해 시너지 효과를 극대화해야 한다. 판매촉진의 각 유형들은 즉각적이고 뚜렷한 효과를 갖는다. 그런데 이러한 효과가 다른 촉진 수단들과 결합되면 훨씬 더 큰 효과를 거둘 수 있다. 예를 들어 광고와 샘플 제공을 결합하여 사용하면 광고에서 미처 전달하지 못했던 효익을 샘플을 통해 제대로 전달할 수 있을 뿐만 아니라 광고를 통해 샘플의 효율적인 보급을 보강할 수 있을 것이다.

넷째, 판매촉진이 갖고 있는 한계나 문제점을 고려하여 프로그램을 기획해야 한다. 확실한 효과에 매료되어 지나칠 정도로 판매촉진에 의존하면 장기적으로 여러 문제점에 직면할 수 있다. 따라서 판매촉진의 부정적인 효과를 최소화할 수 있는 방안을 고민해야 한다. 예를 들어 '소비자 비용 부담 프리미엄'은 선물 제공을 통해 고객들의 구매를 유도하면서 브랜드 이미지 훼손을 피하기 위한 고민의 결과라고 할 수 있다. 심지어 브랜드 이미지에 부합되는 양질의 프리미엄은 브랜드 이미지를 오히려 제고할 수 있다.

가전제품 수요 위축으로 국내 가전기업들의 재고가 급증하는 가운데 삼성전자가 역대급 규모의 세일 행사를 개최하였다. 55인치 QLED TV와 비스포크 세탁기·건조기·양문형 냉장고 등 일부 제품이 90만원대 특별가 한정으로 판매되었으며, 여러 품목을 구매하면 제공받을 수 있는 혜택도 크게 늘렸다.

삼성전자가 2023년 1월 1일부터 2월 12일까지 온·오프라인 매장에서 동시에 개최한 '삼성전자 세일 페스타'는 지난 2021년부터 시작되었다. 삼성 세일 페스타는 인기 모델을 저렴한 가격에 판매하고 풍성한 혜택을 제공해 해마다 완판행렬을 이어왔다는 게 삼성전자 측은 설명하고 있다. 특히 2022년 삼성 세일 페스타는 가전수요 위축으로 TV, 세탁기, 냉장고 등 가전제품 재고가 늘어나는 가운데 개최되는 행사여서 이전보

CASE 1
삼성전자 세일 페스타

다 더 파격적인 혜택을 제공하였다.

우선 삼성전자는 90만원대 특별가 한정 모델을 확대했다. QLED TV((138cm·55형), 비스포크 그랑데 AI 세탁기(24Kg)·건조기(20Kg), 양문형 냉장고 등의 한정판 상품이 90만원대에 판매하였다. 이 밖에 냉장고와 무풍에어컨·에어드레서·식기세척기 등 다양한 비스포크 가전, 네오 QLED·더 셰리프(The Serif) 등 TV, 스마트 모니터, 갤럭시Z 폴드·플립·갤럭시북 등 모바일기기, 하만카돈·JBL 등 오디오기기 등 모두 150여 개 모델을 할인가에 내놓았다.

결혼·이사 등으로 여러 제품을 동시에 구매하는 고객에게 제공하는 할인 혜택도 기존 최대 330만원에서 최대 450만원으로 크게 늘렸다.

또 한샘인테리어·하나투어 등 '비스포크 웨딩클럽'의 10개 회사, 영림·리바트·까사미아 등 '비스포크 뉴홈클럽'의 11개 회사와의 제휴 혜택도 제공하여, 행사 기간에 삼성제품 구매와 함께 각 클럽에서 3개 회사 이상을 이용하면 추가 사은품을 증정하였다.

행사 기간에는 추첨을 거쳐 구매 금액의 최대 3배를 삼성전자 멤버십 포인트를 제공하며, 제품 구매 후 이벤트 응모로 당첨된 고객 3,006명에게는 삼성전자 멤버십 포인트와 기프티콘을 증정하는 행사도 마련했다.

자료원: 매일경제신문 2022. 12. 26 수정 인용

인적판매

인적판매(personal selling)는 구매자의 구매의사결정에 영향을 미치기 위한 판매자와 구매자 사이의 쌍방향 커뮤니케이션의 흐름이라고 할 수 있다. 인적판매는 서로 얼굴을 대면하는 방식이나 화상회의, 전화 또는 인터넷을 통해서 이루어진다. 인적판매는 다른 마케팅 커뮤니케이션 수단에 비해 다음과 같은 장점을 가지고 있다. 첫째, 고객으로부터의 즉각적인 피드백을 받을 수 있다. 고객들은 판매원과의 즉각적이고 개인적인 커뮤니케이션을 통해 필요한 정보를 요구하고 피드백을 줄 수 있다. 둘째, 고객맞춤형 메시지를 개발할 수 있다. 판매원들은 고객들이 갖고 있는 문제 또는 관심사항과 직접적으로 관련 있는 개별적 메시지를 개발할 수 있다. 셋째, 기업과 고객 간의 개인적 관계를 향상시킬 수 있다. 인적판매기능은 기업과 고객 사이의 개인적 관계를 수립하고 향상시키는 가장 효과적인 방법이다. 특히, B2B고객들은 인터넷 등 다른 커뮤니케이션 수단들의 효율성을 인정하고 있지만 공급자들과의 개인적 관계 역시 기대하고 있다.

(1) 인적판매과정

인적판매과정은 고객예측, 사전준비, 접근, 제품소개, 반대의견에 대한 대응, 구매권유, 사후관리 등 모두 일곱 단계로 이루어져 있는데, 각 단계에서의 구체적인 활동은 기업의 전반적인 고객관계 전략이나 판매직의 유형에 따라 다르게 나타날 수 있다.

1) 고객예측(prospecting for customers)

새로운 고객을 확보하는 것은 기업의 성장전략에 반드시 필요한 요소이다. 판매를 성공시키기 위해서는 기업이 제공하는 가치를 제대로 평가하고 구매할 수 있는 정확한 고객을 파악하는 것이 중요하다.

판매원들은 판매 가망성이 있는 고객을 식별하기 위해 동업자 단체나 산업안내책자, 다른 고객이나 공급업자 또는 마케팅부서의 추천 등 다양한 출처를 활용하여야 한다.

　　판매원이 가망고객과의 관계형성을 시작하기 전에 해당 고객이 잠재적인 고객이 될 수 있는지를 평가하는 것이 중요하다. 이를 위해 '가망고객이 제품에 대한 니즈를 갖고 있는가?', '가망고객이 기업이 제공하는 제품으로부터 부가가치를 얻을 수 있는가?', '판매원이 가망고객과 장기간에 걸쳐 접촉하고 커뮤니케이션하고 공동작업할 수 있는가?', '가망고객이 구매권한과 지불능력을 가지고 있는가?', '판매를 통해 기업은 이익을 얻을 수 있는가?' 등의 질문을 통해 고객을 선별할 수 있다.

2) 사전준비(prepare)

　　고객을 방문하기 전에 판매원은 구매자에 대해 가능한 많은 것들을 알고 있어야 한다. 즉, 구매자가 필요로 하는 것은 무엇인지, 구매 담당자는 누구인지, 구매자의 성격과 구매스타일은 어떤지 등에 대한 정보를 확보하여야 한다. 구매권한과 영향력이 가장 큰 사람이 누구인지도 확인할 필요가 있다. 예를 들어 복잡하고 전문적인 제품의 경우 여러 부서에 걸친 다양한 수준의 의사결정자들과 영향력 행사자들에 대한 판매노력이 필요하다. 판매원은 온라인이나 오프라인의 산업자료, 지인, 홈페이지나 소셜 미디어를 통해서도 구매자에 대한 정보를 얻을 수 있다.

3) 접근(approach)

　　접근은 오프라인 또는 온라인, 대면 또는 화상회의나 소셜 미디어를 통해서 이루어진다. 접근은 서로 모습을 나타내고, 첫 발언을 하고, 마무리 발언을 하는 순으로 진행된다. 서로간의 호의가 형성될 수 있도록 긍정적으로 첫 발언을 하고 난 후에는 고객의 니즈를 알아보기 위한 질문과 고객의 관심을 끌기 위해 견본품 등을 보여주게 된다.

4) 제품소개(sales presentation)

　　제품소개는 고객의 니즈를 충족시키기 위한 정보를 전달하는 것으로 판매의 핵심적인 과정이다. 판매원은 제품소개를 통해 제품에 관심을 갖고 있는 고객이 제품을 구매하도록 변화시키게 된다. 이 단계에서 판매원은 기업의 제품이나 서비스가 고객의 니즈를 어떻게 충족시킬 수 있고 고객의 문제를 어떻게 해결할 수 있는지를 보여줌으로써 고객에게 가치를 제공할 수 있음을 설명하게 된다. 고객의 관여를 높이는 효과적인 제품소개를 위해서는 대인관계 커뮤니케이션 기술이 중요하다.

5) 반대의견에 대한 대응(handling objections)

반대의견은 논리적일 수도 있고 심리적인 것일 수도 있는데, 종종 말로 표현되지 않는 경우가 많다. 반대의견을 다룰 때 판매원들은 긍정적인 자세로 접근을 하고, 말하지 않고 숨겨져 있는 반대의견을 찾고, 반대의견을 명확하게 해달라고 요구하거나 새로운 정보를 제공할 수 있는 기회로 반대의견을 활용하여 반대의견을 구매의 이유로 전환시켜야 한다.

6) 구매권유(closing the sale)

판매원이 고객에게 구매를 권유하기 위해 주문서를 작성하게 하거나, 합의했던 것을 검토하거나, 구매자가 원하는 모델을 선택하게 하는 등의 기법을 활용할 수 있다. 또한 판매원은 가격을 할인하거나 추가적인 서비스를 제공하는 방법으로 구매자가 구매할 수 있는 이유를 만들어 줄 수 있다.

7) 사후관리(follow-up after the sale)

판매원은 고객만족과 앞으로의 반복적인 거래를 위해서 사후관리를 해야 한다. 판매원은 구매권유 후에 인도시기, 구매조건 등의 세부적인 문제들을 마무리지어야 하고 제품이 적절하게 설치되었는지, 사용방법을 제대로 전달받았는지, 서비스가 제대로 이루어졌는지 등을 확인하기 위해 언제 사후관리 방문할 것인지를 계획하여야 한다.

(2) 판매부서 관리(managing the sales force)

판매부서관리는 판매부서의 활동을 분석하고 계획하며 집행하고 통제하는 것이다. 여기에는 판매부서전략과 구조의 설계, 채용과 선발, 교육훈련, 보상, 감독 및 동기부여, 성과평가 등이 포함된다.

1) 판매부서전략과 구조의 설계

지역별 판매부서구조(territorial sales force structure)는 지역별로 판매원을 할당하여 각 판매원이 기업의 모든 제품과 서비스를 특정 지역 내의 모든 고객들에게 판매하는 구조이다. 제품별 판매부서구조(product sales force structure)는 기업이 다양하고 복잡한 제품을 가지고 있을 경우에 제품라인에 따라 판매원들을 특화시키는 구조이다. 고객별 또는 시장별 판매부서구조(customer or market sales force structure)는 고객별 또는 산업별로 판매부서를 조직하는 것으로 중요한 고객과의 긴밀한 관계형성에 도움이 되는 구조이다.

2) 채용과 선발

판매원의 능력과 자질에 따라 판매성과가 크게 달라지기 때문에 판매부서의 성과 향상을 위해서 판매원을 신중하게 채용하고 선발하여야 한다. 기업은 성공적인 판매원에게 필요한 특성을 발견하기 위해 판매직 자체에 대해 검토하고 가장 성공적인 판매원의 특성을 분석한 후 분석결과에 기반해 가장 적합한 판매원을 채용하여야 한다.

3) 교육훈련

판매원들은 고객들에 대해 알아야 하고 그들과 어떻게 관계를 형성할 수 있는지 알아야 한다. 교육훈련 프로그램에서는 다양한 유형의 고객과 그들의 욕구, 구매동기, 구매습관 등을 교육시켜야 한다. 또한 기업의 목표, 조직, 제품, 주요 경쟁자의 전략 등에 대해서도 교육시켜야 한다.

4) 보상

보상방침은 판매원들의 동기와 활동에 큰 영향을 미친다. 보상에는 판매원들에게 안정적인 소득을 보장하는 고정급여, 판매성과에 따라 상여금과 수수료의 형태로 지급되는 변동급여, 이 밖에 비용과 부대혜택 등의 네 가지 요소들이 있다. 경영자는 각 판매직에 적합한 네 가지 보상요소들의 믹스를 결정하여야 한다.

5) 감독 및 동기부여

판매원에 대한 감독은 판매원들이 제대로 된 방법으로 정확한 일을 할 수 있도록 지원하는 것이다. 기업은 판매원들이 표적 고객을 선정하고 방문계획을 세우고 시간을 배분하는 데 도움을 주고 있다. 또한 관리자는 판매원들을 존중하고 공정하게 성과를 배분하는 기업분위기를 조성하거나 판매원들에게 판매량을 할당하는 방법으로 판매원들을 동기부여 하고 있다.

6) 평가

관리자는 판매실적, 방문기록, 비용지출기록, 매출 및 수익성과 등의 정보를 통해 판매원들을 평가하게 되는데, 이 평가는 기업전체, 마케팅부서, 다른 지역, 다른 제품 등을 고려하여 전반적인 차원에서 이루어져야 한다.

3 기타

그동안 촉진관리에 있어 전통적인 촉진수단이라고 할 수 있는 광고, PR, 판매촉진, 인적판매에 대하여 살펴보았다. 이러한 촉진수단뿐 아니라 우편을 이용한 통신판매나 전화를 이용한 텔레마케팅 등이 촉진 활동에 이용되어 왔으며, 최근에는 신기술의 발달과 소비자 행동의 다양화에 따라 TV와 인터넷을 활용한 촉진 활동의 증가세가 두드러지고 있다. 더 나아가 디지털 기술 및 정보통신 기술의 발달에 따른 뉴 미디어의 등장은 기존의 촉진 활동을 다양하게 해 줄 뿐 아니라, 새로운 촉진 활동을 가능하게 해 주었다.

본 절에서는 전통적인 촉진수단 이외의 마케팅 커뮤니케이션 방법들을 직접 마케팅(direct marketing)과 뉴미디어 마케팅(new media marketing)으로 구분하여 살펴보고자 한다.

(1) 직접 마케팅

직접 마케팅이란 직접반응매체(direct response media) 혹은 직접반응채널을 사용하여 기업이 소비자에게 직접적으로 마케팅 커뮤니케이션을 수행하는 촉진방식을 말한다. 여기서 직접반응매체는 direct mail(우편), telemarketing(전화), catalog(카탈로그), 쌍방향TV(케이블TV, IPTV), 인터넷(웹, 이메일, 모바일), 방문 및 대면을 들 수 있다.

직접 마케팅을 광고, PR, 판매촉진과 같은 전통적인 촉진 수단들과 비교하면, 다음과 같은 특징이 있다. 직접 마케팅은 기업이 표적 소비자들과 직접적인 의사소통을 통해 이들의 반응이나 구매를 유도하는 측면이 강하다. 다른 촉진 수단들이 브랜드 인지도와 이미지 구축을 중시하는 것과는 차이가 있다.

　　전통적인 촉진 수단인 광고, PR, 판매촉진 등은 표적 고객 집단을 대상으로 촉진 프로그램을 개발하여 실행하는 과정에서 많은 시간이 소요된다. 반면, 직접 마케팅은 특정한 개인 단위의 고객을 대상으로 개별화된 마케팅 메시지를 전달하며, 다른 촉진 수단에 비해 빠른 시간 내에 다양한 마케팅 커뮤니케이션이 가능하다.

　　마지막으로, 직접 마케팅은 상호작용성이 높다. 상호작용적 촉진수단은 기업이 일방적으로 대상 소비자들에게 마케팅 메시지를 전달하는 것이 아니라, 마케팅 메시지에 대한 소비자들의 반응을 반영하여 수정된 마케팅 커뮤니케이션이 이루어지는 형태의 촉진수단을 말한다.

　　직접 마케팅은 여러 가지 촉진 수단 중에서 가장 빠르게 성장하고 있는 형태이며, 신기술의 발전에 따라 매체 및 채널이 다양화되면서 기업의 경영 현장에서는 물론, 학계에서도 주목을 받는 분야이다.

　　이하에서는 직접 마케팅의 종류를 직접반응매체 혹은 직접반응채널을 기준으로 나누어 살펴보고자 한다. 참고로 직접 마케팅을 위한 대표적인 채널 중 하나라고 할 수 있는 대신 채널은 본 장의 인적판매에서 다루었기 때문에, 본 절에서는 다루지 않기로 한다.

1) 우편과 인쇄물

　　우편과 인쇄물을 이용한 직접 마케팅은 주로 통신판매 산업에서 이루어져 왔다. 통신판매는 광고물을 우편으로 소비자들에게 전달하고, 이 광고물을 본 소비자들이 전화, 팩스, 우편 등 다양한 통신수단을 이용하여 상품 문의나 주문을 하게 된다. 주문된 상품은 주로 택배를 이용하여 전달하거나 소비자들이 직접 받아갈 수도 있다.

　　우편으로 전달되는 광고물은 상품의 카탈로그 형태로 이루어지는 경우가 많기 때문에, 통신판매 산업에서의 직접 마케팅을 카탈로그 마케팅이라고도 한다. 그러나, 인쇄물을 이용한 직접 마케팅은 통신판매업뿐 아니라, 제조 및 서비스 영역 내의 다양한 산업에서 이루어질 수 있고, 인쇄 광고물의 형태도 카탈로그뿐만 아니라 편지, 엽서, 주문서, 잡지 등 다양한 종류가 있기 때문에, 통신판매와 카탈로그 마케팅은 인쇄 매체를 이용한 직접 마케팅의 한 종류로 이해해야 한다. 많은 자동차 회사들이 자사의 신형 모델이 출시되며, 기존 고객들과 잠재 고객들에게 새로운 자동차에 대한 시승을 권하는 캠페인을 전개하는데, 우편으로 발송되는 인쇄 광고물들은 신형 자동차 모델에 대한 설명과 가격, 시승을 권유하는 초대장, 참여하는 방법에 대한 안내장 등 다양한 인쇄물을 포함하고 있다.

　우편으로 전달되는 인쇄물을 이용한 직접 마케팅은 정교한 표적 고객을 선정하여 이들에 맞는 촉진 활동을 수행할 수 있고, 촉진의 효과도 비교적 정확하게 측정할 수 있다는 장점이 있다. 그러나 잡지 등 다른 광고매체에 비해 고객당 도달비용(예컨대, 천 명당 도달비용인 cost per thousand, CPM)의 관점에서 비용이 높은 편이고, 과도한 우편 광고물이 소비자의 사생활 침해나 짜증을 유발할 수 있다는 단점도 있다.

2) 전화와 텔레마케팅

　전화를 이용한 텔레마케팅은 표적 고객들과 전화를 통해 마케팅 커뮤니케이션을 수행하는 직접 마케팅 방식이다. 전화를 통해 제품에 대한 정보를 제공하고 주문 접수를 수행하며, 필요한 경우에는 A/S를 포함한 사후 서비스도 수행한다.

　텔레마케팅은 여러 가지 기준으로 분류할 수 있다. 먼저, 마케팅의 목적 관점에서 보면 영업과 판매를 목적으로 하는 텔레마케팅과 고객 서비스를 목적으로 하는 텔레마케팅으로 구분할 수 있는데, 전자는 텔레세일즈(telesales), 후자를 텔레서비스(teleservice)라고 부르기도 한다. 또한, 텔레마케팅이 진행되는 과정에 따라 두 가지 유형으로 나눌 수 있다. 첫 번째는 다른 TV나 신문, 잡지 등 다른 매체에 광고를 내고 해당 제품에 관심이 있는 고객들이 안내된 전화번호로 전화를 걸어오면 추가적으로 제품안내나 구매유도를 수행하는 수신 텔레마케팅(inbound telemarketing)이 있다. 두 번째는 특정 기업이 자사가 마케팅하고자 하는 제품의 구매 가능성이 높다고 판단되는 고객들을 선별, 이들에게 직접 전화를 걸어 보다 적극적인 텔레마케팅을 수행하는 것으로, 발신 텔레마케팅(outbound telemarketing)이라고 한다.

　텔레마케팅은 위와 같이 판매와 서비스 목적에 모두 사용 가능하고, 다른 촉진 수단과 결합하여 수신 방식과 발신 방식을 모두 사용할 수 있기 때문에, 많은 산업에서 사용하고 있는 직접 마케팅 방식이다. 특히, 전화를 통해서 판매요원이나 서비스 요원과 직접적인 인적 커뮤니케이션이 이루어지기 때문에, 인적판매 방식이 가지는 촉진활동의 상호작용성, 신뢰성 등의 장점을 가질 수 있다.

　최근에는 무분별한 텔레마케팅, 특히 기계를 이용한 발신마케팅이 소비자들의 불만을 초래하는 사례가 많이 나타나고 있다. 기업들은 텔레마케팅 대상 고객의 정교한 선별, 고객과 통화 연결 이후에 상담원이 진행하는 체계적인 안내 스크립트 작성, 전화 상담 요원에 대한 체계적인 교육 등을 통해 이러한 문제점을 최소화할 수 있도록 해야 할 것이다.

3) TV 마케팅

TV를 이용한 직접 마케팅은 케이블TV에서 많이 사용해 온 직접반응광고(direct response advertising)가 대표적이다. 직접반응광고는 TV를 통해 제품에 관한 정보를 제공함과 동시에 추가적인 문의와 제품 주문을 위한 전화번호를 제공하여, 광고한 제품에 관심이 있는 소비자들이 수신자부담 전화를 이용하여 문의와 주문을 하는 방식이다.

직접반응광고가 주로 케이블TV를 통해 이루어진 이유는 두 가지가 있다. 먼저, 공중파 방송 채널에 비해 저렴한 비용으로 광고를 수행할 수 있기 때문에 비용 대비 효과가 높다. 공중파 방송에서 수행할 수 있는 광고의 시간은 매우 짧아 광고를 보고 제품 문의나 구매와 같은 직접반응을 유도하기가 어려운데, 케이블TV에서는 상대적으로 긴 광고시간을 확보하여 직접반응광고의 목적인 즉시 문의 및 구매 유도를 위한 광고물을 제안할 수 있기 때문이다. 실제로 케이블TV를 통해 이루어지는 직접반응광고는 30초에서 1분 정도의 짧은 시간뿐 아니라, 20분에서 30분에 이르는 긴 광고시간의 형태로 다양하게 나타나고 있다. 참고로, 제품정보의 제공뿐 아니라 주문의 목적까지 지향하는 직접반응광고를 인포머셜(Informercial)이라고 부르는데, 정보(information)와 광고(commercial)의 합성어로, 직접반응광고가 다른 광고와는 다르게 제품 정보의 제공과 주문까지를 목적으로 하고 있음을 나타낸다. 이러한 인포모셜의 경우 정보와 주문이라는 두 가지 목적을 모두 달성하기 위해 상대적으로 긴 광고시간을 필요로 하는 것이다.

TV를 이용한 직접 마케팅의 또 다른 유형은 바로 홈쇼핑이다. 홈쇼핑은 TV의 특정 채널을 통해 홈쇼핑회사가 제작한 방송을 내보내는 것인데, 해당 채널에서는 30분 혹은 1시간 단위 등으로 방송시간을 나누어, 24시간 내내 각 시간대별로 특정 상품에 대한 상품광고와 주문접수를 수행한다. 현재 우리나라에서는 CJ오쇼핑, GS홈쇼핑, 롯데홈쇼핑, 현대홈쇼핑, 홈앤쇼핑 등이 홈쇼핑 사업을 운영하고 있다. TV를 이용한 홈쇼핑은 직접반응광고보다 고객들이 더 긴 시간 동안 상품에 대한 설명을 들을 수 있고, 다양한 채널에서 다양한 상품에 대한 광고를 선택하여 볼 수 있다는 장점이 있다. 특히, 홈쇼핑 채널의 경우 TV뿐 아니라 별도의 인터넷 채널을 이용한 쇼핑몰을 동시에 병행하여 운영함으로써, 고객의 선택권과 편의성을 높이고 홈쇼핑 판매 상품 이외의 상품들도 다양하게 취급할 수 있다는 점에서 고객과 기업 모두에게 매력적인 직접 마케팅 수단이다.

4) 온라인 마케팅(인터넷 마케팅)

TV, 라디오, 신문, 잡지 등과 같은 전통적인 주요 매체가 촉진관리에서 차지하는 역할을 인터넷 채널이 지속적으로 대체하고 있다. 인터넷을 통해 광고, PR, 판매촉진 활동이 모두 가능하기 때문이다. 인터넷 채널이 가지고 있는 개인화와 상호작용성 등의 특장점들을 활용하여 본 절에서 설명하고 있는 직접 마케팅도 온라인 마케팅의 형태로 활발하게 진행되고 있다.

인터넷을 이용한 온라인 마케팅은 국내 인터넷 쇼핑몰의 성장과 함께 소비자들을 대상으로 한 직접 마케팅의 형태로 발전해 왔다. 먼저, 기업들은 기존의 유통경로를 통하지 않고, 인터넷 상에 온라인쇼핑몰 같은 판매채널을 구축하여, 소비자들에게 직접 제품을 판매할 수 있게 되었다. 또한, 인터넷은 기업들에게 새로운 마케팅 커뮤니케이션 채널을 제공하여, 기존의 채널들이 수행하기 어려운 고객 맞춤형의 일대일 마케팅을 가능하게 해 주었다. 고객이 웹사이트를 방문하여 로그인을 하면, 고객의 웹로그 기록과 고객의 성향을 분석하여 해당 고객이 좋아할 만한 상품과 정보를 제안할 수 있고, 고객의 구매이력을 분석하여 고객들이 관심을 가질 만한 마케팅 정보를 이메일로 제공해 주는 등의 방법으로 고객 맞춤형 일대일 마케팅을 하고 있다. 마지막으로, 인터넷은 기업과 소비자들의 직접적인 마케팅 커뮤니케이션을 넘어서 커뮤니케이션 메시지의 전달자와 수신자가 상호작용을 수행하면서 1:1 대화 능력을 가질 수 있게 해 주었다. 전통적인 마케팅 채널과 촉진 수단들이 주로 기업에서 소비자 쪽으로 흐르는 일방향 커뮤니케이션을 중심으로 하고 있는 반면, 인터넷 채널에서는 소비자들이 자신의 선택 하에 필요한 마케팅 정보를 선택하거나, 기업이 보내온 마케팅 메시지에 대한 의견을 표현할 수도 있다. 인터넷을 통한 직접 마케팅 환경에서는 기업과 소비자 모두가 정보의 전달자와 수신자 역할을 수행하게 된 것이다.

무선 인터넷의 확산으로 휴대폰과 같은 모바일 기기를 통해서도 기존의 유선 인터넷 환경과 같은 업무 수행이 가능하게 되었고, 더 나아가 모바일 채널의 특성을 활용하여 보다 발전된 형태의 직접 마케팅도 활성화되고 있다. 고객의 휴대폰 정보를 통해 고객의 위치가 확인되면, 인근에 있는 점포에서 진행하고 있는 프로모션 정보를 문자 메시지나 SNS를 통해 제공하는 직접 마케팅이 최근에 활용되고 있는 촉진 프로그램 중 하나이다.

유무선 인터넷 환경의 발전이 진행됨에 따라 기업들은 광고, PR, 판매촉진 등의 촉진 수단을 인터넷 채널을 통해 전개할 뿐 아니라, 인터넷을 이용한 직접 마케팅을 독자적이고 전략적인 촉진 수단으로 활용하고 있다. 향후에도 유무선 인터넷 환경을 포함한 뉴미디어의 발전에 따라, 다양한 촉진 활동의 등장과 발전이 지속될 것이다. 인터넷 환경의 보편화, 디지털 기술 및 정보통신 기술의 발전에 따른 뉴 미디어의 등장과 이를 활용한 마케팅은 이어지는 뉴미디어 마케팅에서 다루고자 한다.

(2) 뉴 미디어 마케팅

촉진활동을 수행하기 위한 마케팅 커뮤니케이션 채널은 신기술의 발전에 따라 다양화되고 있으며, 새로운 매체로 등장하는 뉴 미디어를 촉진관리에 활용하는 능력이 기업의 마케팅 경쟁력을 위한 중요한 요소로 등장하고 있다. 특히 다양한 정보기술이 반영되어 있는 뉴 미디어의 특징을 이해하고, 이러한 특징을 활용한 마케팅과 촉진활동을 수행하면 마케팅 커뮤니케이션의 효율성과 효과를 모두 높일 수 있다.

이하에서는 대표적인 뉴 미디어를 인터넷, 모바일, 소셜 미디어로 구분하고, 개별 매체에 따른 뉴미디어 마케팅을 개관해 보고자 한다. 인터넷 마케팅의 경우 앞에서 직접 마케팅의 유형 중 하나로 다루었지만, 여기서는 뉴 미디어의 하나인 인터넷 채널을 통해 이루어지는 다양한 마케팅과 촉진활동에 대해 전반적으로 살펴볼 것이다.

1) 인터넷 마케팅

컴퓨터와 통신망으로 구성된 인터넷 공간이 대표적인 커뮤니케이션 통로로 자리잡고 있다. 커뮤니케이션 매체로서의 인터넷은 기존의 매체와는 다른 여러 가지 특징을 가지고 있다.

첫째, 인터넷은 가상공간을 통하여 다수대 다수의 커뮤니케이션을 가능하게 해준다. 예컨대, 인터넷 쇼핑몰에서는 다수 기업들의 상품들을 취급하고 있는데, 이러한 쇼핑몰에 접근하는 다양한 소비자들이 상품 정보를 탐색하고 주문을 하게 되는 다수대 다수의 커뮤니케이션 모습을 보여준다.

둘째, 인터넷은 마케팅 커뮤니케이션 과정에서 상호작용을 가능하게 해 준다. 전통적인 마케팅 커뮤니케이션 과정에서 수동적인 정보 수신자 역할을 담당했던 소비자들은 인터넷 환경에서 자신이 필요한 정보를 적극적이고 선택적으로 통제하는 위치를 차지하였다. 또한, 기업으로부터 전달받은 마케팅 정보에 대한 의견과 평가를 적극적으로 개진하고 있다. 더 나아가, 자신이 원하는 상품과 가격을 정하여 기업들에게 역으로 마케팅 제안을 하기도 한다.

셋째, 인터넷을 통한 마케팅 커뮤니케이션은 메시지의 재활용성이 높다. TV를 중심으로 한 전통적인 매체의 커뮤니케이션은 일회성으로 제공되고 시간이 지나면 사라지는 특성이 있다. 인터넷을 통해 제공된 마케팅 정보는 원하는 시간에 언제든지 다시 볼 수 있으며 해당 내용을 보관할 수도 있다.

마지막으로, 인터넷을 통한 마케팅 커뮤니케이션은 음성, 활자, 음악, 영상 등을 포괄하는 멀티미디어 형태로 전달이 가능하다. 특히 최근의 발달된 인터넷 환경과 관련 기술들은 인터넷을 통한 멀티미디어형 컨텐츠의 생산 및 유통을 용이하게 해 주었다.

인터넷 마케팅의 유형은 여러 가지 기준으로 나누어볼 수 있지만, 여기서는 대표적인 마케팅 커뮤니케이션 도구인 홈페이지, 인터넷광고, 이메일마케팅을 살펴본다.

① 홈페이지

인터넷을 마케팅에 처음으로 활용한 방법은 회사의 홈페이지를 웹사이트로 개설하여 기업과 제품 정보를 소비자들에게 전달하는 것이었다. 기업들은 홈페이지를 이용하여 해당 웹사이트를 방문한 소비자들에게 기업 및 제품과 관련된 정보를 커뮤니케이션 할 수 있는데, 인터넷의 특징에 따른 몇 가지 커뮤니케이션 장점을 가질 수 있다. 먼저, 기업이 전달하고 싶은 정보가 있을 때, 관련된 정보 컨텐츠를 제작하여 홈페이지를 통해 신속하게 전달할 수 있다. 또한, 전달하고 싶은 정보의 양이 많은 경우에도 시간과 공간의 제약을 받지 않고, 정보 형태(음성, 활자, 음악, 영상 등)의 제약도 없이 홈페이지를 통해 모두 제공할 수 있다. 마지막으로 홈페이지를 방문한 고객들 중 로그인을 하는 경우에는 이들에 대한 정보를 분석하여 원하는 컨텐츠를 제공함으로써 일 대 일의 맞춤화된 마케팅 커뮤니케이션이 가능하다. 최근에는 홈페이지를 방문한 고객들이 로그인을 하지 않아도 쿠키정보 등의 로그정보를 활용하여 고객을 확인하고 대응할 수 있다.

홈페이지의 성공적인 활용을 위해서는 소비자들을 포함한 기업의 이해관계자들이 홈페이지에 자주 방문하여 정확한 정보를 손쉽게 전달받을 수 있게 하는 것이 가장 중요하다. 이를 위해서는 홈페이지에 게재할 내용을 잘 선별하고 제공되는 정보의 정확성과 최신성을 유지하는 것이 필요하다. 홈페이지를 이용하는 사용자들이 쉽고 빠르게 정보를 얻을 수 있도록 사용자 인터페이스를 잘 설계하는 것도 필요하다. 홈페이지 방문 고객수, 정보 클릭수 등을 모니터링하고, 홈페이지를 통해 전달되는 고객의 의견과 평가를 참고하여 매력적이고 사용자 편의성이 높은 웹사이트가 될 수 있도록 관리하여야 한다.

홈페이지는 기업의 웹사이트, 브랜드 웹사이트, 기업과 브랜드 정보가 통합된 웹사이트 등으로 다양하게 운영될 수 있다. 어떤 경우라 하더라도 해당 웹사이트는 그 자체로서 광고와 홍보의 역할을 수행하고, 세부적으로 판매촉진과 직접 마케팅의 컨텐츠를 포함할 수 있기 때문에 매우 중요한 인터넷 마케팅 도구가 된다. 아울러, 뒤에서 살펴볼 인터넷 광고를 통해 유입되는 잠재 소비자들이 링크를 통해 도달하게 되는 페이지가 된다는 점에서도 그 중요성이 매우 높다고 할 것이다.

② 인터넷 광고

인터넷 광고는 앞서 살펴본 홈페이지 같은 웹 사이트와 더불어 인터넷 마케팅에서 가장 많이 활용되는 촉진 활동이다. 인터넷 광고는 짧은 역사 속에서도 다양한 형태로 발전해 왔는데 인터넷 광고의 주요 유형을 배너(banner)광고, 팝업(pop-up)광고, 동영상(video) 광고, 리치미디어(rich media) 광고, 검색(search) 광고로 나누어 살펴볼 수 있다.

배너광고는 가장 일반적인 인터넷 광고의 형태로, 신문이나 잡지의 페이지 내에 존재하는 인쇄광고와 유사하다. 배너광고는 방문자가 많은 웹사이트 내에 자리를 잡고, 해당 웹사이트를 방문한 소비자들이 노출된 배너광고를 클릭하는 경우 상세한 정보를 제공하는 페이지로 연결하게 해 준다. 온라인 사용자 중 소수만이 배너광고에 주의를 기울이고, 실제 배너광고의 클릭률이 낮기 때문에, 배너광고의 효과를 높이기 위한 방안으로 배너광고의 크기를 키우거나, 배너광고의 형태를 보다 동적인 형태로 발전시키고 있다.

팝업 광고는 웹사이트의 페이지가 이동하는 과정에서 특정 웹페이지가 표시되는 동안 스크린 위에 별도의 작은 창으로 나타나는 광고를 말한다. 팝업 광고의 경우 해당 페이지를 찾는 소비자들에게 무조건 노출이 된다는 장점이 있으나, 해당 광고에 관심이 없는 고객들에게 불편함을 제공하고, 해당 웹사이트나 웹페이지 입장에서는 공간의 낭비를 초래할 수 있다.

동영상 광고는 TV 광고와 유사한 형태를 압축하여 인터넷 상에서 보여주거나, 인터넷용 광고 동영상을 별도로 제작하여 노출시키는 인터넷 광고를 말한다. 기존의 배너광고에 비해 역동적인 성격을 가지기 때문에 온라인 사용자의 주목을 끌 수 있고, 한 번 제작된 동영상을 인터넷을 통해 지속적으로 활용할 수 있다는 장점이 있다.

리치 미디어 광고는 활자, 그래픽, 음악, 영상 등을 모두 결합한 멀티미디어 메시지를 인터넷을 통해 전달하는 것이다. 리치 미디어 광고 역시 상대적으로 지루하고 정적인 단순 배너광고의 한계를 극복하고, 온라인 사용자의 주의를 끌기 위해 보다 풍부한 광고 메시지를 전달하려는 시도이다. 실제로 리치 미디어 광고의 클릭률이 일반적인 배너광고의 경우보다 4~8배에 이르는 것으로 나타나고 있다.

검색 광고는 온라인 사용자가 어떤 제품을 찾기 위해 검색을 하였을 때 해당 검색어가 자사 제품과 관련성이 높은 경우, 검색 결과 페이지에 자사의 웹사이트가 노출되게 하는 광고 형태를 말한다. 인터넷 마케팅 특히 인터넷 광고의 첫 번째 과제는 잠재 소비자가 자사의 웹 사이트를 방문하게 하는 것인데, 전술한 인터넷 광고 유형들은 이러한 역할을 수행하는 데 한계를 지니고 있다. 대부분의 인터넷 사용자들이 인터넷 서핑 중간에 등장하는 다양한 인터넷 광고들에 주의를 기울이거나 클릭하는 경우가 적기 때문이다. 검색 광고를 사용하면 특정 기업이 취급하는 상품과 관련된 정보를 검색하는 소비자들에게 자사의 웹 사이트가 노출되기 때문에, 해당 소비자를 자사 웹 사이트로 끌어들일 가능성이 높고, 더 나아가 실제 구매고객으로 전환시킬 가능성도 높아진다. 검색 광고를 이용하려는 기업들은 자사가 취급하는 상품과 관련된 키워드를 정의하고, 주요 검색 사이트에서 온라인 사용자들이 해당 키워드를 검색하였을 때 자사 웹사이트가 상위 순서에 노출되게 하기 위하여 해당 검색 사이트에 비용을 지불해야 한다. 구글과 같은 검색 사이트에서는 검색결과 페이지에 스폰서링크로 노출되기 위한 방식으로 경쟁입찰을 통한 검색어 구매 제도를 운영한다. 광고주 기업들은 검색 결과에 스폰서링크로 노출되었을 때, 해당 링크를 방문자가 클릭할 때마다 얼마를 지불할 것인가를 놓고 경쟁입찰을 하는 것이다. 많은 금액을 제시할수록 검색결과 페이지 중 좋은 위치에 스폰서링크가 표시되는 것이다. 국내 대표 검색 사이트인 네이버를 통해 키워드 검색을 수행하는 경우에도 검색 결과 페이지에 스폰서 링크가 표시되는 것을 볼 수 있다.

③ 이메일 마케팅

많은 온라인 사용자들은 이메일을 주고받으며 인터넷을 활용하기 때문에, 기업은 이메일을 중요한 마케팅 커뮤니케이션 채널로 활용해오고 있다. 소비자의 이메일 주소로 전달되는 이메일 마케팅 메시지는 메일링리스트 전체를 대상으로 동일한 커뮤니케이션을 수행하는 매스 마케팅 형태도 있고, 개별 소비자의 이메일 주소로 개인화되고 맞춤화된 커뮤니케이션을 수행하는 일대일 마케팅 형태도 있다. 일대일 마케팅의 경우, 이메일은 메일을 수신할 소비자들의 정보를 충분히 알고 있는 경우에, 그들의 관심사나 특성에 맞추어 마케팅 메시지를 개인별로 맞춤화할 수 있다는 장점이 있다.

이메일은 마케팅 커뮤니케이션 채널로서 우편이나 전화에 비해 여러 가지 장점을 가진다. 소비자 입장에서는 원하는 시간에, 원하는 마케팅 메시지만 선별적으로 확인할 수 있고, 필요한 경우에는 해당 컨텐츠의 보존이 가능하며, 필요한 경우에만 추가적인 문의나 반응을 할 수 있다는 점에서 매우 편의성이 높다. 기업의 입장에서도, 짧은 시간에 많은 마케팅 정보를 컨텐츠 포맷의 제약 없이 보낼 수 있기 때문에 매우 매력적인 마케팅 커뮤니케이션 채널로 활용되고 있다. 실제로 많은 기업들이 신제품 론칭 정보, 판매촉진 프로그램 안내, 고객 서비스 제공 등의 목적으로 이메일 채널을 활용해오고 있다. 이러한 이메일 마케팅 프로그램은 소식지, 잡지 등의 형태로 정기적인 컨텐츠를 제공하는 경우도 있고, 기업 전체 혹은 일부 고객만을 위한 프로모션 행사의 일환으로 진행되는 비정기적인 커뮤니케이션이 될 때도 있다.

이메일 마케팅의 많은 장점에도 불구하고 몇 가지 문제점이 존재한다. 이메일 마케팅은 다수의 고객들을 대상으로 원하는 컨텐츠를 쉽고 빠르게 전달할 수 있지만, 메일을 받은 소비자들이 이메일 커뮤니케이션을 좋아하는지, 기업이 보낸 이메일 마케팅 메시지를 읽었는지를 정확히 알기 어렵다. 고객이 요청하지 않는 상황에서 발송되는 이메일 마케팅 메시지는 흔히 말하는 스팸 메일이 되기 때문에, 고객의 불만과 짜증을 초래할 수 있다. 물론, 이메일 수신 동의를 받은 소비자들만을 대상으로 발송하는 경우 이러한 문제를 최소화할 수 있으나, 동의를 한 소비자들이라 하더라도 자신에게 너무 많은 메일이 오거나, 자신이 관심없는 정보를 보내주는 경우에는 스팸으로 인식할 수밖에 없다.

최근에는 모바일 환경의 발달에 따라 소비자들의 이메일 접근성이 더욱 높아져 촉진 활동을 위한 이메일 채널의 전략적 중요성이 더욱 커졌다. 따라서, 이메일 마케팅의 효율과 마케팅 성과를 높이기 위한 몇 가지 노력에 집중해야 한다. 먼저, 메일 대상 고객들에 대한 데이터베이스 관리가 체계적으로 이루어져야 한다. 메일 주소를 포함한 인적사항의 최신성을 유지하는 것은 기본이고, 대상 고객들의 성향을 분석하여 맞춤화된 제안을 할 수 있는 추가적인 정보의 확보와 관리가 필요하다. 또한, 메일로 전송되는 마케팅 컨텐츠가 효율적이고 매력적으로 구성되어야 한다. 소비자들은 하루에 적어도 수십통에서 백통 이상의 메일을 수령하기 때문에 이메일 제목만으로도 기업이 보낸 메일을 클릭하여 열어볼 수 있도록 해야 하고 열어본 메일 컨텐츠가 해당 소비자에게 필요한 정보와 특별한 혜택으로 인식될 수 있도록 해야 한다. 마지막으로, 이메일에 반응한 고객들이 추가적인 문의나 주문을 손쉽게 할 수 있도록, 이메일 컨텐츠 내에 링크로 연결되는 웹사이트를 잘 준비하고, 전화나 채팅을 통한 안내가 가능하게 하여, 반응 고객의 구매 전환을 높일 수 있도록 해야 한다.

2] 모바일 마케팅

휴대폰, PDA, 태블릿PC 등을 포함한 모바일 기기는 현재 가장 많은 사람들이 사용하는 매체가 되었다. 특히, 휴대폰과 PC의 기능을 통합한 스마트폰의 등장과 대중화로 인하여 모바일 미디어의 중요성은 더욱 커졌다.

모바일 환경은 WiFi와 같은 무선 인터넷의 대중화로 인하여 기존의 유선 인터넷 환경이 제공하는 특장점을 모두 보유하고 있을 뿐 아니라, 휴대성과 이동성이 가지는 장점, LTE 통신과 모바일 기기 등 모바일 환경만이 제공하는 장점도 가지고 있다.

모바일 마케팅의 첫 번째 활용 방안은 기존 인터넷 마케팅의 확장 측면을 들 수 있다. 앞서 살펴본 웹 사이트, 인터넷 광고, 이메일 마케팅 등은 유선 인터넷 환경뿐 아니라 무선 인터넷이 지원되는 모바일 환경 하에서도 대부분 적용될 수 있다. 많은 소비자들이 스마트폰을 이용하여 웹사이트를 이용하고, 그 과정에서 인터넷 광고에 노출되며, 이메일을 활용하고 있다. 모바일 환경이 유선 인터넷 환경보다 화면의 크기가 작고 키보드 조작이 상대적으로 불편한 단점이 있지만, 언제 어디서나 접근이 가능하고 실시간 활용도가 높다는 장점이 있기 때문에, 기존의 인터넷 마케팅을 대체하는 모바일 마케팅의 시장 규모는 지속적으로 증가하는 추세이다.

모바일 마케팅의 두 번째 활용 방안은 모바일 기기의 휴대성과 이동성을 마케팅 프로그램으로 연결시키는 것이다. 기존에 오프라인이나 유선 인터넷 환경으로 제공하던 할인쿠폰과 같은 촉진 활동들이, 모바일 환경에서는 휴대폰으로 전달되는 문자 메시지나 모바일 상에서 다운로드 받는 방식으로 가능하기 때문에, 기업과 소비자 모두의 입장에서 접근 가능성과 편의성이 높아졌다. 모바일 기기의 휴대성과 이동성을 이용한 촉진 활동 중 대표적인 것으로 위치기반 검색을 통한 맞춤형 촉진 프로그램이 있다. 예를 들어, 모바일 기기 이용자들이 현재 어디에 있는지를 파악하여 인근의 매장에서 사용할 수 있는 쿠폰을 제공하거나, 이용자가 위치한 장소와 관련있는 광고를 노출시키는 것이다.

마지막으로, 모바일 환경이 제공하는 특장점을 활용한 마케팅이 가능하다. 특히 스마트폰의 확산과 지속적 발전으로 이러한 특장점을 활용한 모바일 마케팅의 기회는 더욱 다양화되고 있는데, 대표적인 두 가지를 살펴보기로 한다.

먼저, 휴대폰은 전화와 문자 메시지를 통해 항상 의사소통이 가능하기 때문에, 기존의 텔레마케팅의 본인 연결률을 높일 수 있고, 문자 메시지라는 새로운 커뮤니케이션 통로를 마케팅에 활용할 수 있다. 특히, 많은 기업들이 SMS(short message system)나 LMS(long message system)를 이용한 문자 마케팅을 단독 혹은 보조적 촉진 수단으로 마케팅에 활용하고 있는데 LMS의 경우에는 글자수 제약이나 컨텐츠 포맷의 제약이 없기 때문에, 멀티미디어로 구성된 컨텐츠를 전달하는 독자적인 마케팅 커뮤니케이션 수단으로 활용하고 있다. 문자 마케팅은 전달하는 메시지에 링크를 삽입하여 모바일 웹페이지나 후술하는 앱(App.)으로 연결시켜주는 보조적 수단으로도 활용한다.

모바일 기기만의 특성에 따른 마케팅 활용 방안 중 다른 하나는 바로 앱(App.) 마케팅이다. 스마트폰이 대중화되면서 많은 사람들이 앱이라고 불리는 스마트폰용 애플리케이션(application)을 다운받아서 업무 처리, 오락, 상거래 등에 활용하고 있다. 기업들은 자사의 브랜드와 제품을 알리기 위한 수단으로 애플리케이션을 제작하고 배포하고 있으며, 이러한 애플리케이션을 다운받은 소비자들은 해당 기업이나 브랜드에 보다 손쉽게 접근하여 이용이 가능해진다. 이러한 앱 마케팅은 그 자체적으로 마케팅 정보를 제공하기 때문에 소비자의 활용성 높은 촉진 매체가 하나 늘어난 효과도 있지만, 애플리케이션을 다운받은 소비자들에게 앱 푸쉬(App. push)라는 추가적인 촉진 수단이 가능해진 장점도 가진다. 앱 푸쉬란 애플리케이션을 다운받는 과정에서 동의를 한 소비자들에게 자사의 신제품 정보나 프로모션 정보를 휴대폰을 통해 알려주는 것이다.

모바일 환경은 위에서 논의한 것들 이외에도 다양한 마케팅에 활용되고 있다. 소비자들이 특정 게임이나 동영상 감상 등을 할 때, 관련된 제품이나 브랜드의 이벤트 프로그램을 제안하여 오락과 즐거움이라는 맥락(context)에 맞는 촉진 촉진활동을 수행할 수도 있고, 소비자들이 QR코드를 통해 구매하고자 하는 상품에 대한 정보와 간접적 체험을 손쉽게 할 수 있도록 지원하기도 한다. 모바일 환경은 향후에도 '사람과 사물(기기), 사물과 사물이 연결되어 상호작용을 하는 것을 의미하는 사물 인터넷(interent of things, IoT)'의 발전과 함께 새로운 마케팅 기회를 제공할 것으로 기대된다.

3) 소셜 미디어 마케팅

소셜 미디어란 개별 소비자들을 둘러싸고 있는 사회적 구성원들이 정보의 매개체로서 미디어와 같은 역할을 수행하며, 이 과정에서 개별 소비자들에게 영향을 미치는 것을 의미한다. 주변의 사회적 구성원들은 소셜 미디어로서 하나의 정보 매체로서 기능하며, 특정 개인의 판단과 의사결정 과정에 영향력을 행사하는 미디어의 역할을 수행하는 것이다.

소셜 미디어는 SNS(social networking service) 인프라가 발전하고 많은 소비자들이 SNS를 이용하면서 기업의 마케팅 및 촉진 수단으로 주목받고 있다. SNS를 통해 소셜 미디어 마케팅을 효과적으로 활용하기 위해서는 먼저, 소셜 미디어 맥락에서의 마케팅 커뮤니케이션 특징을 이해해야 한다.

기존의 마케팅 커뮤니케이션과 촉진 활동의 주체는 기업이고, 마케팅 메시지를 전달하는 특정 매체가 존재하였으며, 소비자들은 기업의 메시지를 특정 매체를 통해 일방향 또는 쌍방향으로 의사소통하게 되는 구조를 가졌다. 그러나, 소셜 미디어 마케팅에서는 미디어의 역할을 수행하는 소비자가 마케팅 메시지를 전달하는 주체도 될 수 있고, 그 자체가 매체의 기능도 수행하며 타인의 소비자 행동에 영향을 미치게 된다. 이러한 소셜 미디어 마케팅의 특징을 반영하여 2011년도에 Nielsen이 조사한 자료에 따르면, 소셜 미디어 광고의 유형을 기업에 의해 제공된 것(paid)과 사용자들 사이에서 공유된 것(earned)으로 구분하고 있다. 여기서 사용자들 사이에서 공유되는 광고가 바로 소셜 미디어 마케팅의 특성이 반영되어 정의된 독특한 광고 유형인 것이다.

소셜 미디어 마케팅이 이루어지는 SNS 공간과 관련 회사들이 늘어나고 있으며, SNS 인프라의 기능과 서비스 수준이 발전하고 있다는 점에서 소셜 미디어 마케팅도 앞으로 계속 주목받을 것으로 보인다. 국내외적으로 많은 SNS 인프라가 존재하지만 여기서는 전 세계적으로 가장 많이 이용되고 있는 SNS 공간인 페이스북(Facebook), 트위터(Twitter), 유튜브(YouTube)를 중심으로 소셜 미디어 마케팅을 살펴보기로 한다.

페이스북은 세계에서 가장 큰 SNS 공간으로 사용자의 인기를 누리고 있다. 기업의 입장에서는 페이스북이 가장 많은 사용자가 이용하기 때문에 페이스북의 메인 페이지에 자사의 배너광고 등을 노출시키는 촉진활동을 수행할 수 있다. 또한, 페이스북을 통해 운영할 수 있는 기업의 팬페이지나 특정 브랜드의 펜페이지를 통해서도 배너광고 등을 사용할 수 있고, 자사의 팬들과 직접적인 상호작용을 수행할 수 있다. 특히, 자사 팬페이지에 팬으로 가입한 고객들에게는 이들을 위한 할인쿠폰 등의 특별 혜택을 제공하여 자사 팬으로의 가입을 유도하고 지속적인 고객 관리를 위한 수단으로 활용하고 있다. 페이스북에서 제공하는 서비스 기능의 양과 질이 변화하고 소비자들의 SNS 이용 행태도 달라지고 있기 때문에, 기업들의 소셜 미디어 마케팅 방식과 프로그램도 다양화될 것으로 예상된다.

트위터는 2010년 12월 이후 중동과 북아프리카에서 일어난 시위 운동 및 혁명의 과정에서 시민들 사이의 의사소통 수단으로 유명해지게 된 SNS 공간이다. 트위터 사용자들은 개인의 관심사나 현재 일어나고 있는 일에 대해 140자 이내의 글을 쓰거나 사진을 올릴 수 있으며, 링크를 걸어 다른 사람들에게 전달할 수도 있다. 트위터는 '이 순간 일어나는 일들을 전합니다'라는 슬로건처럼 세상과 소통하고 관심사를 나누며 현재 주변에서 일어나는 일들을 다른 사람들에게 공유하는 특성이 강한 SNS 공간이다. 트위터 이용자들은 잠재적인 소셜 미디어로서 소통과 공유를 통해 다른 사람들에게 영향을 미치기 때문에, 기업의 입장에서는 트위터 상에서 언급되는 자사 제품 및 브랜드 관련 컨텐츠에 주의를 기울이고 대응할 필요가 있다. 구체적으로는 자사에 긍정적인 의견을 공유하는 소비자들에 감사의 표시를 하거나, 불만을 언급하는 소비자들에게 일대일 문제 해결을 제공하는 것이 예가 될 것이다. 그러나 기업이 소비자들의 메시지를 모니터링하고 있다는 부정적 인상을 줄 수 있다는 점도 고려해야 한다.

유튜브는 원래 비디오 컨텐츠를 무료로 공유하는 웹사이트로 출발하였지만, 구글에 인수된 이후에는 기존 서비스 수준의 향상과 함께 검색 기능이 추가되어 사용자와 기업들에게 더욱 주목을 받게 되었다. 이용자들은 공유하고 싶은 동영상을 올리거나, 남들이 올린 동영상을 찾아 감상하고 의견을 작성하거나, 다른 사람들의 의견과 반응을 살펴볼 수 있다. 기업의 입장에서는 적합한 동영상에 자사의 광고 컨텐츠를 삽입하여 이용자들의 구전효과를 기대할 수 있으며, 이들이 동영상 검색 기능을 사용할 때 사용한 키워드를 참고하여 검색 결과에 자사의 컨텐츠가 보여지도록 노력함으로써 광고효과를 높일 수 있다.

소셜 미디어 마케팅은 SNS 공간의 사용자들이 마케팅 커뮤니케이션의 주체이자 매체의 역할을 수행한다는 점을 마케팅과 촉진활동에 적극적으로 활용하는 것이 핵심이다. 코카콜라나 스타벅스와 같은 기업들이 선도적인 소셜 미디어 마케팅을 수행해오고 있지만, 이러한 대기업들 뿐 아니라 많은 중소기업들이 소셜 마케팅의 저비용 고성과의 가능성을 참고하여, 보다 적극적인 마케팅 기회로 활용할 수 있을 것이다.

CASE 2
인플카 현대카드

현대카드는 소셜미디어 활동에 따라 캐시백을 제공하는 인플루언서 전용 카드 '인플카 현대카드'를 출시했다고 밝혔다. 인플카 현대카드는 소셜미디어 '인스타그램(Instagram)'에서 100명 이상의 팔로워를 보유한 인플루언서들이 제휴 매장 관련 게시물을 게재하고 캐시백 혜택을 받는 것이 특징이다.

인플카 현대카드 회원은 아모레퍼시픽, CJ CGV, 파크 하얏트 서울 등 '인플카(INFLCA)' 애플리케이션의 제휴 매장 100여 곳에서 인플카 현대카드로 물품을 구매한 후 사진과 함께 인스타그램에 공유하면 캐시백을 받는다. 캐시백은 제휴처 및 팔로워 수에 따라 결제 금액의 100%까지 제공된다. 인플카 제휴처 외 가맹점 이용 시에도 포인트 적립 혜택을 준다. 인플카 현대카드 회원은 배달앱·편의점·대중교통/택시·통신요금 분야에서 결제 시 이용 금액의 10%를 M포인트로 적립할 수 있다. 모든 가맹점에서 최대 3개월간 무이자할부도 이용 가능하다.

예를 들어 마케팅 제휴를 맺은 A레스토랑에서 인플카 현대카드로 10만원을 결제하고 본인 SNS에 후기를 올리면 이웃 수에 따라 일정금액을 돌려받을 수 있다. 캐시백 비율은 2~3%부터 각 가맹점에서 자유롭게 정한다. 연예인이나 수십만 폴로워가 있는 '메가 인플루언서'라면, 제휴가맹점 마케팅 비용 형식으로 100% 이상도 돌려받을 수 있는 시스템이다. 캐시백은 인플카 애플리케이션(앱)에 포인트로 적립되며 언제든 인출할 수 있다.

본인 SNS에서 100명 이상의 이웃(팔로워 등)을 확보하고 있으면 누구나 신청할 수 있고, 심사를 거쳐 발급받을 수 있다. 마켓잇에 따르면 국내 SNS 이용자 중 100명 이상의 이웃을 확보한 사람은 2,000만명이 넘는다. 출시 초기에는 인스타그램 폴로어를 우선으로 하고 향후 블로그와 틱톡, 유튜브 채널 등으로 확장할 예정이라고 회사 측은 밝혔다.

　파워 인플루언서를 꿈꾸는 개인 소비자와 인플루언서 마케팅을 원하는 소상공인·자영업자 모두가 윈윈할 수 있는 구조다. 지금까지 인플루언서 마케팅은 일부 유명인에게만 제품과 서비스를 공짜로 지급하고 후기를 받는 형식이 주를 이뤘다. 그런데 인플카 현대카드의 캐시백 구조를 활용하면 더 많은 인플루언서들이 혜택을 받을 수 있고, 업체도 같은 비용으로 더 많은 사람들에게 노출할 수 있다. 최근 혜택 좋은 신용카드들이 줄줄이 단종되고 있는데, 생활비를 아끼고 싶은 일반 소비자들도 팔로워 수를 늘려 활용할 수 있는 모델이다.

　현재 국내 마케팅 시장에서 활동 중인 인플루언서는 약 15만 명, 인플루언서 마케팅 시장 규모는 약 7조원에 달할 것으로 예상된다. 특히 최근 인플루언서 마케팅 시장에서는 팔로워의 수는 적지만 충성스러운 팔로워를 다수 보유한 '마이크로 인플루언서'가 주목받고 있다.

　현대카드 관계자는 "국내에서 100명 이상의 팔로워를 보유한 소셜미디어 이용자는 2,000만 명이 넘는 것으로 추산된다"며 "이런 트렌드를 적극적으로 반영해 인플카 현대카드를 설계했다"고 밝히고 있다.

자료원: 매일경제신문 2022. 9. 13; 조선일보 2022. 10. 11 수정 인용

. . . .
토론사례

가상 인플루언서 마케팅

롯데홈쇼핑은 자체 개발한 가상인간 '루시'가 고객과 실시간 소통하는 상품 판매 방송을 업계 최초로 선보이며 라이브 커머스 진행자로 데뷔한다고 밝혔다.

'루시'는 2021년 2월 SNS 인플루언서로 활동을 시작해 현재 10만 명 이상의 팔로어를 보유하고 있으며, 신차 발표회 자동차 마케터, 국내외 기업 홍보 모델 등 다양한 분야로 활동을 확대하고 있다. 2022년 6월에는 유명 콘텐츠 제작사 소속 아티스트로 전속 계약을 체결하고, 골프 예능에 출연하는 등 엔터테이너로서의 활동도 이어가고 있다. 롯데홈쇼핑은 '루시'를 실시간 소통이 가능한 라이브 커머스 진행자로 데뷔시키며 디지털 휴먼 사업을 가속화한다는 계획이다.

이번 라이브 커머스에서는 트렌디한 디자인으로 MZ세대의 선호도가 높은 명품 패션 브랜드 '미우미우'의 '완더 호보백' 등 가방 4종과 카드케이스 3종을 판매하는데, '루시'는 패션 인플루언서로서 상품 소개는 물론, 고객과 실시간으로 소통하며 스타일 연출법도 전달할 예정이다. 롯데홈쇼핑은 양방향 소통을 위해 시각특수효과(VFX), 리얼타임엔진 등 최신 전문 기술을 '루시'에 적용했다 '루시'의 첫 방송을 기념해 '루시를 찾아라(Where is Lucy)' 이벤트도 진행 중이다. 강남, 광화문 등 서울 지역 8곳에서 진행 중인 '루시' 옥외 광고를 비롯해 모바일 쇼핑, SNS 등에서 '루시'를 찾아 인스타그램에 게시하고 태그하면 추첨을 통해 '미우미우 카드케이스'를 증정한다.

한편, 롯데홈쇼핑은 지난 9월 라이브 커머스 진행자로 '루시'를 데뷔시키기 위해 실감형 콘

텐츠 제작 기업 '포바이포'와 업무협약을 진행했다. 협약을 통해 실시간 양방향 소통이 가능하도록 '루시'에 최신 전문 기술을 적용했다. 향후 고도화된 기술을 바탕으로 엔터테인먼트, 라이브 커머스 등 자체 유통 채널에만 국한하지 않고 다양한 플랫폼으로 '루시'의 활동을 확대할 예정이다.

롯데홈쇼핑 미디어사업관계자는 "인플루언서, 마케터, 엔터테이너로 활발하게 활동해온 가상인간 '루시'가 라이브 커머스 진행자로 데뷔해 판매 방송을 진행하게 됐다"며 "상품 소개는 물론, 실시간 소통을 통해 고객에게 새로운 쇼핑 경험을 제공할 예정이며, 앞으로 기술 고도화를 통해 다양한 분야에서 활동을 이어갈 것"이라고 말했다.

'루시'의 경우와 같이, 정교한 컴퓨터그래픽(CG) 기술로 사람보다 더 사람 같다는 평이 나오는 '버추얼 인플루언서(가상 유명인)'가 글로벌 시장에서 영향력 있는 마케팅 수단으로 자리 잡고 있다. 국내에서는 신뢰가 중요한 업계 특성상 모델 기용에 보수적인 금융업체 광고에까지 '가상 모델'이 등장해 주목을 받고 있다. 신한생명과 오렌지라이프의 통합법인 신한라이프는 첫 광고를 공개했는데, 신한라이프 시작을 장식한 광고모델은 로지(22)였다. 로지가 광고 속에서 숲속과 도심, 지하철 등을 오가며 음악에 맞춰 춤을 추는 영상은 공개 1주일여 만에 유튜브 조회 수가 83만회를 넘기는 등 인기를 끌고 있다.

이 광고는 모델 로지가 실제 사람이 아닌 가상 인간이라는 점이 알려지며 화제를 모았다. 지난해 8월 싸이더스 스튜디오엑스가 만든 가상 인간 로지는 3만명이 넘는 인스타그램 팔로워를 보유한 인플루언서다. MZ세대(밀레니얼+Z세대, 1980년대~2000년대 초반 출생)가 선호하는 외모와 세계여행·요가·에코라이프 등 취미를 갖춘 것으로 설정됐다. SNS에서 실제 사람처럼 활동하던 로지가 가상 인물임을 밝혔는데, 이전까진 "실제로 만나보고 싶다"는 댓글이 달릴 정도로 부자연스러운 모습을 찾기 힘들다.

로지와 같은 가상 인플루언서를 활용한 마케팅 시장 규모는 전 세계적으로 점차 커지는 추세다. 미국의 시장조사 업체인 비즈니스 인사이더 인텔리전스에 따르면, 기업이 인플루언스에 쓰는 마케팅 비용은 지난 2019년 80억 달러(약 9조원)에서 오는 2022년 150억 달러(약 17조원)로 2배 가량 늘어날 전망이다. 이 중 상당 부분은 가상 인플루언서가 차지할 것이라는 게 업계의 분석이다.

최근 등장한 가상 인플루언서는 기술의 발달로 사람과 구분이 어려울 정도이고 사람이 갖는 한계를 극복할 수 있는 장점도 있다. CG로 모든 장면을 연출할 수 있어 시공간의 제약을 받지 않고 마케팅이 가능하다. 또 실제 사람과 달리 아프거나 늙지 않아 활동기간이 긴 데다, 사생활 논란에 휘말려 광고가 중단될 위험도 적다.

세계에서 가장 유명한 가상 인플루언서는 미국 스타트업 '브러드(Brud)'가 만든 릴 미켈라(Lil Miquela · 19)다. 미국 로스앤젤레스(LA)에 거주하는 브라질계 미국인으로 설정된 그는 300만명이 넘는 인스타그램 팔로워를 보유하고 있는데, 광고용 포스팅 단가가 8,500달러(약 976만원)로 한 해 수익만 130억원에 이른다. 샤넬, 캘빈 클라인 등 명품 브랜드 모델로 활동하며 최근엔 팝스타 레이디 가가 등이 소속된 할리우드 3대 에이전시 CAA(Creative Artists Agency)와 계약했다.

국내에서도 가상 인플루언서가 점점 늘어나는 분위기다. LG전자는 가상 인간 '김래아'를 만들어 세계 최대 가전박람회인 CES 온라인 콘퍼런스 무대에 세웠다. 미래에서 온 아이라는 뜻의 김래아는 올해 23살로 싱어송라이터 겸 DJ라는 설정이다. 삼성전자 브라질 법인이 직원 교육을 위해 만든 가상 인간 '샘' 역시 국내외 온라인 커뮤니티에서 '삼성 걸'로 불리며 뜨거운 반응을 얻기도 했다.

자료원: 조선일보 2021. 7. 10; 노컷뉴스 2022. 12. 13 수정 인용

토론문제

01 가상인간을 활용한 마케팅은 앞으로 어느 분야에서, 어떤 방향으로 발전하게 될 것인지 논의하시오.

02 가상인간을 활용한 인플루언서 마케팅의 전략적인 장점과 한계는 무엇인지 논의하시오.

13

마케팅의
특수 주제

중소기업의 마케팅

　중소기업기본법 시행령에서는 매출액 등 외형에 따른 규모기준과 계열관계에 따른 독립성 기준을 모두 충족하여야 중소기업이라고 규정하고 있다. 규모기준은 업종별 3년 평균 매출액을 기준으로 해당 매출액을 상회하는 경우, 독립성 기준으로는 대기업의 자회사이거나 계열사들과 합한 규모가 중소기업 규모기준을 초과하는 경우에 중소기업에서 배제하고 있다.

　국내 중소기업체 수는 통계청 전국사업체 조사(2012년) 기준으로 약 330만 개 정도로 국내 전체 기업체 수의 99.9%, 종사자 수의 87.7%를 점유하면서도 국내 총 생산(GDP)에서는 전체의 절반 수준에 불과하다. 이는 국내 중소기업이 가진 상대적으로 열악한 자본, 인력, 정보 등 경영자원의 부족에서 그 원인을 찾을 수 있다. 특히 중요한 외적 환경으로 국내 중소기업과 대기업 간 관계를 들 수 있는데, 사실상 대기업 생산공정의 일부를 담당하는 중소기업들은 대기업들의 일방적인 납품단가 인하와 부대비용 전가, 대금결제 지연, 핵심인력 스카웃, 부당 반품, 임의 발주와 취소 등으로 경영에 애로를 겪고 있다.

　중소기업을 히든 챔피언(hidden champion)으로 지칭하며, 국가경제의 기초이자 버팀목으로 지원하고 성장시켜온 독일, 영국, 일본에서는 중소기업과 대기업 간의 관계가 공통의 목표를 달성할 수 있는 명실공히 전략적, 동반자적 협력관계로 운영되고 있다. 무엇보다도 이들 국가의 중소기업들 대부분은 대기업의 요구와 지시에 따르는 사실상 하청형의 기업이 아니라 자체 기술력을 바탕으로 자기 책임 하에 신제품을 개발하고 마케팅하는 독립적 기업이라는 데 가장 큰 특징이 있다. 국내에서도 중소기업 역할의 중요성을 파악하고 중소기업 고유 업종 지정이나 중소기업 적합업종 제도, 기술금융 활성화 정책 등을 통해 중소기업을 지원하고 대중소기업 간 상생을 유도하고 있지만, 아직까지 대기업 주도의 대기업－중소기업 간 거래 관행은 크게 바뀌지 않고 있다. 국내경제에서 중소기업이 차지하는 외형적 비중의 중요성뿐만 아니라 대기업의 경쟁력 제고와 국가경제 발전을 위해서라도 중소기업의 경쟁력 제고는 반드시 갖추어야 할 전제조건이다.

　본 장에서는 국내 중소기업의 경쟁력 제고 방안을 마케팅의 관점에서 논의하고

자 한다. 많은 국내 중소기업이 기술창업의 형태를 띠고 있고 그런 만큼 대부분의 경영자원이 제품개발에 투입되고 있다. 그럼에도 불구하고 중소기업이 가지는 제한된 기술인력과 급속한 기술환경의 변화, 짧은 기술 수명주기, 대기업 의존적 경영 관행 등은 오히려 이러한 기술중심 중소기업의 경쟁력 확보를 더욱 어렵게 하고 있다. 생산과 기술중심의 우리 중소기업들이 시장과 고객중심의 세계적 중소기업으로 나아가기 위한 방안은 무엇일까?

중소기업의 마케팅을 논할 때 가장 어려운 점은 대부분 중소기업에서 마케팅 활동에 대한 이해와 필요성에 대한 인식이 부족하다는 데 있다. 많은 중소기업이 기술력과 제품생산을 중요시 하는 제조업이라는 점이 큰 이유이기도 하지만, 대기업의 요구대로 생산해서 납품만 하면 되는 대기업 의존적 경영이 주를 이루고 있기 때문이다. 이는 결국 시장을 분석하고 시장의 요구에 민감하게 대응하는 마케팅 역량을 갖추지 못하는 결과로 이어지게 되었다.

대기업 역시 최종 소비자들의 니즈 급변과 다양화, 경쟁제품과 기술의 급속한 등장 등장으로 인해 안정적 시장대응 역량이 떨어지고 있으며, 이는 고스란히 중소기업과의 관계에 영향을 미치고 있다. 즉 급변하는 시장에 대응하기 위한 대기업의 욕구는 협력 관계 중소기업에 대한 요구사항의 다양화와 고도화로 나타나 중소기업의 빠른 대응을 요구하고, 지금까지와 같은 수동적 부품 공급자가 아니라 자신들의 부가가치 창출과 경쟁역량을 제고해 줄 수 있는 전략적 파트너로서의 공급업체를 선택하기 시작했다. 이는 더 이상 요구하는 대로만 생산하고 납품해왔던 기존의 중소기업 대응방식으로는 생존하기 힘듦을 의미한다. 따라서 중소기업은 새로운 환경에 선도적으로 대응할 수 있는 시장과 소비자 중심 역량을 시급히 확보할 필요가 있는 것이다.

(1) B2B 중소기업의 마케팅

중소기업은 자기 책임 하에 연구개발–생산–판매를 독자적으로 수행하는 기업은 자가 제품형 중소기업으로, 거래기업의 요구대로 생산해서 납품하는 기업은 하청형 중소기업으로 분류할 수 있다. 본 절에서는 국내의 많은 중소기업이 속해 있는 하청형 중소기업의 관점에서 B2B 마케팅에 대해 기술하고 있다.

1) B2B 마케팅에 대한 이해

B2B 마케팅과 B2C 마케팅의 가장 큰 차이점은 고객에 있다. B2B 마케팅에서는 기업, 정부, 기관 등이 고객인 반면 B2C 마케팅에서는 주로 개인 소비자들이 최종 고객이다. 마케팅 활동의 대상이 되는 고객이 다르기 때문에 상이한 마케팅 접근이 필요할 수밖에 없다. 이를 마케팅믹스 차원에서 살펴보면 우선 B2C 마케팅에서의 제품은 최종 소비자들이 바로 사용할 수 있는 완제품 형태의 소비재가 대부분인 반면, B2B 마케팅에서의 제품은 생산이나 재판매 목적으로 기업들이 주로 구매하는 재료, 원자재, 부품, 반가공품 등 생산재가 대부분을 차지한다.

B2C 마케팅에서의 가격은 원가, 경쟁사 가격, 소비자 지각가치, 정책, 경기 등 다양한 변수들을 고려하여 설정되지만, B2B 마케팅에서의 가격은 거래주체간의 협상에 의해 결정되는 경우가 많다. 백화점, 할인점, 슈퍼마켓, 온라인 쇼핑몰, 모바일 쇼핑 등 B2C 마케팅에서의 복잡하고 다양한 유통경로와는 달리 B2B 마케팅에서의 유통경로는 매우 짧고 단순한 특징을 보인다. 이는 B2B 마케팅의 고객인 기업의 수가 적고, 구매 규모는 대규모인 특징을 가지기 때문이다. 촉진의 경우 광고, 홍보, 판매촉진 등 다양한 촉진믹스 수단이 있는 B2C 마케팅과 달리 B2B 마케팅에서는 주로 인적판매에 의존하거나 전시회 등 매우 제한된 촉진활동만 활용하고 있다. 이 같은 차이점 외에도 B2B 마케팅은 B2C 마케팅에 비해 상대적으로 길고 지속적인 거래관계가 많고 거래규모가 큰 반면 거래횟수는 상대적으로 적은 특징을 가진다. 또한 구매주체가 기업인 만큼 구매의사결정 역시 특정 개인이기보다는 구매부서를 비롯한 여러 명의 이해관계자들이 참여하여 결정하는 집단적 의사결정 특징을 보이며, 고객사 완성품에 대한 시장수요에 따라 협력업체에 대한 수요가 달라지는 시장이기도 하다. 특히 앞서 살펴본 마케팅믹스 중에서도 제품의 중요성이 매우 큰 특징을 보이는데 이는 공급업체가 납품하는 부품 하나의 품질이 전체 완성품의 품질을 좌우할 수 있기 때문이다.

이상에서 살펴본 B2B 마케팅과 B2C 마케팅의 차이점은 기업고객 대상의 B2B 마케팅이 개인고객 대상의 B2C 마케팅과 달라야 하며, B2C 중심의 기존 마케팅 이론들을 기계적으로 B2B 마케팅에 적용하는 것은 위험한 일임을 의미한다.

2) B2B 고객의 이해

앞서 언급한 바와 같이 B2B 마케팅이 B2C 마케팅과 가장 다른 점은 생산기업,

유통업체, 정부조직 등 조직 구매자를 고객으로 삼는다는 점이다. 본서에서는 이들 조직 구매자 중 생산 또는 유통을 주로 하는 기업에 초점을 맞추고 있다.

① 구매센터

B2B 마케팅을 성공적으로 추진하기 위해서는 기업고객의 의사결정 특징을 충분히 이해할 수 있어야 한다. 기업고객 의사결정의 가장 큰 특징은 의사결정 주체가 집단적이라는 데 있다. 제품 이용자뿐 아니라 제품구매를 승인하는 결재부서, 제품구매를 실행하는 구매부서, 제품선택에 영향을 미치는 사내 제품전문가 등 다양한 이해관계자들이 의사결정에 집단적으로 참여하는 복잡한 형태를 띤다. 이와 같이 기업조직에서 구매의사결정에 참여하는 다양한 사람들의 집합체를 구매센터(buying center)라 하며, 이는 정형적인 형태가 아니라 구매하는 제품의 특징과 구매상황에 따라 그 규모와 구성원이 달라지는 가상적인 조직이다.

구매의사결정이 경영성과에 중대한 영향을 미치거나 대규모의 비용이 투입되는 경우에는 종합적인 의사결정을 위해 매우 다양한 구성원들이 참여하게 되는데 이때는 구매센터가 매우 크고 또 장기간 유지된다. 반면 재고가 소진된 기존 부품 재구매에서는 구매부서와 발주부서 담당자만이 참여하는 규모가 작고 존속기간이 짧은 구매센터 형태를 띠게 된다. 이와 같이 구매센터는 구매대상 제품의 특징과 구매상황에 따라 그 규모와 역할, 참여 구성원 등이 달라지는 가상적 조직으로 구매 관련 업무를 총괄하는 상시적 구매부서와는 구별되는 개념이다.

구매센터 참여 구성원들이 제품과 구매상황에 따라 달라질 수 있고 또 다양한 구성원들로 이루어진다는 점이 B2B 마케팅을 추진하는 데 있어 어려운 점 중 하나이다. 왜냐하면 구매센터에 참여하는 구성원들은 각자의 이해관계에 따라 상이한 요구사항을 가지고 있으며, 의사결정 과정에서 수행하는 역할이나 영향력 또한 상이하기 때문이다. 이는 마케팅 주체인 중소기업으로 하여금 효과적인 커뮤니케이션 활동을 어렵게 하여 자신들에게 유리한 구매의사결정으로 이끌지 못하게 한다. 따라서 B2B 마케팅에서는 구매센터 구성원들을 잘 살펴서 그들 간의 역학관계와 각각의 요구사항을 정확하게 파악해 내는 것이 중요하다. 일반적으로 구매센터는 해당 제품을 실제 사용하는 최종 사용자(end user), 제품구매 필요성을 제기하는 사람(initiator), 제품관련 전문역량을 보유하고 의사결정에 정보적 영향을 미치는 사람(influencer), 제품구매로 인해 영향을 받게 되는 부서장, 구매여부를 최종 승인하는 결재자(decider), 공급

그림 13.1

구매센터 구성원

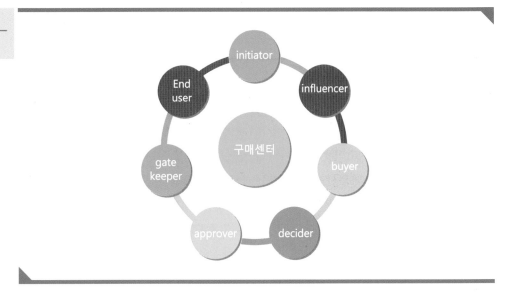

자 선택과 구매협상 실무주체인 구매부서(buyer), 끝으로 문지기(gatekeeper)라 불리는 정보유통경로의 실무자(건물 수위, 안내원, 구매부서 실무자 등) 등이 있다. 여기서 최종 사용자는 자신의 업무성과를 높일 수 있는 고품질의 제품을 원하지만, 정보적 영향을 미치는 영향자는 자신의 전문성을 드러낼 수 있는 과한 사양의 제품이나 유명 브랜드 제품을 추천할 수 있다. 또한 관련 부서장들은 자신의 부서업무가 바뀌거나 업무 증가가 없는 제품을 선호하고, 구매부서는 납기일을 보장하고 A/S가 좋은 제품을, 경리부서는 비용을 줄일 수 있는 저가제품을 각각 선호하는 특징을 보인다. 결국 이러한 다양한 욕구를 정확하게 파악해서 충족시켜줄 때 B2B 마케팅이 성공할 수 있다는 점에서, B2B 마케팅에서의 고객관계 관리는 B2C 마케팅에서보다 더 중요하고 필수적이다.

성공적인 고객관계 구축은 평소 구매센터 잠재 구성원들을 미리 파악하고 상시적인 관계를 형성, 유지할 때 가능하다. 이는 B2B 마케팅에 있어 인적판매가 중요한 촉진수단일 수밖에 없는 이유이기도 하다. B2B 마케팅에서의 인적판매는 B2B 촉진에서 다시 다룬다.

② 기업고객의 변화

기업고객들은 최근 구매혁신을 경영혁신의 화두로 삼고 있다. 연구개발 역량에 바탕을 둔 기술혁신과 공정혁신 등 전통적 원가절감 방식이 한계에 도달하면서 구매 단계에서의 혁신으로 눈을 돌리고 있다. 매출원가의 절대 비율이 원자재, 부품 등의 구매원가에서 발생하기 때문이며 나아가 값싼 부품 구매만으로는 자사 제품의 경쟁력 유지가 힘들다는 인식 때문이다. 많은 자본과 시간이 필요하고 자사 부담이 매우 큰 기술혁신에 비해 구매혁신은 짧은 시간에 효과가 나타날 수 있고 혁신에 따른 부담을 공급업체와 분담할 수 있다는 장점이 있다. 따라서 이제는 필요한 부품을 구매한다는 일회적 개념이 아니라 자사 제품의 부가가치를 높여 줄 수 있는 전략적 파트너를 선택하고 그 파트너의 연구개발과 기술혁신을 강제하며, 이를 바탕으로 경쟁력 있는 가격과 품질의 제품을 공급 받는다는 전략적 조달(strategic sourcing)의 의미를 갖게 되었다.

구매 프로세스의 핵심은 이제 부품 공급업체나 협력업체가 아닌 전략적 파트너를 선택하고 이들과 지속적인 전략적 관계를 가져가는 데 있다. 그만큼 기존의 협력업체 선정기준과 다른 강화된 선택기준으로 협력업체들을 선정하기 시작했다. 이는 협력업체 수를 줄임으로써 한 협력업체당 구매량이 늘어나는 결과를 가져오게 하였고, 결과적으로 거래횟수 감소와 규모의 경제로 거래비용 절감, 생산원가절감, 협력업체와의 유기적 관계 강화라는 전략적 효과를 창출하고 있다. 뿐만 아니라 구매 프로세스를 책임질 최고 구매책임자(chief procurement officer, CPO)를 지정하고, 구매접점에서의 권한 강화를 위해 전문인력의 배치가 증가하고 있다. NOKIA는 비용이 발생하는 곳에 우수한 인재를 배치한다는 원칙을 가지고 가장 많은 비용이 발생하는 구매파트를 적극적으로 관리했을 뿐 아니라, 연구개발 부서와 구매부서 간 직원 교류를 통해 원가절감과 부가가치 창출을 동시에 추구한 전략적 조달을 추진한 바 있다.

Steven Jeffery는 기업고객이 선호하는 공급업체(vendor)의 역량을 제안하였다. 공급업체가 5가지 역량을 많이 가질수록 더 많은 기업들이 고객이 될 가능성이 높다는 것이다.

- 전문성: 전문적 생산역량뿐 아니라 시장조사에서 부터 연구개발, 생산, 물류에 이르는 전체 프로세스에서의 최고 역량 보유
- 책임감: 납기일, 납기물량, 납기품질 등 공급계약 사항을 철저히 준수할 수 있는 역량과 지속적이고 안정적인 협력관계를 유지하려는 의지 보유
- 소통역량: 고객사 전략의 일부 또는 생산공정의 일부를 담당하는 고객사 사내 부서 수준의 소통 역량과 전략 전반에 대한 시장정보 제공 역량 보유

- **혁신역량**: 지속적 혁신으로 고객사 제품의 경쟁력 제고를 지원하고 동반 성장의 장기적 전망에 근거한 지속적 혁신 의지 보유
- **위험분담 역량**: 고객사와의 협업 프로젝트나 제품 실패에 따른 재무적, 사회적 손실을 미연에 방지할 수 있는 역량과 손실 발생 시 분담할 수 있는 역량 보유

CASE 1

의료기관 GPO (통합구매대행) 이용 증가

미국 펜실베니아대학 와튼스쿨에서 실시한 조사에 의하면 설문조사 참여 의료기관의 90%가 전국규모의 GPO(Group Purchasing Organization, 통합구매대행)를 이용하고 있다. GPO는 병원, 공급사 간 시스템을 통합해 주문, 발주, 입고, 재고관리 및 정산을 비롯한 계약, 구매, 조달의 과정을 전자시스템(MDvan)으로 통합 운영함으로써, 공급사와 병원간의 중간 가교 역할을 수행한다. 이 조사 응답자의 대부분이 GPO 서비스에 높은 만족도를 보였는데 특히 낮은 물품 가격으로 인한 비용절감, 계약 표준화, 시장가격에 대한 정보 제공, IT시스템과 인력효율화를 장점으로 꼽았다.

국내에서도 대형병원을 중심으로 경영혁신 일환으로 구매·물류업무를 외부 위탁하는 추세와 함께 구매대행 업무를 전문으로 하는 GPO산업에 대한 관심이 증가하고 있다. 이지메디컴을 비롯한 국내 GPO사의 특징은 IT시스템을 기반으로 구매뿐 아니라 병원 인터페이스와 연동 가능하다는 점이다. 또한 GPO는 축적된 데이터를 사용하여 객관적인 물품 및 가격정보를 확인하고 공급자간 합리적인 공개경쟁을 유도함으로써 병원 자체 구매보다 효율적인 구매가 가능하다. 특히 비대면 공개입찰 방식으로 운영되기 때문에 특정 업체 밀어주기, 공개입찰을 가장한 수의계약, 리베이트 관행 등을 봉쇄할 수 있다.

자료원: 이뉴스투데이 2015. 12. 28 수정 인용

이재영 LS전선 구매물류부문장(이사)는 구매물류부문 프로세스를 새롭게 정립하고 공급망(supply chain)을 재구축해 구매 경쟁력을 확보하는 데 경영의 초점을 두겠다고 밝혔다. 전선 제조업종의 제품 원가에서 구매가 차지하는 비중이 높아 구매 경쟁력이 곧 기업의 경쟁력으로 직결되기 때문이다. 따라서 구매물류 혁신

CASE 2

코스트 리더십 확보, 성과 내겠다

을 통해 코스트 리더십 확보, 리스크 정밀관리, 투명성 확보를 추진할 예정이며 모든 협력업체에게 공평한 기회를 부여할 방침이다.

자료원: 전기신문 2016. 2. 3 수정 인용

3) B2B 마케팅믹스

① B2B 제품전략

B2B 중소기업의 마케팅믹스에 있어 가장 중요한 요소는 제품이다. 기업고객의 공급업체 선택기준은 자사 완성품의 부가가치를 가장 높여 줄 수 있는 부품공급 업체이기 때문이다. 따라서 고객기업의 욕구에 적극적으로 대응할 수 있는 연구개발 역량과 기술력을 보유하고 있어야 하며, 부단한 혁신으로 고객사의 욕구를 선도하거나 욕구변화에 능동적으로 대처할 수 있어야 한다. 특히 B2B시장에서는 고객기업의 요구에 의해 제품의 내용과 품질수준이 정해지는 만큼 고객사의 경영여건이나 고객사 제품의 시장환경, 최종소비자의 욕구변화 등을 충분히 인식하여 고객사의 니즈변화에 대응하거나 새로운 니즈를 창출하는 선제적 대응 전략으로 제품 경쟁력을 높일 필요가 있다. 따라서 B2B 마케팅에서의 제품전략은 제품 자체의 품질이나 납기일, 물량 등도 중요하지만 고객사 제품의 시장여건에 연동하는 사전적 제품전략이 더욱 중요하다. B2B 제품전략의 핵심은 고객사가 원하는 값싸고 품질 좋은 제품 공급이 아니라 고객사의 니즈변화에 선제적으로 대응해서 고객사 제품의 부가가치가 제고되도록 혁신적 연구개발력과 생산력을 유지하는 것이다. 2010년에 독일의 BASF사가 인수한 화학업체 Cognis사는 고객사(국내는 태평양, LG화학 등)의 제품품질을 높일 수 있는 재료를 개발하는 것에 그치지 않고, 자사 제품을 함유한 화장품 콘셉트 개발과 이

Cognis사

에 대한 시장 반응까지 조사·분석하여 고객사들에게 제공하여 왔다. 이는 고객사의 니즈에 영향을 줄 수 있는 시장의 수요를 미리 파악하여 고객사의 의사결정을 지원한 경우로, 고객사의 성공을 자사의 목표로 인식하여 고객사를 지원한 대표적 사례로 볼 수 있다.

고객기업들의 요구가 고도화되고 공급자를 전략적 파트너로 인식하면서부터 제품의 개념과 범주 또한 달라지고 있다. 고객사가 원하는 제품 명세서상의 제품만이 아니라 고객사의 재고관리부터 시장수요 파악, 사용자 교육, 신제품 정보 제공, 관련제품 공급, 유지보수에 이르는 제품 사용주기 전체 과정이 제품의 영역에 포함되고 있는 것이다. 제품의 범주가 제품의 기능가치에 머물지 않고, 고객사가 기대하지 않았던 욕구나 고객사가 알지 못했던 욕구로까지 확장되고 있는 상황이다. 이는 결국 고객사의 제품이용 프로세스 전체를 지원할 수 있는 공급사 역량을 갖출 필요가 있다는 것으로 연구개발부터 조달, 생산, 배송, 유지보수, 교육 및 영업에 이르는 전체 업무프로세스가 하나의 제품으로서 기능해야 함을 의미한다.

② B2B 가격전략

B2B 마케팅에서의 가격설정 방법 역시 B2C 마케팅과 크게 다르지 않다. 자사의 원가나 목표 수익률 등에 기반한 자사 중심적 접근법, 경쟁사의 가격전략과 가격수준을 고려하는 경쟁사 중심적 접근법, 고객사가 기대하는 가격수준을 중시하는 고객 중심적 접근법, 기타 관련법이나 해당 업종 내 사회적 규범 등을 고려하는 환경 중심적 접근법 등 다양한 방법이 있으며, 이들 모두를 전반적으로 고려한 가격설정이 필요하다. 예를 들어 B2B제품 가격설정의 가장 큰 특징으로는 고객사 주도의 경쟁 입찰 방식을 꼽을 수 있는데, 입찰가격 설정은 고객사의 입찰기준뿐 아니라 입찰에 참가하는 경쟁사의 입찰전략도 고려해야 한다. 고객사의 입찰기준이 최저가 입찰인 경우 자사의 원가구조가 감당할 수 있는 수준인지, 장기적 관점에서 해당 고객사와의 시너지효과 창출은 가능한지에 대한 확인이 필요하다. 또한 경쟁사의 입찰가격 역시 경쟁사가 기존에 수행해 왔던 입찰전략과 성과, 현재 원가구조나 투자계획, 가격인하를 보전할 수 있는 비가격적 요소의 경쟁력에 대한 평가를 통해 예측할 수 있어야 한다. 특히 고객사의 가격인하 요구나 경쟁상황으로 인한 가격인하 압박은 공급기업으로 하여금

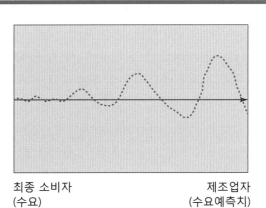

그림 13.2

채찍 효과
(Bullwhip Effect)

최종 소비자
(수요)

제조업자
(수요예측치)

지속적인 기술, 생산혁신에 매달리게 하지만 중소기업의 역량으로 한계가 있는 만큼 비가격적 요소에서의 경쟁력 제고로 가격인하 부담을 극복할 수 있어야 한다.

다만 국내 대기업-중소기업 간 관계에서는 고객사인 대기업의 협상력이 매우 크고, 많은 경우 대기업이 일방적으로 가격설정을 하기 때문에, 고객사가 제안할 가격 수준을 미리 파악해서 이에 대응할 수 있는 방안을 준비할 필요가 있다. 또한 기업고객들은 대량구매, 장기거래 등이 많아 계약 이후에도 가격인하 요구나 지속적인 납품단가 인하 요구가 이어지는 경우가 많다. 따라서 지속적인 기술혁신으로 고객사의 가격인하 압력에 선제적으로 대응하거나, 새로운 제품 제안으로 가격협상에서 우위에 설 수 있는 노력이 필요하다. 또한 가격설정의 중요한 기준이 되는 제품수요를 파악할 때도 파생수요(derived demand)가 과다하게 책정되는 채찍효과(bullwhip effect)를 충분히 고려할 수 있어야 한다. 즉 최종소비자 시장에서 확인된 수요는 B2C기업을 거쳐 여러 단계의 B2B기업들로 전파되는 과정에서 필요 이상 증폭되어 전달되는 현상이 자주 나타난다. 이러한 파생수요의 왜곡현상을 고려하지 못할 경우 과잉생산과 재고누적으로 이어져 막대한 비용부담과 함께 낮은 가격경쟁력으로 고객사와의 관계에 부정적 영향을 미칠 수 있음에 유의해야 한다.

③ B2B 유통전략

B2B 마케팅에서의 유통은 B2C 마케팅에 비해 상대적으로 적은 수의 고객을 대상으로 대규모 물량을 지속적으로 취급한다는 특징이 있다. 특히 공급기업과 고객기

업이 제품을 직접 주고받는 직접거래가 많아 제품의 수송과 보관을 비롯한 물류기능이 강조된다. 따라서 고객사가 요구하는 물량, 일정, 장소, 포장형태, 수송방법 등을 정확히 파악하여, 이를 충족시켜줄 수 있는 유통 및 물류서비스를 제공하는 것이 B2B 유통의 핵심이다. 최종 소비자 욕구의 다양화에 따라 고객기업들의 다품종 소량생산은 일반적 추세로 자리 잡을 것으로 예상되며, 이는 다시 공급기업에 다빈도 소량 배송이라는 고비용의 물류부담을 요구하게 될 것이다. 따라서 물류시스템은 공급기업만의 문제가 아니라 원재료 조달부터 부품생산, 완제품생산에 이르는 전체 과정에서 비용을 줄이고 부가가치를 최대화하는 시스템 관점에서 접근할 필요가 있다. 이러한 필요성에 의해서 운용되는 것이 SCM(supply chain management)으로 원자재 조달부터 최종소비자에 대한 완제품 배송까지 프로세스에서 정보기술을 이용한 상품, 서비스, 정보의 흐름에 대한 통합 관리 개념이다. 따라서 SCM은 이러한 프로세스를 구성하는 다양한 기능들의 최적화나 역량 제고를 비롯하여 공급업체와 고객기업 등 참여 구성원들 간의 비전과 목표, 전략의 결합을 필수적 요소로 삼고 있다. B2B시장에서의 유통은 물류의 관점, 그것도 고객기업과의 전략적 결합이라는 SCM의 관점에서 준비할 수 있어야 한다.

B2B 시장에서도 산업재 중간상들이 있어 B2C시장에서처럼 유통기관의 역할을 하고 있다. 하지만 이들 산업재 유통점을 이용하는 경우는 앞서 살펴본 바와 같은 공급기업-구매기업 간 직접적 거래관계가 아니라 공급기업-산업재 유통기업-구매기업으로 연결되는 간접 거래관계를 형성하기 때문에 공급기업 입장에서는 최종 구매기업보다 자사 제품을 유통시켜주는 산업재 유통기업이 중요한 고객기업이 된다. 한편 이러한 산업재 유통점은 공급기업을 대신해 영업 및 마케팅 활동을 수행함으로써 특정 지역이나 시장 진입을 도와주고, 공급기업의 재고를 유지하면서 공급기업의 재고부담 분담과 물류생산성을 높여주는 역할도 수행한다. 뿐만 아니라 구매기업에게는 구매자금 지원, 공급기업에게는 생산자금 지원 등을 통해 거래 상대자들의 재정문제 해결에도 중요한 지원 역할을 수행한다.

④ B2B 촉진전략

B2B제품은 복잡하고 고가이며, 주문을 통해 제작하는 비규격품들이 많다. 따라서 표준화된 규격품을 대상으로 하는 B2C 마케팅에서의 촉진활동과는 달리 광고나 PR(public relation), 판매촉진 등과 같은 일반적인 촉진믹스는 인적판매를 지원하는

보조 수단으로 활용된다. B2B 촉진활동에서의 인적판매는 고객사 구매센터의 다양한 구성원들 각각의 욕구를 파악하고 구성원들 간 이해관계와 역학구조에 대한 이해를 바탕으로 고객사 구매의사결정 과정 전체를 관리하는 책임을 지닌다. 따라서 고객사를 담당하는 영업사원은 고객사의 사업현황과 문제점에 대한 완벽한 이해가 필요하며, 구매센터 핵심 구성원들과의 우호적 관계를 상시 유지할 수 있어야 한다. 또한 영업사원은 제품판매가 아니라 고객사의 문제를 심층적으로 이해하고 이를 해결해 주는 것을 임무로 삼아야 하며, 이를 위해서는 판매나 거래보다 관계지향적 영업활동을 중요하게 인식해야 한다. 공급기업에서는 이들 영업사원에 대해 자사의 직원이 아니라, 자사의 마케팅 활동과 고객사의 구매활동을 조정하는 경계인으로서 자사의 대표이자 고객사의 대표라는 중간적 위상을 부여할 필요가 있다. 기업소비자는 가격, 품질, 호환성 등을 기준으로 매우 이성적 구매의사결정을 하지만 현장에서 쌓게 되는 오랜 기간의 신뢰는 이들 요소보다 더 중요한 역할을 하는 경우가 많다.

B2B 마케팅에서도 광고, PR, 판매촉진 등 다른 촉진믹스가 중요한 역할을 수행하는 경우가 종종 있다. 기업 고객의 경우 다른 기업의 제품 구매 성공 스토리, 동종업계 성공 케이스 등을 매우 중시하는 경향이 있기 때문에, 동종업계 내 기존 고객사뿐 아니라 과거 고객사들까지 관계관리를 통해 긍정적 구전을 유도할 필요가 있다. 최종 소비자 대상의 직접 커뮤니케이션 활동을 통해 자사 제품에 대한 고객사 수요를 강제할 수도 있다. "Intel Inside" 캠페인으로 유명한 Intel(IC칩)사나 명품렌즈의 대명사인 "Carl Zeiss(렌즈)", "Gore-tex(섬유)" 등은 B2B 기업임에도 요소 브랜딩(ingredient branding)이라는 전략추진을 통해 자사 브랜드의 경쟁력을 높이고 고객사와의 관계에서 협상력을 높게 가져간 대표적 기업들이다.

Carl Zeiss 렌즈

각종 전시회는 중소기업의 신제품 소개에 효과적인 촉진 수단이다. 많은 잠재고객사들이 참여하여 공급사들의 제품을 직접 확인할 뿐 아니라 구매 상담과 계약까지 이루어지는 중요한 촉진경로이고 대규모 잠재고객들에게 자사 제품이 노출되는 수단이다. 전시회 참여시에는 제품 선정부터, 상담원 선발, 핵심 메시지, 브로셔 내용, 전시회장 내 자사부스 위치, 인테리어 등을 꼼꼼히 준비할 필요가 있다.

GORE TEX 소재

intel 칩

[2] B2C 중소기업의 마케팅

1) 중소기업의 B2C 시장

최종소비자가 직접 구매하는 완제품 생산 중소기업의 경우 부품 등 산업재를 생산하는 중소기업보다 시장을 개척하는 데 더 많은 어려움을 겪는다. 최종소비자를 대상으로 하는 B2C시장은 고객 수가 많고 요구사항이 매우 다양한 데다, 제품뿐 아니라 광고, 유통, 가격 등 다른 마케팅믹스들도 모두 중요하게 고려해야 하기 때문이다. 뿐만 아니라 주요 소비재 시장에서는 전통적인 시장 수위 사업자와 대기업들이 오랫동안 탄탄한 시장지배력을 갖추고 있기 때문에 제한된 경영자원을 가지고 경험이 일천한 중소기업이 시장을 공략하기는 매우 어렵다. 특히 중소기업 제품의 품질에 대한 소비자들의 불안감과 낮은 브랜드 인지도는 막강한 브랜드 자산을 가진 대기업과의 경쟁에서 치명적 약점으로 작용할 수밖에 없다. 그 결과 완제품을 생산하는 중소기업들은 주문자상표 부착방식(original equipment manufacturing, OEM)이나 원천개발제조방식(original design manufacturing, ODM)을 많이 활용하고 있다. 두 방식 모두 중소기업에게는 완제품 생산능력의 보유가 필요한 방식으로, 시장개발과 마케팅 역량이 부족해도 효과적 경영활동이 가능한 비즈니스 모델이다. 하지만 두 방식 모두 중소기업이 자사 브랜드의 자생력을 확보하기 어렵다는 점과 상대적으로 수익이 낮다는 문제가 있다. 이들 각각을 구체적으로 살펴보면 다음과 같다.

2) 주문자상표 부착방식(OEM)

OEM방식은 고객기업이 제시하는 설계대로 완제품을 생산해서 납품하면, 고객기업이 고객기업의 브랜드로 시장에 공급하는 방식이다. 원자재나 부품만을 공급하는 B2B시장과 달리 완제품을 생산해서 납품하는 방식으로, 완제품 생산능력은 있지만 판로 개척 등 마케팅 자원과 역량이 부족한 중소기업들에 적합한 비즈니스 모델이다. 좋은 제품을 생산할 능력만 있으면, 안정적 판로를 매우 저렴한 마케팅 비용으로 확보할 수 있는 방식이다. "나이키·폴로 랄프로렌·유니클로·H&M" 등의 글로벌 브랜드들은 대부분 OEM방식으로 생산되고 있다. 또한 유통 대기업과의 거래에서도 쉽게 찾아볼 수 있는데, 최근 대형 할인매장을 중심으로 증가하고 있는 PB(private brand)상품들이 대표적 예이다.

그러나 OEM방식은 많은 경우 주문을 하는 대기업과 생산을 담당하는 중소기업 간에 종속적 관계가 유지되거나 중소기업의 대기업 의존도가 매우 커 중소기업이 상시적으로 경영위험에 노출될 수 있고, 고객사의 지속적인 요구사항 변화와 경쟁사들의 등장으로 중장기적 사업전망을 가질 수 없다는 단점이 있다. 특히 중소기업 자체의 브랜드 자산을 구축하지 못하고 생산전문 기업으로 고착될 수 있다는 점에서 중장기적으로 더 큰 사업기회를 상실하는 결과를 가져올 수 있다. 창업 초기 소니는 단기간에 시장에서 성공할 수 있는 대규모 OEM 제안을 거부하면서 크게 고전했지만, 이후 일본을 대표하는 브랜드로 성장하고 가전제품의 전 세계 최고 브랜드로 오랫동안 군림할 수 있었다.

3) 원천개발 제조방식(ODM)

ODM방식은 OEM방식처럼 단순 생산기능만 요구하는 것이 아니라 제품개발 역량까지 필요로 한다. 자신들만의 차별화된 제품을 생산해서 기업들에게 제시하고, 고객기업들은 자신들이 선호하는 제품만을 구매하거나, 자신들이 원하는 제품을 개발, 생산해 달라는 요구를 하는 방식이다. 따라서 ODM방식의 중소기업은 연구개발 능력, 원천기술, 디자인 능력 등을 보유하고 있어야 하며, 자사제품을 고객기업들에 알리기 위한 다양한 커뮤니케이션 활동도 할 수 있어야 한다. 하지만 자사 브랜드를 최종 소비자들에게 알리기 위한 광고, 홍보, 판매촉진 등의 마케팅 활동은 여전히 필요하지 않은 방식으로, 이러한 활동에 소요될 자원을 연구개발에 투입할 수 있고, 자사가 직접 개발한 제품인 만큼 부가가치도 높아 OEM방식에 비해 높은 수익성을 확보할 수 있다. 또한 높은 제품개발력을 바탕으로 고객사와의 관계가 종속적이지 않고 대등한 관계를 유지할 수 있는 방식이다. 세계 스포츠 모자 시장의 45%를 점유하고 있는 국내 기업 (주)다다 C&C는 대표적 ODM기업으로, 미국의 주요 프로스포츠 리그인 미식축구(NFL), 메이저리그(MLB), 프로농구리그(NBA), 아이스하키리그(NHL) 팀들의 모자뿐 아니라 (L)PGA 선수들의 모자 대부분을 생산, 공급하고 있으며, 리복, 나이키 등 글로벌 브랜드들에도 제품을 공급하고 있는 세계

다다 C&C
모자 제품

모자시장 1위 기업이다.

이상에서 살펴본 바와 같이 OEM방식과 ODM방식을 추구하는 중소기업의 경우 비록 소비재를 생산하는 기업일지라도 사실상 기업구매자를 대상으로 B2B 마케팅을 수행해야 한다. 그런 점에서 이들 기업 역시 고객기업의 전략적 파트너로서의 역할 수행과 고객기업 구매센터에 대한 철저한 이해가 요구된다.

4) 최종 소비자 마케팅

최종 소비자 대상의 직접 마케팅을 원하는 중소기업에게는 대기업과는 다른 차별화된 시장공략과 마케팅활동이 요구된다. 시장이 작아 대기업들에게는 매력이 없는 틈새시장을 공략하는 것이 대표적이다. 작은 틈새시장에서 제품력을 바탕으로 소비자들에게 높은 가치를 제공하고, 이를 바탕으로 긍정적 구전을 유도할 때 브랜드 인지도 제고와 긍정적 이미지를 구축할 수 있다. 또한 틈새시장에서의 성공은 관련 제품이나 인접시장으로의 진출에 교두보 역할을 함으로써 지속적인 성장의 기반이 될 수 있다. ㈜국순당이 틈새시장을 공략해서 성공한 대표적 기업이다. 국내 주류 대기업들이 맥주, 소주 등 대중주 시장에서 각축전을 벌이고 있을 때 전통주 시장을 공략하여 "아내가 권하는 술", "알코올 도수가 낮은 저도주" 등의 브랜드 콘셉트로 백세주라는 강력한 브랜드를 창출하였다. 또한 소주와 백세주를 반씩 섞어 만든 오십세주가 한국의 폭탄주 문화를 배경으로 급속히 확산되자, 오십세주를 쉽게 만들 수 있는 병을 만들어 식당들에 보급하는 등 시장반응에 발빠르게 대응하는 촉진활동을 진행하기도 했다. 이러한 백세주의 성공을 바탕으로 국순당은 복분자주, 차례주, 막걸리 시장에도 진출하였으며, 현재는 국내 전통주 시장 최고의 맹주로서 전통주의 해외시장 진출에 앞장서고 있다.

국순당의 백세주

국순당의 막걸리

국순당의 복분자주

물론 많은 중소기업이 ㈜국순당처럼 자사가 성공할 수 있는 틈새시장을 찾아내고 또 성공하여 대기업 수준의 브랜드 자산을 확보하기는 쉽지 않다. 하지만 자사의 성공 가능성이 있는 틈새시장을 찾아내고 표적시장에 적합한 제품개발과 차별화된 커뮤니케이션 활동이 이루어진다면 작은 시장에서의 성공을 교두보로 더 큰 시장으로의 진출이 가능해질 수 있고, 작은 시장에서의 경험을 바탕으로 큰 시장을 효과적으로 공략할 수 있다.

　　B2B 중소기업들이 B2C시장으로 진출하는 사례들이 늘고 있는데, 이는 여전히 열악한 대기업-중소기업 관계, 자사 브랜드 출시를 통한 수익성 제고 욕구, 안정적 고객기반 확보 필요성, 마케팅 역량 축적에 따른 시장기회 포착 등 여러 변수가 작용했기 때문으로 해석된다. ㈜국순당도 처음엔 주정효소를 주류기업에 공급하는 B2B기업이었으나 틈새시장에서의 성공을 바탕으로 경쟁력 있는 B2C기업으로 전환하였으며, ㈜다다 C&C 역시 ODM시장에서 축적한 제품력과 마케팅 역량을 바탕으로 패션잡화 시장에 B2C 브랜드인 "모비토"를 출시한 바 있다.

CASE 3

B2B와 B2C 기로에 선 부품업체

　　중소·중견 부품업체가 일반 소비자 대상 제품을 내놓는 B2C 사업에 진출하는 사례가 증가하고 있다. 스마트폰을 비롯한 부품산업 전방시장이 어려움을 겪으면서 발생한 매출 감소를 만회하고 장기적인 성장 동력을 확보하기 위해서다. 자체 매출처 확보를 통해 고객사의 물량 수주에만 전적으로 매달리지 않아도 되기를 희망하고 있다.

　　이들 중소·중견 부품업체의 강점은 글로벌 기업에 부품을 공급하며 쌓아온 기술력, 양산 노하우, 생산설비 등이다. 필요 부품을 자체 조달할 수 있어 가격 경쟁력도 강점이다. 약점은 이들 업체가 여전히 B2B 체질에 머물러 있다는 점이다. 자재 공급망, 재고 관리, 제품 기획, 홍보, 유통, 영업 등 전 영역에 걸쳐 B2B에 맞춰진 기존 사업방식을 바꾸는 것이 쉽지 않다. B2B와 B2C 기로에 선 이들 부품업체는 선택이 필요하다. 과거 성장 원동력이던 B2B 부품 사업에 집중할지, 미래 성장 동력이 될 수 있는 B2C에 집중할지 선택해야 한다. 부품 사업하다 남는 자원, 유휴 설비로 B2C 사업을 돌리는 정도로는 성공하기 쉽지 않다.

자료원: 전자신문 2015. 10. 25 수정 인용

벤처기업의 마케팅

　　벤처기업은 우수한 연구개발능력과 기술력을 바탕으로 창업되는 경우가 많다. 하지만 실패한 많은 벤처기업의 문제는 우수한 기술력의 결과가 소비자에게 가치를 제공해 주는 새로운 것이 아니라 그저 높은 기술력이 적용된 또 하나의 제품 출시에 지나지 않았다는 데 있다. 즉 기술 중심 벤처기업에서 생산된 것과 소비자가 원하는 것, 기업이 제공하는 가치와 소비자가 지각하는 가치 사이에 간격이 컸다는 것이다. 공장에서는 제품을 생산하지만 소비자들은 가치를 구매하며, 이러한 가치는 제품의 기능적 가치뿐 아니라 정서적, 사회적 가치까지 모두 포함된 가치의 묶음임을 앞선 장에서 이미 살펴보았다. 벤처기업과 소비자 간의 이러한 간격, 가치의 차이는 기업의 연구개발 단계부터 마케팅 관점이 부족했음을 의미한다. 즉 기업이 가진 기술역량을 중심으로 연구개발을 하고, 최신 기술을 바탕으로 최고 사양의 제품을 만들어내는 기술 중심의 경영이 아니라 소비자의 문제 해결에 필요한 기술을 개발하고 제품을 생산하는 소비자 중심 마인드와 경영활동이 필요하다는 것이다. 벤처기업의 마케팅 활동은 최근 활발히 연구되고 있는 하이테크 마케팅 이론을 통해 구체적으로 살펴볼 수 있다.

(1) 하이테크 시장의 이해

　　벤처기업의 마케팅을 이해하기 위해서는 이들이 주로 활동하는 하이테크 제품 시장에 대한 이해가 필요하다. 하이테크 제품 시장의 가장 큰 특징은 불확실성으로 요약할 수 있다. 하이테크 제품 소비자들의 니즈가 무엇이고 어느 정도나 있는지, 신제품이 출시된다면 구매할 가능성이 있는지, 구매한다면 얼마나 빠른 속도로 구매를 할 것인지, 시장규모는 얼마나 되고 소비자 니즈는 얼마나 빨리 변하는지 등과 관련된 불확실성이 매우 크다. 또한 이러한 소비자 니즈를 충족시킬 수 있는 혁신 기술은 존재하는지, 혁신기술을 적용한 제품은 언제쯤 개발될 수 있는지, 기존 기술을 잠식할 다른 신기술은 어디에 있고 언제쯤 나타날 것인지 등 기술 측면의 불확실성도 매우 높은 특징이 있다. 이러한 두 가지 측면의 불확실성이 하이테크 제품을 생산하는 벤처기업에게 매우 어려운 경영환경으로 작용한다. 특히 마케팅의 대상인 하이테크 제품 소비자들은 전통적인 제품 소비자들과 달리 그 니즈가 매우 다양하면서도 이질적이고, 동일한 제품에 대해서도 지각하는 제품가치가 매우 달라 소비자를 이해하고 니즈를 충족시키기가 어려운 특징이 있다.

CASE 4
ESG 사내벤처 창업붐

ESG(환경·사회·지배구조) 붐이 사내벤처로 확산되고 있다. ESG 관련 분야에서 사업 아이디어를 얻어 창업하는 사내벤처가 늘고 있는 것이다. ESG를 테마로 한 사내벤처는 환경 관련 분야가 가장 많다. 삼성전자 사내벤처로 출발한 에바(EVAR)는 폐배터리를 회수해 만든 이동형 전기차 자동 충전 로봇을 개발했다. 에바를 활용하면 충전소를 찾지 않아도 어디서든 손쉽게 충전이 가능하다. 충전기 배터리로 폐배터리를 활용해 친환경적이며, 대용량 배터리를 적용해 완충 시 최대 2~3대의 전기차를 충전할 수 있다. 현대·기아차의 사내벤처 마이셀은 버섯 균사로 차량 복합재와 시트 등 바이오 소재를 개발하는 업체다. 마이셀은 천연가죽이나 합성피혁에 비해 환경오염이 적은 데다 경제성까지 갖춘 버섯 균사를 활용한 식물성 가죽(비건 레더) 사업의 선두주자다. 포스코에서 분사한 카본엔은 포스코제철소에서 발생하는 이산화탄소를 포집해 고순도 액화탄산가스로 만드는 일을 한다. 고영하 한국엔젤투자협회 회장은 "최근 ESG 테마 사내벤처가 늘어나는 이유 중 하나는 의미 있는 일을 한다는 기업 미션으로 이해관계자의 공감을 얻기 쉽고, 투자를 유치하기에도 유리하기 때문"이라고 분석했다.

자료원: 한국경제신문 2022. 3. 15 수정 인용

---

[2] 하이테크 소비자의 이해

Everette Rogers의 기술수용주기모형(technology adoption life cycle)에 의하면, 혁신제품 소비자들은 혁신제품을 수용하는 순서에 따라 [그림 13.3]과 같이 5개 유형으로 나눌 수 있다. 혁신제품을 가장 먼저 구매하는 혁신자(innovator)들은 혁신기술 자체에 환호하고 혁신기술 자체가 목적인 기술애호가들이며, 다음으로 받아들이는 조기수용자(early adopter)는 고위험 고수익(high risk high return)을 즐기며 앞서 가는 소비자 이미지를 선호하는 선견자적 소비자들이라 할 수 있다. 이상 두 부류의 소비자

그림 13.3

기술수용주기모형

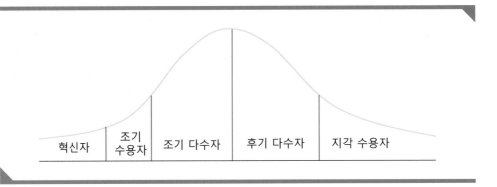

혁신자　조기 수용자　조기 다수자　후기 다수자　지각 수용자

로 구성되는 조기시장(early market)이 포화되어야 비로소 제품구매를 시작하는 중후반부의 시장을 주류시장이라 하는데, 주류시장은 소위 실용주의자들이라 칭하는 조기다수자(early majority)로부터 시작된다. 조기다수자들은 위험을 즐기는 조기수용자들과 달리 성과가 명확하게 검증된 제품과 남들이 구매하는 제품만을 구매하는 안전지향적 소비자들이라 할 수 있다. 이들 다음으로 구매하는 소비자 유형은 보수적 구매특성을 보이는 후기다수자(late majority) 그룹으로 제품의 기능적 가치보다 저렴한 가격 등을 선호하고 제품변화를 싫어하는 소비자들이며, 마지막으로 지각수용자(laggards)는 혁신기술제품 등에 대해 부정적 시각을 가진 비우호적인 소비자 그룹이라 할 수 있다.

　　이상과 같이 혁신제품 소비자들의 구매행동 특성은 각 단계별로 매우 이질적으로 나타난다. 다시 말해 각 단계의 소비자들은 다른 단계의 소비자들과 매우 다른 소비자들이다. 따라서 혁신제품 마케팅의 경우 혁신제품이 출시된 이후 소비자들의 수용단계에 따라 각각 차별적인 마케팅 접근이 필요하다. 혁신기술 자체만을 선호하는 혁신자 그룹 대상의 마케팅과 성과를 중시하고 안전을 중시하는 조기다수자 대상의 마케팅은 분명히 달라야 하기 때문이다. 이 같은 혁신제품 소비자들의 이질적 구매특성으로 인해 발생하는 현상이 캐즘(chasm) 현상이다. 캐즘 현상은 혁신제품 조기시장의 포화 후 시장이 갑자기 증발(매출 급감)하여 조기시장 성공이 조기 다수자와 후기 다수자 시장으로 연결되지 않는 현상을 의미하는 것으로, Geoffrey Moore가 수많은 벤처기업의 실패를 분석한 끝에 발견한 조기 수용자와 조기 다수자 시장 사이의 대단절 현상을 일컫는다. 이 같은 시장단절의 주요 원인은 소비자들 간의 이질성에서 찾을 수 있다. 즉 조기시장과 다음 단계 시장 구성원들 사이에 존재하는 혁신수용에 대한 인식의 차이, 위험인식의 정도, 가치관의 차이, 편견 등으로 인해 두 시장 소비자 간의 자연스런 연계나 흐름이 단절되고, 이것이 시장증발 현상으로 나타나게 되는 것이다. 따라서 하이테크 기업의 성공여부는 명실공히 이 캐즘 현상을 어떻게 극복하는지에 달려 있다고 해도 과언이 아니다.

(3) 하이테크 마케팅

하이테크 마케팅의 핵심은 기술수용주기모형에 따른 단계별 시장에 차별적으로 접근하는 데 있다. 이는 앞서 언급한 바와 같이 하이테크 제품 소비자들의 구매특성이 단계별로 매우 상이하기 때문이다. 기술수용주기 모형의 각 단계를 이루는 소비자들이 서로 상이한 제품니즈와 관여수준, 혁신성향 등을 가지는 이질적인 소비자들인 만큼, 소비자들의 구매의사결정에 영향을 미치려는 마케팅활동 역시 단계별로 달라야 한다.

1) 조기시장 마케팅
기술수용주기모형에서 가장 큰 차이를 보이는 곳은 조기시장과 다음 단계인 조기다수자 시장 간의 차이라 할 수 있다. 먼저 혁신자들과 조기수용자들로 구성되는 조기시장은 혁신성향이 강한 소비자들인 만큼 자사 제품의 혁신기술(breakthrough technology)이 분명해야 하며, 이에 대해 소비자들이 높은 가치를 인식할 수 있어야 한다. 따라서 조기시장에서의 마케팅은 제품의 혁신성 소구에 초점을 둔 커뮤니케이션에 집중될 필요가 있다. 이는 제품개발과 출시로 어려워진 벤처기업의 현금흐름을 양호하게 만드는 데 매우 중요한 역할을 한다. 따라서 경쟁에 쫓겨 불완전한 제품을 조기출시하기보다 이들 소비자가 원하는 제품 혁신성을 충분히 높인 다음 명확한 커뮤니케이션 메시지를 가지고 출시해야 조기시장에서의 성공 가능성을 높일 수 있다.

2) 캐즘단계 마케팅
조기시장이 포화되고 나서 나타나는 캐즘단계는 하이테크 마케팅에서 가장 어려운 단계이다. 캐즘단계를 극복하는 마케팅 역시 고객이 출발점이다. 캐즘단계는 혁신적인 소비자들로 구성된 조기시장의 구매는 완료되고, 의심 많은 조기다수자 시장은 아직 열리지 않은 사이에 있다. 따라서 캐즘 상황에서의 마케팅은 다음 단계에 있는 실용주의적 성향을 가진 조기다수자들을 목표로 진행해야 한다. 실용주의자들은 하이테크 제품에 대해 여전히 의심이 많고 지각하는 위험이 크며, 주변에서 제품의 실제 가치나 성과를 확인하고 싶어 하는 욕구가 많다. 이 같은 실용주의자들의 특성에 적합한 마케팅 방안으로 Geoffrey Moore는 작은 시장에서 먼저 소비자의 마음을 얻은 다음 이 성공경험을 구전을 통해 인접시장으로 전파하고 궁극적으로는 전체 시장을 공략하는 Bowling Alley전략을 제안하고 있다. Bowling Alley전략의 핵심은 실용주의자 시장 전체를 공략하기 위한 교두보로서 특정 틈새시장을 도출하고, 이 시장의 소비자들이 원하는 모든 것을 갖춘 완전완비제품(whole product)을 제시하며, 소비자들의 성공경험을 이끌어내고 소비자들 간 긍정적 구전을 이용해 인접시장으로의 진출을 지속적으로 전개하는 데 있다. 이는 혁신기술을 중시하는 조기시장의 혁신자 대상 마케팅과 매우 다른 접근으로, 실용주의자가 원하는 모든 것을 갖춘 완전완비제품이 필요한 데다 특정 세분시장에서의 작은 성공부터 시작한다는 특징을 가진다.

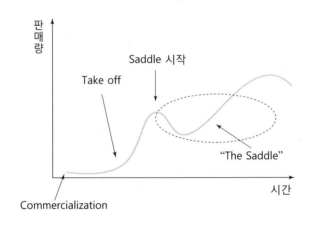

Source: Chandrasekaran and Tellis(2011)

Chandrasekaran과 Telli는 신제품(제품 카테고리 수준)의 매출이 급증하다가 갑자기 하락한 다음 상당기간 지난 후 다시 상승하는 이른바 '안장(saddle)현상'을 발견하고 이의 원인과 의미를 분석한 결과를 발표하였다. 안장이라고 명명한 이유는 위의 그림에서처럼 매출규모의 곡선이 마치 말 위에 올리는 안장과 비슷한 모습 때문이다.

안장현상은 신제품의 판매량이 급증한 이후 처음으로 나타나는 2년 연속 전 고점 대비 10% 이상의 판매량 감소 현상을 의미한다. 이러한 안장현상은 거의 모든 국가의 신제품에서 관찰할 수 있고 특히 혁신 기술이 많이 적용된 신제품일수록 더 분명하게 나타난다. 안장현상의 시작은 평균적으로 신제품의 판매량 급신장 시작 후 약 9년 정도가 경과되는 시점이며. 안장현상 기간 동안의 평균 판매량 감소분은 약 29% 수준으로 나타났다. 이들은 안장현상이 나타나는 이유로 크게 세 가지를 꼽고 있다. 첫 번째는 혁신제품의 확산 과정에서 빈번히 관찰되는 캐즘 현상 때문으로 보고 있다. Geoffrey Moore는 혁신제품 조기시장의 소비자와 주류시장 소비자 간의 가치관과 혁신성향 등의 차이가 이들 두 시장 사이의 매출증발 또는 매출 대단절인 캐즘 현상을 불러일으킨다고 설명하고 있다. 두 번째

CASE 5
신제품 안장현상

는 경기순환 때문으로 설명하고 있다. 즉 비록 신제품의 품질이 매우 좋고 매력적일지라도, 경기악화로 인해 구매력이 떨어진다면 판매량이 줄어들 수밖에 없다는 것이다. 마지막 세 번째 요인으로는 지나친 기술 발전을 꼽고 있다. 혁신적인 기술들이 많이 적용된 신제품의 경우 기술의 불확실성이 지나치게 높아 소비자들로 하여금 더 강력한 기술이 적용된 새롭고 매력적인 신제품을 기대하게 되고, 이런 기대감이 구매를 지연시키는 결과를 가져온다는 것이다. 이러한 안장현상이 대부분의 국가와 신제품의 성장에 있어 한 번씩은 거쳐야 하는 매출의 급감현상이라면 이러한 매출급감 시기를 대비할 수 있는 마케팅 전략 또한 필수적으로 준비해야 할 것이다.

3) 토네이도 단계 마케팅

하이테크 신제품의 가치가 구전을 통해 인접 시장으로 전파되면서 전체 실용주의자 시장으로 확산되면 갑작스런 매출 폭증이 일어나는데 이 단계를 토네이도(tornado) 단계라 한다. 이 같은 현상 역시 "남들이 살 때 나도 사고, 남들이 안 살 때 나도 안 산다"는 실용주의자들의 안전지향적 구매속성 때문이다. 따라서 이 시기에는 실용주의 소비자들에게 구매 확신을 줄 수 있는 커뮤니케이션 활동이 필요하며, 네트워크 효과 창출로 제품가치를 더욱 높이는 선순환 구조를 지향할 필요가 있다. 또한 주문을 감당할 수 없을 정도로 시장수요가 폭발하기 때문에 다양한 시장욕구 충족보다는 공급지연에 따른 소비자 불만 방지를 위해 물류 관리에 초점을 둘 필요가 있다. 특히 토네이도 단계에서 확보한 소비자 기반은 다음 단계인 주류시장에서의 성공적 마케팅에 필수 요소이며, 연관제품이나 후속제품의 출시에도 중요한 영향을 미치는 만큼 가급적 많은 소비자를 점유하는 것이 매우 중요하다. 또한 하이테크 제품들은 이용방법이 복잡하고 연관제품이 많아 특정 브랜드에 고착되면 다른 브랜드로의 전환이 어려운 특징이 있다. 따라서 하이테크 제품이 일단 출시되면 빠른 시간 내에 시장점유

율을 높일 수 있어야 하는데 수요가 폭증하는 토네이도 단계가 시장점유율 확보에서 가장 중요한 시기가 된다.

4) 토네이도 이후 시장 마케팅

실용주의자들의 수요 폭발이 가라앉은 후에는 전통적 마케팅 환경이라 할 수 있는 보수적 성향의 시장이 등장한다. 이 시기에는 경쟁 중인 제품들 간에도 기능적 차별화가 사실상 힘들고 소비자들도 기술에는 관심이 없는 만큼 제품의 기능보다는 브랜드나 디자인에서의 차별화에 초점을 맞출 필요가 있다. 나아가 제품은 더 단순하고 더 편리해야 하며 더 저렴한 가격일 수 있어야 한다.

이상에서 살펴본 바와 같이 하이테크 기업, 하이테크 제품의 마케팅은 소비자들의 혁신성향에 따른 이질성을 고려하여 단계적으로 상이한 마케팅 활동을 유연하게 가져가야 하는 특징이 있다. 특히 전통적인 마케팅믹스(4P) 중 제품요소의 중요성이 상대적으로 큰데 이는 하이테크 제품의 핵심이 혁신기술에 있는 데다, 소비자들의 혁신성향에 따라 제품에 대한 반응이 매우 다르고, 혁신제품의 수명주기 또한 매우 짧기 때문이다. 소비자들의 경험이 거의 없는 혁신제품을 알려야 하는 만큼, 촉진활동은 시장출시 당시 명확한 제품 콘셉트의 제시와 소비자 지각 위험의 해소에 초점을 맞출 수 있어야 한다.

3

공익연계 마케팅

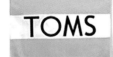

2006년 여름. 미국인 청년 블레이크 마이코스키(Blake Mycoskie)가 아르헨티나 여행 중 많은 아이들이 맨발로 수 킬로미터를 걸어 다니는 현실을 목격했다. 그는 이 아이들이 다양한 질병에 노출된 사실을 걱정하며 이들에게 도움을 줄 수 있는 방법을 고민하다 아르헨티나의 민속화인 알파르가타의 편안한 착화감에서 영감을 얻어 평평한 고무바닥, 가죽안창, 심플한 캔버스로 만들어진 신발을 제작했다.

이 신발이 바로 고객이 한 켤레를 구매할 때마다 한 켤레를 맨발의 아이들에게 전달하는 내일을 위한 신발(TOMorrow's Shoes) TOMS다. TOMS는 참신한 디자인과 편안한 착화감에 나

One for One® 기부.
고객이 신발 한 켤레를 구매할 때마다 도움이 필요한 아이에게 한 켤레를 전달합니다.

드는 아이콘이 되었다. 캠페인 시작 6개월 만에 1만 켤레를 아르헨티나 아이들에게 전달한데 이어, 2013년 6월까지 65개국에 1천만 켤레의 신발을 기부하였고, 2020년 1억 켤레 이상의 신발을 기부하였다. 이후 블레이크는 신발뿐 아니라 안경, 의류, 커피, 가방에 대해서도 One for One 캠페인을 진행하고 있다. 안경이나 선글라스 한 개 구매 시 교정용 안경, 의학적 처치, 안과 수술을 통해 한 사람의 시력 회복을 돕고 있다. 또한 가방 하나 구매시 안전한 출산을 돕기 위해 현지의 기부 파트너와 조산사를 교육하고, 위생 출산 키트(위생 패드, 탯줄 가위, 비누, 거즈 등)를 제공하고 있다.

눔의 정신이 더해지면서 많은 이들의 관심을 끌었다. 키이라 나이틀리, 스칼렛 요한슨을 비롯한 헐리웃 스타들이 TOMS를 신고 언론에 등장하면서 TOMS는 '감각' 있는 패셔니스타들을 '개념' 있는 지구인으로 만

> **CASE 6**
>
> **TOMS의 'One for One' 캠페인**

자료원: TOMS 홈페이지 수정 인용

1장에서 살펴본 것처럼, 마케팅을 지배하는 철학은 생산 중심에서 제품 중심, 판매 중심, 마케팅 콘셉트를 거쳐 '사회지향적 마케팅 콘셉트'로 진화하였다. 사회지향적 마케팅 콘셉트 시대에는 소비자들이 자신의 구매가 사회적으로도 바람직한 결과를 낳기 바라는 마음에서 제품의 품질과 가치뿐 아니라 기업의 사회적 책임 활동에도 관심을 갖는다. 본 장에서는 기업의 사회적 책임 활동의 하나인 공익 연계 마케팅에 대하여 알아본 후 공익연계 마케팅을 어떻게 기획할지 살펴보도록 하겠다.

(1) 공익연계 마케팅의 이해

공익연계 마케팅(cause-related marketing, 혹은 '대의명분 마케팅')이란 특정 제품 혹은 회사 전체 매출의 일정 비율을 특정 사회문제 해결에 기부하는 CSR 활동이다. 공익연계 마케팅의 시초로 불리는 아메리칸 익스프레스(이하, 아멕스)의 '자유의 여신상 복원 캠페인', 도입사례에서 살펴본 TOMS의 'One for One' 캠페인이 여기에 해당한다. 공익연계 마케팅을 이해하기 위해 공익연계 마케팅의 상위 개념인 CSR에 대

하여 알아본 후 공익연계 마케팅을 살펴보도록 하겠다.

1) CSR

CSR(corporate social responsibility, 기업의 사회적 책임)이란 사회가 기업에게 요구 하는 책임을 이행하기 위해 기업이 펼치는 사회참여 활동을 말한다. 유한킴벌리의 '우리강산 푸르게 푸르게' 캠페인, 삼성사회봉사단의 '소년소녀가정 돕기', 아모레퍼시픽의 '핑크리본캠페인', KT&G의 '상상 Univ'가 CSR에 해당한다. 기업들이 돈과 시간을 들여가며 CSR을 하는 이유는 무엇일까?

① CSR을 하는 이유

오늘날 많은 기업들은 사회의 구성원으로서 책임을 다할 뿐 아니라 긍정적인 이미지를 형성하기 위해 다양한 CSR을 하고 있다. 하지만 기업들이 처음부터 CSR에 관심을 갖고 CSR을 한 것은 아니다. 기업의 이윤창출 과정에서 발생하는 사회문제(환경오염, 자원 고갈, 종업원 착취 등)에 대한 사회의 비난이 거세지면서 비난을 잠재우고자 소극적으로 CSR에 나섰다.

그러나 CSR에 대한 소비자의 관심이 증가하면서 기업의 지속가능한 성장을 위한 전략으로 CSR에 나서게 되었다. 대한상공회의소에서 2021년 조사에 따르면, 제품을 구매할 때 기업의 CSR을 고려하는 소비자는 63%, CSR 활동에 부정적인 기업의 제품을 구매하지 않은 경험이 있는 소비자는 70%. CSR이 기업 이미지, 제품 판매 및 구전에 영향을 미치기 때문에 기업들은 적극적으로 CSR을 하게 되었고, 어떻게 하면 사회적으로 선한 일을 하면서 기업의 사업에도 도움이 될지 전략적 고민을 시작한 것이다.

② 사회참여 유형

CSR 일환으로 기업이 펼치는 사회참여 유형에는 공익연계 마케팅, 공익 캠페인, 사회 마케팅, 사회공헌 활동, 지역사회 자원봉사, 사회책임 경영 프랙티스가 있다.

- 공익연계 마케팅(cause-related marketing): 특정 제품 혹은 회사 전체 매출의 일정 비율을 기부하는 방식으로서, 앞서 살펴본 아멕스의 '자유의 여신상 복원 캠페인', TOMS의 'One for One' 캠페인이 여기에 해당한다.

- **공익 캠페인(cause promotions)**: 특정 사회문제에 대한 대중의 관심을 불러일으키거나 사회문제를 해결하기 위해 기부금과 자원봉사자를 모으고, 기업 또한 기금, 현물, 시간을 제공해서 사회문제를 해결하는 방식이다. 바디샵은 '동물실험 반대'라는 사회문제 해결을 위해 동물보호단체와 함께 공익 캠페인을 벌였는데, 바디샵 매장에 동물실험을 반대하는 표어를 설치하고 공익광고를 펼쳤다.

- **사회 마케팅(corporate social marketings)**: 공공의 건강, 환경, 복지 개선을 목표로 행동 변화 캠페인을 실시하는 것으로서, KT&G의 금연 캠페인, 현대글로비스의 '안전공감 캠페인' 등이 있다.

- **사회공헌 활동(corporate philanthropy, 자선활동)**: 사회문제나 공익사업에 현금, 물품, 노하우를 기업이 제공하는 방식이며, SK텔레콤이 도시락 급식센터에 시설투자 및 보조원을 고용하는 사업, 모바일을 이용한 미아 및 치매 노인 찾기 프로그램을 예로 들 수 있다. 현대자동차는 장애인 이동편의성 향상을

사회책임 경영 프랙티스

위해 수동휠체어에 모터를 장착해 주는 '수동휠체어 전동화키트' 사업을 펼치고 있다.

- **지역사회 자원봉사(community volunteering)**: 직원들이 지역사회의 문제에 참여하고 자원봉사를 할 수 있도록 기업 차원에서 지원하는 방식으로 삼성SDS 직원들이 정보화에 소외된 계층을 대상으로 IT 교육을 실시한 것을 예로 들 수 있다.

- **사회책임 경영 프랙티스(socially responsible business practices)**: 환경 및 사회복지를 개선하기 위해 기업이 경영 및 투자 활동을 하는 활동이다. 맥도날드가 재활용 포장지 사용을 늘리는 것도 환경을 배려하기 위한 사회책임 경영 프랙티스에 해당한다.

기업들은 하나의 사회참여 활동을 벌이기도 하지만, 여러 가지 사회참여 활동을

함께 진행하기도 한다. 예를 들어 삼성전자는 소외지역 학생들의 IT 교육을 위하여 자사 제품인 갤럭시 노트를 지원(사회공헌 활동)하면서 삼성의 직원들이 IT 교육을 실시(지역사회 자원봉사)하고 있다.

③ 사회문제의 종류

CSR을 펼치는 사회문제에는 지역사회에 대한 지원, 다양성 지원, 종업원 지원, 환경보호, 해외 사업장 지원, 제품 관련 활동이 있다. 지역사회에 대한 지원 활동 영역에는 예술·건강 프로그램 지원, 경제적 약자를 위한 교육·주택 사업, 기부를 들수 있다. 다양성 지원 활동 영역은 회사 안팎에서의 성별, 인종, 가족, 성적 취향, 장애 등의 다양성 지원 활동이 있다. 종업원 지원 활동 영역은 작업장 안전, 고용 안정, 수익 배분, 노동조합과의 관계를 들 수 있다. 환경보호 활동 영역은 친환경 제품, 유해한 산업 폐기물 관리, 오존층을 파괴하는 화학물질 사용 금지, 동물 실험 금지, 오염 통제, 재활용이 있다. 해외 사업장 지원 활동 영역은 노동착취를 비롯한 해외사업장에서의 노동 관행, 인권 침해 국가의 사업장 문제를 들 수 있다. 제품 관련 활동 영역은 제품 안전성, 연구개발, 반독점 분쟁이 있다.

CSV?

CSV(creating shared value, 공유가치창출)란 Porter와 Kramer가 창안한 모델로, 사회적 가치 향상과 기업의 이윤창출을 동시에 추구한다. CSR이 공정무역(fair trade)을 통해 커피 농가에게 수익을 보전해주는 것에 초점을 맞춘다면 CSV는 가치사슬(value chain)상 커피 원두 공급업자인 커피 농가에게 커피 재배 기술을 가르치고 커피 재배 인프라를 개선함으로써 원두의 생산성과 품질을 향상시키는 데 초점을 맞춘다. 코트디부아르의 코코아 농가는 공정무역을 통해 수입이 10~20% 증가하지만 CSV를 통해 수입이 300% 증가할 수 있다.
CSV는 사회적 가치를 높이면서 기업의 경쟁우위도 강화한다는 점에서 기업이 만든 가치를 나누는 것이 핵심인 CSR보다 진화된 형태라는 주장도 있지만 CSV가 CSR의 한 종류라는 주장도 있다.

---

2) 공익연계 마케팅

공익연계 마케팅이란 특정 제품 혹은 회사 전체 매출과 연계해 일정 비율을 기부금으로 적립해 특정 사회문제 해결에 사용하는 CSR의 유형이다. 다른 CSR 유형(공익캠페인, 사회 마케팅, 사회공헌 활동, 지역사회 자원봉사, 사회책임 경영 프랙티스)이 기업 이미지 개선을 통한 매출 증대를 도모하는 반면 공익연계 마케팅은 기업 이미지 개선뿐아니라 직접적으로 매출 증대에 도움이 된다는 점에서 차이가 있다.

공익연계 마케팅은 사회문제 해결을 위한 기금 마련에 효과적이어서 사회문제 해결에 큰 도움이 될 뿐 아니라 기업 입장에서도 긍정적인 기업 이미지를 형성하고 매출을 향상시키는 데 효과적이다. 아멕스가 1983년 실시한 '자유의 여신상 복원 캠페인'은 고객

백신 접종을 기다리고 있는 케냐의 어머니와 아이들

이 아멕스 카드를 사용할 때마다 1센트를 적립하는 것으로, 당시 170만 달러를 모금했고 아멕스 카드 사용률은 27% 증가했다. P&G의 '1Pack = 1Vaccine' 캠페인은 소비자들이 구매하는 팸퍼스 1팩당 파상풍 백신 1개를 유니세프에 기부하는 것으로 3천만 개 이상의 백신을 유니세프에 기부했다.

(2) 공익연계 마케팅 기획

공익연계 마케팅 기획은 공익연계 마케팅을 통해 달성하고자 하는 구체적인 목표를 설정한 후 이 목표를 달성하는 방법을 수립하는 것이다. 먼저 성공적인 공익연계 마케팅으로 꼽히는 노스웨스트항공의 키드캐어(KidCares) 프로그램을 살펴본 후 공익연계 마케팅의 기획 과정과 연결시켜보겠다.

노스웨스트항공은 항공사 간 출혈 경쟁과 유가 급등으로 재정적 어려움을 겪던 1990년대 초반부터 사회의 구성원으로서의 역할을 다하고 긍정적인 기업 이미지를 형성하고자 공익연계 마케팅을 시행했다. 승객들이 기부한 현금이나 마일리지를 다양한 자선단체에 전달하는 활동을 펼쳤는데 사회문제에 따라 승객들의 호응의 편차가 컸다. 노스웨스트항공은 자사 승객들의 마음을 움직일 수 있는 사회문제가 어린이, 특히 질병을 앓는 어린이를 돕는 일이라는 사실을 알게 된 후 이 사회문제 해결을 위해 2002년 '질병 치료를 위해 멀리 떨어진 병원에서 치료받아야 하는 어린이와 보호자에게 무료 여행을 제공'하는 "키드캐어 프로그램"을 시작했다.

마일리지 회원 및 승객들의 마일리지와 현금 기부를 유도하기 위하여 이들에

게 "키드캐어 프로그램"을 기내 방송과 기내 잡지인 노스웨스트 월드트래블러를 통해 홍보했다. 마일리지 회원이 기부한 마일리지와 다른 기부자들의 기부금을 가지고 600명 이상의 어린이와 보호자를 무료로 여행시켜주었다. 그 결과 '착한 기업'이라는 이미지를 전달할 수 있었고 국제리더십연구소로부터 '세계기업시민정신상'을 수상하였다. 직원들도 회사에서 진행하는 다양한 자선활동에 적극적으로 참여하면서 회사와 자신에 대한 자부심을 갖게 되고 직원들 사이의 유대감도 향상되었다.

공익연계 마케팅 기획은 마케팅 전략을 기획하는 과정과 유사한데, 상황 분석, 목표 설정, 표적 고객 선정, 마케팅믹스 전략 개발, 전략 실행 후 평가 및 평가 결과 반영의 순서로 이루어진다.

1) 상황 분석 및 목표 설정

기업이 처한 상황 분석의 첫 단계는 기업이 공익연계 마케팅을 펼치는 이유를 점검하는 것이다. 예를 들어 신제품 출시에 맞춘 판촉 수단이 필요한지, 기존 제품의 새로운 시장 진출을 위한 것인지, 기존 시장에서 기존 제품의 차별화를 위한 것인지('제2장 마케팅 전략'에서 Ansoff의 '제품/시장 확대 그리드' 참고), 기업의 이미지 개선을 위한 것인지 파악해야 한다. 노스웨스트항공은 항공사 간 치열한 경쟁과 유가 상승의 어려움 극복의 수단으로 공익연계 마케팅을 통한 기업의 이미지 개선에 주목한 것이다.

다음 단계는 사회문제의 선정이다. 일반적으로 공익연계 마케팅과 가장 밀접한 사회문제는 지역사회 문제이고, 지역사회 문제 가운데 공익연계 마케팅이 가장 활발하게 이루어지고 있는 사회문제는 소외받는 계층(장애인, 저소득층, 소년소녀 가정, 독거노인 등)에 대한 다양한 지원 사업(경제, 의료, 교육 등)이다. 사회문제 선정 기준은 이 사회문제가 "중요한 사회문제인지, 기업의 목표(지역 사회와의 관계 개선, 기업의 이미지 개선, 매출 증가)에 도움이 되는지, 기업의 핵심 가치·사업과 부합하는지, 기업이 해결할 수 있는 문제인지, 직원·표적 고객·일반 대중들이 관심을 갖고 참여할 만한 문제인지, 경쟁업체들이 동일한 사회문제에 참여하고 있는지" 등이며 각각의 기준에 대해 평가한 후 가장 적합한 사회문제를 선택해야 한다. 노스웨스트항공의 키드캐어 프로그램은 승객들이 관심을 보이는 사회문제를 자사의 핵심 사업인 항공 서비스를 사용하여 해결한다는 점에서 좋은 선택이라고 볼 수 있다.

사회문제를 선정한 후에 사회문제를 기업 단독으로 해결할지 다른 자선단체와 함께 할지, 함께 한다면 어떤 단체와 할지를 결정해야 한다. 자선단체를 선정하는 기준으로는 "해당 사회문제를 해결한 경험이 있는지, 지지기반이 충분한지" 등이다. 경험과 지지기반이 부족한 자선단체와 일할 경우 기부금 목표액을 달성할 수 없고, 기부금을 사용하여 해당 사회문제를 해결하는 데도 어려움이 있다. 자선단체를 선정한 뒤에는 함께 공익연계 마케팅을 기획하고 역할을 분담해야 한다.

　　자선단체를 선정한 후에는 공익연계 마케팅의 구체적인 목표(판매량, 매출액, 모금액 등)를 정해야 한다.

2) 표적 고객 선정과 마케팅믹스 전략 개발

　　세분시장의 매력도, 자사 및 사회문제와의 적합성 등을 고려하여 표적 고객을 선정한 후 마케팅믹스 전략을 개발한다. 마케팅믹스 전략의 첫 단계로 사회문제 및 기업의 핵심 사업과의 관련성이 높은 제품을 선정한다. 기존 고객, 해당 사회문제에 관심이 있는 잠재고객, 대중들 모두 구매할 만한 제품을 선정한다. 노스웨스트항공은 항공권 구매에 따른 마일리지와 기부를 연결시켰는데 항공사의 특성상 항공권은 항공사의 핵심 사업과의 관련성

이 높다. 벤앤제리스는 세전 이익의 7.5%를 빈곤, 지구온난화, 인종, 성차별 문제를 해결하는 데 사용하고, '피스 팝스'라는 아이스크림 판매액의 1%를 평화기금으로 사용하는데 벤앤제리스의 핵심 사업과의 관련성이 높은 제품을 선택한 경우이다.

　　제품이 선정되고 나면 제품과 고객의 특성을 고려하여 기부금 적립 방식이나 적립률을 결정해야 한다. 아멕스의 '자유의 여신상 복원 캠페인'처럼 사용 횟수에 연동하는 방법, P&G의 '1Pack＝1Vaccine' 캠페인처럼 판매 수량에 연동하는 방법, 매출액의 일정 비율을 적립하는 방법, 순이익의 일정 비율을 적립하는 방법 가운데 선정한다.

　　다음으로 제품의 유통 경로를 결정한 후 커뮤니케이션 전략을 수립한다. 커뮤니케이션 전략에서는 사회문제 및 자사의 공익연계 마케팅을 알리기 위한 광고 내용을 정하고 나서, 광고, 매장 홍보, DM 등 다양한 경로를 통해 커뮤니케이션 캠페인을 진행한다. 노스웨스트항공의 "키드캐어 프로그램"의 경우 승객을 대상으로는 기내 방

송과 기내 잡지인 노스웨스트 월드트래블러를 통해 홍보하는 것이 효과적이지만 잠재 고객을 대상으로는 SNS가 적합한 커뮤니케이션 매체일 수 있다.

마케팅믹스 전략까지 개발한 뒤 본격적으로 공익연계 마케팅을 실행하기 전에 표적 고객들의 반응을 사전 조사할 필요가 있다. 사전 조사를 통해 프로그램을 수정 및 보완해야 시행착오를 줄일 수 있기 때문이다.

공익연계 마케팅을 실행한 후에 잊지 말아야 할 것은 정보 공개이다. 기부금 실적, 기부금 사용처, 사용을 통한 사회문제 해결 내역을 투명하게 공개함으로써 기부에 참여한 고객에게는 자부심을 주고 참여하지 않았지만 관심을 보였던 사람들에게도 신뢰를 주어야 이후의 공익연계 마케팅의 참여도를 높이고 기업 이미지 향상에도 도움이 된다.

소비자들은 기업에게 사회의 구성원으로서 책임있는 활동을 할 것을 요구할 뿐 아니라 소비자 자신도 사회적으로 바람직한 구매를 하고 있다. 그 결과, 기업들은 공익연계 마케팅을 포함한 다양한 CSR을 펼칠 수밖에 없고, 관건은 누가 더 지혜롭게 소비자의 요구와 변화에 부응하는 공익연계 마케팅을 펼치느냐다.

· · · ·
토론문제

01 B2B마케팅의 핵심인 구매센터의 특징과 구매센터 관리 전략에 대해 설명해보자.

02 Steven Jeffery가 제안한 바람직한 공급기업의 특징을 설명해보자.

03 대기업 구매혁신이 중소기업에 미치는 영향과 중소기업의 대응방안을 설명해보자.

04 OEM방식과 ODM방식 각각의 장단점을 논하고 차이점을 설명해보자.

05 캐즘현상을 설명하고 극복방안을 설명해보자.

06 기업 하나를 선택한 후 그 기업에 맞는 공익연계 마케팅을 기획해 보시오.

찾아보기

참고문헌

- 김상훈(2013), 하이테크 마케팅, 박영사.
- 김성택(2012), CSR 5.0 기업의 사회적 책임과 역할, 청람.
- 김옥남, 최정환(2007). 고객가치 창조를 위한 B2B 마케팅, LG Business Insight, 11(14), 2-19.
- 김재일(2005), (유비쿼터스)인터넷 마케팅, 박영사.
- 김재일, 남익현, 박상욱, 김수욱(2009), 물류 및 공급사슬관리의 전략적 이해, 박영사.
- 김철교, 곽선호, 강길원(2010), 중소기업창업론, 탑북스.
- 노시평(2013), 공공부문의 마케팅, 한국학술정보.
- 박상범, 김계인(2013), 중소기업경영론, 탑북스.
- 박주영, 이상호, 박경원(2009), 중소기업경영론, 학현사.
- 박찬수(2014), 마케팅원리, 법문사.
- 박흥수, 강성호, 하영원(2009), 신제품 마케팅전략, 박영사.
- 서상혁(2012), 하이테크 혁신마케팅, 경문사.
- 서영우(2011), CSR 실천 방법론, 서울: 시그마인사이트컴.
- 시라가타 토시로, 코무라 마사미츠, 타츠와키 케이코(2006), CSR 매니지먼트 도입의 모든 것, 주창길 옮김, 한국표준협회미디어.
- 안광호, 권익현, 임병훈(2012), 마케팅, 5판, 북넷.
- 안광호, 임병훈(2011), 마케팅조사원론, 5판, 학현사.
- 안광호, 한상만, 전성률(2013), 전략적 브랜드 관리, 학현사.
- 유필화, 헤르만 지몬, 마틴 파스나하트(2012), 가격관리론, 박영사
- 이문규, 안광호(2011), 서비스 마케팅 & 매니지먼트, 집현재.
- 이유재, 박찬수 역(1995), 신상품 마케팅, 시그마프레스, Glen L. Urban and John R. Hauser(1993).
- 이학식, 안광호, 하영원(2015), 소비자행동, 6판, 집현재.
- 이학식, 임지훈(2015), 마케팅, 4판, 집현재.
- 이학식, 임지훈(2013), 마케팅조사, 3판, 집현재.
- 임종원, 김재일, 홍성태, 이유재(2006), 소비자 행동론, 3판, 경문사.
- 장대련(2009), B2B Marketing, 북넷.
- 장세진(2014), 경영전략, 8판, 박영사.

- 전동균, 신용필, 오은주, 백승혜(2009), B to B 마케팅원리, 학현사.
- 주우진, 박철, 김현식(2015), 마케팅관리, 3판, 홍문사.
- 필립 코틀러, 낸시 리(2007), 필립 코틀러의 CSR 마케팅, 남문희 옮김, 웅진씽크빅.
- 한상린(2011), B2B마케팅, 21세기 북스.
- 홍성태(2012), 모든 비즈니스는 브랜딩이다, 쌤앤파커스.
- Aaker, David A.(1991), *Managing Brand Equity*, Free Press.
- Aaker, David A. and Keller, Kevin L.(1990), "Consumer Evaluations of Brand Extensions," *Journal of Marketing*, 54(1), 27-41.
- Aaker, Jennifer, L.(1997), "Dimensions of Brand Personality," *Journal of Marketing Research*, 34(3), 347-356.
- American Marketing Association, 'Definition of Marketing,' 1935, 1985, 2004, 2007.
- Bagozzi, R.(1975), "Marketing as Exchange," *Journal of Marketing*, 39, 32-39.
- Bonoma, T. V. and Shapiro, Benson P.(1983), *Segmenting the Industrial Market*, Lexington Books.
- Chandrasekaran, Deepa and Tellis, Gerard J.(2011), "Getting a Grip on the Saddle: Chasms or Cycles?", *Journal of Marketing*, 75, 21-34.
- Churchill, Gilbert A. Jr.(1995), *Marketing Research*, 6th edition, The Dryden Press.
- CIO(2014. 9. 22), 우리가 벤더에게 바라는 10가지. http://www.ciokorea.com/news/22372
- Cone(2002), "Cone Corporate Citizenship Study: The Role of Cause Branding,". http://www.conecomm.com/stuff/contentmgr/files/0/7c6165bb378273babd958 415d58ec980/files/2002_cone_corporate_citizenship_study.pdf
- Cone(2008), "Past, present, future: The 25th Anniversary of Cause Marketing,". http://www.coneinc.com
- Cone(2010), "Cone LLC Releases the 2010 Cone Cause Evolution Study,". http://www.coneinc.com
- Drucker, P.(1954), *The Practice of Management*, Harper & Row.
- Fleisher, Craig and Bensoussan, Babette(2003), *Strategic and Competitive Analysis*, Pearson.
- Godin, Seth(2005), *All marketers are liars: The power of telling authentic stories in a low-trust world*, Penguin.
- Grewal, Dhruv and Levy, Michael(2013), *Marketing*, McGraw-Hill Education.

- Hunt, S.(1976), "The Nature and Scope of Marketing," *Journal of Marketing*, 40(3), 17-28.
- Keller, Kevin L.(1993), "Conceptualizing, Measuring, and Managing Customer Based Equity," *Journal of Marketing*, 57(1), 1-23.
- Keller, Kevin L.(2008), *Strategic Brand Management*, 2nd edition, Pearson Prentice Hall.
- Keller, Kevin L.(1998), *Building, Measuring and Managing Brand Equity*, Prentice Hall.
- Keller, Kevin L., Heckler, Susan and Houston, Michael J.(1998), "The Effects of Brand Name Suggestiveness on Recall of Advertising Effects," *Journal of Marketing*, 62(1), 48-57.
- Kerin, R. A., Mahajan, V. and Varadarajan, P. R.(1990), *Contemporary Perspectives on Strategic Planning*, Allyn & Bacon.
- Kim, Moon Seop, Kim, Dong Tae, and Kim, Jae Il(2014), "CSR for Sustainable Development: CSR Beneficiary Positioning and Impression Management Motivation," *Corporate Social Responsibility and Environmental Management*, 21(1), 14-27.
- Kotler, Philip(2003), *Marketing Management*, 11th edition, Pearson.
- Kotler, Philip and Keller, Kevin L.(2012), *Marketing Management*, 14th edition, Pearson.
- Kotler, Philip and Keller, Kevin L.(2009), *Marketing Management*, 13th edition, Pearson.
- Kotler, Philip and Levy, Sidney J.(1969), "Broadening the concept of marketing," *Journal of Marketing*, 10-15.
- Kotler, Philip and Lee, Nancy R.(2011) *Social marketing: Influencing Behaviors for Good*, 4th edition, Sage.
- Kotler, Philip and Armstrong, Gary(2012), *Principles of Marketing*, 14th edition, Pearson.
- Levitt, T.(1975), "Marketing Myopia," *Harvard Business Review*, 38(4), 24-47.
- Marshall, G. and Johnston, M.(2014), *Marketing Management*, McGraw-Hill Education.
- McKenna, R.(1990), "Marketing is everything," *Harvard business review*, 69(1), 65-79.
- Moon, Y.(2010), *Different: Escaping the competitive herd*. Crown Business.

• Moore, Geoffrey A.(1991), *Crossing the Chasm*, Harper Business.

• Moore, Geoffrey A.(1995), *Inside the Tornado*, Harper Business.

• Nagle, T. T. and Holden, R. K.(1995), *The Strategy and Tactics of Pricing*, 2nd edition, Englewood Cliffs.

• Park, C. Whan, Bernard J. Jaworski and Deborah J. MacInnis(1986), "Strategic Brand Concept-Image Management," *Journal of Marketing*, 50(4), 135-146.

• Park, C. Whan, Milberg, Sandra, and Lawson, Robert(1991), "Evaluation of Brand Extensions: The Role of Product Level Similarity and Brand Concept Consistency," *Journal of Consumer Research*, 18(2), 185-193.

• Porter, Michael E. and Kramer, Mark R.(2006), "Strategy and Society: The Link between Competitive Advantage and Corporate Social Responsibility," *Harvard Business Review*, December, 78-93.

• Porter, Michael E. and Kramer, Mark R.(2011), "Creating shared value," *Harvard business review*, 89(1/2), 62-77.

• Ries, Al and Trout, Jack(1994), *The 22 immutable laws of marketing: Violate Them at Your Own Risk!*, HarperBusiness.

• Rogers, Everett M.(1995), *Diffusion of Innovation*, 4th edition Free Press.

• Shimp, Terence A.(2007), *Integrated Marketing Communications in Advertising and Promotion*, 7th edition, Thomson.

• Simon, H.(1979), "Dynamics of Price Elasticity and Brand Life Cycles: An Empirical Study," *Journal of Marketing Research*, 16(4), 439-452.

• Smith N. C.(2003), Corporate social responsibility: Whether or how? *California Management Review*, 46(4), 52-73.

• Solomon, Michael(2015), *Consumer Behavior*, 11th edition, Pearson.

• The New York Times(2010. 2. 26), Cellphones Let Shoppers Point, Click and Purchase.

• Urban, Glen L. and Hauser, John R.(1993), *Design and Marketing of New Products*, 2nd, Prentice Hall.

• Wesley, J. J. and Thomas, V. B.(1991), "The Buying Center: Structure and Interaction Pattern," *Journal of Marketing*, 45, 143-156.

사진출처

■ 1장

1. 도입사례_맥주 전쟁
   http://www.hitejinro.com/Bran/Beer/bran_beer_hite.asp
   http://www.obbeer.co.kr/brand/brand.asp?brand=5
   http://www.lotteliquor.com/brand/beer01.asp

2. CASE 1_전주한옥마을
   http://tour.jeonju.go.kr/index.9is?contentUid=9be517a74f72e96b014f8332a1e4145f

3. CASE 2_'지상 최대의 쇼'
   https://www.mk.co.kr/premium/special-report/view/2022/02/31544/

4. 토론사례_커피전쟁
   http://nypost.com/2014/04/27/coffee-price-set-to-rise-as-harvests-decline-in-brazil/

■ 2장

1. 도입사례_디즈니
   https://disneyland.disney.go.com/destinations/disneyland/

2. 리츠 칼튼
   http://www.ritzcarlton.com/en/about

3. CASE 1_애플
   − 애플 TV http://www.apple.com/shop/buy-tv/apple-tv-3rd-gen
   − 카플레이 http://www.chevrolet.co.kr/vehicle/malibu-convenience.gm

4. CASE 2_스타벅스
   https://www.facebook.com/starbucks

5. 마켓 오
   http://www.orionworld.com/Snak/MarketO/sub01MarketO.asp

6. 토론사례_통신사업자의 사업다각화
   − KT http://www.kt.com/main.jsp
   − SK http://www.sktelecom.com/index_real.html

■ 3장

1. 도입사례_차세대 K푸드
   비비고 멀티그레인 https://www.foodnews.co.kr/news/articleView.html?idxno=96530

식물성 식품 시장규모 https://biz.chosun.com/distribution/food/2022/07/18/L4OD7LZUR5CC
HNUW4CK6EJ72YM/

CJ제일제당 플랜테이블 브랜드 https://www.hankyung.com/economy/article/202112198064Y

2. 토론사례_밀키트 시장과 이마트24의 사업 확장

https://www.ajunews.com/view/20221006102049987

■ 4장

1. 테팔의 소비자에 대한 진심

https://www.mk.co.kr/news/business/10487573

테팔의 원픽냄비팬 https://www.shinailbo.co.kr/news/articleView.html?idxno=1597250

2. 토론사례_올리브인터내셔널

https://www.sedaily.com/NewsView/269RQF6BLL

■ 5장

1. 도입사례_비욘드

http://m.thebk.co.kr/news/articleView.html?idxno=156564

2. 세스코

http://www.cesco.co.kr/Cesco/default.aspx

3. 부티크

http://www.nytimes.com/2010/02/27/business/27shop.html?_r=0

4. CASE 1_우유 제조일자

http://www.seoulmilk.co.kr/enterprise/event/print_ad.sm

5. 박카스

http://www.bacchusd.com/gallery/print_list.jsp

6. 하기스

http://m.blog.naver.com/nikkichoi/220178853042

7. 컵누들

http://www.ottogi.co.kr/otgr/product/ProductRead.jsp?proNum=1707&page_no_pro=7&p
roHCode=H00012&proMCode=M00054&proGubun=K&catGubun=K

8. 토론사례_진정성과 집단 동조현상

－키엘 http://www.kiehls.co.kr/display/displayShop.lecs?displayNo=KE1A01B02

－디젤 https://www.youtube.com/watch?v=_P-zA90yI64

■ 6장

1. 도입사례_크록스

https://www.crocs.com/on/demandware.store/Sites-crocs_us-Site/default/Customer-CrocsClub

2. CASE 1_ 디즈니랜드

  http://www.tokyodisneyresort.jp/tdl/

3. 잘 풀리는 집

  http://www.jjtissue.com/new/bbs/board.php?bo_table=ProDuct&wr_id=55&slcode=685&
  sca=%EB%91%90%EB%A3%A8%EB%A7%88%EB%A6%AC%3E%EC%9E%98%ED%92%80%EB
  %A6%AC%EB%8A%94%EC%A7%91

4. CASE 2_할리데이비슨

  http://www.harley-davidson.com/content/h-d/en_AP/home.html

  http://www.harley-davidson.com/content/h-d/en_US/home/museum/explore/exhibits/
  experience-gallery.html

5. CASE 3_카누

  https://www.dongsuh.co.kr/02_product/product.asp?intDepth1=18&intDepth2=&intPcode
  =&intPcode2=148

6. 해드 앤 숄더

  http://www.headandshoulders.com/en-us/about/about-head-and-shoulders

7. 토론사례_뽀로로

  — 뽀로로 http://www.iconix.co.kr

  — 뽀로로 몰 http://www.pororomall.com

■ 7장

1. 레이블링 사례

  blog.donga.com

2. CASE 1_제품 지원

  https://www.ksa.or.kr/ks-sqi/3363/subview.do

3. 제품라인 사례

  — 도브 www.unilever.co.kr

  — 카페라떼 www.lovecafelatte.com

  — 면도기 www.buyking.com

4. CASE 2_신라면

  https://www.mk.co.kr/news/business/10485590

5. 풀케어

  www.docdocdoc.co.kr

6. Arm & Hammer

  twitter.comtrinketbox7status597596907754553344

7. 던킨도너츠

  www.asiae.co.kr

8. CASE 3_팔도 도시락

news.joins.com

■ 8장

1. 도입사례_아모레퍼시픽, LG생활건강

　－아모레퍼시픽 http://www.amorepacific.com/content/company/ko-kr.html

　－LG생활건강 http://www.lgcare.com/index.jsp

2. 둥근잎 꿩의 비름

http://terms.naver.com/entry.nhn?docId=771155&cid=46686&categoryId=46694

3. 칼잎 마삭

http://blog.naver.com/kjk1314/220111473043

4. 세뿔 석위

http://terms.naver.com/entry.nhn?docId=770760&cid=46687&categoryId=46687

5. CASE 1_명품 브랜드 이탈

　－구찌 http://ivdesign.co.kr/bbs/board.php?bo_table=symbol_logo&wr_id=23951

　－루이비통 http://www.regatta-yachttimers.com/brands/louis-vuitton/

　－버버리 http://redpigman.tistory.com/19

6. 로케트 전지, 에프킬라, kraft

　－로케트 전지 http://www.seoul.co.kr/news/newsView.php?id=20131125500039

　－에프킬라 http://www.clien.net/cs2/bbs/board.php?bo_table=park&wr_id=37210829

　－kraft http://www.mankatofreepress.com/news/kraft-to-invest-million-in-new-ulm/article_
　　　　9ce78512-cb72-11e5-b88a-6791afb461a5.html

7. CASE 2 브랜드와 ESG

https://play.google.com/store/apps/details?id=com.starbucks.co&hl=ko&gl=US&pli=1

8. CASE 3_브랜드와 캐릭터

https://m.sedaily.com/NewsView/26CF9K8EJG#cb

9. 브랜드 로고 변천 사례

　－청정원 http://www.chungjungone.com

　－KB 은행 http://blog.naver.com/PostView.nhn?blogId=openlabseoul&logNo=220205130309

　－몽블랑 제품범주(로고, 제품들) http://www.montblanc.com/ko-kr/collection

10. 대상 브랜드 계층구조

　－대상, 청정원 브랜드들 http://www.daesang.co.kr/, http://www.chungjungone.com

■ 9장

1. 도입사례_반값 치킨

　－홈플러스의 당당치킨 https://www.mk.co.kr/news2/home/view/2022/10/875926/

　－이마트의 후라이드 치킨 https://www.mk.co.kr/news2/home/view/2022/10/875926/

2. CASE 1_신차 토레스

   https://www.sedaily.com/NewsView/26797BD9D4

3. CASE 2_고객 데이터를 분석한 가격 결정

   https://zdnet.co.kr/view/?no=20220503142006

4. CASE 3_실시간으로 이루어지는 가격 책정과 조정

   https://www.aitimes.com/news/articleView.html?idxno=146901

5. 토론사례_e.l.f. 뷰티

   https://www.mk.co.kr/economy/view.php?sc=50000001&year=2022&no=834748

■ 10장

1. 가치전달 네트워크

   http://www.hyundai.co.kr/About-Us/Coexistence1.hub

2. 이마트 트레이더스

   http://store.traders.co.kr/info/info01.jsp

3. 롯데리아

   https://www.lotteria.com/Affiliate/Procedure.asp

4. CASE 1_CJ 대한통운

   http://www.cjkoreaexpress.co.kr/web/kr/business/logistics2.asp

5. DHL

   http://www.dhl.co.kr/ko/logistics.html

■ 11장

1. 도입사례_2022 카타르 월드컵 마케팅

   https://img.hankyung.com/photo/202211/01.31944680.1.jpg

   https://biz.chosun.com/resizer/FC38C8GTqJ1LDN3XRn-1Nd858w8=/616x0/smart/cloudfront-ap-northeast-1.images.arcpublishing.com/chosunbiz/W4CCZACNE5ECRP4BSPQ4S34RYY.jpg

2. CASE1_삼성전자의 비스포크 광고

   https://img.wowtv.co.kr/wowtv_news/dnrs/20220901/B20220901095044653.jpg

   https://wimg.mk.co.kr/news/cms/202211/28/news-p.v1.20221128.9dcb8663e19e47ae96e6b8970b3c100a_P1.jpg

3. CASE2_한화와 함께 하는 교향악축제

   http://www.dizzotv.com/site/data/img_dir/2022/04/25/2022042580030_0.jpg

   https://www.hanwha.co.kr/images/newsMedia/photo/20220331_news01.jpg

4. 토의사례_숏폼 마케팅

   https://biz.chosun.com/resizer/jauPPpaO50vuuOf3dxOd4C7ESuM=/616x0/smart/cloudfront-ap-northeast-1.images.arcpublishing.com/chosunbiz/WJ5RQXDFDBGSFLCC4NSBIY4LKY.jpg

■ 12장

1. 도입사례_스타벅스 e프리퀀시
   https://img.hankyung.com/photo/202105/01.26317764.1.jpg

2. CASE1_삼성전자 세일 페스타
   https://img.kr.news.samsung.com/kr/wp-content/uploads/2022/12/%EC%82%BC%EC%84%
   B1%EC%A0%84%EC%9E%90-%EC%84%B8%EC%9D%BC-%ED%8E%98%EC%8A%A4%ED%83
   %80-3.png

3. CASE2_인플카 현대카드
   https://www.hyundaicard.com/images/cardscommon/card_MIFC_GY_f.png

4. 토의사례_가상 인플루언서 마케팅
   https://file2.nocutnews.co.kr/newsroom/image/2022/12/13/202212131039383192_0.jpg

■ 13장

1. CASE 1_의료기관 GPO
   www.prlog.org

2. Cognis사
   blogs.wsj.com

3. intel 칩
   http://www.notebookcheck.net/Intel-Core-i5-Desktop-3550-Processor.91961.0.html

4. 다다 C&C 모자
   https://kor.e-dada.com

5. 국순당 백세주, 막걸리, 복분자주
   http://www.ksdb.co.kr/ourbrands/mgl.asp

6. CASE 6_TOMS
   http://www.tomsshoes.co.kr/shop/main.asp

7. 사회책임 경영 프랙티스
   http://www.updownnews.co.kr/news/article 1

8. 케냐 어머니와 아이들
   http://www.unicef.org.uk/UNICEFs-Work/Our-supporters/Organisations/Corporate-
   partners/Pampers/

9. 피스 팝스
   http://www.benjerry.com/whats-new/corporate-social-responsibility-history

공저자 약력

김재일
서울대학교 경영학과 졸업
서울대학교 대학원 경영학 석사
미국 California Berkeley대학 경영학 박사
(전) 미국 Wisconsin 주립대 교수
(현) 서울대학교 경영대학 명예교수

김규배
서울대학교 경영학과 졸업
서울대학교 대학원 경영학 석사
서울과학종합대학원 경영학 박사
(전) 삼일PwC컨설팅 수석컨설턴트
(현) 대전대학교 경영학과 부교수

김동태
성균관대학교 산업공학과 졸업
서강대학교 대학원 경영학 석사
서울대학교 대학원 경영학 박사
(전) KT 마케팅연구소 책임연구원
(현) 한국기술교육대학교 산업경영학부 교수

김문섭
서울대학교 심리학과 졸업
서울대학교 대학원 경영학 석사
서울대학교 대학원 경영학 박사
(전) 삼성전자 반도체총괄 기획팀
(현) 강원대학교 경영회계학부 교수

김용철
서울대학교 경영학과 졸업
서울대학교 대학원 경영학 석사
서울대학교 대학원 경영학 박사
(전) 정보통신정책연구원 IT경영연구팀장
(현) 가톨릭대학교 경영학과 교수

한웅희
서울대학교 경영학과 졸업
서울대학교 대학원 경영학 석사
서울대학교 대학원 경영학 박사
(전) 서울대경영연구소 연구원
(전) 명지대학교 경영학과 부교수

제2판
마케팅

초판발행	2017년 1월 10일
제2판발행	2023년 3월 5일

지은이	김재일 · 김규배 · 김동태 · 김문섭 · 김용철 · 한웅희
펴낸이	안종만 · 안상준

편 집	전채린
기획/마케팅	손준호
표지디자인	Ben Story
제 작	고철민 · 조영환

펴낸곳	(주)박영사
	서울특별시 금천구 가산디지털2로 53, 210호(가산동, 한라시그마밸리)
	등록 1959. 3. 11. 제300-1959-1호(倫)
전 화	02)733-6771
f a x	02)736-4818
e-mail	pys@pybook.co.kr
homepage	www.pybook.co.kr
I S B N	979-11-303-1731-1 93320

copyright©김재일 외, 2023, Printed in Korea

정 가   34,000원